Gina Kaus

KATHARINA
DIE GROSSE

Gina Kaus

KATHARINA
die Große

Biographie

Langen Müller

Sonderproduktion:
6. Auflage – 2002

© 1977 by Bechtle Verlag, Esslingen, München
Alle Rechte vorbehalten

© 1995 by Langen Müller
in der F.A. Herbig Verlagsbuchhandlung GmbH, München
Umschlaggestaltung: Sander & Krause, München
Umschlagmotiv: Katharina II., Reiterbildnis von
Vigilius Erichsen 1770 (Archiv für Kunst und Geschichte, Berlin)
Druck und Binden: Wiener Verlag, Himberg
Printed in Austria
ISBN 3-7844-2556-9

INHALT

I. TEIL

II. TEIL

I. TEIL

I.

Eine ganz gewöhnliche Erscheinung

Die Frage nach dem Woher liegt in der Natur des menschlichen Verstandes. Es ist ihm nicht gegeben, ein Phänomen zu betrachten oder zu bewundern, ohne daß er um jeden Preis wissen möchte, wie es zustandekam. Woher kommt der Blitz, der Donner? Ebbe und Flut? Woher kommt die Persönlichkeit, das Genie? Diese letzte Frage war leichter zu beantworten, als die Wissenschaft noch vor der Seele Halt machte und, ehrfürchtig schaudernd, ein Göttliches in jeder menschlichen Einmaligkeit ehrte. Ist aber keiner was anderes als das Kind seiner Eltern, dann muß sich alles, was er ist, bei seinen Eltern finden, und es begreift sich, daß der Forscher, angesichts einer großen Persönlichkeit, emsig ihre Ahnenreihen durchforscht und geflissentlich, Stück für Stück, jenes Erbgut zusammenzutragen sucht, aus dem sie geschaffen wurde.

Es gibt wenige Persönlichkeiten der Geschichte, die diesen professoralen Bemühungen so offen Hohn sprechen, wie die der großen Katharina. Weder im Guten noch im Bösen, weder in der Außerordentlichkeit ihres Geistes noch in der Zügellosigkeit ihres Temperamentes scheint sie das Kind ihrer Eltern. Keiner der vielen charakteristischen Züge ihrer weiten Natur, weder ihre Herrschsucht noch ihre Toleranz, weder ihre Tollkühnheit noch ihre Weisheit, weder ihre Großmut noch ihre Erbarmungslosigkeit, am allerwenigsten aber ihre Genialität und ihre Lasterhaftigkeit finden sich bei irgendeinem ihrer Vorfahren.

Schon zu ihren Lebzeiten fiel es den Leuten schwer, die »Semiramis des Nordens« mit jener kleinen deutschen Anhalt-Zerbstschen Prinzessin in Verbindung zu bringen, als die sie geboren wurde. Der russische Hofklatsch machte einen Grafen J. J.

Betzkoj zu ihrem Vater, aus keinem andern erfindlichen Grund, als weil dieser Graf Betzkoj in jungen Jahren am Hofe von Zerbst und in alten Jahren am russischen Hofe war, wo er von Katharina mit besonderem Respekt und mit besonderer Nachsicht gegen seine vielen lästigen Grillen behandelt wurde. Nun hätte auch die Abstammung von Betzkoj, der ja kein bedeutender Mann war, Katharinas Genialität auf dem Erbwege nicht erklärt – wohl aber ihre Lasterhaftigkeit. Wäre Betzkoj ihr Vater gewesen, so hätte ihre Mutter, in den ersten Monaten der Ehe, knapp sechzehn Jahre alt, ihrem Gatten die Treue gebrochen; es wäre also wenigstens eine Seite von Katharinas schillerndem Charakter auf die trivialste Weise erklärt.

Weit gründlicher aber wäre die Frage nach dem »Woher?« durch eine andere Legende befriedigt, die um die Mitte des vorigen Jahrhunderts eifrig diskutiert wurde: die Legende nämlich, daß kein anderer als der große Preußenkönig Friedrich II. Katharinas natürlicher Vater sei. Der Prince de Ligne erwähnt sie in seinen Memoiren; in einem Brief des sächsischen Gesandten in Paris an den Grafen Sacken wird sie als Tatsache behauptet, und der deutsche Historiker Sugenheim arbeitet ernsthaft mit dieser Hypothese. Sie hat auch wirklich viel Bestechendes. Erstens einmal – sie ist möglich. Friedrich, damals noch unzufriedener Kronprinz, hat sich um die betreffende Zeit oftmals in Dornburg aufgehalten, und dies tat aller Wahrscheinlichkeit nach auch Katharinas Mutter. Von einem häufigen oder gar intimen Zusammensein der beiden ist allerdings nichts bekannt; aber es wird, besonders von deutscher Seite, immer wieder behauptet, daß Katharina ihr großes Glück vornehmlich den Bemühungen Friedrichs verdanke, während die russischen Historiker Katharinas Mutter eine »Spionin im Dienste Friedrichs von Preußen« nennen. Und wie leicht ließe sich Katharinas Genialität durch die Abstammung vom genialen Friedrich erklären! Es ist wirklich eine schöne und verlockende Hypothese, und sie hat bloß einen einzigen Fehler: es fehlt ihr jede historische Grundlage. Es gibt auch nicht das allerkleinste Dokument, das diese schöne Hypothese aus dem Bereiche des Möglichen in das des Wahrscheinlichen rückt. Friedrichs Interesse an Katharina und das Interesse ihrer Mutter an Friedrich hatten notorisch ganz andere als romantische Gründe, wovon später ausführlich die Rede sein wird.

Man muß sich wohl oder übel damit abfinden, daß Katharinas Vater wirklich kein anderer ist als der unscheinbare und unbedeutende Fürst Christian August von Anhalt-Zerbst, aus der Seitenlinie der Zerbst-Dornburg, einer der kleinen Duodez-Fürsten, von denen es im damaligen Deutschland viele Dutzende gibt. Christian August unterscheidet sich durch nichts von den übrigen Repräsentanten seines Geschlechtes, das sich bis ins fünfzehnte Jahrhundert zurückverfolgen läßt. Wie sie alle, ist auch er ein durchschnittlicher Junker ohne besondere Vorzüge oder Laster, von mittelmäßigem Ehrgeiz und aufrichtiger, anspruchsloser Frömmigkeit. Wie die meisten von ihnen, hat auch er sich in seiner Jugend an mehreren Feldzügen beteiligt, ist auch er ein guter Soldat gewesen, der seinen Posten getreu und gewissenhaft ausgefüllt hat, ohne jemals durch eine besondere Tat hervorzustechen. Nichts stört, nichts beschleunigt die vorgezeichnete Laufbahn eines verläßlichen und braven Vasallen des preußischen Soldatenkönigs Friedrich Wilhelm: mit einunddreißig Jahren wird er Generalmajor des Anhalt-Zerbstschen Infanterieregimentes Nr. 8 mit dem Sitz in Stettin und bald darauf Gouverneur dieser Stadt. Milde beschienen vom Wohlwollen seines Landesherrn – der ihn bloß insgeheim den Fürsten von »Zipfel-Zerbst« nennt –, im Genusse der keineswegs stattlichen, aber auskömmlichen Einkünfte seines kleinen Fürstentumes, heiratet er im besten Mannesalter eine Prinzessin seines eigenen Ranges und wird ein vortrefflicher Gatte und Vater.

Seine Frau Johanna Elisabeth ist ein etwas komplizierterer Charakter, was aber erst später zutage tritt, denn im Augenblick der Eheschließung ist sie kaum sechzehn Jahre alt. Sie ist die vierte Tochter des Fürsten von Holstein-Gottorp und am Hofe ihres Onkels, des regierenden Fürsten von Braunschweig, erzogen worden. Um diese Zeit ist der braunschweigische Hof der größte in Deutschland, er ist viel prächtiger und anspruchsvoller als der Berliner Hof des geizigen Königs Friedrich Wilhelm. Aber

11

an diesem Hof ist Johanna Elisabeth nur eine arme Verwandte gewesen. Vornehme Verwandtschaft ist alles, was sie besitzt, und sie schlägt dieses Kapital recht hoch an; ihr Familienstolz ist außerordentlich, und sie verbringt den größten Teil ihrer Zeit damit, ihre verwandtschaftlichen Beziehungen durch eine gewissenhafte Korrespondenz und durch Besuche zu pflegen.

Zum russischen Zarenhaus hat sie eine zweifache, wenn auch in beiden Fällen unglückliche Familienbeziehung: ihr Vetter, Friedrich von Holstein, hatte Anna, die jüngere Tochter Peters des Großen, geheiratet und bald darauf, nach der Geburt des Knaben Peter Ulrich, begraben. Johannas leiblicher Bruder aber war der Bräutigam der Zarewna Elisabeth gewesen, aber wenige Wochen vor der Hochzeit in Petersburg an den Pocken gestorben.

Wenige Tage nach der Hochzeit, am 12. November 1727, schreibt Christian August an den regierenden Zaren Peter II.:

»Kaiserliche Hoheit

nehmen Sie es bei Ihrer weltberühmten Großmut nicht schlecht auf, daß ich es wage, Ihnen in demütigem Respekt zu unterbreiten, daß ich mich am 8. November, nach vorhergegangenem Verlöbnis, mit der jüngsten Schwester des unlängst in Petersburg verstorbenen Lübeckischen Bischoff, der Prinzessin Johanna Elisabeth von Holstein-Gottorp im Lustschlosse Wecheln in Braunschweig-Wolffenbüttel verheiratet habe.«

Der Brief ist in Christian Augusts einfachem und dabei ungeschicktem Vasallenstil abgefaßt. Johanna schreibt, wie die meisten Damen des achtzehnten Jahrhunderts, weitschweifig, redselig und sehr geschickt. Trotzdem geht man wohl nicht fehl, wenn man annimmt, daß sie diesen Brief inspiriert hat. Es ist ganz ihre Art, die »russische Beziehung zu pflegen«, während Christian Augusts Augen einzig und allein auf seinen König geheftet sind.

Eineinhalb Jahre später, am 21. April 1729, schenkt sie einer Tochter das Leben, die zu Ehren ihrer drei lebenden Tanten auf die Namen Sophie, Auguste, Friederike getauft wurde. Seltsamerweise gibt es darüber kein Dokument. In keinem Pfarregister von Stettin findet sich eine Aufzeichnung über Geburt und Taufe der Prinzessin. Gibt es doch ein Geheimnis um diese Geburt? Wahrscheinlich gibt es nichts als eine kleine Fahrlässigkeit eines kleinen Beamten, der nicht ahnen konnte, daß es die Namen einer künftigen Imperatorin sind, die er einzutragen vergaß. Übrigens hat die Trägerin selbst ihre drei deutschen Namen beinahe vergessen. Erst mit sechzehn Jahren soll sie jenen Namen bekommen, unter dem sie unvergeßlich wird: Katharina.

Ihre Geburt bereitet den Eltern eine schwere Enttäuschung, sie hatten sich einen Sohn gewünscht. Das ist begreiflich: aus Söhnen werden Soldaten, und für Soldaten gibt es damals immer Verwendung. Die Versorgung der Töchter aber bildet das Kreuz aller armen adligen Familien. Diese Enttäuschung ist scheinbar nicht leicht zu verwinden. Jedenfalls hat die unerwünschte Tochter davon erfahren und beginnt, zweiundvierzig Jahre später, ihre Memoiren mit den Worten:»Meine Geburt wurde nicht sehr freudig begrüßt.« Darin liegt zweifellos ein Vorwurf gegen ihre Eltern.»Mein Vater zeigte noch am meisten Befriedigung«, setzt sie fort, und darin liegt ein besonderer Vorwurf gegen die Mutter.

Der Vorwurf ist berechtigt. Johanna Elisabeth zeigt wirklich von allem Anfang an eine beinahe pathologische Lieblosigkeit gegen ihre erstgeborene Tochter. Nehmen wir alles zusammen, was zu ihrer Entschuldigung zu sagen ist: Vor allem, sie ist selbst noch viel zu jung, knapp siebzehn Jahre alt, als sie diese Tochter zur Welt bringt. Sie hat noch ihre eigenen, unerfüllten Ansprüche an das Leben. Von Braunschweig her an Luxus und Unterhaltungen gewöhnt, erscheint ihr das Dasein in dem kleinen provinziellen Stettin ebenso wie an dem winzigen Hofe von Zerbst trostlos und langweilig. Die Einkünfte des Fürstentums sind gering, außerdem ist Christian August von strengster Sparsamkeit, während die junge Frau sich vornehmlich nach jenen Dingen sehnt, die nur für Geld zu haben sind. Die Anpassung an den mehr als doppelt so alten Gemahl, die Anpassung einer springlebendigen, temperamentvollen und oberflächlichen Frau an einen puritanischen, wortkargen Soldaten mag wohl ein paar

Jahre in Anspruch nehmen; und gerade in diesen Jahren wird Sophie geboren, wirft ihre Mutter auf ein monatelanges Krankenlager und ist zu alledem noch ein Mädchen.

Daß sich beim ersten Schrei des Neugeborenen die Mutterliebe mit der Notwendigkeit eines physikalischen Vorganges einstelle, ist eine fromme Legende. Johanna Elisabeth beweist es. Sie war auf ihre Mutterschaft nicht vorbereitet, als sie Sophie in ihrem Leibe trug, und sie empfindet nichts Mütterliches für dieses Kind, weder im Wochenbett noch je nachher. Sie hat es weder gestillt, noch liebkost, noch beobachtet. Es bleibt ein fremdes, irgendwie feindliches Wesen für sie; sie schiebt es von allem Anfang an zur Seite, zu einer Amme, dann von einer Gouvernante zur andern; sie richtet selten das Wort an Sophie und niemals zu einem anderen Zweck als zu einem Vorwurf, einer Rüge.

Von den gemischten Gefühlen, mit denen ihre Eltern sie empfingen, hat Sophie natürlich nur aus Erzählungen erfahren können. Hingegen muß sie mit eigenen, wenn auch noch sehr jungen Augen sehen, welche maßlose Freude zwei Jahre später bei der Geburt des ersten Sohnes an den Tag gelegt wird. Ihr erstes und entscheidendes Kindheitserlebnis ist die Erbitterung über die unverdiente Zurücksetzung hinter den Bruder.

»Zwei Jahre später schenkte sie (die Mutter) einem Sohn das Leben, den sie abgöttisch liebte. Ich war nur geduldet und wurde oft hart und heftig gescholten, und nicht immer gerecht. Ich fühlte das, ohne jedoch über meine Empfindungen schon ganz klar zu sein.«

Es ist durchaus verständlich, daß Sophie diesen sinnlos bevorzugten Bruder haßt. Ihre Kindheitserinnerungen berichten mit keinem Wort von irgendeiner geschwisterlichen Vertraulichkeit. Die kann wohl auch kaum aufkommen, denn den Sohn hat die Mutter fast immer bei sich, sie pflegt und hätschelt ihn, während sie die Tochter bloß für wenige Minuten am Tage in ihrem Zimmer duldet. Die »Memoiren« sprechen überhaupt erst wieder von diesem Bruder, um seines Todes zu gedenken:

»Er starb mit dreizehn Jahren am Fleckfieber. Erst nach seinem Tode wurde auch der Grund seines Leidens klar, das ihm nicht gestattet hatte, ohne Krücken zu gehen, und wegen dessen man ihm beständig unnütze Heilmittel gegeben und die berühmtesten Ärzte Deutschlands befragt hatte. Die rieten, ihn ins Bad, nach Baden, Teplitz und Karlsbad, zu schicken, aber er kam jedesmal ebenso lahm zurück, wie er abgereist war, und sein Bein wurde kürzer in dem Maße, wie er wuchs. Nach seinem Tode wurde er seziert, und es stellte sich heraus, daß seine Hüfte verrenkt war, und daß dies schon in seiner zartesten Jugend geschehen sein müsse.«

Dieser Bericht von wahrhaft erschütternder Herzenskälte kann unmöglich dem Tod eines in der Kindheit geliebten Spielgefährten gelten: es ist der Bericht über den Tod eines verhaßten Feindes, mit dessen Leiden man unnütze Geschichten gemacht hat. Und weitere zwanzig Jahre später, 1779, als sie längst omnipotente Herrscherin des größten europäischen Reiches ist, und als nicht nur der Bruder, sondern auch die ungerechte Mutter unter der Erde ruht, schreibt sie an ihren Freund Grimm: »Niemals hat jemand mehr wie er ein P... O... verdient, erraten Sie was? Mama hat mir oftmals welche gegeben, in übler Laune, kaum mit Grund.« Weder der Tod ihrer Beleidiger noch der eigene gigantische Aufstieg können die Bitterkeit über diese ersten unverdienten Kränkungen auslöschen. Wann immer die spätere Katharina von ihrer Kindheit erzählt, dann tut sie es mit dem Stolz des Selfmade-Millionärs, der von den zerrissenen Schuhen berichtet, mit denen er seinerzeit zur Schule ging. Sie erzählt von den kleinen, ärmlichen Verhältnissen am Hofe von Zerbst, von den engen Anschauungen ihrer Familie, von der Einfalt ihrer Lehrer. Aber niemals spricht sie mit Liebe von ihrer Kindheit und niemals mit jener wehmütigen Sehnsucht nach dem ewig entschwundenen Kinderglück, das auch den Größten dieser Erde nicht fremd ist: sie war *kein* glückliches Kind.

Sie entbehrt der elterlichen Zärtlichkeit. Das Bedürfnis nach Zärtlichkeit ist die erste, elementarste Regung der menschlichen Seele, wie das Bedürfnis nach Luft und Nahrung die erste Regung des Körpers ist. Sophie leidet an ewig ungestilltem Durst nach Liebe, lang ehe sie imstande ist, Worte für diese Empfindung zu denken oder gar auszusprechen, und dieser Durst soll sie ihr Leben lang plagen, soviel Liebe ihr später auch zuteil wird, er ist unstillbar, und wie er begonnen hat, lange ehe sie zum Weibtum erwacht war, so überdauert er ihr Weibtum und zwingt sie, noch als zahnlose Greisin, noch an der Schwelle des Todes, Liebe und immer wieder Liebe zu suchen und sie zu nehmen, wo immer sie sie findet.

Aber am Anfang ist die Entbehrung. Dem Vater hat sie verziehen. Sie lernt mit der Zeit, daß hinter seiner einfachen, soldatischen Rauheit, seiner schamhaften Gehemmtheit ein wirkliches Gefühl steckt. Und vor allem, Christian August ist gerecht, und mit Gerechtigkeit geben sich Kinder immer zufrieden. »Ich habe niemals einen in Grundsätzen wie in Taten ehrlicheren Mann gekannt«, schreibt sie zu einer Zeit, da sie bereits Dutzende von Männern kennt, die ihrem Vater in jeder anderen Beziehung weit überlegen sind. Sie begreift auch, daß der Vater, von seiner offiziellen Tätigkeit in Anspruch genommen, kaum Zeit hat, sich mit seinen Kindern abzugeben. Die geringe Aufmerksamkeit, die er seinen Kindern schenken kann, verteilt er wenigstens gleichmäßig. Die Mutter aber ist ungerecht. Die Mutter hat Zeit – für den Sohn. Die Mutter versteht es, zärtlich zu sein, zu liebkosen, zu hätscheln, aber nur für den Sohn versteht sie das; für Sophie hat sie nur ein paar ungeduldige Worte, hämische Rügen, schnelle Ohrfeigen.

Woher kommt diese seltsame Ungerechtigkeit, warum diese täglichen Zurücksetzungen und Kränkungen? Wir wissen es nicht. Allen Berichten zufolge war Sophie ein hübsches, kluges, zwar ziemlich ausgelassenes, aber für jeden gütigen Zuspruch durchaus empfängliches Kind. Vielleicht gibt es doch ein peinliches Geheimnis, an das die Mutter bei ihrem Anblick erinnert wird? Noch einmal: kein einziges stichhaltiges Argument spricht für diese Annahme. Es gibt kein anderes sichtbares, greifbares Motiv als die Tatsache, daß Sophie eben nur ein Mädchen, der kleine Bruder aber ein Knabe ist. Jedenfalls ist dies das einzige Motiv, das Sophie erfährt, dieses eine aber wird ihr wieder und immer wieder gesagt. Es bildet den Auftakt ihrer Lebensbeichte, es ist das geheimnisvolle Gesetz, nach dem sich ihr Charakter kristallisiert, der Fremdkörper, um den die Perle sich rundet: sie ist nur ein Mädchen.

Aber sie ist ein robustes, kräftiges Mädchen mit einem gesunden, klaren Verstand und einer Willenskraft, von deren Ausmaß weder sie selbst noch irgendein Mensch ihrer Umgebung eine Ahnung hat. Ungerecht gescholten, gedemütigt, in einen Winkel gestellt, züchtet sie schweigend den großen Trotz gegen die Mutter, gegen ihr Schicksal, gegen die Natur: sie will ein Mann sein, soviel wie ein Mann und mehr als ein Mann. *Mehr als ein Mann!* Das ist die erste, dem eigenen Bewußtsein vielleicht verborgene, aber eisern festgehaltene und bis in den Tod nicht verlassene Leitlinie dieser einzigartigen *Frauenpersönlichkeit.*

»Ich wurde erzogen, um einen kleinen Fürsten der Nachbarschaft zu heiraten«, sagt sie später bei verschiedenen Gelegenheiten. Selbstverständlich. Wofür denn sonst sollte man sie erziehen? Der großen Höfe gibt es nur wenige in Europa, ihre Prätendenten haben die Wahl unter sämtlichen Prinzessinnen, und deren gibt es viele. Auch erfolgt eine solche Wahl vornehmlich nach politischen Erwägungen, und es ist ganz und gar unerfindlich, welches politische Interesse eine europäische Herrscherfamilie an einer Verbindung mit dem Hofe von Zerbst nehmen sollte.
Um eine brauchbare Frau für einen kleinen deutschen Fürsten abzugeben, muß eine Prinzessin im achtzehnten Jahrhundert zunächst einmal französisch parlieren und schreiben können, denn wir befinden uns in jener Zeit, da die deutsche Sprache in Deutschland als häßlich und ordinär gilt; dann noch ein bißchen Tanz, ein bißchen Musik, Achtung vor Sitte und Religion und ein anspruchsloses, bescheidenes Wesen – auf dieses Ideal hin wird die kleine Sophie erzogen.
Eine französische Emigrantin wird mit ihrer Wartung betraut: Babet Cardel, der einzige Mensch aus ihrer Kinderzeit, dem sie ein gutes und dankbares Andenken bewahrt. »Sie besaß Seelenadel, Geistesbildung, ein ausgezeichnetes Herz; sie war geduldig, sanft, heiter, gerecht, beständig, kurzum so, daß man nur allen Kindern jemand wie sie wünschen kann.«
Es ist nicht wichtig, ob Babet Cardel alle diese vielen Vorzüge wirklich besitzt oder ob Sophie bei ihrer Beurteilung von dem Wunsche geleitet wird, sie gegen die eigene Mutter herauszu-

streichen. Sicher ist, daß sie dem Kinde gibt, was die Mutter ihm schuldig bleibt: Zeit und Aufmerksamkeit und die gedeihliche Atmosphäre liebevoller Geborgenheit. Schon nach wenigen Wochen gibt das mißtrauische Kind seinen Widerstand auf, es verliert seinen Trotz und seinen Eigensinn, es ist nicht länger verstockt und versteckt, die gesunde, fröhliche Natur eines anschmiegsamen, dankbaren Wesens tritt zutage. (»Man kann nicht immer wissen, was Kinder denken, Kinder sind schwer zu verstehen, besonders wenn strenge Erziehung sie an Gehorsam gewöhnt und ihre Erfahrung sie vorsichtig gegen ihre Lehrer gemacht hat. Wollen Sie daraus, wenn es gefällig ist, die schöne Maxime ziehen, daß man Kinder nicht zu viel schelten soll, sondern man muß sie zutraulich machen, so daß sie uns ihre Dummheiten nicht verheimlichen. Allerdings ist es für Schulmeister bequemer, ihren Herrschergeist zu entfalten und mit Befehlen zu regieren.« Katharina an Grimm, 1776.) Es bleibe dahingestellt, ob die Cardel wirklich alle Stücke von Racine und Molière auswendig weiß, ob wirklich sie es ist, die Sophiens Geschmack für die Lektüre erweckt, der später so unendlich wichtig für die Selbsterziehung des jungen Mädchens werden soll. Weitaus wichtiger ist es, daß sie die kleine Prinzessin in den Stadtgarten führt und gestattet, daß sie dort mit den Kindern einfacher Bürger spielt. Eines dieser Kinder wird sich später daran erinnern wollen, daß Sophie schon bei diesen Spielen im Park ein besonderes Organisationstalent gezeigt, die anderen gerne kommandiert und eine besondere Vorliebe für jene Spiele gezeigt hätte, die sonst bloß Knaben Spaß machen. Aber, so gut dies auch in den ersten Umriß paßte, den wir uns von der kleinen Sophie gemacht haben, solche nachträglichen Erinnerungen und Urteile sind gewöhnlich unverläßlich. Die übrigen Lehrer der Prinzessin sind weder große Geister noch große Pädagogen. Ihr Schreiblehrer malt ihr mit Bleistift die Buchstaben vor, die sie mit Tinte nachziehen muß, und der Tanzlehrer zwingt sie, auf einem hohen Tisch Knickse und Pas zu üben. Trotzdem lernt sie mit der Zeit schreiben und tanzen. Für Musik ist sie unempfänglich; die bleibt bis an ihr Lebensende ein »lästiges Geräusch« für sie. Mit dem Pastor, der ihr die evangelische Lehre beibringt, verwickelt sie sich gern in heftige Dispute, und wenn sie ihm wohl auch nicht alles sagt, was die spätere Voltairianerin gerne gesagt haben möchte, so widerspricht sie jedenfalls dem braven Mann hartnäckig genug, um von Mamsell Cardel ein »esprit gauche« gescholten zu werden. Aber dies sind die einzigen geistigen Regungen, von denen wir aus dieser Zeit wissen.

In einem einzigen Punkt nimmt Johanna Elisabeth die Erziehung ihrer Tochter selbst in die Hand. Obwohl ihr selbst Bescheidenheit keineswegs eignet, legt sie großen Wert darauf, diese Tugend bei ihrer Tochter zu pflegen. Es wird Sophie eingeredet, daß sie von abstoßender Häßlichkeit sei. Es ist ihr verboten, ungefragt ihre Meinung zu äußern. Den Damen, die ins Haus kommen, muß sie entgegengehen, um ihnen ehrfürchtig den Saum ihrer Kleider zu küssen. Dies ist um so sonderbarer, als der Hof von Zerbst durchaus nicht so steif ist, und auch an etikettebeflisseneren Höfen wird eine Prinzessin nicht dazu angehalten, sich vor tieferstehenden Frauen zu demütigen. Diese Grille entspringt offenbar bloß Johannas Herrschsucht und ihrem Wunsche, das lebhafte, aufgeweckte Mädchen zu drücken und ihm »den Stolz auszutreiben«.

Aber mit dem Stolz dieses Mädchens ist es eine eigene Sache. Er sitzt so tief, er ist so fest in einem unzerstörbaren Kraftgefühl verankert, daß sie niemals um diesen Stolz besorgt ist, ihn niemals zur Schau stellt, daß sie beinahe gar keinen Stolz zu besitzen scheint. Ohne jeden offenen Protest fügt sie sich in alle Anordnungen ihrer Mutter, sie küßt die staubigen Schleppen der Damen, und auch ihrer Mutter begegnet sie niemals anders als mit zur Schau getragener Devotion. Man möchte es für Ohnmacht oder Schwäche halten, aber später wird man erkennen, daß es nur eine Methode ist, eine Methode, der sie treu bleibt durch alle Schwierigkeiten ihres Lebens hindurch und selbst in den Tagen ihres größten Glanzes. Später wird sie diese Methode bewußt und auch dort anwenden, wo sie sich in jeder Beziehung überlegen fühlt: nie wird sie eine bessere Waffe gegen ihre persönlichen Widersacher finden als Sanftmut, Nachgiebigkeit, Demut. Jetzt, als siebenjähriges oder achtjähriges Kind, im täglichen Kleinkrieg gegen die launenhafte Mutter, ist sie gerade dabei, diese Waffe zu finden. Vielleicht hat ihr Mamsell Cardel dabei, mehr als sie ahnte, geholfen. Mamsell Cardel hat einen ausgeglichenen Charakter, sie hat sich damit abgefunden, als Nachfahrin eines vornehmen Geschlechtes eine dienende Stellung anzunehmen, und sie versteht es, dabei ihre Würde, ihr Selbstgefühl, ihre Heiterkeit zu bewahren. Vielleicht hat sie einiges von diesem uralten Erbgut französischer Lebenskunst der kleinen deutschen Prinzessin vermitteln können.

Das Naturell der kleinen Prinzessin kommt ihr dabei entgegen. Sophie ist ein durchaus positiver Charakter, sie ist allem Angenehmen, jeder Freundlichkeit, jeder nützlichen Lehre willig aufgetan und versteht es, das Traurige und Böse so schnell wie möglich abzuschütteln. Sie ist kein glückliches, aber sie ist ein heiteres Kind. Das ist kein Widerspruch. Ihr Unglück hat eine äußere Ursache: den Mangel an elterlicher Liebe; die Heiterkeit ist ihr innerer Besitz, sie wurzelt in der kraftvollen Gesundheit ihres Körpers, in der lebhaften Neugierde ihres beweglichen Geistes. Noch fehlt es Körper wie Geist an Betätigungsmöglichkeiten; im achtzehnten Jahrhundert treiben kleine Mädchen keinen Sport, und die papierene Schulweisheit der Lehrer und Pastoren ist es gewiß nicht, was diesen durchaus auf das Leben, auf die Zukunft gerichteten Geist beschäftigen kann. Wohin mit der überschäumenden Vitalität des zehnjährigen Mädchens? Die Spiele im Park, die Spaziergänge mit der Gouvernante genügen nicht, und diese Gouvernante verläßt das gemeinsame Schlafzimmer nur, um ihre Notdurft zu verrichten. Diese wenigen Minuten auszunützen, erfindet Sophie einen Sport: sie muß die große vierteilige Treppe des Schlosses hinauf- und hinunterlaufen und sittsam wieder an ihrem Platz sein, wenn Mamsell Cardel von ihrem kleinen Geschäft zurückkehrt. Und abends, wenn Mamsell Cardel ihre Schutzbefohlene schlafend glaubt und im Nebenzimmer einen kleinen Klatsch mit den Hofdamen hat, setzt sich Sophie rittlings auf ihr Kissen, träumt, sie sitze auf einem Pferd, und reitet, bis sie die Kräfte verlassen.

Ziemlich häufig begleitet Sophie ihre Eltern auf Reisen. Das ist damals so Sitte, auch sollen möglichst viele Höfe beizeiten erfahren, daß in Zerbst eine niedliche, wohlerzogene Tochter heranwächst. Dahinter steckt die ewige Unrast Johanna Elisabeths: als hübsche, lebhafte Frau zwischen zwanzig und dreißig kann sie das stille, eintönige Leben von Zerbst nie lange ertragen. Bald drängt es sie an den herrlichen Hof von Braunschweig, wo es jeden Tag Jagden, Ausfahrten, Opernvorstellungen gibt, bald fährt sie nach Hamburg, wo ihre eigene Mutter ein prächtiges Haus führt, und jeden Fasching verbringt sie in Berlin, denn sie ist es ihrem Ansehen schuldig, dem König und seiner Familie wenigstens einmal im Jahr ihre Aufwartung zu machen.

Für Sophie liegt der wesentlichste Erfolg dieser Reisen darin, daß sie sehr bald erfährt, wie eng und klein das Leben am Hofe von Zerbst und in der Grenzstadt Stettin ist; daß ihre Mutter, die allmächtige Herrscherin daheim, an glänzenderen Stätten nichts weiter ist als eine mittlere Dame aus der Provinz, und ihr Vater, der Gouverneur, nur ein Vasall des Königs von Preußen. Es ist sehr wichtig, daß sie schon jetzt diese Erkenntnisse gewinnt, denn sehr bald wird ihre ganze Zukunft davon abhängen, daß sie die Ratschläge ihrer Eltern mißachtet.

Einmal nimmt man, auf dem Heimweg von der Großmutter in Hamburg, vorübergehend Aufenthalt in Eutin, um den Bruder Johanna Elisabeths, den Fürstbischof von Lübeck, zu begrüßen, der seit dem Tode Karls von Holstein Statthalter in Kiel ist. Er hat sein Mündel mitgebracht, den elfjährigen Peter Ulrich, den Enkel Peters des Großen. Eigentlich hätte der Fürstbischof allen Grund, sich angelegentlich mit der Erziehung seines Mündels zu befassen, denn der Knabe gilt für den ersten Prätendenten auf den schwedischen Thron, und auch auf die russische Krone hat er einen, wenn auch im Augenblick aussichtslosen, Anspruch. Aber Erziehung ist nicht jedermanns Sache, und so hat der Vormund das lästige Amt einem Kurländer namens Brümmer übertragen, ohne sich viel Sorge um die pädagogischen Fähigkeiten dieses Mannes zu machen. Tatsächlich ist Brümmer so ungeeignet wie nur möglich, es fehlt ihm an Bildung, an Güte und Geduld, seine Erziehung beschränkt sich infolgedessen auf willkürliche Verbote und Strafen und einen rein äußerlichen Drill zur Repräsentation.

Mit neugierigen Augen betrachtet die kleine Sophie den Aspiranten auf zwei große Throne. Sie sieht einen schwächlichen und für sein Alter recht kleinen Jungen, der durch die prächtige Paradeuniform, in die man ihn gesteckt hat, nur noch schmächtiger erscheint. Die Züge sind leidlich hübsch, aber entstellt von den dünnen, semmelblonden Haaren, die bis auf die Schultern fallen. Sein Wesen ist schüchtern und linkisch.

Niemand hat den historischen Augenblick, da diese beiden Kinder einander zum ersten Mal nach allen Regeln höfischer Etikette die Hand reichen, beobachtet und festgehalten. Niemand kann auch zu dieser Stunde ahnen, daß und wie es ihnen bestimmt ist, einander zum Schicksal und Verhängnis zu werden. Ein seltsames Schicksal hat jedem von ihnen gegeben, was das andere am heißesten wünscht, am schmerzlichsten entbehrt. Wie glücklich wäre Sophie, könnte sie ein Knabe sein, ein Knabe mit der Aussicht, dereinst zu herrschen! Wie glücklich wäre dieser Knabe, dessen Gemüt von der Pflicht zur Auserwähltheit ebenso bedrückt wird wie sein zarter Körper von der allzu prächtigen Uniform, wenn er harmlos im Park mit Gleichaltrigen spielen dürfte! Am allerliebsten spielt er mit Puppen, aber gerade das ist ihm am strengsten verboten. Und Sophie möchte für ihr Leben gern auf einem Pferd sitzen, im Herrensattel natürlich, und mit welchem Feuereifer würde sie lernen, wüßte sie, daß es der Vorbereitung für eine künftige Regentschaft gilt. Niemand weiß, ob die Kinder über diese grausame Blindheit des Geschicks miteinander gesprochen haben, niemand weiß, ob sie überhaupt mehr als ein paar konventionelle Phrasen getauscht haben. (Was die spätere Katharina über dieses erste Zusammentreffen mit ihrem künftigen Gemahl berichtet, ist durchaus unglaubwürdig. Vor allem: sie widerspricht sich selbst. In der ersten, noch zu Lebzeiten Peters abgefaßten Niederschrift ihrer Memoiren, findet sie allerlei Bewundernswertes an dem linkischen Knaben; zwanzig Jahre später, als selbstherrliche Kaiserin von Rußland, behauptet sie, er wäre damals bereits ein Trunkenbold gewesen. Beide Male unterliegt sie der Versuchung, die Vergangenheit im Sinne ihrer augenblicklichen Interessen zu verfälschen.)

Ein oder zwei Jahre später, im Hause ihrer Großmutter, in Hamburg, lernt Sophie den schwedischen Grafen Gyllenborg kennen. Ein idealistischer Sonderling, läßt er sich mit dem halbwüchsigen Mädchen, um das sich sonst niemand kümmert, in ein Gespräch ein und ist überrascht von ihrem klaren, beweglichen Verstande. Er gehört zu jenen seltenen Menschen, denen es gegeben ist, ein verschlossenes Kind zum Sprechen zu bringen, und so bemerkt er bald, daß hinter Sophiens Heiterkeit ein Kummer steckt und was der Grund dieses Kummers ist. Er tut was er kann für sie, und das ist nicht wenig. Er hebt ihr Selbstgefühl, indem er aus seiner guten Meinung über ihren Verstand kein Hehl macht. Er nennt sie sogar Philosophin, und das macht großen Eindruck auf das kleine Mädchen. Außerdem aber spricht er mit Johanna Elisabeth, und zwar in Gegenwart Sophiens: »Madame, Sie kennen das Kind nicht«, sagt er, »es besitzt mehr Vorzüge der Seele und des Geistes, als Sie ahnen. Sie sollten sich mehr mit Ihrer Tochter beschäftigen, sie verdient es.« Auf die Mutter macht das vermutlich keinen allzu tiefen Eindruck; für die Tochter aber bleibt es ein unvergeßliches Erlebnis.

Um so mehr als Gyllenborg der einzige ist, der etwas Besonderes an der halbwüchsigen Sophie findet. Alle anderen Urteile aus dieser Zeit stimmen darin überein, daß sie ein liebenswürdiges Mädchen von guten Manieren und natürlicher, anziehender Heiterkeit ist. Niemand kann irgend etwas Auffallendes, weder was ihren Geist noch was ihren Charakter betrifft, an diesem Mädchen bemerken, dem es bestimmt ist, eine der bedeutendsten und verrufensten Frauen der Weltgeschichte zu werden. Kein Lehrer staunt über ihre Auffassungsgabe, keiner klagt über die Heftigkeit ihres Temperaments. Von dieser Frau, die später die Herrschergabe eines Cäsar mit der Zügellosigkeit einer Messalina zu vereinigen scheint, sagt die Hofdame ihrer Mutter, die Baronesse von Prinzen: »In ihrer Jugend konnte ich nur einen kalten, berechnenden Verstand an ihr bemerken, der aber so weit von allem Hervorragenden, Glänzenden wie von allem entfernt war, was als Verirrung und Leichtsinn angesehen wird. Mit einem Wort, ich hielt sie für eine ganz gewöhnliche Erscheinung.«

Die Baronesse verdient vollstes Vertrauen, denn sie widersteht der naheliegenden Versuchung, ihr ursprüngliches Urteil durch die nachfolgenden Ereignisse zu verbessern. Sophie ist wirklich kein Wunderkind, sie zeigt mit dreizehn, mit vierzehn Jahren noch immer keine besonderen, weder grandiose noch verbrecherische Anlagen. Sie ist einfach ein gesunder Mensch mit unbegrenzten Möglichkeiten. Es sind die Ereignisse, die aus der kleinen Sophie die große Katharina machen werden, und sie bringt ihnen nichts entgegen als ihren ungebrochenen Willen, ihren glühenden Ehrgeiz und das, was die Baronesse von Prinzen mit gutem Instinkt, aber falschem Ausdruck »kalten, berechnenden Verstand« nennt. Kalter, berechnender Verstand nützt bei kleinen Geschäften, aber er trägt nicht und niemals zur Höhe, dazu bedarf es eines Schwunges aus ganz anderen Regionen. Was Sophie besitzt und was die meisten Leute, die es nicht besitzen, für kalten, berechnenden Verstand halten, das ist ihr *Wirklichkeitssinn,* ihre Fähigkeit, jede gegebene Realität zu erkennen, anzuerkennen, und sich auf die eine oder andere Weise damit abzufinden. Das hat sie zum ersten Mal in ihrem Verhalten gegen die Mutter bewiesen: empfindlich genug gegen die Ungerechtigkeit, erkennt sie gleichzeitig die Zwecklosigkeit jeder Auflehnung bei so ungleichem Kraftverhältnis. Friedrich der Große hat die gleiche Erkenntnis seinem Vater gegenüber weitaus teurer bezahlen müssen.

Auch für Johanna Elisabeth sind diese Jahre voll von Bitterkeit und Enttäuschung. Sie kann sich mit dem kleinen, bescheidenen Los an der Seite des ehrenwerten, aber höchst langweiligen Christian August nicht abfinden. Warum zieht man nicht nach Berlin, in die Nähe des Hofes, dort gibt es wenigstens interessante Menschen und Abwechslung, und vielleicht kann Christian August am Hofe Karriere machen? Der Fürst ist anderer Meinung: Alle seine Vorfahren haben die geringen Einkünfte ihres Landes daheim verzehrt, er mag sich in keine Abenteuer einlassen, deren Erfolg sehr fraglich ist, während bloß die erhöhten Ausgaben gewiß sind. Und hat er denn das Zeug dazu, am Hofe Karriere zu machen? Johanna selbst weiß, daß er es nicht hat. Ja, wenn es auf sie ankäme! Sie glaubt, alles zu haben, was zu einer »großen Frau« nötig ist: Klugheit und Takt, Scharfsinn und weltgewandtes Betragen. Und alle diese Fähigkeiten sollen in dem engen, elenden Zerbst verdorren!

1740 stirbt der König Friedrich Wilhelm. Johanna weiß, was sich in solchen Fällen für die Damen des Hofes schickt. Sie fühlt sich als Dame des Berliner Hofes, sie läßt sich eine Trauerrobe anfertigen und bemüht sich, auch die anderen vornehmen Damen von Stettin dazu zu bringen, Trauer anzulegen. Aber die Damen wollen nichts davon wissen, sie finden das Vorgehen der Fürstin geschmacklos, und ihr Getratsche darüber dringt bis nach Berlin. Als Johanna an den Hof kommt, um dem neuen König zu huldigen, wird sie von seiner Familie, wenn auch in zarter Weise, zur Rede gestellt. Gewandt leugnet sie alles, es ist eine Verleumdung hämischer Neiderinnen, weiter nichts. Übrigens bekommt sie den jungen König nicht zu Gesicht, er ist mit ganz anderen Dingen als mit den Frauen seiner Umgebung oder mit dem Fürsten von Zerbst beschäftigt: er rüstet zum Ersten Schlesischen Krieg. Gerade als er ausbricht, erleidet Christian August einen leichten Schlaganfall. Die erste und günstigste Gelegenheit, sich um den jungen Herrscher verdient zu machen, ist vorbei.

Beinahe gleichzeitig aber kommt eine interessante Nachricht aus Rußland: Elisabeth, die Tochter Peters des Großen, hat die Herrscherfamilie, den einjährigen Zaren Iwan und seine Mutter, die Regentin Anna, gestürzt und sich selbst des Thrones bemächtigt. Diese Nachricht erfüllt Johanna mit ungeheurer Aktivität. Elisabeth war doch mit Johannas Bruder verlobt gewesen, und es heißt, sie sei bis heute unvermählt geblieben, weil ihr das Andenken an den toten Bräutigam unvergeßlich ist; Elisabeth ist die Tante jenes Peter Ulrich von Holstein und somit, wenn auch recht weitläufig, mit Johanna verwandt. Und Elisabeth hat ein Herz für die Holsteiner, das weiß man, sie hat sich oft nach dem Befinden der Familie erkundigt.

Sofort setzt sich Johanna hin und schreibt einen Brief an die neue russische Zarin. Diesmal veranlaßt sie nicht den schwerfälligen Gatten, die Feder zu führen, sie schreibt selbst, und sie schreibt besser als er. Es wird ein überschwenglicher Brief, voll von guten Wünschen für ein langes Leben und eine glückliche Regierung. Der Brief hat Erfolg: so schnell, als es bei den damaligen Postverhältnissen möglich ist, kommt die Antwort. Eine bezaubernde Antwort! Nichts ist liebenswürdiger, als wenn ein Großer einen Kleinen um eine Gefälligkeit ersucht: eben dies tut die Zarin. Sie bittet um das Bild ihrer verstorbenen Schwester Anna, das sich im Besitz der Fürstin von Zerbst befindet. Man kann sich denken, mit welcher Bereitwilligkeit diese Bitte erfüllt wird. Mit dem nächsten Kurier wandert das Bild der Anna von Holstein nach Rußland. Wenige Wochen darauf beweist die Zarin ihren Dank, und sie beweist ihn auf wahrhaft kaiserliche Art: sie sendet der geblendeten Fürstin ihr eigenes Porträt, ganz und gar in Brillanten gefaßt. Das Schmuckstück ist an die zwanzigtausend Taler wert. Und damit nicht genug. Elisabeth von Rußland erreicht, was alle Vasallentreue des Fürsten und die Aufmerksamkeiten seiner Frau für den Berliner Hof nicht erreichen konnten: Friedrich scheint endlich seinen treuen Diener Christian August zu bemerken und erhebt ihn zum Feldmarschall.

Bald kommen noch andere Nachrichten, die geeignet sind, den neu entfachten Familienstolz Johannas gewaltig zu steigern. Der Knabe Peter Ulrich von Holstein wird plötzlich mitsamt seinem Erzieher Brümmer nach Rußland gebracht, er wird der griechischen Kirche zugeführt und gilt als Thronfolger der Zarin. Sein bisheriger Vormund aber, der Fürstbischof von Lübeck, Johannas Bruder, wird auf Intervention des russischen Hofes zum König von Schweden gekrönt.

Die neue Sonne von Moskau wärmt den Hof von Zerbst mit ihren verschwenderischen Strahlen. Nun hat Johanna einen König zum Bruder, einen Thronfolger zum Neffen, nun hat sie die Oberhoheit im Hause, Christian August, der lahme Feldmarschall von Gnaden ihrer Wohltäterin ist gänzlich an die Wand gedrückt. Unablässig arbeitet ihr Kopf an weiteren Möglichkeiten, die Gunst der russischen Herrscherin noch weiter auszunützen.

Dabei fällt ihr Blick auf die Tochter. Es ist nichts Besonderes an dem Kind, gewiß nicht, aber darauf kommt es bekanntlich bei politischen Heiraten am wenigsten an. Warum dem Schicksal nicht ein wenig in die Hände spielen? Wenn es der russischen Zarin Freude macht, Familienporträts zu sammeln, so wird sie über ein Bild ihrer jungen Verwandten von Zerbst gewiß nicht ungehalten sein. In Berlin lebt ein berühmter Hofmaler namens Paine. Er ist gewohnt, seinen Modellen zu schmeicheln. Er kann ohne weiteres aus dem dreizehnjährigen Mädchen ein fünfzehnjähriges machen, aus dem unfertigen, mageren Geschöpf eine angehende Schönheit. Er tut es. Der Prinz August von Holstein nimmt das Bild mit nach Rußland, und »die ausdrucksvolle Physiognomie der jugendlichen Prinzessin hat der Kaiserin gefallen«, notiert Stehlin, der neue Lehrer des Knaben Peter Ulrich, der bereits zur orthodoxen Kirche übergetreten ist und als Großfürst und Thronfolger den Namen Peter Feodorowitsch führt. »Auch der Großfürst betrachtete das Bild nicht ohne Vergnügen.«

Da es an Höfen nicht zugeht wie in modernen Kitschoperetten, kann man ganz sicher sein, daß hier kein blinder Amor seine neckischen Scherze treibt: Johanna hat ihre Tochter porträtieren lassen, damit Peter Feodorowitsch das Bild zu Gesicht bekommt, und auch die Zarin hat es ihm gezeigt, damit er es »nicht ohne Vergnügen betrachte«.

Aber für Kombinationen ist es noch zu früh. Mehr als ein Jahr vergeht, ohne daß neue, interessante Nachrichten aus Rußland kommen. Das Leben in Zerbst geht seinen gewohnten, langweiligen, eintönigen Gang.

Die Prinzessin Sophie ist jetzt vierzehn Jahre alt. Sie ist hochaufgeschossen und mager, nicht gerade schön, aber von einnehmendem Äußeren. Sie hat schwarze glänzende Haare und schwarze glänzende Augen unter einer hohen, wohlausgebildeten Stirn. Sie selbst findet sich immer noch häßlich und verwendet keinerlei Sorgfalt auf ihre Kleidung und Frisur. Noch steht sie als Aschenbrödel im Schatten der hübschen und temperamentvollen Mutter. Aber sie weiß schon, daß sie den Menschen gefallen kann, sie weiß auch womit, und sie übt die neue Kunst mit Feuereifer. Wer etwa glaubt, die künftige Aspasia werde damit beginnen, Männern die Köpfe zu verdrehen, der ist auf dem Holzweg. Sophie ist alles eher als kokett, und es sind keine sexuellen Reize, die sie auslösen will, sondern Sympathie. Die braucht sie, danach dürstet sie, die sucht sie bei allen, bei Männern und Frauen, bei alten und jungen, großen und kleinen. Sie findet Methoden, die gerade durch ihre Unscheinbarkeit grandios sind. Mit vierzehn Jahren begreift sie, daß die Menschen lieber bewundert werden, als daß sie bewundern, daß sie lieber selbst sprechen, als daß sie zuhören. Die Mutter zeigt die großartigen Allüren einer Dame, die mehr scheinen will als sie ist, Sophie befleißigt sich der denkbar einfachsten Natürlichkeit. Die Mutter bewirbt sich um alle, die höher gestellt sind als sie, und ist hochmütig gegen die Kleinen, Niederen, Sophie ist von gleichmäßigster Liebenswürdigkeit gegen jedermann; jede Kammerfrau, jeden Bediensteten, die Schneiderin, den Friseur, den Kutscher besticht sie mit einem Lächeln, einem freundlichen Wort. Noch hat sie keine Zeile von Voltaire gelesen, noch kennt sie kaum das Wort »Demokratie«, noch liegt kein System in dieser Menschenfängerei: es ist nichts als die Einsamkeit des vernachlässigten Kindes, das auf allen Seiten um Wohlwollen wirbt. Aber es ist doch ein Kind mit einer besonderen Art von Stolz. Dieser Stolz hindert sie nicht, die schmutzigste Hand zu schütteln, aber er hindert sie, sich am Halse einer ebenbürtigen Busenfreundin auszuweinen.

Schon beginnt um sie herum das Geraune über diese oder jene denkbare Heirat, eine Tante läßt einen Namen fallen, ein Onkel macht einen Scherz. In Berlin tanzt der Prinz Heinrich von Preußen ein paar Mal mit Sophie, er findet sie nett, sagt es seiner Schwester, der Herzogin von Braunschweig, die gibt es nach Zerbst weiter, und schon ist die ganze Familie dabei, die Möglichkeit dieser immerhin recht ansehnlichen Heirat mit dem Bruder des Königs durchzusprechen. Auch Sophie erfährt davon. Was sagt sie, oder, da niemand sie um ihre Meinung fragt, was denkt sie über den Prinzen Heinrich? Und über die andern, von denen gemunkelt wird?

Sie weiß, daß alles für sie darauf ankommt, den richtigen Mann zu finden. Den richtigen Mann – was versteht sie darunter? Hat sie irgendein Idealbild vor Augen, eine verschwiegene Sehnsucht nach einem wirklichen oder bloß erträumten Wunschhelden? Nichts davon ist uns bekannt. Vergebens suchen wir in ihren Aufzeichnungen nach der Erinnerung an eine erste Jugendliebe oder Backfischschwärmerei; sie scheint gar nicht zu wissen, daß es das gibt. Nirgends begegnen wir dem Bild eines Mannes, dessen wirkliche oder vermeintliche Größe sie bewundert, dessen Anblick sie mit Unruhe erfüllt und dessen Annäherung sie mit Sehnsucht erwartet. Sowenig wie ihre Genialität, sowenig kündet sich ihr ausschweifendes Temperament in ihren Jugendjahren an. Diese Frau, die durch den Skandal ihrer Lebensführung noch berühmter werden soll als durch ihre Staatsaktionen, deren Liebesaffären ganz Europa entrüsten, die, nicht ganz mit Recht, zum Inbegriff unersättlicher Mannstollheit werden soll, zum Objekt psychologischer Studien, zur Heldin pikanter Operetten und Hintertreppenromane, diese Frau hat eine keuschere Jugend verbracht als ein durchschnittliches Pensionatsmädchen von heute. Natürlich fehlt es nicht an Erfindungen. Schon zu ihren Lebzeiten kursieren allerlei Gerüchte über Verhältnisse, die sie im zartesten Mädchenalter gehabt haben soll, und nach ihrem Tode ergießt sich eine wahre Schmutzflut von Pamphleten und pseudohistorischen Dokumenten über die sensationslüsterne Welt, die gerne glauben will, daß schon die zwölfjährige Sophie, vom Fenster des Schlosses aus, den militärischen Paraden zusah, um durch geheimes Augenzwinkern, durch kleine Zettelchen, bald den einen, bald den anderen Offizier zu höchst eindeutigen und gefährlichen nächtlichen Besuchen einzuladen. All das sind Verleumdungen, Fabeln, mögen wir sie auch in den ersten Bibliotheken Europas finden, auf vergilbtem Papier gedruckt, in edelstes Leder gebunden. Die berühmteste gekrönte Kurtisane aller Zeiten ist mit vierzehn Jahren nicht bloß eine unberührte Jungfrau, sie hat nicht einmal die durchaus normale Phase einer schwärmerischen Jugendverliebtheit durchgemacht.

Was ist es, das in diesem klugen, frühreifen und temperamentvollen Mädchen die ersten zarten Frühlingsregungen abtötet? Gewiß, sie ist ein wohlbehütetes Mädchen, und ihre Phantasie kann weder durch sentimentale Lektüre noch durch die Gespräche mit der alten Jungfer Cardel besonders angeregt werden. Aber bedarf die Phantasie eines jungen, gesunden Mädchens der Anregungen? Und sind die Gespräche über ihre baldige Heiratsfähigkeit, die Namen möglicher Bewerber nicht Anregung genug, um ein natürliches, wenn auch bloß vages Gefühl der Sehnsucht zu entzünden?

Sie *hat* eine Sehnsucht, das ist es, und diese Sehnsucht beherrscht sie ganz und gar; solange sie in Zerbst ist, wird sie durchaus von dem unterirdischen Kampf gegen die Mutter beherrscht, und ihr vornehmstes Ziel ist, diesen Kampf schnell und mit einem eklatanten Sieg über die Mutter zu beenden. Da sie stets realistisch denkt, weiß sie, daß es einen einzigen Weg gibt, um diesen Sieg zu erringen: einen Mann zu bekommen, der sie mit einem Schlag aus der verhaßten Umgebung führt und weit über den Rang ihrer Mutter erhebt. Der und nur der ist der »richtige Mann« für sie, der ihr eine Krone aufs Haupt setzt, tausendmal großartiger als die bescheidene Fürstenkrone von Zerbst. Ihr letzter, tiefster Ehrgeiz geht allerdings weit über dieses Ziel hinaus, er greift nach den Sternen, nach Einmaligkeit, Unsterblichkeit. Aber das nächste, unvermeidliche Ziel ihres Ehrgeizes ist der Sieg über die Mutter.

Zum Beweis diene die einzige kleine Liebesaffäre, die Sophie in Zerbst gehabt hat. Ein einziges Mal sieht es aus, als wolle das erregte junge Blut ihren klaren, auf das größte Ziel gerichteten Blick trüben; einen einzigen Mann gibt es, mit dem sie immerhin ein paar Küsse getauscht und dem sie sogar versprochen hat, ihn späterhin zu heiraten. Ist es ein Zufall, daß dieser Mann – der Bruder ihrer Mutter ist? »Meine Mutter kümmerte sich jetzt viel mehr um mich. Sie sah mich bereits als ihre künftige Schwägerin.« Es ist das erste und letzte Mal in Sophies Leben, daß der kleine, nächstliegende Ehrgeiz den großen, weittragenden in Gefahr bringt. Ist es eine wirkliche Gefahr? Wäre Sophie wirklich bereit, den Prinzen Georg Ludwig, einen »kleinen Fürsten aus der Nachbarschaft«, zu heiraten, bloß um die Schwägerin ihrer Mutter zu werden? Es ist immerhin möglich. Aber sie hat Glück. Ehe es zu entscheidenden Worten oder Handlungen kommt, tritt ein ganz anderes Heiratsprojekt auf den Plan.

Sie hat immer und in allen Dingen Glück. Sie ist ein unglückliches Kind und auch später wird sie noch oft und anhaltend unglücklich sein. Aber sie hat immer Glück, mag dies auch zunächst als ein Widerspruch erscheinen.

Sie ist unglücklich darüber, ein Mädchen zu sein, aber nur als Mädchen kann sie mit einem Satz die engen Grenzen des kleinen deutschen Fürstentumes überspringen. Als Knabe wäre sie vielleicht der vergötterte Liebling ihrer Mutter gewesen, um später der rechtmäßige Nachfolger ihres Vaters in der Regentschaft von Zerbst zu werden.

Ihre Erziehung ist lieblos und auf eine ganz andere als auf ihre schließliche Bestimmung hin gerichtet gewesen. Aber es wird sich zeigen, daß keine andere als gerade diese Erziehung jene Eigenschaften und Fähigkeiten, deren sie später am dringendsten bedürfen wird, in ihr hätte ausbilden können. Man weiß, wie künftige Kaiserinnen erzogen werden: ohne richtige Kindheit, von jedem rauhen Hauch des wirklichen Lebens abgeschlossen, mit fertigen Urteilen gefüttert, wachsen sie heran. Die Prinzessin Sophie aber hat im Stadtgarten mit den Kindern gewöhnlicher Bürger gespielt, und bei diesen Spielen hat sie gelernt, ihren Platz durch eigene Tüchtigkeit zu behaupten. Sie hat sich auf dem Spielplatz wohler gefühlt als am Hofe bei ihrer launischen Mutter. Später, in den entscheidenden Augenblicken ihres Lebens, werden es immer wieder einfache Leute sein, Bedienstete und Soldaten, bei denen sie Rückhalt suchen und finden wird. Niemals würde sie diese einfachen Leute mit solcher Sicherheit zu nehmen verstehen, hätte man sie dazu erzogen, sie zu beherrschen.

Sie ist unglücklich, weil ihre Mutter sie lieblos und ungerecht behandelt. Es ist ihr größtes Glück, daß sie als Kind schon lernt, ihre Mutter mit kritischen Augen zu betrachten. Wir werden sehen, wie schnell sie sich im Gestrüpp des russischen Hofes verfangen würde, käme sie von Vertrauen und Verehrung und nicht von tiefstem Protest gegen ihre Mutter erfüllt in ihre zweite Heimat.

Sie hat bei ihren verschiedenen Lehrern nur wenig, im Kampf gegen die Mutter aber unendlich viel gelernt, Wichtigeres, Brauchbareres, als sich aus allen Büchern der Welt erlernen läßt. Sie hat gelernt, zu schweigen und ihre Meinungen ebenso wie ihre Gefühle bei sich zu behalten; sie hat gelernt, Demütigungen zu ertragen, ohne sich demütigen zu lassen.

Wenn jetzt von außen her das große Glück an sie herantritt, ist sie innerlich auf das glücklichste darauf vorbereitet.

II.

Die große Brautfahrt

Der erste Januar 1744. Der fromme Christian August und seine gesamte Familie beginnen das neue Jahr mit einem Festgottesdienst in der Schloßkapelle von Zerbst. Nach vollendeten Gebeten begibt man sich hinüber zu Tische, da wird der Fürstin gemeldet, es sei eine Stafette aus Berlin für sie gekommen. Das ist ein recht ungewöhnliches Ereignis, und in begreiflicher Neugierde verlangt sie, ihre Post sofort zu sehen. Aber alle ihre Erwartungen werden übertroffen. Der Brief, den sie erhält, kommt aus Petersburg, er ist von Brümmer, dem Oberhofmeister des Großfürsten Peter Feodorowitsch, geschrieben und lautet folgendermaßen:

»Gnädige Frau!

Ich bin an meinem langen Schweigen nicht so sehr schuld, als Ew. Durchlaucht das Recht haben, vorauszusetzen. Krankheit, die mich seit mehreren Wochen schon nicht verläßt, Ansammlung von Geschäften, guten und schlechten, insbesondere aber die ziemlich gefährliche Krankheit Sr. Kaiserlichen Hoheit des Großfürsten, meines Herrn, von welcher er indessen durch Gottes Gnade vollkommen wieder hergestellt ist, sprechen hinreichend zu meinen Gunsten. In jedem Falle ist, inmitten aller dieser Hindernisse, meine ehrfurchtsvolle Ergebenheit Ew. Durchlaucht unverändert gewesen, und wird es stets bleiben, wenn auch die Äußerungen derselben sich ändern mögen. Trotz meiner vielen täglichen Beschäftigungen hätte ich natürlich – ich gestehe es aufrichtig – schon Zeit finden können, um Ew. Durchlaucht meine Ergebenheit auszusprechen; allein, ich wollte es nicht tun, ehe ich die Möglichkeit erlangt, Ihnen etwas mitzuteilen, was Ihnen sehr angenehm sein wird.

Ich hoffe, gnädige Frau, daß Ew. Durchlaucht vollkommen überzeugt davon sind, daß ich, seit ich mich in diesem Lande befinde, unaufhörlich bemüht bin, an dem Glück und der Größe des allerdurchlauchtigsten herzoglichen Hauses zu arbeiten. Ob ich es erreicht habe oder nicht, darüber mögen andere urteilen.

Bei der Verehrung, die ich seit langer Zeit für die Person Ew. Durchlaucht hege, bin ich bemüht gewesen, dieselbe nicht bloß mit leeren Worten, sondern durch die Tat davon zu überzeugen, und habe Tag und Nacht gesonnen, ob es nicht möglich wäre, etwas Glanzvolles zum Vorteil Ew. Durchlaucht und Ihrer hohen Familie zu tun.

Da Ihre Hochherzigkeit und der Adel Ihrer Gefühle mir bekannt sind, trage ich keinen Augenblick Bedenken, Ew. Durchlaucht eine Angelegenheit mitzuteilen, die ich geheim zu halten bitte, damit in der ersten Zeit wenigstens nichts davon bekannt wird.

Im Verlaufe der zwei Jahre, die ich das Glück hatte, an diesem Hofe zu verleben, habe ich oft Gelegenheit gehabt, Ihrer Kaiserlichen Hoheit von Ew. Durchlaucht und Ihren hervorragenden Eigenschaften zu sprechen. Ich habe es mir lange angelegen sein lassen und alle meine Bemühungen darangesetzt, um die Angelegenheit zu einem erwünschten Ende zu führen. Wenngleich mit Schwierigkeiten, so glaube und hoffe ich doch, gefunden zu haben, was das Glück des herzoglichen Hauses machen und vollkommen befestigen wird. Ich kann es ohne Selbstüberhebung sagen, daß ich in dieser Beziehung alles getan habe, was von meinem Eifer und meiner Ergebenheit für Ew. Durchlaucht erwartet werden kann. Jetzt, gnädige Frau, bleibt es Ew. Durchlaucht vorbehalten, selbst die Hand an das Werk zu legen, welches ich mit so gutem Erfolge begann. Ohne mit Vorreden die Zeit zu verlieren, nehme ich mir mit der größten Freude die Ehre, Ew. Durchlaucht mitzuteilen, worum es sich handelt.

Auf namentlichen Befehl Ihrer Kaiserlichen Majestät habe ich Ihnen, gnädige Frau, mitzuteilen, daß die erhabenste Kaiserin wünscht, daß Ew. Durchlaucht in Begleitung der

Prinzessin, Ihrer ältesten Tochter, so schnell wie möglich, und ohne Zeit zu verlieren, nach Rußland, in die Stadt kommen möchten, wo sich der Kaiserliche Hof gerade befindet. Ew. Durchlaucht sind zu aufgeklärt, um den wahren Sinn der Ungeduld nicht zu verstehen, mit welcher Ihre Kaiserliche Hoheit Sie und die Prinzessin Tochter, von welcher das Gerücht so viel Schönes sagt, hier zu sehen wünscht. Es gibt Fälle, wo die Stimme des Volkes die Stimme Gottes ist. Zu gleicher Zeit hat unsere unvergleichliche Monarchin mir geboten, vorzubeugen, daß der Prinz, Ew. Durchlaucht Gemahl, nicht mit Ihnen kommt; Ihre Kaiserliche Majestät hat sehr wichtige Gründe, das zu wünschen. Ich denke, es bedarf für Ew. Durchlaucht nur eines Wortes, um den Willen unserer göttlichen Kaiserin zu erfüllen.

Damit sich Ew. Durchlaucht keine Hindernisse in den Weg stellen, damit Sie für sich und die Prinzessin, Ihre Tochter, einige Toiletten anschaffen und die Reise ohne Zeitverlust unternehmen können, habe ich die Ehre, diesem Brief einen Wechsel beizulegen, auf welchen Sie bei dem Vorzeigen desselben sofort Geld ausgezahlt erhalten werden. Die Summe ist freilich sehr bescheiden; allein ich muß Ew. Durchlaucht sagen, daß dieses mit Absicht geschieht, damit die Zahlung einer großen Summe nicht denen in die Augen fällt, welche alle unsere Handlungen beobachten. Damit aber Ew. Durchlaucht bei der Ankunft in Petersburg nicht in Verlegenheit kommen, habe ich Anordnungen getroffen, daß der Kaufmann Johann Ludolf Dohm Ew. Durchlaucht, im Falle Sie es nötig haben, auf der Reise 2000 Rubel auszahlen wird. Ich wage, mich dafür zu verbürgen, daß Ew. Durchlaucht, sobald Sie glücklich hier angekommen sind, nichts mehr entbehren werden. Ew. Durchlaucht findet hier eine Beschützerin, die für alles Notwendige sorgen wird, damit Sie auf würdige Weise in der Gesellschaft erscheinen können. Es sind alle Maßregeln getroffen, um Ew. Durchlaucht zufriedenzustellen.

Um die Reise, welche keinen Aufschub leidet, zu beschleunigen, würde Ew. Durchlaucht gut tun, nur eine Staatsdame, ein paar Kammermädchen, einen Koch (in diesem Lande notwendig) und einen Offizier mitzunehmen, der die Anordnungen auf den Stationen treffen müßte. Um die Suite nicht übermäßig zu vergrößern, sind drei oder vier Lakaien für die gewöhnlichen Dienstleistungen hinreichend.

Bei der Ankunft in Riga findet Ew. Durchlaucht dort eine Eskorte vor, welche von Ihrer Kaiserlichen Majestät bestimmt ist, um Sie an den Aufenthaltsort des Hofes zu geleiten. Wenn Ew. Durchlaucht in Riga erfahren, daß der Hof sich in Moskau befindet, so rate ich Ihnen dennoch, gnädige Frau, den Weg über Petersburg und nicht über Plescow zu gehen, da die schlechten Wege und ärmlichen Stationen Ew. Durchlaucht länger aufhalten würden als der kleine Umweg, wenn Sie die Richtung über Petersburg einschlagen.

Allem Anscheine nach wird sich Ihre Kaiserliche Majestät zwei Wochen nach Neujahr nach Moskau begeben. Damit der Weg von hier nach Moskau Ew. Durchlaucht nicht endlos erscheine, habe ich die Ehre, Sie zu versichern, daß man ihn in 5 – 6 Tagen zurücklegen kann. Nachdem ich Ihnen alles mitgeteilt, was mir aufgetragen wurde, erlaube ich mir noch hinzuzufügen, daß Ew. Durchlaucht, um eine übergroße Neugierde zu befriedigen, erklären könnten, daß Pflicht und Höflichkeit diese Reise nach Rußland von Ihnen fordern, sowohl um Ihrer Kaiserlichen Majestät für das außerordentliche Wohlwollen zu danken, welches Sie dem herzoglichen Hause schenkt, als auch, um die vollkommenste Kaiserin der Welt zu sehen, deren Gnade Sie sich persönlich empfehlen wollen.

Damit Ew. Durchlaucht über alle Umstände, welche sich auf diese Angelegenheit beziehen, in Kenntnis gesetzt sind, habe ich die Ehre, Ihnen mitzuteilen, daß der König von Preußen in das Geheimnis eingeweiht ist. Ew. Durchlaucht können also mit ihm darüber sprechen oder nicht, je nachdem es Ihnen gut dünkt. Was mich persönlich anbetrifft, so möchte ich Ihnen ehrfurchtsvoll raten, mit dem Könige darüber zu sprechen, da Sie seiner Zeit und gehörigen Ortes die Folgen empfinden werden, welche natürlicher Weise daraus entstehen werden. An dieser Stelle meines Briefes berief mich Ihre Kaiserliche Majestät zu sich, und geruhte mir zu befehlen, Ew. Durchlaucht noch einmal zu bitten, Ihre Herkunft so viel als möglich zu beschleunigen. Diese göttliche Kaiserin hatte die Gnade, zu sagen, da die Verhältnisse ihr im gegenwärtigen Augenblicke nicht gestatten, den Prinz-Gemahl Ew. Durchlaucht zu sehen, würde sie nicht zögern, ihn herzuberufen, wenn die Verhältnisse sich änderten. Ich hielt es für meine Pflicht, Ew. Durchlaucht davon zu benachrichtigen, damit Sie für die in Rede stehende Angelegenheit Nutzen daraus ziehen könnten. Herr Lestocq, welcher jederzeit im Einverständnis mit mir gearbeitet hat und den Interessen des herzoglichen Hauses sehr ergeben gewesen ist, hat mich gebeten, Ew. Durchlaucht seine tiefste Verehrung zu bezeugen. Ich muß ihm die Gerechtigkeit widerfahren lassen, daß er sich in Bezug auf die Interessen Ew. Durchlaucht als ein ehrlicher Mann und eifriger Diener erwiesen hat.

Mein Brief ist so lang geworden, daß ich Ew. Durchlaucht deshalb tausend Entschuldigungen machen muß. Mir bleibt nur noch übrig, hinzuzufügen, daß ich mit der tiefsten Ehrfurcht und achtungsvoller Ergebenheit die Ehre habe zu sein

St. Petersburg.   BRÜMMER.
Den 17. Dezember 1743.

Nachschrift. Um das Ziel Ihrer Reise besser zu verbergen, könnten Ew. Durchlaucht erklären, daß Sie nach Stettin reisen, und von dort direkt nach Rußland gehen. Wenn Ew. Durchlaucht es angemessen finden, könnten Sie bis Riga unter dem Namen einer Gräfin Reinbeck reisen und sich dort erst zu erkennen geben, wo Sie die Eskorte erhalten, welche für Sie bestimmt ist.«

In diesem Brief steht nichts über den eigentlichen Zweck der Reise. Aber Johanna hat ganz gewiß sogleich erraten, um was es sich da handelte, und wenn sie es nicht tat, so wird sie, wenige Stunden darauf, durch eine zweite Stafette aufgeklärt, die einen Brief Friedrichs von Preußen bringt.

»Ich will nicht länger verhehlen«, schreibt Friedrich unter anderem, »daß ich bei der Achtung, die ich für Sie und für die Prinzessin Ihre Tochter hege, immer gewünscht habe, derselben ein ungewöhnliches Glück zu bereiten; da ist mir denn der Gedanke gekommen, ob es nicht möglich wäre, dieselbe mit ihrem Vetter im 3. Gliede, dem Großfürsten von Rußland zu verheiraten.« Wie man sieht, wird es der Fürstin nicht leicht gemacht, ihre Dankbarkeit richtig zu plazieren: sowohl Brümmer als Friedrich II. nehmen, jeder für sich, das Verdienst in Anspruch, die Ehe mit dem russischen Thronfolger eingefädelt zu haben.

Es mag auch auffallen, daß beide Briefe an Johanna Elisabeth und nicht an ihren Gatten als den Herrn der Familie gerichtet sind. Auch daß Brümmers Brief, trotz seines höflichen Tones, weit eher einem weitergeleiteten Befehl als einem Brautwerben gleicht. Beides entspricht einfach der Sachlage: in Petersburg ebenso wie in Berlin weiß man um den Familienehrgeiz Johannas sowie um ihre Servilität und rechnet damit, daß sie den Widerstand des schwerfälligen Gatten gegebenenfalls zu überrennen wissen wird. Man rechnet richtig. Johanna kann bei diesen Briefen nichts anderes empfinden als eitel Glück und Befriedigung. Nicht bloß winkt ihr die Aussicht auf engste Verschwägerung mit einem der mächtigsten Herrscherhäuser Europas, sie darf sich sogar mit vollem Recht rühmen, der gütigen Vorsehung geschickt in die Hände gespielt zu haben. Dem redlichen Christian August hingegen will der Gedanke, daß seine Tochter die lutherische Religion mit einer anderen würde vertauschen müssen, durchaus nicht in den Kopf. Wir wissen nicht, ob Johanna ihm einredet, die Heirat werde sich auch ohne Glaubenswechsel durchführen lassen, oder auf welche andere Weise sie seinen beschränkten Starrsinn überwindet – keinesfalls braucht sie länger dazu als drei Tage. Am vierten Januar bereits schreibt sie an Friedrich: »Der Fürst hat seine Einwilligung gegeben. Diese Reise, die zumal um diese Jahreszeit wirklich gefährlich ist, schreckt mich nicht. Ich bin entschlossen und fest überzeugt, daß alles nach dem Willen der Vorsehung geschieht.«

Es ist ein langer Brief, und in diesem Brief ist der Hauptbeteiligten, der Prinzessin Sophie, mit keinem einzigen Wort Erwähnung getan. Dies entspringt keineswegs einer übergroßen Vorsicht – Friedrich hat doch selbst den Zweck der Reise rückhaltlos beim Namen genannt –, es entspringt ganz einfach ihrem Gefühl, daß es sich um ihre eigene Sache handelt. Es ist der Höhepunkt ihres Lebens. Sie ist erst einunddreißig Jahre alt, all ihre glühenden Erwartungen an das Leben, all ihre Sehnsucht nach Größe und Ruhm, all ihre Wünsche nach Abenteuer und Aktivität sind bisher unerfüllt geblieben. Nach fünfzehnjähriger Ehe, in der sie fünf Kinder geboren und zwei bereits begraben hat, ist sie in gewissem Sinn immer noch ein junges Mädchen geblieben, das auf das »Wunderbare, Überwältigende« wartet.

Nun ist es da. Sie ist mitten drin in der großen europäischen Politik. Sie ist eine wichtige Person, mit deren Entschließungen sich zwei mächtige Herrscher beschäftigen. Täglich empfängt sie Stafetten aus Berlin und Petersburg. Brümmer mahnt zur Eile, der deutsche Gesandte in Petersburg, Baron Mardefeld, bittet Friedrich II. im Namen der Zarin, er möge der Fürstin von Zerbst befehlen, ihre Abreise nach Möglichkeit zu beschleunigen. Sie läßt der Zarin sagen, daß »ihr bloß die Flügel fehlen, sonst würde sie nach Moskau fliegen«. Sie bringt es wirklich zustande, die schwierigen Vorbereitungen auf eine so große Reise in einer knappen Woche zu Ende zu führen. Eine herrliche Woche, in der sie, umwittert von einer Wolke großartigen Geheimnisses, durch die bescheidenen Räume des alten Schlosses geht, mit den bescheidenen Leuten des kleinen Provinzadels plaudert, die alle bald erfahren werden, welche Macht sie verkörpert.

Es fällt ihr gar nicht ein, daß alles, was da geschieht, gar nicht ihr gilt, sondern ihrer Tochter. Sie beachtet das Mädchen kaum, während sie Briefe öffnet und kuvertiert, Aufträge erteilt, Kleider anprobiert und das Einpacken der Koffer überwacht. Für Sophie wird nichts mitgenommen, als was gerade zur Hand ist: drei Kleider, ein Dutzend Hemden, ein paar Strümpfe und Taschentücher. Kein einziges Stück wird neu angeschafft. Es ist ein wahres Wunder, daß die eigentliche Braut bei diesem hastigen Aufbruch zur Brautfahrt nicht in Zerbst vergessen wird.

Während die Mutter auf solche Weise die Krönung ihres Lebens erlebt, schließt sich der Vater zur allgemeinen Verwunderung für viele Stunden des Tages in sein Zimmer ein. Was macht der gute Christian August? Der ehrliche alte Soldat, der bisher allen einfachen Aufgaben seines Lebens gewachsen war, steht vor einer schwierigen Situation. Als Vater fühlt er den begreiflichen Wunsch, seiner Tochter, die so weit fort einem ebenso glänzenden wie gefährlichen Schicksal entgegengehen soll, eine Reihe von guten Ratschlägen ans Herz zu legen, aber das kann er nicht tun, das Geheimnis darf ja erst jenseits der deutschen Grenze gelüftet werden. So setzt sich der gute Mann, der bisher nie etwas anderes als Regimentsrapporte geschrieben hat, an den Schreibtisch. Mit ungelenken Zügen, im schauderhaften Kauderwelsch des französisch-deutschen Amtsstils, versucht der alte Herr, dessen Blick kaum über die Grenzen seines kleinen Ländchens reicht, allerlei kluge Regeln zusammenzustellen, die seiner Tochter am russischen Hof von Nutz und Frommen sein können. Es wird ein Dokument, ebenso rührend wie lächerlich. Da heißt es unter anderem: »So ist neben dem fleißigen gebeth auffs äußerste zu recommandiren, daß Sie allen ersinnlichen respect und nächst Gott die größeste Hochachtung, Dienstfertigkeit der Kaiserin Maj. fußfällig beweise, sowohl wegen Dero unbeschränkten Macht, alss auch aus recognoscence Ihrer mit Sacrificirung Ihres Lebens und guts erzeigten Wohltaten...Nach der Kaiserin Maj. hat Sie dem Großfürsten über alles als Herrn, Vater und Souverain zu respectiren und dabei ihre confidence und Liebe bei aller Gelegenheit durch pflege und tendresse zu gewinnen. Den Herrn und dessen Willen, allen plaisirs, Schätzen und was in der Weldt ist vorzuziehen und nichts was ihm zuwider oder nur einige peene mache zu begehen oder weniger auff eigenen Willen zu bestehen....Die Domestiquen und favoriten des Herrn mit einer gnädigen Mine ansehen, ohne Ihre Dienste beim Herrn zu verlangen noch sie zu recompensiren, sondern allein an des Herrn gnade und Liebe zu reponiren....Das handtgeldt, das irgend gegeben wird, selbst an sich zu nehmen und zu verwahren und davon successive einem Bedienten auf rechnung wass zu geben, damit Sie sich nicht unter der Curatel Ihrer hofmeisterin und Bedienten begeben....Allemahl auf einen Vorrath von gelde doch ohne geitz, so viel der Wohlstand leidet bedacht zu seyn.«

Jede Zeile ist erfüllt vom kleinlichen Geist eines gutwilligen Untertanen. Was würde aus der armen Sophie, wenn sie ihrem Vater gehorsam wirklich in solcher liebedienerischen Unterwerfung und im Beiseitelegen ihres Taschengeldes ihr Heil am russischen Hofe erblicken wollte? An dieses Manuskript, das etwa vier Seiten stark ist, verwendet Christian August die Arbeit mehrerer Tage. Es bekommt den Titel »Pro memoria, so ich meiner Gemahlin mitgegeben«. Und wirklich, im Augenblick, da die Eltern mit Sophie die Kalesche besteigen, um Zerbst zu verlassen, übergibt der Vater, nicht ohne Feierlichkeit, seiner Frau das versiegelte Papier, damit sie es »zu angemessener Zeit« der Tochter in die Hände lege.

Aber was weiß Sophie in diesem Augenblick, da sie die Kalesche besteigt, über das wirkliche letzte Ziel dieser Reise? In diesem Punkt sind ihre eigenen Aufzeichnungen wieder einmal widerspruchsvoll, unverläßlich und deshalb uninteressant. Sehr wahrscheinlich hat man ihr, bei so streng anbefohlener Geheimhaltung, nichts von dem russischen Heiratsplan gesagt. Ebenso wahrscheinlich aber ist es, daß sie ihn erraten hat. Sie hat doch bemerkt, daß einen Tag um den andern Briefe aus Berlin und Petersburg kamen, und sie hat gewiß bemerkt, daß diese Briefe von höchster Wichtigkeit sind, sie hat die Gloriole um das Haupt ihrer Mutter bemerkt und das seltsame Gebaren ihres Vaters. Sie hat gewiß, trotz aller Vertuschungsmanöver, bemerkt, daß diese Reise keine gewöhnliche Faschingsreise nach Berlin ist, und daß, wenn sich auch der Trubel wie gewöhnlich bloß um ihre Mutter dreht, ihre Person doch eine gewisse Rolle dabei spielt. Warum schenkt ihr der Onkel Johann Ludwig plötzlich ein prächtiges Stück Zeug für ein Kleid, blau mit Silber durchwirkt? Warum spricht man mit ihr so viel über Religion? Aber so ungewiß es ist, in welchem Augenblick sie den russischen Heiratsplan erraten hat, sicher ist, daß sie ihn sofort und von ganzem Herzen gebilligt hat. Das, genau das ist es, wovon sie geträumt hat: fort von hier und hoch hinauf! Da ist kein schmerzliches Band an Heimat und Elternhaus, das zerrissen werden müßte; kein weher Abschied von den jüngeren Geschwistern und von den Gespielinnen im Park; hat es einen Prinzen Georg Ludwig gegeben, den man zwischen Tür und Angel geküßt und dem man sich, streng genommen, heimlich verlobt hat? Es war ein Scherz, ein Kleinmädchenunsinn. Wenn er sie wirklich liebt, wie er es hundertmal beteuert hat – kann er etwas anderes wollen als ihr Glück? Und gibt es ein größeres, wirklicheres Glück als die Aussicht auf einen Thron, auf eine Krone?

Mit einer Leichtigkeit, die ihrem Mut mehr Ehre macht als ihrem Herzen, verläßt Sophie Mamsell Cardel, die Heimat, alles bisher Gewohnte und Vertraute und wirft sich mit Begeisterung dem Neuen, Unbekannten entgegen. Wendet sie, als die Pferde sich in Trab setzen, noch einmal ihren Kopf nach dem alten Familienschloß von Zerbst, dem Sitz ihrer Ahnen? Sie wird es nie mehr wiedersehen, keine der Stätten ihrer Jugend wird sie jemals wiedersehen. Sie wird auch niemals den Wunsch danach haben.

Tags darauf ist man in Berlin. Die Fürstin begibt sich zu Hofe – natürlich allein. Friedrich fragt nach der Prinzessin, die Mutter erwidert, Sophie sei krank. Sie hat – ganz abgesehen von ihrem Wunsch, die Glorie der Situation so lange wie möglich nur für sich allein in Anspruch zu nehmen – einen guten Grund, das Mädchen zu Hause zu lassen: im Trubel der großartigen Geschehnisse hat sie vergessen, der angehenden Braut des russischen Thronfolgers ein Hofkleid nähen zu lassen. Zwei Tage später lädt Friedrich die ganze Zerbstische Familie zum Diner, die Fürstin verspricht, Sophie diesmal mitzubringen, aber sie mißt dem Interesse des Königs für die Prinzessin keine Wichtigkeit bei, sie erscheint pünktlich, wohlgemut und ohne Tochter. Diesmal glaubt der König das Märchen von der Krankheit nicht, er besteht auf Sophiens Erscheinen. Da hilft nichts, die peinliche Sache mit dem Kleid kommt heraus. Der König läßt Sophie sofort ein Kleid seiner Schwester schicken, und endlich, es ist schon drei Uhr vorbei, alle haben mit dem Essen auf sie warten müssen, erscheint Sophie: hastig frisiert, in einem Kleid, das nicht für sie gemacht ist, ohne Schmuck, ohne Puder, ein bißchen verschüchtert, aber mit dem Glanz eines ersten Triumphes über die Mutter im Gesicht. Sie hat, als einzige von ihrer Familie, die Ehre, am Tische des Königs zu sitzen.

Es ist nur ein sehr kleiner, sehr äußerlicher Triumph. Noch ist sie keine besondere Persönlichkeit oder sie kann zum mindesten diese Persönlichkeit noch nicht zum Ausdruck bringen. Der König unterhält sich liebenswürdig mit ihr, ohne aber irgendeinen ungewöhnlichen Eindruck von ihr zu bekommen. Und gleich nach dieser kleinen persönlichen Auszeichnung wird sie wieder zu dem, was sie in Wirklichkeit ist: zu einem ahnungslosen »Objekt der Politik«.

Ihre Mutter aber wird in diese Politik eingeweiht, sie bekommt sogar eine aktive Rolle zugewiesen. Es wird alles noch viel großartiger, als Johanna es in ihren kühnsten Träumen zu hoffen gewagt hätte. Sie hat eine geheime Konferenz mit Friedrich und eine mit seinem Minister Podewils. Der Inhalt dieser Konferenzen ist uns bekannt.

Zunächst aber etwas anderes. Friedrich hatte der Fürstin geschrieben, daß er es gewesen sei, der »im Bestreben, der Prinzessin Sophie ein ungewöhnliches Glück zu bereiten«, auf den Gedanken gekommen war, sie mit dem russischen Thronfolger zu verheiraten. Dies entsprach aber in keiner Weise der Wahrheit.

Erstens: Friedrich hielt die russische Heirat für alles eher, denn für ein Glück. Etwas über ein Jahr zuvor hatte Mardefeld, sein Gesandter am russischen Hofe, dem König mitgeteilt, daß die Zarin den Thronfolger mit einer Schwester Friedrichs verheiraten wolle. Worauf ihm Friedrich erwidert hatte, daß er unter keinen Umständen erlauben würde, daß eine seiner Schwestern nach Rußland ginge und daß sein Gesandter allen Gesprächen über eine solche Heirat ausweichen solle. »Alle Discourse von mariages zu esqivieren und evitieren.« Friedrich wußte also ganz genau, was eine Heirat nach Rußland bedeutet: ein höchst unsicheres Dasein zwischen täglich drohenden Palastrevolutionen auf einem Thron, der über Nacht von zwei Dutzend Gardeoffizieren einem andern Prätendenten in die Hände gespielt werden kann, ein beständiges Lavieren zwischen Mächtigen, deren Macht nicht feststeht – eine lebenslängliche Lebensgefahr. Zwanzig Jahre später schreibt er in seiner »Histoire de mon Temps« mit Bezug auf dieses Heiratsprojekt, das seiner Politik so sehr entgegengekommen wäre: »Malheur à ces politiques qui sacrifient jusqua'à leur propre sang a leur intérêt!« Dies also ist seine wahre Ansicht über »das große Glück«, das er der Prinzessin von Zerbst verschafft haben will!

Zweitens aber: er hat sehr wenig zu diesem Glück beigetragen. Denn er hat der Zarin die Prinzessin Sophie im gleichen Schreiben mit zwei Darmstädtischen Prinzessinnen in Vorschlag gebracht und dies zu einer Zeit, da Elisabeth ihren Entschluß bereits gefaßt hatte.

Damit fällt die weitverbreitete historische Legende, daß Friedrich der Große das Glück der späteren Katharina in Rußland begründet und vollendet habe; damit fällt auch die romantische Legende, daß Friedrich nicht bloß *wie* ein Vater, sondern *als* ein Vater an der Prinzessin Sophie gehandelt habe. Wahr hingegen ist, daß ihm die Berufung Sophiens sehr gelegen kam, und zwar aus folgenden Gründen:

Friedrichs Interessen sind hauptsächlich gegen Österreich gerichtet. Den ersten Feldzug hat er bereits vor zwei Jahren erfolgreich zu Ende geführt, aber trotz des Friedens von Breslau, der ihm Schlesien zusichert, fühlt er seine Beute noch immer bedroht. Neue kriegerische Verwicklungen mit Habsburg stehen bevor, und aller Erfolg hängt davon ab, daß er im Rücken ein befreundetes, zumindest ein neutrales Rußland weiß. Nun sind seine Beziehungen zur Kaiserin Elisabeth die denkbar günstigsten. Sein Gesandter Mardefeld war mit in der Verschwörung gewesen, die Elisabeth, drei Jahre zuvor, auf den Thron gehoben hat, und Friedrich hatte sich ehrlich gefreut, auf dem russischen Throne eine Frau zu sehen, »deren sybaritische Neigungen hoffen lassen, daß sie Europa vollkommen aus den Augen verlieren wird«. Er kargt nicht mit liebenswürdigen Schmeicheleien für diese Frau; wenn er ihr sein Bild schickt, dann tut er es mit den Worten, »er beneide dieses Bild, weil ihre schönen Augen auf ihm ruhen werden«. Elisabeth ist für Schmeichelei empfänglich, sie ist Friedrich wohlgewogen und 1743 erklärt sie sich mit dem Frieden von Breslau einverstanden, was einer Garantie desselben nahezu gleichkommt: ein Bündnis zwischen Preußen, Rußland und Frankreich mit gemeinsamer Spitze gegen Österreich scheint in greifbarer Nähe.

Aber Elisabeths Politik ist nicht eindeutig. Gleich nach ihrem Regierungsantritt hat sie einen Mann an die Spitze der Geschäfte berufen, dessen Preußenfeindlichkeit allgemein bekannt ist. Es ist dies der Graf Bestushew-Rjumin, der letzte »Nestling« Peters des Großen. Das Programm des großen Peter war ein Bündnis zwischen Rußland und den beiden Seemächten England und Holland und den beiden kontinentalen Mächten Sachsen und Österreich. Dies ist auch das Programm Bestushews.

Für Friedrich, der gewohnt ist, in seinem Staat »alles alleine zu machen« und der keinen Widerspruch duldet, mag es ein Rätsel sein, warum Elisabeth mit einem Vizekanzler regiert, dessen Politik der ihrigen schnurgerade entgegenzulaufen scheint. Sie muß ihre Gründe dafür haben. Welche Gründe? Das kann man bei einem Weiberregiment niemals wissen, und man kann auch nicht wissen, in welchem Augenblick ein entschlossener Minister seiner Herrin über den Kopf wächst oder den Kopf verliert. Jedenfalls ist Bestushew dem Preußenkönig ein Dorn im Auge.

Die Berufung einer deutschen Prinzessin als Braut für den Thronfolger bedeutet unzweifelhaft eine Niederlage für Bestushew, der eine sächsische Prinzessin vorgeschlagen hatte. Warum aber läßt man die Prinzessin Sophie auf so geheimnisvolle Weise nach Rußland kommen, wenn nicht, um den Vizekanzler mit ihrer Anwesenheit zu überrumpeln? Wenn aber eine solche Überrumpelung notwendig ist, so heißt das nichts anderes, als daß Elisabeth ihren eigenen Kanzler fürchtet und nicht so einfach wagt, ihren Willen gegen den seinigen durchzusetzen.

Dies ist also der Inhalt der geheimen Konferenz: Friedrich erklärt der Fürstin von Zerbst, daß es in ihrem eigenen Interesse gelegen sei, den Einfluß Bestushews nach Möglichkeit zu untergraben, weil dieser, als eingeschworener Feind Preußens, alles Erdenkliche tun werde, um die Heirat Sophiens zugunsten der Sächsin zu hintertreiben. Er lehrt sie, die russischen Verhältnisse mit seinen Augen zu sehen, und man kann sich vorstellen, mit welchem fieberhaften Interesse die ehrgeizige Johanna von den Gefahren hört, die der künftigen Größe ihrer Familie drohen. Friedrich ist ein kluger, er ist ein genialer Kopf, aber in diesem Augenblick ist er drauf und dran, alle seine großen Vorteile in

Rußland zu verspielen. Er verachtet die Weiber, und in dieser allgemeinen Verachtung verliert er Maß und Urteil: er überschätzt die Fürstin, wenn er sie mit einer so heiklen Mission betraut, und er unterschätzt die Kaiserin Elisabeth, wenn er glaubt, daß sie durch ein paar Gespräche mit ihrer neuen Verwandten entscheidend zu beeinflussen sei. Er verspricht Johanna für den Fall eines guten Erfolges – das heißt, wenn es ihr gelingt, Bestushew zu stürzen – die Abtei Quedlinburg für ihre älteste, unvermählte Schwester.

Es bedarf nicht dieses Anreizes, um den Eifer der Fürstin zu entflammen. Diese geheime Mission ist einfach das höchste Glück, das ihr zuteil werden kann, die freut sie mehr als der ganze Heiratsplan. Sie hat immer eine sehr hohe Meinung von ihrem Verstand und von ihren diplomatischen Fähigkeiten gehabt. Jetzt endlich, zum ersten Mal in ihrem Leben, bietet sich die Gelegenheit, zu beweisen, daß sie eine Frau von europäischem Format ist! Nicht mehr als Duenja ihrer Tochter und als bloße Nebenfigur reist sie nach Rußland, sondern in einer Angelegenheit, in der sie die wichtigste, die Hauptrolle spielt. Vergessen ist die Dankbarkeit, die beinahe kriecherische Ergebenheit für Elisabeth, vergessen sind die Ratschläge des biederen Gatten, in keinerlei politische oder »Regierungssachen zu entrieren«. Ohne es zu ahnen, hat Friedrich den wahren Nerv ihres Wesens berührt und zum Schwingen gebracht: den Hang zur Intrige.

Vergessen ist natürlich auch Sophie. Sie ist auch noch niemand. Für die hohe Politik, für Friedrich, für Elisabeth, für Bestushew ist sie keine Individualität, sondern ganz einfach eine deutsche Prinzessin. Ihre Gedanken, ihre Gefühle, ihr Charakter sind niemandem bekannt und interessieren auch niemanden. Ihre Ehe soll ein Band sein, nicht zwischen ihr und Peter, sondern zwischen Preußen und Rußland, ein Band, das die einen wünschen, die anderen fürchten. So hat sie, noch ehe sie Deutschland verläßt, in Rußland Freunde und Feinde, die beide gleich viel von ihr wissen: nichts.

Am 16. Januar, einem Freitag, fährt man endlich von Berlin ab. Den Anweisungen der russischen Kaiserin entsprechend ist das

Gefolge der künftigen Thronfolgerin so bescheiden wie möglich: die Hofdame Fräulein Kayn, das Stubenmädchen Lattorf, drei Bedienstete; die Familie, das Gefolge, das Gepäck, alles zusammen für eine mehrwöchige Reise hat in drei Kutschen Platz. In Schwedt an der Oder verabschiedet sich Fürst Christian August von seiner Tochter, die er nie mehr wiedersehen soll. Sophie weint bei diesem Abschied heftig. Man weint in jenen Tagen bei weit geringeren Anlässen; es gehört einfach zum guten Ton, bei gewissen passenden Gelegenheiten ein paar Tränen zu vergießen; jedes wohlerzogene Mädchen kann das.»Ihre Jugend überwand aber bald diese Bewegung«, berichtet die Fürstin in ihrem ersten Schreiben an den Gatten. Sie schreibt ihm von nun an alle Tage, von jeder Poststation, mit einer solchen Ausführlichkeit, mit solch sichtbarem Bemühen um einen graziösen Stil, daß man gewiß sein kann, diese Briefe sind nicht allein dem Gatten, nicht allein dem weiteren Umkreis der Familie, sie sind der Nachwelt bestimmt.

Sie reist jetzt unter dem Namen einer »Gräfin Reinbeck mit Tochter«, und unter diesem Namen findet sie in allen Stationen Pferde bereit. Trotzdem klagt sie in jedem Brief über die Unbequemlichkeiten der Reise. Sie klagt mit Recht. Die Poststraße von Berlin nach Petersburg ist miserabel, sie ist schon im Sommer miserabel genug, aber im Winter ist sie so schlecht, daß sie nur von den Kurieren benutzt wird; die spärlichen Reisenden – wer reiste denn damals von Berlin nach Petersburg? – ziehen es vor, den Seeweg zu nehmen. Der aber wäre länger, und die Fürstin hat Eile. Sie hat auch Pech: in diesem Jahr ist noch kein Schnee gefallen, man kann keine Schlitten nehmen; über tiefe steinige Rillen holpern, durch grundlosen Kot schleppen sich die schweren Equipagen. Vom frühen Morgen bis in die späte Nacht blasen eisige Winde den beiden Frauen ins Gesicht, so daß sie wollene Masken über die Köpfe ziehen müssen.

Friedrich hat die Stationen verständigen lassen, damit sie der »Gräfin Reinbeck« alle erdenklichen Erleichterungen beschaffen, aber was können die armen Posten beschaffen, wenn nichts da ist? An einer so wenig befahrenen Straße gibt es natürlich auch keine guten Gasthöfe. In den größeren Städten und Flecken ist es erträglich, man findet wenigstens eine saubere, geheizte Stube vor, ein Huhn ist schnell gebraten, dazu eine Tasse heißer Schokolade, was braucht es mehr, wenn man dem großen Glück entgegeneilt? Aber in den kleinen Dörfern gibt es nur ein einziges Wirtshaus, und in diesem Wirtshaus gibt es – wir sind bereits sehr nahe der russisch-polnischen Grenze – nur einen einzigen, riesigen Ofen in der gemeinsamen Wirtsstube. Dieser Ofen ist meist aus einer Menge irdener Kacheln, in der Art gewöhnlicher Gartentöpfe, zusammengefügt, und Knechte und Mägde, Bauern und Kaufleute und was sonst aus der bitteren Kälte in die Wirtsstube eintritt, entledigt sich seiner Stiefel und steckt die schmutzstarrenden Füße in die Löcher dieser Ofenkacheln. Was bleibt der angehenden russischen Thronfolgerin und ihrer Mutter, wenn sie halb erfroren nach vielstündiger Fahrt in einem solchen Wirtshaus landen, was bleibt ihnen übrig, da sie doch unmöglich in die eiskalten, ungeheizten Gastzimmer gehen können, als ebenfalls ihre Zuflucht bei dem einzigen, riesigen Ofen zu suchen? Aus Körlin gibt die Fürstin folgende Schilderung: »Das Wirtszimmer war einem honetten Schweinestall nicht unähnlich; der Mann, die Frau, der Hofhund, der Haushahn, einige Kinder in Wiegen, einige in Betten, andere hinter dem Ofen auf einem Federbett, alles lag wie Kraut und Rüben durcheinander; indessen, da alles gesund war, ließ ich mir ein Bett geben und legte mich mitten im Zimmer hin.«

Man sieht: die Fürstin bleibt dabei, auch dem Gatten und Vater gegenüber, immer nur von sich selbst zu sprechen. Sophie erinnert sich später kaum der Unbequemlichkeiten dieser Reise, obwohl ihre Füße vom Frost so angeschwollen sind, daß sie an manchem Morgen in den Wagen getragen werden muß; sie nimmt alles ohne jede Klage mit in Kauf, wahrscheinlich macht ihr das Ungewohnte und Abenteuerliche dieser Fahrt mehr Spaß, als daß es sie belästigt. Sie ist vierzehn Jahre alt, durch und durch gesund, voll von Neugierde und Erlebnisdurst, und sie fährt ja dem großen, dem wunderbaren Glück entgegen! Dabei nimmt die Kälte von Tag zu Tag zu, man kommt in immer nördlichere Gegenden, aber der Schnee, der heißersehnte Schnee will nicht fallen. An die Kaleschen werden hinten Schlitten angebunden, für den Fall, daß man endlich doch Schnee findet; aber so schneidend auch der Nordwind bläst, es fällt keine einzige Flocke vom Himmel, die Schlitten behindern bloß das Tempo der Fahrt und geben der kleinen Karawane ein groteskes Aussehen. So rollt man von morgens bis abends über die elenden Straßen, manchmal geht es über gefrorene Flüsse und Seen, ein paar Fischer gehen voraus, um die Festigkeit des Eises zu prüfen, dann setzt man auf einer Fähre über einen Strom, und dann wieder geht es eintönig weiter, stundenlang, tagelang. Hinter Memel gibt es keine Posten mehr, man muß den Bauern die Pferde abmieten, und man braucht deren vierundzwanzig, sonst käme man überhaupt nicht vom Fleck.»Die Reise fängt an, mich zu ermüden«, klagt die Fürstin aus Libau, und diesmal fügt sie hinzu:»Figchen erträgt die Fatigue besser als ich«. Dies schreibt sie am ersten Februar. Am sechsten ist man endlich in Mitau, sechs Kilometer von der russischen Grenze entfernt. Hier kann man einen Tag lang verschnaufen, denn von hier wird ein Kurier nach Riga gesandt, um die Ankunft der Gäste zu melden. Hier begrüßt die Reisenden auch der erste Russe, ein Oberst Woheikow, und gibt ihnen am nächsten Tag das Geleit bis zur Grenze. Zwischen Mitau und Riga begegnen sie dem ehemaligen Gesandten, dem späteren Hofmarschall Semjon Naryschkin, der sie offiziell im Namen der Kaiserin willkommen heißt. Er überbringt einen Brief von Brümmer: der vorsichtige Oberhofmeister bittet, nur ja den Handkuß nicht zu vergessen, den»selon la coutume dans le pays« die Zarin von Johanna erwartet.

Um zwei Uhr nachmittags nähert man sich Riga, der Pforte von Rußland, und wie mit einem Zauberschlag erschließt sich das Märchenreich.

Vor der Stadt wartet, an der Spitze der militärischen und bürgerlichen Behörden, der Fürst Dolgorukow. Die Staatskarosse ist bereit, die Damen steigen ein, und wie sie über den vereisten Grenzfluß, die Düna, fahren, da dröhnen von der Festung die Kanonen, und von allen Kirchen läuten die Glocken. Vor dem Schloß tritt eine Ehrenwache ins Gewehr, Wachen in der Vorhalle, Wachen vor jeder inneren Tür, Pauken und Trompeten schmettern, Trommeln werden geschlagen, Generäle und Marschälle verneigen sich zum baise-main, die Repräsentanten des Adels machen ihre Reverenzen, und wohin das Auge sieht, prangen die herrlichen, farbigen, mit Gold überladenen Uniformen der Petersburger Garden.

»Es kommt mir gar nicht in den Sinn«, schreibt die Fürstin, »daß das Alles nur für mich Arme geschieht, für welche an einigen Orten die Trommel gerührt wurde und an anderen auch nicht einmal das.« Geschieht es denn wirklich für sie? Die Prinzessin Sophie, obwohl sie bescheiden daneben steht, wenn ihre Mutter die Bücklinge der höchsten Gesellschaft entgegennimmt, die kleine Sophie weiß ganz genau, daß für ihre Mutter, wäre die allein nach Rußland gekommen, kein einziger Gardist ins Gewehr getreten wäre. Sie weiß ganz genau, daß alles das, Kanonenschüsse und Ehrenwache und diese Beflissenheit von Adel und Militär, sich dienlich und bemerkbar zu machen, niemand anderem gilt als der künftigen Großfürstin, der künftigen Kaiserin, niemand anderem als ihr selbst. Man kann leicht ermessen, was sie, die zu Hause vernachlässigt und an die Wand gedrückt war, bei der Ungeheuerlichkeit dieses Umschwunges empfindet, mit welcher Begeisterung sie all dies Neue, Großartige erlebt und in sich aufnimmt. In einer Stunde hat sie die Größe der Macht einer russischen Zarin begriffen – und in der gleichen Stunde faßt sie den eisernen Beschluß, diese Macht um jeden Preis, *um jeden erdenklichen Preis* für sich zu gewinnen.

Während die ganze kleine Grenzstadt mit dem prächtigen Empfang der Gäste beschäftigt, während alles auf den Beinen ist, um gesehen zu werden oder um doch wenigstens etwas von dem seltenen Spektakel zu sehen, während alle Blicke nach der Staatskarosse sehen, in der Rußlands Zukunft sitzt, bemerkt niemand die einfache Kalesche, die, mit dicht verhängten Fenstern, von verläßlichen Soldaten begleitet, in die Festung rollt. Und doch war die blasse abgehärmte Frau, die in dieser Kalesche sitzt, drei Jahre zuvor die allmächtige Regentin des Landes, Anna Leopoldowna; dasselbe Volk hat ihr zugejubelt, wann immer sie sich öffentlich zeigte, und in denselben Kirchen, die jetzt für die künftige Thronfolgerin ihre Glocken läuten lassen, wurde damals jeden Abend für das Kind gebetet, das sie auf dem Schoße hält: denn es ist Iwan, der bei seiner Geburt zum Zaren aller Russen gekrönt wurde. Jetzt aber sind sie Gefangene Elisabeths, sie werden von einer Festung in die andere geschleppt; von jedem Verkehr mit der Außenwelt abgeschnitten, müssen sie von Tag zu Tag um ihr nacktes Leben zittern.

Ohne jedes Aufsehen werden die Gefangenen in die Festung gebracht, in zwei schlichten Zimmern mit dem Allernotwendigsten versorgt. Und abends geht der Kommandant der Festung, General Saltykow, hinüber ins Schloß, um der künftigen Braut des Thronfolgers seine Cour zu machen. Spürt die vierzehnjährige Sophie die tiefe Symbolkraft dieses Zufalls, der sie, an der Schwelle des russischen Reiches, an jene erinnert, die es verloren haben, da sie eben dabei ist, die erste Stufe des Thrones zu ersteigen, den vulkanischen Boden, auf dem er gegründet ist, packt sie ein Schauer vor der Vergänglichkeit des Glücks, dem Wankelmut des Menschen? »Oh world, thy slippery turn…« Kaum. Sie läßt sich noch einmal ausführlich die Geschichte erzählen, wie Elisabeth, an der Spitze eines kleinen Trupps Preobrehandskyscher Offiziere in der Nacht vom sechzehnten Dezember 1741 vor das Winterpalais zog und die Herrschaft an sich riß. Und nicht die Unglücklichen, die in einer einzigen Stunde von der höchsten Macht in Verzweiflung gestürzt wurden – die Siegerin ist es, mit der sich ihre Phantasie beschäftigt, mit der sie sich identifiziert. »An der Spitze eines Trupps von Offizieren…«, das bleibt wie ein ewiger Refrain in ihrem Kopf, in ihrem Herzen eingegraben.

Die Berichte der Fürstin über diesen ersten großen Empfang in Riga liegen vor. Mit der kleinlichen Eitelkeit, die ihr eigen, zählt sie jeden Menschen auf, der gekommen war, sie zu begrüßen, genau nach Rang und Stand führt sie die vornehmen Herren und Damen an und vergißt nicht einmal jene, die zwar abgesandt, aber aus irgend einem Grunde zu spät oder gar nicht eingetroffen waren. Ein Name fehlt in diesem Bericht, und gerade an diesen Namen knüpfen die Relationen Karabanows eine Episode, die für den Charakter Sophiens außerordentlich bezeichnend ist. Es handelt sich um den General Braun.

Dieser General Braun, so wird berichtet, fühlte sich beleidigt, weil Sophie, ermüdet von der Reise und dem turbulenten Empfang, ihm wenig Beachtung schenkte. Sie erfuhr das und schickte sogleich zu ihm mit der Bitte, sie am nächsten Morgen um sechs Uhr zu besuchen. Er kam, und die beiden hatten ein längeres Gespräch miteinander. Kluge Menschen erkennen einander sofort, auch im Jargon höfisch-konventioneller Redensarten. Die Prinzessin faßt Vertrauen, sie benützt dieses erste Beisammensein mit einem hohen russischen Beamten unter vier Augen und bittet ihn, ihr aufrichtig die Leute zu schildern, die an Elisabeths Hof eine Rolle spielen. Sie gibt ihm sogar Feder und Papier zur Hand und veranlaßt ihn, ihr in kurzen Schlagworten die Charaktere, Fehler und Vorzüge, Schwächen und Ehrgeize der wichtigsten Leute aufzuschreiben. Sie verspricht ihm tiefste Verschwiegenheit und ewige Dankbarkeit, wenn er ihr aufrichtige und aufschlußreiche Angaben macht. Der General tut es und wird es später nicht zu bereuen haben.

Diese Episode ist angezweifelt worden, und zwar aus dem einzigen Grund, weil die Fürstin von Zerbst den Namen des Generals Braun in ihren Berichten vergessen hat. Aber das kann, bei dieser Fülle des Berichtenswerten, auch der eitelsten Briefschreiberin passieren, während andererseits diese Geschichte so vollkommen zu dem Charakter des jungen Mädchens paßt, daß nicht einzusehen ist, warum sie erfunden sein sollte. Die ganze kleine Sophie liegt darin und ein gut Teil der künftigen großen Katharina: ihr eiserner Wille, sich in Rußland zu behaupten, ganz in der Richtung ihrer bisherigen Behauptungsmethode, allen Menschen zu gefallen, es allen womöglich recht zu machen; ihr Wirklichkeitssinn, der immer, bei allem kühnen Schwung ihrer ehrgeizigen Phantasie, nach Tatsachen, nach nüchternem soliden Wissen um die Realität verlangt; und schließlich ihre Fähigkeit, Menschen zu nehmen, zu gewinnen, zu verwenden. Wenn die Episode mit dem General Braun nicht historisch ist, so ist sie von einem ausgezeichneten Psychologen erfunden: wenn sie sich am siebenten Februar 1744 in Riga nicht abgespielt hat, so wird sie sich jedenfalls bald darauf nicht *ein*mal, sondern dutzendemal abspielen.

In einer schlecht gefederten, zugigen Equipage, wollene Masken über dem Gesicht, die Füße vom Frost geschwollen, von dürftigstem Gefolge begleitet, waren die Fürstin und ihre Tochter nach Riga gekommen. In kostbare Zobelpelze – die ersten Geschenke Elisabeths an ihre Gäste – gehüllt, im kaiserlichen Schlitten, dessen Decken und Matratzen mit Seide bespannt sind, von zehn feurigen Pferden gezogen, brechen sie von Riga auf. Ihre Suite besteht aus:

1. einer Eskadron Kürassieren aus dem Regiment des Thronfolgers,
2. einer Abteilung des Livländischen Regiments,
3. dem Vizegouverneur und dem Kommandanten von Riga,
4. dem Schlitten des Kammerherrn Naryschkin, der aber zumeist im Schlitten der Fürstinnen sitzt,
5. einer Reihe von Schlitten mit Vertretern des Adels, des Magistrates und Deputationen verschiedener Korporationen,
6. einer großen Anzahl von Offizieren, die neben dem kaiserlichen Schlitten einhersprengen.

Der kaiserliche Schlitten ist so groß und bequem ausgestattet, daß man bequem darin liegen und auch zur Nacht schlafen kann. Demgemäß geht nun die Reise mit verdreifachter Geschwindigkeit vonstatten; man steigt bloß aus, um die Mahlzeiten einzunehmen und um die Pferde zu wechseln, und bereits drei Tage später ist man in Petersburg.

Hier ist ein mehrtägiger Aufenthalt vorgesehen, damit die Damen ihre Toiletten »nach der russischen Mode umarbeiten lassen können«. Dies ist eine taktvolle Umschreibung. Elisabeth, die großen Wert auf die Pracht ihres Hofes legt, hat vorausgesehen, daß die Gäste gegen die letzten Hofdamen kümmerlich abstechen müßten und hat Sorge getragen, daß alles in Zerbst Versäumte in Petersburg auf ihre Kosten nachgeholt wird. Sie selbst hat Petersburg bereits verlassen, und natürlich ist der größte Teil des Hofes, der Diplomatie und der Spitzen der Gesellschaft gleich ihr nach Moskau übergesiedelt. Diese Übersiedlung von Petersburg nach Moskau und wieder zurück fand beinahe in jedem Jahre statt, und wenn man den zeitgenössischen Berichten glauben darf, so waren es jedesmal an die hunderttausend Personen, die der Hof bei diesen Gelegenheiten von der einen Stadt in die andere zog. Immerhin waren noch genug der Vornehmen in Petersburg zurückgeblieben, um das Winterpalais zu Ehren der Ankömmlinge mit Glanz und Leben zu erfüllen. »Nahezu tausend Leute«, behauptet die Fürstin. Vier Hofdamen sind zu ihrer Bedienung von der Kaiserin zurückgelassen worden. Sie dankt Elisabeth in einem überschwenglichen Schreiben für alle »unaussprechlichen, bei ihrer Ankunft erwiesenen Wohltaten«, verspricht, sich bereits am übernächsten Tag auf die Weiterreise zu machen, um am neunten Februar nach russischem Kalender, dem Geburtstag des Großfürsten, in Moskau zu sein, und – vergißt, die Tochter mit einem einzigen Wort zu erwähnen.

Zurückgeblieben sind in Petersburg der preußische Gesandte Mardefeld und der französische Gesandte de la Chétardie, jene Männer also, denen zu vertrauen Friedrich II. ihr geraten hat. Sie haben wahrscheinlich ihre Abreise absichtlich verzögert, um die Fürstin, ihre Bundesgenossin, vor allen anderen sprechen zu können. Zurückgeblieben ist auch der englische Gesandte, vermutlich um die Ereignisse zu überwachen. »Mardefeld and de la Chétardie have been very assiduous in making their court«, berichtet er nach London.

Hier also beginnt die Fürstin sogleich mit ihrer diplomatischen Mission. Sie hat geheimnisvolle Zusammenkünfte mit Mardefeld und de la Chétardie und erfährt natürlich dasselbe, was sie von Friedrich erfahren hat. Bestushew sei empört gewesen über die Wahl der Prinzessin von Zerbst und habe gesagt: »Man will den Großfürsten verheiraten, ohne daß wir großen Russen es wissen, die Sache ist aber noch lange nicht so richtig.« Damit hätte Bestushew gemeint, er werde dem Synod eingeben, gegen die Ehe zwischen zwei Verwandten zu protestieren. Aber, so berichten die beiden Gesandten weiter, in Wirklichkeit sei dieses Hindernis bereits durch die Bemühungen Elisabeths beseitigt.

»Mit einem Wort«, schreibt die Fürstin ihrem Gatten, »ich habe hier wirklich alles so vorgefunden, wie es mir der König in Berlin dargestellt.« Wie erstaunlich! Mardefeld ist einerseits Friedrichs Informator und andererseits sein Sprachrohr. Wie könnten da die Darstellungen voneinander abweichen? »Solche Leute«, schreibt sie mit Bezug auf Bestushew,»hat man nicht zu fürchten, aber sie können viel Unheil stiften, wenn man nicht Vorsichtsmaßregeln ergreift.« Ein Satz voller Widersprüche. Klar geht daraus hervor, daß die Fürstin mit neu entfachtem Eifer,»Vorsichtsmaßregeln zu ergreifen«, d.h. mit der Absicht, Bestushew zu stürzen, von Petersburg abfährt. Ungefähr dreißig Schlitten sind in ihrem Gefolge. Das ist eine andere Fahrt als die durch Preußen und Pommern! An dieser Straße, die alljährlich der ganze Hof mit seinem ungeheuren Gefolge entlangfährt und die dementsprechend breit und gut ausgebaut ist, ist für jede erdenkliche Bequemlichkeit der Reisenden gesorgt. Elisabeth hat mehrere Schlösser an dieser Straße, aber auch die gewöhnlichen Stationen gleichen eher prunkvollen Schlössern als den armseligen Wirtsstätten in Deutschland. Außerdem ist für alles vom Hofe aus umsichtig Vorsorge getroffen: die Mahlzeiten sind vorbereitet, die Pferde angeschirrt. In den Dörfern laufen die Leute zusammen und sagen angesichts des kaiserlichen Schlittens:»Da fährt die Braut des Großfürsten!«

Am neunten Februar, dem Geburtstag Peters, ist man denn auch wirklich in der letzten Raststation, etwa zehn Meilen von Moskau, angelangt. Eilig wird das Essen verschlungen, dann beginnen die Damen ihre Toilette für den Hof. Sophie nimmt ein glattanschließendes Kleid aus rosa Moiré mit Silber, ohne Reifrock. Wir wissen das aus ihren Memoiren: es ist die erste Erinnerung an ein Kleid. Bisher hat sie von ihrem Äußeren nichts gehalten und hat es vernachlässigt; von nun an wird das anders.

Pelze über die Staatsroben geworfen, Pelzkappen über die Frisuren gestülpt, sechzehn Pferde vor den Paradeschlitten gespannt und in einem Tempo, das für jene Postkutschenzeit ungeheuerlich ist – zehn deutsche Meilen in drei Stunden! –, geht es weiter dem Herzen Rußlands entgegen. Der Kämmerer Sievers sitzt auf dem Bock und treibt durch beständige Zurufe den Kutscher zur höchsten Eile an. Natürlich ist es schon dunkel, als man die Mauern Moskaus erreicht. Trotzdem wird jetzt die Oberdecke des Schlittens heruntergelassen, damit das Volk die hohen Gäste sieht. Um acht Uhr fahren sie vor dem Golowinschen Palais vor,

Offiziere der Garde und die Leibkompanie der Kaiserin empfangen sie. In der Vorhalle werden sie von Brümmer begrüßt und von dem berühmten Leibarzt Lestoque, der bei Elisabeths Thronbesteigung eine der wichtigsten Rollen gespielt hat.

In ihren Gemächern angelangt, haben die beiden Frauen kaum Zeit, Pelze und Kappen abzunehmen. Der Großfürst erscheint, in Begleitung des Prinzen von Homburg und seines Hofstaates. »Ich habe es nicht mehr ausgehalten«, sagt er, »am liebsten wäre ich Euch entgegengeeilt und hätte mich selbst vor den säumigen Schlitten gespannt!« Aus allem Späteren müssen wir schließen, daß dieses zärtlich ungestüme Verhalten und diese zierlichen Worte ihm sorgsam beigebracht worden sind. Im Augenblick aber wirkt dieser herzliche Willkomm sowohl auf die Fürstin wie auch auf Sophie sehr angenehm.

Es bleibt Sophie keine Zeit, ihren künftigen Gatten richtig anzusehen. Schon kommt ein Bote der Kaiserin mit dem Befehl, die Gäste zu ihr zu führen. Peter bietet der Fürstin, der Prinz von Homburg der Prinzessin die Hand, es geht durch eine endlose Reihe prunkvoller Gemächer, vorbei an einem doppelten Spalier von Höflingen und Hofdamen, bis an die Schwelle von Elisabeths Paradeschlafzimmer. Hier steht, ein Bild majestätischer Huld, in mächtigem Reifrock, eine riesige schwarze Feder im Haar, die Kaiserin.

Johanna, eingedenk Brümmers Ratschlag, vergißt den Handkuß nicht und sagt in wohlgesetzter Rede, wie sehr sie der Monarchin für alle Beweise ihrer Gnade danke. »Alles, was ich bisher für Sie getan habe«, erwidert Elisabeth, »ist nichts im Vergleich zu dem, was ich für Ihre Familie in Zukunft tun will. Mein eigenes Blut ist mir nicht teurer als das Ihre.« Hierauf umarmt sie die Fürstin, wie diese ihrem Gatten berichtet, »auf das tendreste«, und vergißt nicht, wegen der Ähnlichkeit Johannas mit ihrem verstorbenen Bruder ein paar Tränen in der Erinnerung an den gottseligen Bräutigam zu vergießen.

Sophie hat unterdes Zeit gehabt, die Herrscherin mit neugierigen Augen zu betrachten. »Ich muß sagen«, schreibt sie dreißig Jahre später, »man konnte sie nicht zum ersten Male sehen, ohne von ihrer Schönheit und ihrem majestätischen Auftreten überrascht zu sein.« Nichts als das? Sie will sich nicht erinnern. Eine lange Zeit ist zwischen dem ersten Eindruck und dieser Niederschrift vergangen, vieles, auch vieles Böse, ist in dieser Zeit geschehen. Die spätere Katharina will es nicht wahrhaben, daß sie beim ersten Anblick Elisabeths nicht bloß von ihrer Schönheit überrascht war, sondern daß sie in der strahlenden, juwelengeschmückten Frau, vor der sich alle Höflinge in Demut verneigten, in dieser siegreichen Usurpatorin, dieser Herrscherin über Millionen Menschen, in diesem Weib, das keinem Mann gehörte und das über alle Männer im Umkreis regierte, nicht mehr und nicht weniger erblickte als die Verkörperung aller ihrer eigenen Wünsche – ihr Ideal.

III.

Elisabeth

Es ist Sophie bestimmt, siebzehn Jahre lang in Elisabeths Schatten zu leben; und erst, als sie daraus hervortritt, wird sich zeigen, daß sie ihrem Vorbild um ein ganz gewaltiges Stück über den Kopf gewachsen ist. Aber unverwischbar trägt der Charakter der späteren Katharina die Spuren von Elisabeths Persönlichkeit. Mit Elisabeth hat sie weit mehr Ähnlichkeit als mit der eigenen Mutter, von Elisabeth hat sie weit mehr gelernt als von Mamsell Cardel und allen anderen Lehrern ihrer Jugend zusammengenommen. Sie lernt es nicht absichtlich, es ist eine unbewußte Anpassung an alles, was ihr an Elisabeth gefällt und imponiert, vor allem aber an das, was an Elisabeth am stärksten hervorsticht: das Russische.

Elisabeth Petrowna ist durch und durch Russin. Sie ist die Tochter des größten russischen Zaren und einer einfachen Soldatenfrau, in ihren Adern vereinigt sich das Blut der Romanows mit dem des einfachen russischen Volkes, vereinigt alle Weiten, alle Höhen und Tiefen der russischen Natur. Sie ist auf der einen Seite herrschsüchtig, despotisch und grausam, auf der andern gutmütig, heiter und einfach. Sie ist lasterhaft und bigott, leichtgläubig und mißtrauisch, von elementarster Großmut und kleinlichster Eitelkeit, sie ist leicht bis zur leidenschaftlichsten Anteilnahme gerührt und ebenso leicht bis zur perfidesten Bosheit verstimmt, sie ist gelegentlich von prachtvoller Aktivität, um gleich darauf in apathische Faulheit zu verfallen. Sie ist eine Frau voll von Widersprüchen, ein Spielball ihrer heftigen und sprunghaft wechselnden Launen, leicht zu nehmen und unmöglich zu berechnen. Sie ist durch und durch Russin, aber auch durch und durch Frau, sie hat alle jene Schwächen, die man gemeinhin – für Polemik ist hier kein Platz – als die weiblichen bezeichnet: und das ist der wesentlichste Unterschied zwischen ihr und der späteren Katharina.

Elisabeth war acht Jahre alt, als ihre Eltern rechtmäßig heirateten; sie wurde sorgfältig erzogen, denn ihr Vater hatte es sich in den Kopf gesetzt, sie mit dem französischen Dauphin, dem nachmaligen Louis XV., zu verheiraten. Sie lernte fließend französisch sprechen, fand aber daneben Zeit, in den Kasernenhöfen, die zeitlebens ihr Lieblingsaufenthalt blieben, das derbe Russisch der Soldaten zu üben. Sie war eine vorzügliche Tänzerin, aber eine noch weitaus bessere Reiterin, sie wußte sich mit tadellosem Anstand zu benehmen, aber es gab viele Gelegenheiten, bei denen sie diesen Anstand vergaß.

Nachdem sich das französische Heiratsprojekt zerschlagen hatte, wurde sie mit dem Bischof von Lübeck – dem Bruder der Fürstin von Zerbst – verlobt, der wenige Wochen vor der Hochzeit an den Pocken starb. Es ist sehr gut möglich, daß sie ihn wirklich geliebt und ehrlich betrauert hat, das mag gelegentlich auch an einem Hofe vorkommen. Daß sie ihn aber bis an ihren Tod geliebt und nie aufgehört hat, ihn zu betrauern, ist ein romantisches Märchen – allerdings eines, an das sie selbst bis zu einem hohen Grade glaubte. Diese ewige Treue hinderte sie nicht, zahlreiche Liebhaber zu haben – sie war aber eine brauchbare Ausrede, um die ebenso zahlreichen Bewerber auf ihre Hand mit einer schönen Motivierung abzuweisen. Eine Ausrede auch für das eigene Gewissen: denn Elisabeth war keine Zynikerin, im Gegenteil, sie war von tiefster Frömmigkeit, die manchmal einen fast krankhaften Grad erreichte. In diesen Frömmigkeitsperioden kniete sie tagelang in Kirchen und Klöstern, fastete und tat Buße. Dann packte sie wieder der Rausch des Lebens, die Leidenschaft für einen schönen Gardeoffizier, einen Lakaien, einen Stallknecht. Sie schämte sich dieser Leidenschaften, aber sie hatte eine Entschuldigung dafür: ein grausames Geschick hatte ihr den einzigen Mann, den sie wirklich hätte lieben können, entrissen. Immer, wenn sie an den toten Bräutigam erinnert wurde, weinte sie, und diese Tränen reinigten ihr Gewissen; sie ließ sich gern an ihn erinnern.

Wie Ausschweifung mit Gebeten, so wechselten Perioden des

Ehrgeizes mit solchen völliger Gleichgültigkeit. Nach dem Tode Peters II. – sie war damals vierundzwanzig Jahre alt – rührte sie keinen Finger, um ihre guten Ansprüche auf den Thron geltend zu machen. Sie hätte wirklich bloß einen Finger rühren müssen: hinter ihr standen die Garden, der alte russische Adel und – soweit sich das in einer Zeit, die keine Form der öffentlichen Meinungsäußerung kannte, beurteilen läßt – die Nation. Aber sie schien das Leben einer schönen, ungebundenen Frau den Wonnen der Herrschaft vorzuziehen, sie galoppierte, von ihrem jeweiligen Liebhaber begleitet, durch die Felder, sie mischte sich zum Tanz unter die Bauern, sie ging in die Kasernen und hob fast allwöchentlich ein Soldatenkind aus der Taufe. Sie skandalisierte den Hof. Vielleicht war es hauptsächlich, weil man ihr hinterbracht hatte, die Kaiserin wolle sie in ein Kloster sperren lassen, daß sie sich plötzlich in jener Dezembernacht 1741 entschloß, ihre Macht zu erproben. Sie siegte. Drei Jahre später findet es Brümmer notwendig, der Fürstin von Zerbst einen Kurier entgegenzuschicken, um sie an den obligaten Handkuß zu erinnern: so empfindlich ist Elisabeth für Ehrfurchtsbeteuerungen.

Mit ihren Vorgängerinnen Anna Iwanowna und Anna Leopoldowna verglichen, war Elisabeth eine starke Persönlichkeit. Das Volk liebte sie. Die Jahre, in denen sie sich zu ihrer eigenen Belustigung unter die Leute, vor allem unter die Soldaten, gemischt hatte, nützten ihr: man hatte sie, zum Unterschied von unnahbaren Zarinnen, zu Gesicht bekommen, man hatte gesehen, wie strahlend schön sie war, hatte sich überzeugt, daß sie mühelos die Sprache des Volkes zu sprechen wußte. Das hatte ihr einen Kredit an Volkstümlichkeit für die ganze Dauer ihrer Regierung verschafft, die alles andere als demokratisch, sondern die selbstherrlichste, despotischste war, die man sich denken kann. Während der zwanzig Jahre, die sie Rußlands Thron innehatte, fiel es ihr nicht ein, jemals etwas anderes für das Volk zu tun, als ihm ab und zu ein prunkvolles Schauspiel zu bieten. Und nicht einmal dem Volke fiel es ein, daß es selbst diese prunkvollen Schauspiele, die oft an die Millionen Rubel kosteten, bezahlen mußte. Elisabeth hatte ein Gelöbnis abgelegt, kein Todesurteil zu unterfertigen – sie hat es gehalten. Aber unter ihrer Regierung wurden über hunderttausend Menschen nach Sibirien verbannt, Verschwörern wurde die Zunge herausgerissen, und an den körperlichen Strafen – bis zu tausend Knutenhieben! – starben in diesen zwei Jahrzehnten in Rußland weit mehr Menschen unter gräßlichen Qualen als in anderen Ländern unter dem Beil des Henkers. Elisabeth liebte die Soldaten, aber die kleinste Verfehlung wurde mit hundert Stockhieben bestraft; sie liebte die Bauern, aber es fiel ihr gar nicht ein, an die Leibeigenschaft zu rühren; der Bauer gehörte seinem Herrn, er konnte von ihm verkauft, bis zur Erschöpfung mißbraucht und nach Belieben körperlich gezüchtigt werden. Er konnte zusamt seiner Ehehälfte für einen geringfügigen Diebstahl von seinem Herrn, ohne Möglichkeit eines Appells an eine höhere Instanz, nach Sibirien geschickt werden, und seine Kinder mußte er dem Herrn zurücklassen. Elisabeth dachte ebensowenig an eine Reform dieser Dinge wie die Bauern selbst; wie diese nahm sie die Verhältnisse für gottgegeben, so war es, so ist es und wird es eben immer sein.

Sie hatte überhaupt die Tendenz, alles beim alten zu lassen oder, besser gesagt, alles wieder so einzurichten, wie es zur Zeit ihres Vaters, Peters des Großen, gewesen war. Sie hatte sein Programm zu dem ihren gemacht, und um das zu dokumentieren, hatte sie ja den einzigen Mann, der noch von Peters Zöglingen übriggeblieben war, Bestushew, an die Spitze der Geschäfte gestellt. Aber es fehlte ihr die Konsequenz ihres Vaters, und sie hielt sich vornehmlich an den äußerlichsten Teil seines Programms, an die Europäisierung und prachtvolle Ausgestaltung des Hofes. In dieser Beziehung überbot sie seine Leistung um ein Gewaltiges. Sie kaufte, was für Geld zu haben war in Europa: Architekten, Maler, Bildhauer, Ärzte, Wissenschaftler, Tanzlehrer und Komödianten; vornehme Fremde fanden den Weg nach Rußland, und die Söhne vornehmer Russen bekamen alle erdenklichen Erleichterungen, um ein paar Jahre im Ausland verbringen und europäische Lebensart erlernen zu können. Den eigentlichen Zweck dieser überaus kostspieligen Unternehmungen – die imperialistische Machterweiterung Rußlands – verlor sie aus den Augen. Peter der Große hätte gewiß nicht dem Kampf zwischen Preußen und Österreich untätig zugesehen, ohne im Sinne seiner Politik einzugreifen und seinen Vorteil zu suchen. Elisabeths Inkonsequenz sicherte Rußland sechzehn Friedensjahre, während derer sie mit Österreich verbündet war, ohne Maria Theresia einen einzigen Soldaten oder einen einzigen Dukaten zu schicken.

Es ist oft schwer, Elisabeths Politik von ihren persönlichen Angelegenheiten zu trennen. Während Bestushew mit Wien gegen Preußen und Frankreich konspiriert, wechselt sie herzliche Briefe mit Friedrich II., und der Gesandte Frankreichs, de la Chétardie, geht bei ihr ein und aus. Im Falle Friedrichs wird sie wirklich von ihrem Wunsche nach Frieden an den Grenzen des Reiches geleitet; de la Chétardie aber war einer jener Männer, die ihr geholfen hatten, auf den Thron zu kommen, er war auch aller Wahrscheinlichkeit nach – Beweise dafür gibt es nicht – eine gute Zeit lang ihr Liebhaber. Ebenso der französische Leibarzt Lestoque, auch er einer der Helden jener Revolutionsnacht von 1741. Sie kann sich dieser Freunde nicht ohne weiteres entledigen, will es auch gar nicht, sie ist eine dankbare Natur. Aber ihre Dankbarkeit hat, wie alles an ihr, weder Vernunft noch Maß, sie überschüttet ihre Freunde mit Geschenken, mit Auszeichnungen, sogar mit wirklicher Güte, um eines Tages, wenn der leiseste Verdacht ihr Mißtrauen geweckt hat, jäh in Haß umzuschlagen und den »Verräter« mit aller Grausamkeit einer ängstlichen Tyrannin zu verfolgen. *Kein einziger* ihrer Freunde ist im Laufe der Jahre diesem Schicksal entgangen.

Im allgemeinen läßt sie Bestushew schalten und walten. Bloß gelegentlich handelt sie nach ihrem eigenen Kopf: sie hatte Bestushew nicht gefragt, als sie ihren Neffen Peter nach Moskau kommen ließ, um ihn zum Thronfolger zu machen, und sie hatte entgegen seinen ausdrücklichen Wünschen gehandelt, als sie Sophie zur Gattin Peters bestimmte. Beide Male hatte sie aus eigener Initiative und mit einer vehementen Schnelligkeit gehandelt, die in der Geschichte der Höfe einzig dasteht. Dafür gibt es dann wieder lange Zeiten, in denen sie nichts anderes ist und nichts anderes sein will als eine schöne Frau inmitten eines bewundernd anbetenden Hofstaates, eine Frau, die sich unablässig unterhalten will: vormittags muß sie auf die Jagd, nachmittags ausfahren, abends gibt es eine Opernaufführung oder einen Ball, für die verschiedenen Anlässe müssen natürlich Toilette und Frisur gewechselt werden – diese unendlich komplizierten Toiletten und Frisuren des achtzehnten Jahrhunderts –, wie soll sie da Zeit finden, die langweiligen Ausführungen ihres Ministers anzuhören? Der Tag ist ohnedies viel zu kurz, während des Karnevals wird erst um zwei Uhr morgens soupiert! Auf den Karneval folgen die Fasten, die frommen Übungen im Troitzky-Kloster. Es kommt vor, daß Bestushew wochen-, ja monatelang auf eine Entscheidung, auf eine bloße Unterschrift warten muß. Bekannt ist der Fall, in dem Elisabeth einmal glücklich bereits dabei war, ein Schriftstück zu unterzeichnen, sie hatte bereits »Elis« geschrieben, da setzte sich eine Wespe auf ihre Hand; es hat sechs Monate gedauert, bevor sie sich dazu bereitfinden konnte, die begonnene Unterschrift zu vollenden! »Wenn die Kaiserin bloß den hundertsten Teil der Zeit, die ihnen Maria Theresia widmet, den Regierungsgeschäften widmen wollte, wäre ich der glücklichste Mensch von der Welt«, klagt Bestushew dem Konferenzminister Uhl in Wien.

Manchmal bringt sie aus den Klöstern einen moralischen Elan an den Hof zurück. Dann wird eine »strenge Kommission« gegründet, die den außerehelichen Verhältnissen nachzuspüren und sie zu bestrafen hat. Hunderte sogenannter »nichtsnutziger Frauen« werden in Klöster und Gefängnisse gesperrt. Währenddes lebt die Kaiserin Tür an Tür mit dem schönen Rasumofsky, einem ehemaligen Kirchensänger, dem Sohn einfacher ukrainischer Bauersleute. »L'empereur nocturn«, wie man ihn bei Hofe nannte, war länger als irgendein anderer Elisabeths Günstling, und es ist sogar sehr wahrscheinlich, daß er ihr morganatisch angetraut war (das Dokument darüber soll unter romantischen Umständen vernichtet worden sein, wovon viel später die Rede sein wird). Jedenfalls war Rasumofsky das Ideal eines Favoriten, nicht bloß wegen seiner außerordentlichen Schönheit, sondern auch wegen seiner Indolenz: er mischte sich niemals in politische Angelegenheiten, er zeigte keinerlei Ehrgeiz, und wenn ihm seine hohe Herrin einen Titel nach dem andern verlieh, sagte er ihr: »Du wirst es trotzdem nicht zustande bringen, daß man mich ernst nimmt.« Er zeigte auch keine Eifersucht, obwohl er viele Gründe dazu gehabt hätte, denn sowenig wie die sentimentale Erinnerung an ihren toten Bräutigam störte die leibhaftige Nachbarschaft ihres Geliebten die Kaiserin, ihrer »sybaritischen Natur« nachzugeben. Vieles, was man bei der allgemeinen Unkenntnis über die russische Geschichte der späteren Katharina angedichtet hat, ist auf das Konto Elisabeths zu schreiben. Nicht Katharinas, Elisabeths Schlafgemach war es, das gelegentlich ein schöner, kräftiger Soldat ohne jeden Rang betrat, um es am nächsten Morgen als hoher Offizier zu verlassen. Wahrlich, die »strenge Kommission« muß einige Mühe gehabt haben, um bei ihren Nachforschungen die »nichtsnutzigste Frau« von Rußland nicht aufzuspüren! Aber es ist bloß ein Symptom unter hundert anderen, Symptom für den krassen Unterschied, der überall in dem Rußland von damals zwischen großartiger Fassade und Wirklichkeit herrschte.

Elisabeth ist eins mit ihrem Land und ihrer Zeit. Das Rußland des achtzehnten Jahrhunderts besteht zum allergrößten Teil aus hungernden Analphabeten und einer dünnen, jäh zivilisierten Oberschicht. Diese Oberschicht besitzt Paläste von verschwenderischer Pracht, während um die Ecke die Straßen von Schmutz starren und die Leichen verendeter Pferde, die niemand fortschafft, die Luft verpesten. In den Palästen sind die Empfangssäle mit allem erdenklichen Luxus, mit Gold und Silber und kostbaren Gemälden überladen, aber in den Wohnräumen rauchen die Öfen, und durch die schnell und unsolid gefügten Holzwände bläst der eisige russische Wind. Die Paläste der Kaiserin sind, nach den Berichten der ausländischen Gesandten, schöner und prächtiger als die von Versailles und Fontainebleau, aber Elisabeth kommt nicht einmal auf den Gedanken, diese Paläste dauerhaft zu möblieren; sie schleppt ihr Bett, ihre Kommoden, ihre Stühle von Moskau nach Petersburg und wieder zurück, die Hälfte geht auf dem Transport verloren, wird beschädigt, gestohlen, und die unendliche Flucht ihrer Gemächer steht zum größten Teil leer. Sie besitzt fünfzehntausend Seidenkleider und fünftausend Paar Schuhe; wenn sie mit einem dieser Kleider nicht schnell genug fertig wird, ohrfeigt sie ihre Kammerfrau.

Einmal erlaubt sich eine Dame auf einem Hofball, ebenso wie Elisabeth eine Rose im Haar zu tragen; Elisabeth stürzt auf sie zu, und inmitten des feierlichen Gepränges, angesichts der staunenden ausländischen Diplomaten, reißt sie der Unglücklichen die Rose aus der Frisur: sie ist in allem und jedem eine überzivilisierte Barbarin.

Als die Fürstin von Zerbst mit ihrer Tochter nach Moskau kommt, vermerkt ihre Eitelkeit mit unendlicher Befriedigung alle Auszeichnungen, die ihr zuteil werden. Aber Sophie, die bisher nur die nüchternen Frauen ihrer deutschen Heimat kennengelernt hat, erlebt mit Begeisterung dieses Wunder echter weiblicher Wärme, die unmöglich einem politischen Heiratsprojekt zwischen zwei weitläufig mit ihr verwandten Kindern entspringen kann. Aus welcher Quelle fließt die Wärme? Elisabeth hat eben eine russische Seele, sie ist eine Verschwenderin, nicht bloß mit Geld, sie hat, wenigstens vorübergehend, auch das Bedürfnis, sich selbst auszugeben. Weder der tote Bräutigam noch ihre Günstlinge befriedigen dieses Bedürfnis: das Bedürfnis nach Hingabe. Sie will nicht richtig heiraten, sie will sich nicht in die Abhängigkeit eines Mannes begeben – aber vielleicht sehnt sie sich nach Kindern? Sie hat zwei Jahre zuvor den Prinzen Peter nach Rußland kommen lassen, sie hat ihn zum Großfürsten und Thronfolger gemacht, aber Peter hat leider wenig Eignung, geliebt zu werden. Nun hat sie ihm eine Braut kommen lassen, und diese Braut rührt an die sentimentalsten Bezirke ihrer Seele: sie ist die Nichte jenes Mannes, um den Elisabeth so gern romantische Tränen weint. Einsam auf ihrem Thron, an der Seite eines minderwertigen Geliebten, umgeben von Höflingen, die alle ihren Vorteil suchen, stürzt sich Elisabeth mit dem ganzen Überschuß ihres Herzens in eine doppelte Leidenschaft, in eine Freundschaft für die Fürstin und in eine mütterliche Zuneigung für die Prinzessin. In diesem Augenblick ist sie menschlicher als ihre Gäste: *sie* hat vergessen, daß sie deren Wohltäterin ist.

Mit Recht ist der Eindruck, den sie auf Sophie macht, ungeheuer und ihr Einfluß auf das Mädchen größer, als ihn die spätere Katharina wahrhaben will. Mit all ihrer Unbildung, ihrer Halbbarbarei, ihren Launen und hysterischen Störungen ist Elisabeth ein Stück Natur, groß in ihrer Anlage und trotz Friedrich II., der ihr an Verstand turmhoch überlegen ist, das interessanteste Menschenexemplar, das die beiden Frauen aus Zerbst bis dahin zu Gesicht bekommen haben.

»Unsere Tochter findet großen Beifall«, schreibt die Fürstin acht Tage später an Christian August nach Zerbst, »die Kaiserin findet Gefallen an ihr, und der Thronfolger liebt sie. Bestushew ist außer sich. Alles ist gut und schön – c'est une affaire faite.« Schön war es gewiß. Es muß sogar herrlich gewesen sein für diese beiden Frauen, die daheim unter der Kleinlichkeit der Verhältnisse, in Braunschweig und Berlin unter der geringen Beachtung ihrer Personen gelitten hatten: plötzlich sind sie im Mittelpunkt eines Hoflebens, das an Pracht dem sagenhaften Versailles nicht nachsteht. Elisabeth, im Überschwang ihrer ersten Sympathie, kennt keine Grenzen der Güte und Freigebigkeit. Nicht als arme Verwandte aus der Provinz sollen sich die Ankömmlinge fühlen, sie werden wie die allerbedeutendsten ausländischen Potentaten geehrt und gefeiert. Am Tage nach ihrer Ankunft erhalten Mutter und Tochter den Katharinenorden, was mit einer Festlichkeit verbunden ist, an der das gesamte hoffähige Moskau teilnimmt. Sie bekommen ihren eigenen Hofstaat: zwei Kammerherren, zwei Kammerjunker, vier Kammerpagen und zahlreiche Dienerschaft. »Wir leben wie die Königinnen«, schreibt die Fürstin, »alles ist betreßt, mit Gold ausgelegt – prachtvoll. Unsere Ausfahrten sind wundervoll.«
Schön ist es gewiß. Aber gut? Der Ehrgeiz der Fürstin endet mit der großartigen Heirat ihrer Tochter, und die glaubt sie gesichert. Daß nach dieser Heirat eine Ehe kommen und wie diese Ehe sich unter den obwaltenden Umständen gestalten muß, das kommt ihr gar nicht in den Sinn. Sie weiß nichts von den obwaltenden Umständen, sie weiß vor allem nichts von dem künftigen Gatten, von Peter. »Der Großfürst liebt Sophie«, behauptet sie. Ist das wahr? Nein, es ist zunächst natürlich nicht wahr. Wie hätte sich denn in solcher Geschwindigkeit etwas wie Liebe entwickeln können? Wichtiger wäre es, festzustellen, ob bei diesen beiden Kindern – denn sie sind doch noch Kinder –, die der Wille Elisa-

beths füreinander bestimmt hat, eine *innere Bereitschaft* zur gegenseitigen Anpassung, zur Zärtlichkeit, zur Liebe vorhanden ist. Was Sophie betrifft, so ist diese Frage ohne jede Einschränkung zu bejahen. Mag ihr guter Wille, Peter zu gefallen und an ihm Gefallen zu finden, auch zur Gänze darauf zurückzuführen sein, daß er russischer Thronfolger und Erbe des russischen Reiches ist, an ihrem guten Willen, diesem russischen Thronfolger die beste aller Frauen zu werden, kann in diesem Augenblick nicht gezweifelt werden. Peter ist eins mit ihrem Ehrgeiz, und da ihr Herz vollkommen frei ist, hat sie natürlicherweise die Tendenz, es in der Richtung ihres Ehrgeizes zu verschenken. Wie aber verhält sich Peter zu seiner bevorstehenden Verlobung? Er hat Sophie bei der Ankunft, unter den Augen seines Hofmeisters, ein paar artige Worte gesagt, das ist wahr. Aber in der ersten leisen Unterredung, die man den beiden Kindern gestattet, teilt er ihr mit, daß er eigentlich in eine frühere Hofdame Elisabeths verliebt sei und daß er diese Hofdame gerne geheiratet, wenn seine Tante es bloß erlaubt hätte. Was bedeutet dieses Geständnis, das gewiß wenig dazu angetan ist, ein gutes Einvernehmen unter künftigen Brautleuten zu begründen? Man kann es unmöglich verstehen, ohne Peters Gesamtsituation zu verstehen. Peter ist keineswegs der Halbkretin oder Bösewicht, als den wir ihn häufig dargestellt sehen: er ist nichts als ein Durchschnittsmensch, der vor eine viel zu große Aufgabe gestellt ist. Das hat schon in Holstein begonnen, wo man ihm mit allen möglichen Repräsentationspflichten seine Kindheit gestohlen hatte. Glücklich war er bloß auf dem Exerzierplatz gewesen. Dem schwächlichen Knaben bedeutete die Uniform – dieses Symbol von Männlichkeit und Kraft – das höchste Glück, und den Anforderungen des Kasernenhofes fühlte sich sein Verstand gewachsen; er war ein durchschnittlicher Feldwebel; auf einem untergeordneten Posten hätte er jederzeit seinen Mann gestellt. Sein Schicksal wollte es anders. Bald winkte ihm der schwedische, bald der russische Thron: also zwang man ihn, bald Schwedisch, bald Russisch zu lernen, und er lernte gar nichts. Wollte er denn regieren? Ein kleines Regiment hätte ihn selig gemacht. Aber ein ganzes Reich? Als er nach Rußland kam, staunte Elisabeth, die doch selbst recht ungebildet war, über seine geringen Kenntnisse. Sie vertraute ihn dem Sachsen Stehlin an, der sich alle erdenkliche Mühe gab, dem künftigen Thronfolger ohne Überanstrengung das Notwendigste beizubringen. Ohne Erfolg. Peter machte weder im Russischen noch in der Geschichte, noch sonst irgendwelche nennenswerten Fortschritte.

Es handelte sich natürlich nicht um die Erlernung der russischen Sprache. Mit seinem guten Durchschnitt hätte Peter gewiß, wie jeder andere junge Mann, eine fremde Sprache in angemessener Zeit erlernen können. Aber er spürte hinter jeder harmlosen Lektion, die ihm sein Lehrer aufgab, die größere Aufgabe: Thronfolger, Regent zu sein – und dagegen protestierte er. Er sehnte sich nach dem Kasernenhof, nach den einfachen, anspruchslosen Befehlen seiner Vorgesetzten, er wollte Untergebenen ebenso einfache, anspruchslose Befehle erteilen. Gegen seinen Willen zum künftigen Herrn über das größte Reich der Erde ausersehen, bleibt er im Herzen ein kleiner holsteinischer Soldat. Sein Ideal ist und bleibt – was geht ihn die russische Politik an? – das Ideal des kleinen holsteinischen Soldaten: Friedrich von Preußen. Er hat die griechische Religion angenommen, weil man das von ihm verlangt und weil er sich nicht zu wehren gewußt hat. Aber in seinem Herzen ist er ein deutscher Lutheraner geblieben. Er nimmt russische Stunden, weil er dazu gezwungen wird. Aber er profitiert so wenig wie möglich dabei. Er umgibt sich, soweit man es zuläßt, mit holsteinischen Offizieren und spricht mit ihnen in seiner Muttersprache.

Nun hat man ihm eine Braut kommen lassen. Er weiß genau, wozu. Er soll sobald als möglich mit ihr die künftige russische Dynastie begründen. Er ist, wie immer, nach außen hin gehorsam, er wiederholt den liebenswürdigen Satz, den Brümmer ihm für den Empfang seiner Kusine vorgesagt hat. Aber sobald er mit ihr allein ist, verletzt er sie, so tief er nur kann. Er protestiert gegen seine Verheiratung wie gegen alles, was mit ihm geschieht. Sophie kann es sich nicht leisten, ihre Verletztheit zu zeigen. Außerdem ist sie nicht verwöhnt. Sie hat gelernt, um Liebe, um Wohlwollen kämpfen zu müssen, und sie ist entschlossen, das auch in diesem Falle bis zum Äußersten zu tun. Mittel weiblicher Koketterie stehen ihr noch nicht zur Verfügung. Sie versucht es mit der Klugheit, wie sie es bisher immer getan hat. Die Klugheit verlangt, daß sie sich dümmer stelle als sie ist: sie tut es. Sie geht auf alle Kindereien Peters ein, sie schraubt, ohne daß er etwas merkt, ihr Niveau auf das seine. Mit einem gewissen Erfolg. Er faßt Vertrauen zu ihr, gibt sich natürlich, nimmt sie als Spielkameraden. Liebe? Gar keine Spur. Eher das Gegenteil: eine Art geheimen Bündnisses gegen den Hof, der von den beiden das Erwachen einer Liebesleidenschaft erwartet und verlangt. Mit einem erstaunlich sicheren Instinkt führt das reife, aber unerfahrene Mädchen den unreifen Knaben auf den einzigen Weg, der ihn zur Liebe führen könnte: auf den Umweg harmloser, unschuldiger, unerotischer Kindereien, wo er seine Angst vor der Liebe vergißt. Gleichzeitig aber zeigt sie, daß sie aus einem ganz anderen Stoff gemacht ist als er. Die russische Krone, die ihn bedrückt, noch ehe sie auf seinem Haupt ruht, weckt alle ihre schlummernden Fähigkeiten. Die Aufgabe, die ihn erschreckt und weit unter sein wirkliches Maß hinabdrückt, an dieser Aufgabe, mit dieser Aufgabe wächst Sophie. Während er sich ängstlich gegen alles Neue absperrt und bestrebt bleibt, seine kleine Persönlichkeit zu bewahren, wirft sich Sophie mit Schwung und Begeisterung dem Neuen, der Zukunft, entgegen. Sie will Kaiserin von Rußland werden, also muß sie zunächst die Sprache dieses Landes verstehen, sie muß die Religion dieses religiösen Volkes annehmen: sie muß eine Russin werden. Wie Peter, so bekommt auch sie einen Lehrer für die russische Sprache und einen Popen zum Unterricht in der griechischen Lehre. Aber während Peter seine Pädagogen mit Unaufmerksamkeit und mangelnder Auffassungsgabe zur Verzweiflung bringt, ist sie von einem wahren Furor des Lernens besessen. Daheim war sie eine mittelmäßige Schülerin gewesen. Jetzt wissen ihre Lehrer nicht Lobes genug für ihren Fleiß, für ihren schnellen Verstand. Der Tag mit seinen vielen gesellschaftlichen Verpflichtungen ist viel zu kurz für ihren Eifer, sie steigt nachts aus dem Bett, ergreift ein Buch, und mit bloßen Füßen, um besser wach zu bleiben, geht sie in ihrem Zimmer auf und ab und memoriert ihre Vokabeln. Es handelt sich nicht um Lektionen, es handelt sich nicht um das gleichgültige Lob der Lehrer – es handelt sich um Rußland! Sie hat immer Glück. Wenn sie ein Unglück trifft, dann ist es schließlich zu ihrem Glück geschehen: jetzt hat sie das Glück, sich bei diesem Lernen mit bloßen Füßen eine Lungenentzündung zuzuziehen. Die Kaiserin weilt gerade im Troitzky-Kloster, sie eilt in den Palast zurück, ohne sich umzukleiden; so wie sie aus dem Schlitten steigt, stürzt sie ans Krankenbett. Sie kommt gerade zurecht, um einen wütenden Streit zwischen der Fürstin von Zerbst und den behandelnden Ärzten zu beenden. So merkwürdig es klingt, gerade in diesem Streit dürfte die Fürstin vom medizinischen Standpunkt aus recht gehabt haben: sie wollte nicht erlauben, daß man ihre Tochter zur Ader lasse. Elisabeth befiehlt, daß geschehen müsse, was ihre Ärzte für ratsam halten, und das beständig fiebernde Mädchen wird im Laufe von einundzwanzig Tagen sechzehnmal zur Ader gelassen.

Während dieser einundzwanzig Tage, in denen sie nur selten bei Bewußtsein ist, erobert Sophie unzählige Herzen. Ihre Hofdamen wissen, womit sie sich diese furchtbare Krankheit zugezogen hat, die Kammerfrauen erzählen es den Lakaien, die Lakaien den Hoflieferanten, der Fleischer, der Bäcker, der Schuster, der Tischler tragen es in der Stadt herum: die kleine deutsche Prinzessin ist auf den Tod erkrankt, weil sie des Nachts aus dem Bett stieg, um schneller russisch zu lernen! Als sie von den Ärzten aufgegeben ist, schlägt ihr die Mutter vor, einen protestantischen Geistlichen holen zu lassen. Aber Sophie sagt: »Laß doch den Popen Simon Todorsky kommen, mit dem will ich gerne sprechen.« Ärzte und Hofdamen sind Zeugen dieser erstaunlichen Worte. Man bedenke: sie weiß, daß sie in äußerster Lebensgefahr ist, denn nur in einem solchen Falle wird ein Geistlicher an ein Krankenbett geholt; daß sie in wenigen Wochen zur wahrhaft gläubigen Orthodoxen bekehrt wurde, kann man ruhig für ausgeschlossen halten, also besitzt sie die ungeheure Nervenkraft, noch am Rande des Todes mit dem wirksamsten Mittel um die Sympathie ihrer künftigen Landsleute zu werben!

Mit vollem Erfolg. Gerade jene, die der Ankunft der Deutschen, der Fremdgläubigen, mit dem größten Mißtrauen entgegengesehen haben – die russisch-national gesinnten Kreise –, werden nun von Mitleid und Rührung mit diesem Kind ergriffen. Die Kaiserin sitzt oft am Bett der Kranken, und wenn die Ärzte hoffnungslose Mienen machen, so weint sie. In diesen Tagen liebt sie, die Kinderlose, dieses junge Geschöpf, das sie kaum kennt und schon wieder verlieren soll, mit mütterlicher Liebe; gleichzeitig läßt ihre Herzlichkeit für die wirkliche Mutter, für die Fürstin von Zerbst, nach. Die Fürstin kann es vermutlich nicht ertragen, daß die Tochter nun allein im Mittelpunkt aller Aufmerksamkeit steht; sie macht sich durch allerlei Zänkereien mit den Ärzten und Kammerfrauen immer wieder bemerkbar, bis ihr die Kaiserin den Aufenthalt im Krankenzimmer verbietet. Am neunzehnten März erreicht das Fieber seinen Höhepunkt. Tags darauf öffnet sich »das Geschwür in der Seite«, das Fieber fällt, die Kranke ist gerettet. Vier Tage später schickt die Fürstin von Zerbst zu ihrer vom Tode auferstandenen Tochter um – niemand könnte es erraten – das Stück blauen Zeuges, mit Silber durchwirkt, das ihr der Onkel aus Lübeck vor der Abfahrt geschenkt hatte! Es ist das einzige schöne Stück, das Sophie aus der Heimat mitgebracht hat, und die Hofdamen im Krankenzimmer sehen, wie schwer es dem Kinde fällt, sich davon zu trennen, diesem Kinde, das soviel Schmerzen ausgestanden und vor Schwäche noch ganz hinfällig ist. Sie sprechen mit offener Entrüstung von dieser unnatürlichen Mutter, deren Putzsucht nur noch von ihrer Lieblosigkeit übertroffen wird, sie tragen den Vorfall Elisabeth zu: Sophie bekommt eine Menge herrlicher Stoffe, darunter auch einen blauen, mit Silber durchwirkten. Sie bekommt außerdem zu Ehren ihrer Genesung ein Brillanthalsband und Ohrgehänge im Werte von zwanzigtausend Rubeln und vom Großfürsten eine mit Rubinen besetzte Uhr.

Am einundzwanzigsten April, ihrem fünfzehnten Geburtstag, erscheint sie zum ersten Male wieder bei Hofe. Als sie sich angekleidet im Spiegel erblickt, entsetzt sie sich vor ihrem eigenen Bilde: sie war während der Krankheit gewachsen, aber zum Skelett abgemagert, das Gesicht ist lang und mager, die Haare sind zum Teil ausgefallen; Elisabeth schickt ihr einen Topf mit

Schminke, damit sie ausnahmsweise ein bißchen Rouge auflege. Trotzdem wird sie an diesem Abend gewiß kein Bild strahlender Jugendschönheit gewesen sein. Aber was tut es? Kaum daß sie die Repräsentationssäle betritt, spürt sie in jedem Händedruck, liest sie auf allen Gesichtern die neugewonnene Sympathie. Sie ist keine Fremde mehr, die man mit Neugierde und Mißtrauen betrachtet, sie ist eine Dazugehörige, deren Wiederkehr mit aufrichtiger, gerührter Freude begrüßt wird. Die Wochen ohnmächtigster Schwäche haben sie ein größeres Stück ihrer Aufgabe bewältigen lassen als die vorangegangenen Wochen beflissenster Arbeit.

Bereits am nächsten Tage nimmt sie die Stunden bei Simon Todorsky wieder auf. Niemand zweifelt daran, daß diese Stunden mit ihrem Entschluß, zur griechischen Kirche überzutreten, ihr natürliches Ende finden werden. Trotzdem gibt es darüber einen lebhaften Briefwechsel zwischen Moskau und Zerbst, denn man bedarf der offiziellen Einwilligung des Vaters in den Glaubenswechsel Sophiens. Nun hätte Christian August mit diesem Religionswechsel vom ersten Augenblick an rechnen müssen, aber sei es nun, daß seine Frau ihm eingeredet hatte, es würde sich vermeiden lassen, sei es, daß sein religiöses Gewissen ängstlicher wird, je näher die Stunde der Entscheidung rückt: er macht Schwierigkeiten. Friedrich II., der nächst den Hauptbeteiligten das größte Interesse an dieser Heirat hat, schreibt an den Landgrafen von Hessen: »Mein braver Fürst ist in diesem Punkt halsstarrig. Ich kann mir noch so viele Mühe geben, seine religiösen Skrupel zu besiegen, er antwortet auf alle meine Argumente: meine Tochter wird nicht griechisch werden.« Der Fürst, in seiner Einfalt, kann allerdings nicht ahnen, wie sehr er damit seinem König mißfällt, der soeben unter der Parole, den bedrängten Protestantismus zu beschützen, in Österreich eingefallen war. Er ist kein Philosoph wie Friedrich II., der schließlich einen gefälligen Pfarrer findet, um dem Fürsten in gelehrter und geweihter Sprache erklären zu lassen, daß zwischen der lutherischen und der griechischen Religion »kein wesentlicher Unterschied sei«. Im gleichen Sinne schreibt die Fürstin aus Moskau an ihren

Mann: »Ich habe mit dem Archimandriten gesprochen, und ich kann dir schwören, daß ich in der Lehre keine Irrtümer entdeckt habe.« Und die fünfzehnjährige Sophie schreibt ihrem Vater: »Ich sehe keinen Unterschied zwischen der griechischen und der lutherischen Lehre.« Wie kaum anders zu erwarten, leuchten alle diese Argumente dem Familienoberhaupte endlich ein, er gibt seine Einwilligung, »da er in der Wahl Sophiens eine Fügung Gottes erblicken müsse«, und verlangt bloß, daß im Ehekontrakt ein Witwengehalt, womöglich in Holstein oder Livland festgesetzt werde. Vor Friedrich II. und allen anderen, die Zeugen seiner Meinungsänderung sind, wiederholt er fortan unablässig: »Lutheranisch-griechisch, griechisch-lutheranisch, das gehet an!«

»Es hat mich mehr Mühe gekostet, dieses Geschäft zustande zu bringen«, schreibt Friedrich, »als wenn es die wichtigste Sache von der Welt gewesen wäre.«

Aber gerade als es Friedrich endlich gelungen ist, seine »kleine maquerellage« gegen die religiöse Standhaftigkeit Christian Augusts durchzusetzen, ist in Moskau seine innigste Bundesgenossin, die Fürstin von Zerbst, drauf und dran, aus übergroßem Eifer für ihn das ganze »Geschäft« in Frage zu stellen. Er hatte ihr ans Herz gelegt, den Vizekanzler Bestushew zu stürzen, er hatte ihr sogar eine Belohnung dafür versprochen, er hatte – was weit bedeutungsvoller war – ihren politischen Ehrgeiz aufgestachelt, und eben dieser politische Ehrgeiz bringt den ganzen Heiratsplan ins Wanken. Denn wenn die Fürstin in diesem Augenblick immer noch gegen Bestushew konspiriert, so ist klar, daß sie es nur »pour le roi de Prusse« tut. Die Verlobung steht unmittelbar bevor, Sophie ist bei der Kaiserin, bei Hofe und – soweit man davon sprechen kann – bei der Nation beliebt. Was für Gefahr droht in diesem Augenblick von Bestushew? Die kleinste selbständige Erwägung müßte der Fürstin sagen, daß gar keine Gefahr droht. Bestushew kann unmöglich, wie sehr ihm diese Heirat auch gegen den Strich gehen mag, seiner Monarchin in dreizehnter Stunde einen Rückzug zumuten. Die kleinste selbständige Überlegung müßte der Fürstin raten, dem

»Feind«, der soeben um ihretwillen eine Niederlage erlitten hat, goldene Brücken zu bauen. Je größer ihr Glaube an seine Gefährlichkeit ist, desto beflissener müßte sie sich bemühen, ihn gerade in diesem Augenblick der Schwäche für sich und ihre Tochter zu gewinnen.

Sie ist unfähig, diese Überlegungen anzustellen. Dazu hätte sie ja auf ihren so lange verkümmerten, endlich wieder neu entfachten Ehrgeiz als feine Diplomatin, sie hätte auf ihre geheime Mission, auf Friedrichs Lob und auf die Abtei Quedlinburg verzichten müssen: sie ist weit entfernt davon. Es wird ihr auch schwergemacht, selbständig zu überlegen. Von der Stunde an, da sie Rußlands Boden betreten hat, befindet sie sich in der Gesellschaft von Bestushews Feinden: Mardefeld und de la Chétardie sind ihre Vertrauten. Sie hat geheime Zusammenkünfte mit ihnen, Pläne werden gesponnen, Fühler ausgestreckt, chiffrierte Briefe werden geschrieben, an den preußischen König in Berlin, an die geheime Kanzlei in Paris, und die Fürstin müßte eine ganz andere sein, als die sie ist, könnte sie diese Intrige verlassen, vom Augenblick an, wo ihr persönliches Interesse daran erloschen sein müßte. Ganz im Gegenteil wächst das Feuer ihrer Betriebsamkeit von Tag zu Tag, und sie merkt gar nicht, daß die Verbündeten an diesem Feuer ihre eigene Suppe kochen: den Plan eines Bündnisses zwischen Frankreich, Preußen und Rußland gegen Maria Theresia, ein Plan, dem, wie sie glauben, nichts anderes entgegensteht als einzig und allein die Person Bestushews.

Sie alle mißverstehen die russischen Verhältnisse, auch de la Chétardie, der doch einige Veranlassung dazu hätte, kennt Elisabeth nicht, und keiner hat eine Ahnung von demjenigen, den sie unablässig im Munde führen: von Bestushew. Es ist auch heute noch nahezu unmöglich, sich von diesem Mann ein richtiges Bild zu machen. Die Berichte der ausländischen Gesandten, auch jener, mit denen Bestushew verbündet war – also der englischen und österreichischen Gesandten –, schildern ihn als einen Mann mittleren Formats, voll schwerer Charakterfehler, einen Spieler, Trinker, skrupellosen Geschäftemacher. Hingegen ist er nach dem Zeugnis der späteren Katharina, die genug von ihm zu leiden gehabt hat, zwar ein eigensinniger, trockener Despot, aber ein Mann von uneigennütziger Hingabe an seine Idee, ein vorzüglicher Menschenkenner, fanatischer Arbeiter, ein unbestechlicher, treuer Diener seiner Herrin, und gerade deshalb allen auf ihren Vorteil bedachten Höflingen ein Dorn im Auge. Es ist überflüssig, hier in weitschweifiger Weise die einzelnen Urteile auf ihren Wahrheitsgehalt zu prüfen. Schon ihre Divergenz ergibt die Lösung des Rätsels: Bestushew ist – er mag nebenbei ein Genie oder ein Dummkopf, ein Cato oder ein Spitzbube sein – ein nationaler Russe, er ist der Exponent der nationalen Russen, die im Augenblick die Oberhand haben. Er ist der Exponent der nationalen Gefühle Elisabeths, und Elisabeth mag daneben noch allerlei anderes sein, wodurch sie die Blicke ihrer Beobachter verwirrt, eine vergnügungssüchtige Frau, eine Devote, eine Verehrerin französischer Sitten und französischer Kleider, eine sentimentale Anhängerin ihrer holsteinischen Verwandten: im tiefsten Grunde ihres Herzens ist und bleibt sie eine fanatische Russin.

Das ist es, was die Intriganten nicht verstehen. Sie sehen, daß Bestushew die Kaiserin langweilt, daß er sie ärgert, daß er ihr alles eher als gefällt. Sie glauben, es bedürfe bloß eines kleinen, geeigneten Anstoßes, um ihn zu stürzen. Sie konspirieren gegen ihn, ohne mit ihm zu rechnen, ohne zu bedenken, daß er umsichtig genug ist, um von ihren geheimen Zusammenkünften zu erfahren, klug genug, um ihren Inhalt zu erraten, und mächtig genug, um seine Vorkehrungen zu treffen.

Diese Vorkehrungen sind sehr einfach: Bestushew läßt bloß die Briefe seiner Feinde auffangen und genau untersuchen. Im Kollegium für auswärtige Angelegenheiten gibt es einen Mann namens Goldbach, dessen Spezialität es ist, Briefe zu öffnen, zu dechiffrieren und wieder zu schließen, ohne daß man am Siegel oder Umschlag die leiseste Spur bemerkt. Zahllose Briefe gehen zwischen Moskau und Europa hin und her, ohne daß Schreiber und Adressaten die leiseste Ahnung davon haben, daß jedes Wort von Bestushew gelesen und dokumentarisch festgehalten wird. Er läßt seinen Feinden lange Zeit, er gibt ihnen Gelegenheit, recht viel Gift zu verspritzen. Erst als er überwältigendes Material beisammen hat, trägt er es zur Kaiserin: es sind an die fünfzig Briefe, die meisten davon aus der Feder de la Chétardies. Was in diesen Briefen gegen Bestushew steht, kann diesem ganz gleichgültig sein: es wird vollkommen entkräftet durch die Ausfälle, die de la Chétardie sich gegen die Kaiserin erlaubt. Er berichtet seiner Regierung, daß Elisabeth faul und verschwenderisch sei, daß sie ihre Unterschrift unter Papiere setze, die durchzulesen sie sich nicht die Mühe nehme, daß sie hingegen vier- bis fünfmal am Tage ihre Toilette wechsle und dergleichen mehr – alles das im spöttisch gewandten Ton eines Mannes, der als Vertreter der höchsten Kulturnation über die Zustände bei den Barbaren berichtet. Auch eine weniger selbstherrliche und jähzornige Monarchin wäre über solche Briefe außer sich geraten.

Was aber weiter aus den Berichten de la Chétardies hervorgeht, das ist sein geheimes Einverständnis mit der Fürstin von Zerbst. Sie steht plötzlich vor Elisabeths Augen da als das, was sie, wohl ohne es recht zu bedenken, wirklich ist: als preußische Spionin, als die undankbarste aller Personen, die sich, ein mit Wohltaten überhäufter Gast, in die intimsten Angelegenheiten der russischen Politik gemischt hat, und zwar im Dienste einer auswärtigen Macht.

Am ersten Juni begibt sich die Zarin ins Troitzky-Kloster, was sie alljährlich an diesem Tage tut, zur Erinnerung an die Zuflucht, die ihr großer Vater während des Strelitzenaufstandes in diesem Kloster gefunden hat. Dorthin bringt ihr Bestushew die belastenden Briefe – wahrscheinlich in der Erwägung, daß sie in der Abgeschiedenheit des Klosters mehr Muße findet, sich mit ernsten Angelegenheiten zu beschäftigen, als zwischen zwei Festen bei Hofe. Am dritten Juni schickt sie einen Kurier nach Moskau und läßt die Fürstin, Sophie und Peter ins Kloster nachkommen. Kaum haben die Ankömmlinge zu Mittag gespeist, läßt Elisabeth die Fürstin zu sich in die Zelle kommen. Der Großfürst und Sophie schwingen sich auf die Fensterbank und beginnen eines jener kindischen Gespräche, die Peter Feodorowitsch Spaß machen und auf die Sophie so gefällig einzugehen versteht.

Das Gespräch wird munterer und munterer, die beiden Kinder lachen aus vollem Halse, da tritt Lestoque aus der Zelle der Kaiserin und sagt in barschem Ton:»Dieser Spaß wird bald sein Ende haben.« Und zu Sophie fügt er noch hinzu:»Sie können ruhig Ihre Koffer packen. Sie werden gleich nach Hause fahren!« Nach diesen dunklen Andeutungen verschwindet Lestoque und läßt die jungen Leute allein mit dem unergründlichen Geheimnis. Sie können nicht begreifen, was eigentlich los ist. Diese halbe Stunde, die jetzt vergeht, in der sie glauben müssen, daß sie bald für immer voneinander getrennt werden sollen, könnte ein keimendes Gefühl in den beiden zur Blüte bringen. Aber es scheinen keine Keime da zu sein. Peter zeigt keinerlei besonderen Schmerz über den drohenden Verlust seiner Spielkameradin: damit verletzt er Sophie zum zweiten Mal. Sie selbst ist außer sich: nicht um Peters willen, versteht sich. Schließlich öffnet sich wiederum die Tür, und die Kaiserin, hochrot vor Zorn, tritt aus ihrem Zimmer, gefolgt von der Fürstin, deren Gesicht vom Weinen ganz verquollen ist. Die beiden Kinder springen schnell von der Fensterbank, die Kaiserin bemerkt es und – sie tritt auf Sophie zu und küßt sie. Es hieße Elisabeths Charakter tief verkennen, wollte man annehmen, daß sie in diesem Augenblick des höchsten Zornes die Unschuld der Prinzessin, die politischen Gründe für ihr Hierbleiben oder sonst etwas bedenkt: sie hat schon früher gelernt, einen tiefen Unterschied zwischen Sophie und ihrer Mutter zu machen. Sie hat Sophie persönlich liebgewonnen. Es ist nicht mehr die Rede vom Heimgeschicktwerden.
Wahrscheinlich legt auch Bestushew gar keinen Wert mehr auf das Scheitern des Heiratsprojektes, sonst könnte er es wohl in diesem Augenblick trotzdem durchsetzen. Aber ihm genügt es, seine Feinde unschädlich gemacht zu haben. Die Fürstin würde kaum mehr Gelegenheit finden, bei Elisabeth gegen ihn zu hetzen; Lestoque, der nie aufgehört hatte, vorsichtig zwischen beiden Parteien zu lavieren, wird sich nunmehr endgültig von der mißlungenen Intrige zurückziehen; Brümmer ist schon seit einer Weile in Ungnade gefallen, und Mardefeld ist kompromittiert. Was de la Chétardie betrifft, so wird er auf Bestushews Rat ohne weiteres des Landes verwiesen. Das ist möglich, weil er das Be-

glaubigungsschreiben seiner Regierung bisher überhaupt noch nicht vorgewiesen hat. Dieses Beglaubigungsschreiben, in dem Elisabeth »Sa Majesté Imperiale« genannt ist, ein Titel, der bisher in den französischen Akten gefehlt hat und auf den Elisabeth sehr großen Wert legt, hat er in der Tasche, und es sollte erst nach Bestushews Sturz vorgewiesen werden: das war sozusagen ein kleines Geschäft zwischen der französischen Regierung und der russischen Kaiserin, aber de la Chétardie war bisher nicht dazu gekommen, es abzuschließen, weil es ihm seit Monaten nicht gelungen war, Elisabeth eine Viertelstunde lang allein zu sprechen. So kann er denn jetzt als einfacher Privatmann ausgewiesen werden, und Elisabeths Zorn gegen den ehemaligen Mitverschworenen, Liebhaber und Freund ist so groß, daß sie ihm befiehlt, ihr Porträt, das sie ihm, in Brillanten gefaßt, geschenkt hatte, in Rußland zurückzulassen, bloß die Brillanten darf er behalten.

So endet der erste diplomatische Versuch der Fürstin von Zerbst mit der Ausweisung de la Chétardies, mit einer Abkühlung der Beziehungen Rußlands zu Preußen, mit dem Avancement Bestushews vom Vizekanzler zum ordentlichen Kanzler und mit dem endgültigen Verlust des Vertrauens der Kaiserin zu ihrer so unendlich wohlwollend empfangenen Verwandten. Sophie aber ist ohne jede Schädigung aus dem Debakel hervorgegangen.

Am achtundzwanzigsten Juni findet ihr Übertritt zur griechischen Kirche unter großem Gepränge statt. Die Kaiserin hat ihr ein herrliches Kleid machen lassen, das gleiche, das sie selbst trägt, aus rotem Gros de tour, an allen Nähten mit silbernen Borten bestickt. Sie selbst führt das junge Mädchen bis an die Pforte der Kirche und heißt es dort auf einem Kissen niederknien. Bis zu diesem Augenblick weiß niemand, wer Sophiens Taufpatin werden soll. Alle vornehmen Damen hatten sich um diese Ehre beworben – keiner ward sie zuteil. Schließlich erscheint, geführt von der Kaiserin, die achtzigjährige Äbtissin des Nowodewitschi-Klosters, eine Greisin, die im Rufe großer Heiligkeit steht.
Mit lauter und fester Stimme, in auffallend korrekter russischer Sprache, legt die Prinzessin ihr Glaubensbekenntnis ab. »Alle

Anwesenden haben Ströme von Tränen vergossen«, berichtet Mardefeld an Friedrich II.»Aber die junge Prinzessin hat keine einzige geweint und hat sich benommen wie eine wahre Heldin.

Sie hat auch das Russische tadellos gesprochen; kurz, sie wird bewundert von der Monarchin, von ihrem Zukünftigen und von der ganzen Nation.« Bei dieser Zeremonie wird Sophie, zu Ehren von Elisabeths Mutter, auf jenen Namen getauft, unter dem sie wohl noch eine unabsehbare Zeit lang jedes Schulkind kennen wird: Katharina.

In ihre Gemächer zurückgekehrt, erhält die »rechtgläubige Katharina« ein Kollier und einen Schmuck für die Taille. Die Fürstin berichtet ihrem Gatten, daß beide Geschenke wohl an die hundertfünfzigtausend Rubel wert sein mögen. Das »Kollier« ist in Wirklichkeit ein zusammenlegbares Heiligenbild – aber wozu die Gewissensqualen des guten Christian August vertiefen? Noch am gleichen Tag begibt man sich vom Annenhof in den Kreml. Am nächsten Morgen erscheint Lestoque und überbringt Katharina ein Porträt der Kaiserin und, in ein diamantenes Armband gefaßt, ein Porträt des Großfürsten: es ist der Tag ihrer Verlobung.

Unter großem Gepränge, gefolgt vom gesamten Hofe, begibt man sich zu Fuß in die Kathedrale. Elisabeth, die Krone auf dem Haupt, schreitet unter einem Baldachin von massivem Silber, der von acht Mann getragen werden muß. Der Erzbischof von Nowgorod verlobt den Großfürsten Peter Feodorowitsch mit Katharina Alexejewna und verliest gleich darauf einen Ukas, der Katharina zur Großfürstin erhebt und ihr den Titel »Kaiserliche Hoheit« verleiht. Kanonenschüsse und Glockengeläute begleiten die Zeremonie; die Synode, der Senat, alle hohen Würdenträger des Reiches und die gesamte Generalität sind anwesend.

Man kehrt in den Palast zurück. Und hier, zwischen zwei Gemächern, im buchstäblichen Wortsinn »zwischen Tür und Angel«, geht der stumme, verbissene Kampf der Tochter gegen ihre Mutter zu Ende: als Großfürstin hat Katharina den Vortritt vor ihrer Mutter. Gewiß, es ist nur ein äußerliches Symbol! Aber es wird von beiden Teilen tief innerlich empfunden. Die kindische Fürstin vermag ihren Unwillen nicht zu verbergen. Und Katharina? Auf welche Weise durchkostet sie diesen endgültigen Triumph? Wie für alle weitherzigen Naturen gibt es für sie nur eine einzige Form der Rache: Großmut. Sie zögert an der Schwelle und möchte der Mutter die »Demütigung« gerne ersparen. Wo immer es angeht, vermeidet sie in Zukunft Situationen, in denen sie, der Etikette gehorchend, ihrer Mutter vorangehen müßte. Wo sie sich stark weiß, dort ist sie immer großmütig. Wenige Tage später bekommt sie von der Kaiserin dreißigtausend Rubel als Taschengeld, oder, wie man es damals nannte, »fürs Kartenspiel«. Sofort setzt sie sich an den Schreibtisch und schreibt ihrem Vater: »Ich weiß, daß Ew. Durchlaucht meinen Bruder nach Homburg geschickt haben und daß dies große Ausgaben verursacht. Ich bitte Ew. Durchlaucht, meinen Bruder so lange dort zu lassen, als für seine Wiederherstellung notwendig ist: ich erbiete mich, alle seine Ausgaben zu bestreiten etc. ...«

Man hat ihre Geburt freudlos begrüßt, weil sie nur ein Mädchen war, man hat sie liebloser und nachlässiger behandelt als ihre jüngeren Brüder – das ist nun ihre Rache. Sie hat es sehr eilig damit. Ehe sie noch ein neues Kleid oder sonst etwas für ihr Vergnügen kauft, fiebert sie, den intimsten Wunsch ihres Herzens zu erfüllen: den Ihren zu zeigen, daß sie ihnen über den Kopf gewachsen ist, höher als es irgendein Knabe ihres Alters sein könnte. Ein unedler Wunsch? Vielleicht. Aber fünfzehn Jahre Zurücksetzung machen ihn begreiflich. Und es gibt nur wenige, die sich auf edlere Art zu rächen verstehen.

IV.

Nur schnell!!

Elisabeth geht so spät wie möglich zu Bett. Wenn die Feste, die offiziellen Empfänge vorüber sind, wenn die Höflinge und Würdenträger sich zurückgezogen haben, bleibt sie noch mit ein paar anderen Nichtschläfern in ihrem Privatgemach beisammen, und wenn auch diese gegangen sind, wenn ihr ermüdeter Körper gebieterisch nach Entspannung verlangt, läßt sie sich zwar entkleiden, aber solange es dunkel ist – also im Winter bis gegen acht Uhr früh – unterhält sie sich mit einem halben Dutzend Frauen, die ihr während dieser Gespräche abwechselnd sanft die Fußsohlen kraulen. Ist das eine seltsame Perversion, ein geheimnisvoller orientalischer Brauch? Hinter der brokatenen Portiere des kaiserlichen Alkovens ruht, vollkommen bekleidet, auf einer dürftigen Matratze, ein Mann: der treueste Diener Elisabeths, der Kastellan Tschoulkow, der während zwanzig Jahren nicht eine einzige Nacht in einem richtigen Bett verbringt. Erst wenn das Licht des jungen Tages durch die Gardinen dringt, verschwinden die Fußsohlenkraulerinnen, und es erscheint Rasumofsky oder der jeweilige Liebling des Tages, in dessen Armen Elisabeth schließlich einschläft. Aber der Mann hinter der Portiere, Tschoulkow, bleibt und wacht solange Elisabeth schläft: also meist bis in den Mittag.

Alle diese höchst seltsamen Gewohnheiten haben einen sehr einfachen Grund. Elisabeth fürchtet die Nacht, sie fürchtet nachts zu schlafen. Anna Leopoldowna schlief, als sie von Elisabeth gestürzt worden war. Elisabeth fürchtet, eines Nachts, im Schlaf, von einem ähnlichen Schicksal ereilt zu werden. Ihr Aberglaube, ihre Angst ist pathologisch übertrieben wie alles an ihr, aber sie ist nicht durchaus unbegründet. Woher aber droht ihr Gefahr? Beim Volk ist sie beliebt, und wer denkt in jener Zeit, da das

Volk in Rußland noch weniger als in Westeuropa zu selbständigem Denken erwacht ist, überhaupt an die Möglichkeit eines ernsthaften Volksaufstandes? Nur eine Palastrevolution kann einen russischen Regenten Thron und Leben kosten, und tatsächlich ist die Geschichte des russischen Thrones im achtzehnten Jahrhundert eine Kette von Palastrevolutionen, so daß ein zeitgenössischer Diplomat mit Recht sagen konnte: »Der russische Thron ist weder erblich noch wählbar: er wird besetzt.« Bereits ein Jahr nach Elisabeths Thronergreifung ist eine Verschwörung gegen sie rechtzeitig aufgedeckt worden und hat die Hofdame Lapouchin die Zunge, den österreichischen Gesandten Botta seinen Posten und Maria Theresia vielleicht den Besitz von Schlesien gekostet. Jede Palastrevolution steht im Zeichen eines anderen Thronprätendenten: die »Bottasche Verschwörung« war zugunsten des entthronten Kindes Iwan angezettelt worden. Und wirklich ist Iwan der einzig mögliche, der einzig gefährliche Rivale Elisabeths. Ein Kind zwar, das noch nicht lesen und schreiben kann, aber doch ein Kind, das einmal zum Zaren gekrönt worden ist, dessen Bild auf Münzen geprägt, für das ein Jahr lang in allen russischen Kirchen gebetet wurde. Dieses Kind ist es, das Elisabeth den Schlaf raubt. Sie hat es ursprünglich mit seinen Eltern ins Ausland schicken wollen – dazu hatte man die braunschweigische Familie seinerzeit nach Riga geschickt –, aber dann schien es wieder sicherer, diesen gefährlichen Prätendenten im Gewahrsam des eigenen Landes zu haben, und das unglückliche Kind, das zwar bereits eine Krone, aber niemals eine Stunde der Freiheit gehabt hatte, wanderte, von seinen Eltern losgerissen, aus einem Gefängnis ins andere, das ärmste, hilfloseste aller Wesen, und trotzdem, kraft seiner hohen Geburt, der einzige gefährliche Feind der mächtigen Herrscherin über Rußland. Iwan ist das Schreckgespenst ihrer Nächte. Tausende von Spionen lauschen im Lande umher, bei Hofe, unter den Soldaten, unter den Beamten: gibt es irgendwo Unzufriedene mit dem bestehenden Regime, die nach Iwan verlangen? Spione an den ausländischen Höfen, in Wien, in Kopenhagen, London und Paris stehen vor dieser Aufgabe: gibt es ein geheimes Einverständnis zwischen den Anhängern Iwans und einer ausländischen

Macht? Manches bringen die Schnüffler zu Tage, manches wird aus Ehrgeiz, aus Geldsucht erfunden, viele Unzufriedene wandern, ohne daß man mit ihnen erst Prozeß macht, nach Sibirien.

Eines ist jedenfalls klar: soll Iwan dauernd unschädlich gemacht werden, dann muß ein anderer Thronfolger vorhanden sein, dann muß neben Elisabeth die künftige Dynastie vor den Augen des Volkes, vor den Augen des Auslands festgegründet dastehen. Daher Elisabeths Eile, kaum daß sie den Thron innehat, den Neffen aus Holstein kommen und zum Thronfolger ernennen zu lassen. Aber Peter ist zart und schwach. Ein Jahr ist er in Rußland, da droht eine Krankheit ihn hinwegzuraffen. Alle paar Wochen packt ihn eine Erkältung, ein Fieber. Wenn er nun vor Elisabeth stirbt, was dann? Also schnell eine Frau für ihn herbeigeschafft, damit er sich fortpflanze, damit für den Fall seines vorzeitigen Todes ein neuer Romanow der Kaiserin zur Seite stehe in ihrem Kampf gegen den letzten dieses Stammes, gegen den unschuldigen, aber fürchterlichen Knaben Iwan im Gefängnis von Cholmogory oder Ranenburg. Daher Elisabeths Hast bei der Wahl einer Braut für Peter, daher alle diese dringenden Briefe, die Brümmer in ihrem Namen an die Fürstin von Zerbst geschrieben hatte. Nur schnell, nur schnell!

Nun ist die Braut da. Sie ist gesund und kräftig, alle politischen, alle religiösen Bedenken sind überrannt. Was steht einer sofortigen Heirat im Wege? Etwas recht Gewichtiges: die Bedenken der Ärzte. Mit sechzehn Jahren sieht Peter aus wie vierzehn. Zum Unterschied von seiner Tante zeigt er nicht die mindeste Ungeduld, zu heiraten; auch sonst kann niemand in seiner Umgebung die leisesten Anzeichen von Männlichkeit an ihm bemerken. Mit seiner Braut versteht er sich scheinbar recht gut. Aber wenn jemand die Gespräche der jungen Leute belauschte – und das tun ganz gewiß verschiedene Jemande –, so würde er nichts als kindischen Unsinn mitanzuhören bekommen. Katharina unterordnet sich in allem den Wünschen ihres Bräutigams. Sie ist zu allem bereit, für alles reif, sie geht auf alles ein, mit dem Effekt, daß sie mit fünfzehn Jahren tun muß, was sie, ein männliches Ideal im Herzen, schon mit fünf Jahren verabscheut hat: mit Puppen spielen. Ein Jahr – das ist die mindeste Wartefrist, die von den Ärzten gefordert wird. Ein Jahr – das ist unendlich lang für Elisabeths Ungeduld.

Da sie zunächst auf die Hochzeit verzichten muß, unternimmt sie etwas anderes, das sehr geeignet ist, das Ansehen des Hofes im Lande zu steigern: eine Pilgerreise nach Kiew. Der Großfürst, Katharina und ihre Mutter sowie ein Teil des Hofstaates werden vorausgeschickt. Elisabeth aber, diese wollüstige Orientalin, deren Faulheit das Kreuz ihrer Minister und die Hoffnung aller Feinde Rußlands ist, Elisabeth legt den größten Teil der viele Tausende Meilen weiten Strecke zu Fuß zurück! Wie die Ahnen ihrer Mutter, die litauischen Bauern, geht sie, im Schutze ihrer Heiligenbilder, Gebete murmelnd, Stunden und Stunden über die heißen, schattenlosen, endlosen russischen Straßen. Bequem in seine Equipage zurückgelehnt, begleitet sie der schöne Rasumofsky. An die zweihundertsechzig Personen sind in ihrem Gefolge.

Für Katharina ist diese Reise ein reines Vergnügen. Die Equipagen sind so bequem gebaut, daß sogar Betten darin Platz haben; an den Landstraßen sind, eigens für diese kaiserliche Pilgerfahrt, allerorten Reiseschlösser errichtet, mit Vorräten an herrlichen Leckerbissen und erlesenen Getränken; da man schließlich ohnedies auf die wandernde Elisabeth warten und auf die zarte Gesundheit Peters achten muß, fährt man an jedem Tag nur ein paar Stunden. Aber diese Reise ist mehr als ein Vergnügen: sie ist der großartigste, gigantischste Anschauungsunterricht, den eine künftige Kaiserin jemals erhalten hat. Nicht bloß durch einen Blick auf die Landkarte, nicht durch nüchterne Zahlen lernt Katharina die unendliche Weite des russischen Landes kennen. Tagelang, wochenlang fährt sie durch dieses Land, sie sieht seine Felder, seine Wälder, seine endlosen Steppen. Sie sieht seine Größe – sie sieht seine Armut. Wohl sind für diese Reise die Straßen ausgebessert, die Brücken erneuert, die Werstpfähle frisch gestrichen worden; wohl kommen in allen Ortschaften sonntäglich herausstaffierte Bauern mit Salz und Brot an den Wagen, um die Durchreisenden willkommen zu heißen. Aber hinter ihnen drängen sich die übrigen Dorfbewohner, um die »kaiserlichen Kinder« zu sehen – vom Hunger ausgemergelte

Gesichter, schmutzstarrende Männer und Frauen, die mageren Körper mit elenden Lumpen kaum verhüllt: das ist das Volk, das wirkliche russische Volk, der eigentliche, ahnungslose, stumpfe Träger der unendlichen kaiserlichen Macht. Bisher hat Katharina nur die glänzende Fassade des russischen Reiches gesehen, jetzt sieht sie seine Wirklichkeit, die vorzeitig von Arbeit und Elend gebeugten Rücken, die hohlwangigen Kinder, die halbverfallenen, halbvermoderten Hütten, wo alle diese Tausende Namenloser leben, aus deren saurem Schweiß alle die Herrlichkeiten von Moskau und Petersburg stammen. Noch ist sie zu jung, um die anklägerische Gewalt dieses Gegensatzes zu begreifen, noch nimmt sie das eine wie das andere als selbstverständlich hin; später aber, wenn sie älter und sehr einsam sein, wenn sie die Werke der großen Reformatoren und Volksbeglükker in die Hände bekommen wird, dann soll sie sich dieser Reise erinnern. Dann werden diese ausgemergelten, zerlumpten Bauern vor ihrem inneren Auge erscheinen und ihre Seele mit glühenden, edlen Absichten erfüllen.

Drei volle Monate nimmt die Reise in Anspruch. Während dieser Zeit ist die Beziehung zwischen den Brautleuten besser, sie ist geradezu herzlich geworden. Langsam gelingt es Katharinas gesunder, geduldiger Fröhlichkeit, das Vertrauen des schüchternen, linkischen Jungen zu gewinnen. Der niemals einen Spielgefährten hatte – nun hat er einen gefunden; der immer etwas darstellen mußte, was er nicht war – nun darf er sich einem Menschen gegenüber so geben, wie er ist. Mehr und mehr findet er Gefallen an den vertraulichen Plaudereien mit seiner Braut, er selbst sinnt auf Mittel und Wege, um der Gesellschaft seiner verhaßten Aufseher, der Brümmer und Bergholz, zu entfliehen; schließlich legt er beinahe die ganze Reise in Katharinas Wagen zurück und, nun wiederum in Moskau, verbringt er alle Zeit, die ihm seine lästigen Lehrer lassen, mit ihr. Es bedarf jetzt vielleicht nur eines kleinen Anstoßes, um diese kindliche Freundschaft in Liebe zu wandeln, eines Wortes, eines Kusses, eines jener ganz winzigen Dinge, die hier, an der Schwelle der Mannbarkeit, so unendlich große Bedeutung haben. Aber von wem soll dieser Anstoß ausgehen? Katharina verharrt in der selbstverständlichen Zurückhaltung des jungen Mädchens, und Peter, der niemals und von niemandem Liebe empfangen hat – wie soll er den Mut finden, an dem beglückend anspruchslosen Verhältnis etwas zu ändern? Zärtlichkeitsbedürftig aber unzärtlich sind sie beide, wie die meisten unerweckten jungen Menschen. Den erfahrenen Zuschauern macht das keine Sorgen: laßt doch die beiden erst einmal allein im Schlafgemach –! Vor allem ist dies die Meinung Elisabeths. Aufs neue kämpft sie mit stürmischer Ungeduld gegen die zögernden Bedenken der Ärzte.

Sie hat noch einen zweiten Grund, um die Hochzeit beschleunigen zu wollen: das ist ihr Wunsch, die Fürstin von Zerbst loszuwerden. Wie immer, wenn sie sich enttäuscht fühlt, ist ihre schnell entflammte Sympathie in Abscheu und Haß umgeschlagen. Der Anblick dieser undankbaren Frau ist ihr ein Greuel, um so mehr, als sie in diesem Fall ihren feindseligen Empfindungen nicht hemmungslos die Zügel schießen lassen darf. Trotzdem tut sie genug, um ihre Mißbilligung deutlich zu zeigen. Wo sind die Zeiten der vertraulichen Zwiegespräche zwischen Verwandten? Wo ist die Sentimentalität gegen die Schwester des »unvergeßlichen Bräutigams«? Die Fürstin bekommt Elisabeth kaum mehr zu Gesicht. Bei offiziellen Empfängen darf sie der Monarchin devot die Hand küssen. Das ist alles.

Warum aber fährt sie nicht nach Zerbst zurück? Katharina hat einen eigenen Hofstaat bekommen und ist dem Einfluß der Mutter ohnedies so weit als nur möglich entzogen. Ihre offizielle Mission ist zu Ende, ihre geheime kläglich gescheitert. Und der Gatte Christian August fordert in jedem Brief mit begreiflicher Ungeduld und wachsendem Staunen ihre Rückkehr. Sie hat doch noch andere Kinder daheim! Klugheit, Takt und ihre Pflicht als Gattin und Mutter müßten sie abreisen heißen. Trotzdem bleibt sie: ein Argument, das stärker ist als alle anderen zusammen, hält sie zurück. In Katharinas Memoiren schimmert es zwischen den Zeilen hervor. Wir wissen von ihr, daß die Fürstin, nach der Sprengung ihrer politischen Clique, hauptsächlich mit dem Prinzenpaar von Hessen-Homburg und mit dem Bruder der Prinzessin, dem charmanten Grafen Betzky, verkehrte und daß dieser Verkehr allgemein mißfiel. Wir entnehmen verschiedenen Gesandten-Relationen, daß dieses allgemeine Mißfallen andere als politische Gründe hatte. Katharina erzählt uns, daß ihre Mutter nur sehr ungern an der Fahrt nach Kiew teilgenommen hatte, daß sie während der ganzen Reise entsetzlich übellaunig und reizbar war, so daß sie einmal beinahe, einer geringfügigen Unart wegen, ihren künftigen Schwiegersohn geohrfeigt hatte, daß kaum ein Tag vergangen war, an dem sie nicht mit einer der Hofdamen in Zank geraten wäre; und wir wissen, daß zu dieser Reise der Graf Betzky nicht geladen worden war – sehr auffallenderweise. Und schließlich finden wir den Schlüssel zu all diesen Rätseln in einer einzigen Zeile, dem Postskriptum einer Depesche des Gesandten Rosenberg an den Grafen Uhl nach Wien, datiert vom 16. November:»Die geheimsten Nachrichten geben, daß sich die alte Fürstin von Zerbst wirklich vergangen hat und großen Leibes ist.«

Man kann sich leicht vorstellen, daß diese»geheimste Nachricht« dem ganzen Hof bekannt ist und wie sehr sie ihn skandalisiert. Welch eine Quelle der Heiterkeit, diese arme Fürstin, die gekommen war, um ihre Tochter zu behüten und die sich selbst so schlecht behütet hat! Welch ein Ärger für Elisabeth, die zwar sich selbst keinen Wunsch versagt, aber wie der Teufel hinter dem Anstand ihres Hofes, besonders aber ihrer Familienmitglieder her ist!

Katharina, das geht trotz aller Diskretion aus ihren Memoiren hervor, weiß ganz genau, was vorgeht. Aber da sie weder die eigene Mutter verurteilen noch ihrerseits den Ärger der Sittsamen erregen mag, tut sie, was zu tun für sie weitaus das klügste ist: sie stellt sich ahnungslos. Das fällt ihr um so leichter, als sie wirklich ganz andere Dinge im Kopf hat als die Liebesaffären ihrer Mutter. Es ist die große Zeit, in der ihr weibliches Selbstbewußtsein erwacht. Kaum von seiner frommen Reise zurückgekehrt, hat sich der Hof in einen wahren Strudel von Vergnügungen gestürzt. Empfänge, Feste, Bälle, Maskeraden folgen einander; kaum ein Abend vergeht, an dem Katharina nicht Gelegenheit findet, in einem schönen Kleid, in einem verwegenen Kostüm zu tanzen, kaum eine Stunde, in der sie nicht zu hören, zu sehen, zu fühlen bekommt, daß sie gefällt. Hat es eine Zeit gegeben, in der sie sich für häßlich gehalten und ihre Toilette deshalb vernachlässigt hat? Jetzt sagt man ihr immer wieder, daß sie eine angehende Schönheit sei und, was noch mehr ist: eine bezaubernde Person, deren flinker, frühreifer Geist alle Leute in Erstaunen setzt. Gewiß ist auch manche berechnende Schmeichelei dabei; schließlich ist sie die zweite Dame des Hofes, und irgendeinmal, bald vielleicht – wer weiß denn, wie lange Elisabeths Gesundheit dem ewigen Wechsel von Ausschweifung und Kasteiung trotzen kann – wird sie die erste sein. Katharina ist klug genug, um das zu wissen. Trotzdem spürt sie mit allen Nerven, daß wenigstens ein Teil der tausend Komplimente, die auf sie niederregnen, nicht der künftigen Zarin, sondern dem jungen Mädchen von heute gilt, ihrer leuchtend weißen Haut und ihren leuchtend schwarzen Augen, ihrer natürlichen Anmut, die so mühelos Übermut mit Anstand, Heiterkeit mit Ernst, Ausgelassenheit mit Würde verbindet. Feinde? Natürlich hat sie auch Feinde. Wer in so hoher, vielbeneideter Position hätte keine Feinde? Da ist Bestushew und seine Clique, da sind säuerliche Damen, die sich in den Schatten gedrängt sehen, da sind die Unzähligen, die sich zu kurz gekommen fühlen, die es überall gibt, wo die großen Kuchenstücke verteilt werden, also an jedem Hofe. Aber Katharina hat nichts von der streitsüchtigen, intriganten Natur ihrer Mutter geerbt, sie hat nichts von der elementaren Rachsucht Elisabeths angenommen. Sie denkt nicht daran, sich mit ihren neuen Freunden gegen ihre Feinde zu verbünden, sie denkt nicht daran, ihren Feinden zu schaden – im Gegenteil: sie macht ein Studium daraus, sie setzt ihren ganzen Ehrgeiz darein, das Wohlwollen gerade jener zu gewinnen, denen sie unsympathisch ist, und wenn ihr das auch nicht in allen Fällen sogleich gelingt, so entwaffnet sie doch auch die heftigsten Widersacher durch ihre unerschütterliche Liebenswürdigkeit. Täglich wird der Kreis ihrer Freunde größer. Die Freude an ihrer eigenen Person, an ihrem Glück, die echte, saftige Lebensfreude eines kerngesunden jungen Mädchens steigt ihr zu Kopf und entlädt sich gelegentlich – da sie noch keinen anderen Ausweg hat – in tollen, ausgelassenen Spielen mit ihren jungen Hofdamen.

Die Bälle am Hofe Elisabeths sind eigentlich recht steif. Man hat die Etikette von Paris erlernt und hat noch zu viel Mühe damit, als daß man sich dabei zwanglos unterhalten könnte. Für die Maskeraden hat sich die Kaiserin selbständig ein Programm ausgedacht: alle Männer müssen als Frauen und alle Frauen als Männer verkleidet erscheinen. Nicht alle finden ihren Spaß dabei, am wenigsten die Männer, die sich in den kolossalen Reifröcken nicht zu bewegen wissen, oft genug hinfallen und, zum allgemeinen Gaudium, nicht mehr aufstehen können. Diese kapriziöse und nicht sehr geschmackvolle Laune Elisabeths hat ihren guten Grund: obwohl sie keineswegs schlank ist, sieht sie, nach dem übereinstimmenden Zeugnis aller Zeitgenossen, in Hosen besonders vorteilhaft aus, denn die orientalische Üppigkeit ihres Oberkörpers ruht auf wohlgeformten, schlankgefesselten Beinen. Sie hat keine andere Gelegenheit, diese prachtvollen Beine zu zeigen, und ihre Eitelkeit verlangt danach. Ihre Eitelkeit verlangt, daß sie nicht nur die mächtigste, sondern auch die schönste Frau im Lande ist; sie kann es nicht ertragen, wenn in ihrer Gegenwart die Schönheit einer anderen hervorgehoben wird. Die Erfolge der jungen Katharina entgehen ihr natürlich nicht, und schon umnebelt die erste Wolke von Eifersucht – von ganz allgemeiner weiblicher Eifersucht – die Sonne ihrer mütterlichen Zärtlichkeit. Ihr Ärger sucht einen Anlaß und findet ihn natürlich. Eines Abends sitzt sie in ihrer Opernloge, gerade Katharina gegenüber; sie sieht das junge Mädchen mit ihrem Bräutigam heiter plaudern, strahlend im Glanze ihrer Jugend. Ist das wirklich noch das schüchterne, eckige Wesen, das vor knapp einem Jahr hier ankam? Sehr sicher, sehr selbstbewußt ist dieses Wesen in kurzer Zeit geworden! Hemmungslos wie gewöhnlich, platzt Elisabeth ihrem Freund Lestoque gegenüber mit ihrem Groll heraus, sie packt den erstbesten Vorwurf; als wäre dies ein Ding, das keinen Aufschub duldet, schickt sie Lestoque sogleich zu Katharina, damit er ihr den allerhöchsten Zorn übermittle. Lestoque, servil wie immer, macht seine Sache so gut, daß auch Peter, und wer sonst in unmittelbarer Nähe ist, hören kann, warum ihre Majestät mit der Großfürstin unzufrieden ist und daß Elisabeth, in der Loge gegenüber, befriedigt sehen kann, wie das strahlende Lächeln von Katharinas Gesicht verschwindet, wie sie erbleicht, erschrickt und mühsam mit den Tränen kämpft. Was ist geschehen? Was hat die Unglückliche getan, die so innig bestrebt ist, es allen, gewiß aber der Kaiserin, in allem recht zu machen? Sie hat ihr Taschengeld um zweitausend Rubel überschritten! »Auf diese Weise werden alle Quellen erschöpft«, läßt die Kaiserin dem jungen Mädchen sagen. Die Summe ist so lächerlich, gemessen sowohl an Elisabeths persönlicher Verschwendungssucht wie an ihrer Freigebigkeit, daß kein Zweifel darüber besteht: ihr Zorn hat ganz andere Ursachen. Trotzdem ist es recht interessant, zu wissen, was denn Katharina mit ihrem wirklich sehr hoch bemessenen Taschengeld in dieser kurzen Zeit angefangen hat? Sie hat einen Teil für ihre Garderobe verwandt – sie war doch sozusagen mit nichts nach Rußland gekommen –, etwas hat sie nach Zerbst für ihren Bruder gesandt, den weitaus größten Teil aber haben Geschenke verschlungen. Katharina hat herausgefunden, daß sie die ewigen Streitigkeiten zwischen ihrer Mutter und ihrem Bräutigam am allerschnellsten schlichten kann, wenn sie jener sowohl wie diesem – kindisch sind sie beide – Geschenke macht. Auch daß die meisten anderen Menschen für Geschenke sehr empfänglich sind, hat sie bemerkt. Und da sie alle Mittel benützt, um aller Menschen Wohlwollen zu erwerben, wie könnte sie auf dieses so überaus einfache Mittel verzichten? Die einen besticht man mit einem Lächeln, die andern mit einem kleinen Präsent. Sie hat in diesem Jahre nicht nur die russische Sprache, sondern auch die russischen Gebräuche erlernt!

Für diesmal ist es nur eine kleine, vorübergehende Gewitterwolke: sehr bald findet Elisabeth ihre Liebe für Katharina wieder. Am fünfzehnten Dezember bricht der Hof von Moskau nach Petersburg auf. Die Kaiserin selbst hüllt Katharina in Pelze und Decken und, weil ihr alles Vorhandene noch zu wenig erscheint, nimmt sie ihren eigenen herrlichen Hermelin von den Schultern und wirft ihn Katharina um. Was ist in der Zwischenzeit geschehen, das sie versöhnt und besänftigt hat? Der Großfürst hat die Windpocken gehabt, und sie haben beide um sein Leben gezittert.

Sie sollen bald Gelegenheit haben, sich noch inniger in dieser

Angst zu vereinen: vier Tagesreisen von Moskau entfernt, in dem kleinen Flecken Chotilowo, erkrankt der Großfürst abermals, diesmal an den echten Blattern. Der Arzt Boerhave weist Katharina energisch aus dem Krankenzimmer; er befiehlt, daß sie mit ihrer Mutter nach Petersburg vorausfahren muß. Im Schlitten überläßt sich Katharina ihrer Verzweiflung. Besteht denn irgendeine Hoffnung, daß der ohnedies so zarte, von seiner letzten Krankheit noch kaum genesene Großfürst die furchtbaren Blattern übersteht? Mit einem Mal wird ihr bewußt, daß sie ohne Peter ein Nichts, ein Niemand ist, daß alle Ehren, die ihr zuteil wurden, nur der Braut des Großfürsten, der künftigen Frau des künftigen Zaren galten, daß alle Macht, die sie so fest in den Händen zu halten glaubte, nur ein Kredit auf ihre künftige Stellung war, und daß alles, was sie beseligt und beglückt hat, an dem schwachen, schmächtigen Knaben hängt, der mit dem Fieber, mit den Schmerzen, mit dem Tode ringt.

Elisabeth, die ohne irgendwelche Raststationen vorausgefahren war, befand sich bereits in Petersburg, als der Eilkurier mit der Nachricht von der Erkrankung des Großfürsten sie erreichte. Sofort wirft sie sich aufs neue in den Schlitten, sie rast nach Chotilowo zurück, würgende Angst im Herzen. Wenn nun der Großfürst stirbt? Stirbt, ohne einen Nachfolger zu hinterlassen? Dann nimmt er Elisabeths Ruhe, Elisabeths Sicherheit mit ins Grab, dann droht, in welchem Gefängnis auch immer versteckt, das Gespenst des gekrönten Knaben Iwan als des einzig möglichen rechtmäßigen Thronfolgers – nein, als des rechtmäßigen, vor ihr gekrönten Zaren.

Zwei Schlitten jagen durch die schneebedeckte, unendliche russische Landschaft; in jedem sitzt eine weinende, angsterfüllte Frau. Bei Nowgorod ungefähr begegnen sich die beiden Schlitten, sie bleiben stehen, die Wagenfenster werden herabgelassen, und die verzweifelte Elisabeth sieht die verzweifelte Katharina. Eine heiße Welle von Sympathie strömt durch die eiskalte Dezemberluft von einem Wagenfenster zum andern. Bloß ein paar Worte werden gewechselt; die Fürstin sagt, was sie vom Befinden des Großfürsten weiß, dann gibt die Kaiserin das Zeichen zur Weiterfahrt, die Schlitten jagen wieder auseinander.

Elisabeth übernimmt selbst die Pflege ihres Neffen. Die Angst um sein Leben, von zärtlicher Liebe kaum zu unterscheiden, hat sie über Nacht verwandelt. Die üppige Sybaritin, der aller Luxus des Westens, alle verschwenderische Pracht des Orients zu wenig ist, verbringt sechs volle Wochen in einem elenden Bauernhaus, das man erst mit Werg, Stroh und allerlei Kotzen gegen den Wind abdichten muß. Die faulste aller Frauen, gewohnt, bis in den hellen Mittag zu schlafen, kommt nun kaum aus den Kleidern; die um nichts so bedacht war wie um die klare Schönheit ihrer Haut, tut nun mit Sorgfalt und peinlicher Genauigkeit alle Verrichtungen einer Krankenschwester. Dazwischen findet sie Zeit, zweimal am Tag einen Eilkurier an das einzige Wesen zu schicken, von dem sie weiß, daß es, genau wie sie, um das Leben dieses Kranken besorgt ist: an Katharina. Obwohl viele tausend Meilen zwischen ihnen liegen, sind diese beiden Frauen einander in diesen Tagen viel näher, als sie es bisher jemals waren und jemals wieder sein sollen.

Katharina wird allerdings durch mancherlei in Petersburg von ihren trüben Gedanken abgelenkt. Zunächst gilt es, eine fürchterliche Zeit mit ihrer Mutter durchzumachen. Die Kaiserin hatte es für gut befunden, ihr in Petersburg eine eigene Wohnung zu geben, die von der ihrer Mutter durch einen großen Saal getrennt ist: die Kaiserin hatte genau gewußt, warum, und die Fürstin weiß es natürlich auch. Mit Recht erblickt sie in dieser Verfügung eine Mißbilligung ihres Betragens, eine Demütigung. Der Zorn darüber fällt auf die unschuldige, aber wehrlose Tochter, es gibt kaum ein häßliches Schimpfwort, das dem armen Mädchen in diesen schlimmen Tagen nicht an den Kopf geworfen wird. Eines Morgens stürzt Fräulein Schenk sehr aufgeregt in Katharinas Zimmer und berichtet, daß die Fürstin von einer schweren Ohnmacht befallen sei. Katharina läuft zu ihrer Mutter und findet sie, auf einer Matratze liegend, totenbleich, aber bei vollem Bewußtsein. Kaum daß sie ihre Tochter erblickt, beginnt die Fürstin, das junge Mädchen zu beschimpfen, und schimpfend jagt sie Katharina aus dem Zimmer. Alle Indizien sprechen dafür, daß dies das letzte Kapitel ihres galanten Romanes mit dem Grafen Betzky ist; etwas Bestimmtes läßt sich nicht sagen, weil keinerlei Aufzeichnungen darüber vorliegen.

Die ersten Wochen in Petersburg verbringt Katharina damit, die Eilkuriere aus Chotilowo zu erwarten. Sie bleibt auf ihren Zimmern, während in den Repräsentationsräumen die Feste, Bälle und Maskeraden unbeschadet der Abwesenheit Elisabeths ihren Fortgang nehmen. Endlich kommt der heißersehnte Brief der Kaiserin: »Heute kann ich Ihnen zu unserer Freude die Hoffnung geben, daß wir ihn, Gott sei gelobt, wiedergewonnen haben!« Kaum daß sie diesen Brief gelesen hat, erwacht mit einem Schlag in dem gesunden, kraftvollen Mädchen die natürliche Lebenslust ihrer Jahre, und noch am gleichen Abend entflieht sie der zänkischen Mutter und begibt sich auf die Maskerade. Kaum daß sie erscheint, sind alle Tänzer, alle Hofmacher, alle Schmeichler wieder da. Die Gefahr ist vorbei, der Großfürst wird genesen, die Gegenwart ist schön, und die Zukunft wird noch tausendmal schöner sein! Kaum begonnen, kann sie nicht mehr aufhören, und es ist, wie es in Moskau war: jeden Abend ein Fest, jeden Abend ein Triumph. Jetzt ist nicht einmal Elisabeth da, um sie mit ihrer größeren Macht, ihrer strahlenden Schönheit zu verdunkeln!

Mitten in diesem Wirbel von Vergnügungen begegnet sie ein zweites Mal dem Grafen Gyllenborg, und dieses zweite Mal ist noch bedeutungsvoller als das erste. Vor vier Jahren, in Hamburg, war er der einzige, der in dem schüchternen, vernachlässigten Kinde den geistigen Funken gespürt und der sie ermutigt hatte. Jetzt trifft er sie wieder, umgeben von Bewunderern – und ist enttäuscht. Damals hat er sie eine kleine Philosophin genannt, jetzt sieht er sie mit Begeisterung tanzen, mit Wonne oberflächliche Gespräche führen, den faden Komplimenten ihrer Anbeter lauschen. Er ist enttäuscht und macht aus seiner Enttäuschung kein Hehl. Verlangt sie wirklich nicht mehr von sich selbst, als schön und gefeiert zu sein? Trägt der Schwung ihrer Seele wirklich nicht höher als bis zu dieser äußerlichen Höhe, die sie einer politischen Heirat verdankt? Weit entfernt, ihm seine Vorwürfe übelzunehmen, erkennt Katharina in Gyllenborgs Rügen eine weit noblere als die gewohnte Schmeichelei: dieser hier erwartet noch mehr von ihr, als sie erreicht hat. Sofort packt sie das Bedürfnis, auch diesem Anspruch zu genügen, sie schreibt für Gyllenborg in wenigen Tagen das »Selbstportrait eines fünfzehnjährigen Philosophen«. Sie will damit beweisen, daß sie, trotz aller Versuchungen zu eitler Selbstüberhebung, der wirklichen ernsten und tiefen Selbsterkenntnis nicht ermangelt. Der Beweis gelingt; Gyllenborg ist von der Schrift entzückt und beantwortet sie mit zwölf Seiten, in denen er der künftigen Kaiserin Ratschläge gibt, ihren Geist zu bilden und ihre Seele zu stärken. Er empfiehlt ihr, an Stelle der seichten Romane, die man ihr in die Hand gibt, die Werke des Plutarch, die Reden des Cicero und vor allem Montesquieu zu lesen. Von ihm hört sie zum erstenmal den Namen Voltaire. Ein Saatkorn ist in fruchtbaren Boden gefallen: es wird aufgehen, wenn die Zeit dafür reif ist. Jetzt ist es noch zu früh.

Anfang Februar kommt Elisabeth mit dem endlich wiederhergestellten Großfürsten nach Petersburg. Im großen Saal begegnet Katharina ihrem Bräutigam, nach sechs Wochen, während deren er dem Tode näher war als dem Leben. Es ist fünf Uhr nachmittags, also schon ziemlich dunkel: nicht dunkel genug, um die Verheerungen der Krankheit in seinem, den Schrecken darüber in Katharinas Gesicht zu verbergen. Peter war auch bisher kein Bild strahlender Jünglingsschönheit gewesen, aber er hatte doch ein leidlich hübsches Gesicht mit feinen, ansprechenden Zügen gehabt. Nun sind diese Züge bis zur Unkenntlichkeit vergröbert, das Gesicht ist gedunsen, mit furchtbaren, noch nicht abgeblaßten Blatternarben übersät. Er tritt zu seiner Braut und fragt mit verzerrtem Lächeln: »Erkennen Sie mich?« Katharina stammelt ein paar hergebrachte Worte der Freude über seine Genesung – später geht sie auf ihr Zimmer und bricht in fassungsloses, nicht enden wollendes Schluchzen aus.
Diese Reaktion ist verständlich, natürlich und gesund. Trotzdem muß man gestehen, daß Katharina in dieser Minute des Wiedersehens, die für ihre Beziehung zu Peter entscheidend werden soll, versagt hat. Es ist begreiflich, daß ein normales junges Mädchen, bei aller *ehrlichen* Freude über die Genesung ihres Bräutigams, vor seiner grausamen Entstellung zurückschaudert, es ist begreiflich, daß all ihr guter Wille, all ihre Selbstbeherrschung, all ihr Mitleid gerade nur dazu ausreichen, diesen

Schauder zu verbergen und ein paar höfliche Phrasen hervorzubringen. Trotzdem, der Augenblick hätte mehr, er hätte etwas ganz anderes verlangt. Etwas, was Katharina eben nicht besitzt, das einzige, was im Register ihrer reichen Natur fehlt: warme, überströmende, von Herzen kommende Zärtlichkeit.

Peter Feodorowitsch ist zeit seines Lebens ein verschlossener, verkrampfter Mensch gewesen, er hat keinen Freund gehabt, er hat kein Tagebuch geführt und hätte wohl auch weder dem einen noch dem andern anvertrauen können, was sich tief unter der Schwelle seines Bewußtseins vollzog. Wahrscheinlich hat er selbst niemals bedacht, was in diesem Augenblick des Wiedersehens mit ihm, in ihm geschieht. Aber es gehört nur eine geringe Einfühlungsgabe dazu, um es zu begreifen: dieser Knabe, der sich schon früher allen Anforderungen nicht gewachsen fühlte, der schon früher den Frauen gegenüber die tiefe Scheu der Schwäche empfand – der tritt nun, beladen mit dieser neuen Bürde abstoßender Häßlichkeit, vor seine Braut. Sie war bisher die einzige gewesen, der er recht schien, so wie er war, die einzige, vor der er sich natürlich geben durfte, der einzige Spielkamerad seiner freudlosen Jugend. »Erkennen Sie mich?« fragt er. Nichts könnte das qualvolle Wissen um seine Verunstaltung, die Angst vor ihren Wirkungen deutlicher zum Ausdruck bringen. Nur ein wirklich warmes Wort, ein Wort der Liebe könnte ihn erlösen. Es wird nicht gesprochen. Mit der konventionellen Redensart, die Katharina sich abringt, zerstört sie in einer einzigen Sekunde alles, was sie in Monaten mit soviel Geduld, mit so unendlich gutem Willen, mit Klugheit, Takt und Instinkt aufgebaut hat. Die zarten Frühlingskeime, die nur eines warmen Hauches bedurft hätten, um zur Liebe aufzublühen, sind vom Frost der Begrüßung getötet, das Vertrauen des niemals und von niemandem geliebten Knaben in Katharinens aufrichtige Sympathie ist zerstört, der zutrauliche Spielkamerad ist zu ihrem Feind geworden.

Er selbst ist sich dessen wohl kaum bewußt. Aber es tritt von Tag zu Tag deutlicher und immer deutlicher in Erscheinung. Wohl sieht er auch in Petersburg seine Braut ziemlich häufig, da seine Zimmer neben den ihren gelegen sind, aber er hält sich nur sehr kurz bei ihr auf, und zu seiner Unterhaltung zieht er die Gesellschaft einiger Lakaien der ihren vor. Er heißt sie Uniformen anziehen und läßt sie exerzieren. Schon als Kind haben Uniform, militärischer Drill und harte Kommandoworte ihm am besten über das quälende Gefühl der Schwächlichkeit und Unmännlichkeit hinweggeholfen. Jetzt, da er sich wieder aufs tiefste bedrückt und unzulänglich fühlt, kommt er darauf zurück. Dieses lächerliche Exerzieren im Zimmer mit ein paar verkleideten Lakaien ist nichts anderes als der Ausdruck tiefer Mutlosigkeit, des neuerwachten und verstärkten Protestes gegen seine Braut.

Katharina ist erstaunt und verletzt über dieses neue Betragen ihres Bräutigams. Sie ist sich keiner Schuld bewußt, sie hat keine Ahnung, daß sie selbst es ist, die Peter im entscheidenden Augenblick gekränkt und weggestoßen hat, sie glaubt, seiner zur Schau getragenen Kühle gegenüber ihrem Stolz die größte Zurückhaltung schuldig zu sein. Aber Stolz und Zurückhaltung vermögen nichts anderes, als Peter in seiner Meinung zu bestärken, daß er ihr durch seine Häßlichkeit zuwider geworden sei, sie können ihn nur noch mutloser, noch einsamer, noch gehässiger machen.

Gerade in diesen Tagen wird mit den Vorbereitungen zur Hochzeit begonnen. Elisabeth kann nicht länger warten. Der Schreck über die Krankheit des Großfürsten, die rasende, angstgepeitschte Fahrt nach Chotilowo liegen ihr noch in den Gliedern. Vergebens beteuern die Ärzte, daß der Großfürst noch immer zu jung, daß er zu schwach, von den Blattern noch keineswegs richtig erholt sei. Vergebens erzählt ihr Stehlin, daß sein Zögling noch zu unreif sei, um eine Familie zu begründen, daß er keinen ernsten männlichen Gedanken im Kopfe habe und vor dem Schlafengehen mit Puppen spiele. Alle liegen sie der Kaiserin in den Ohren: ein Jahr, mindestens noch ein weiteres Jahr müsse zugewartet werden! Sie hält sich die Ohren zu. Sie kann kein zweites Jahr mehr warten. Vor kurzem hat man in ihrem Ankleidezimmer, hinter einem Vorhang versteckt, einen Mann mit einem offenen Messer in der Hand ergriffen: auch unter der schwersten Folter war ihm kein Wort über seine Auftraggeber oder Bundesgenossen zu entpressen gewesen. Die Spione wissen mehr denn je von Unzufriedenen, von geheimen Anhängern Iwans zu berichten. Was nützt es, daß man Ukas über Ukas herausgibt, daß man alle Papiere, Iwan und seine Mutter betreffend, verbrennen läßt, daß man befiehlt, alle Münzen mit dem Bildnis des kleinen Zaren bei sonstiger strengster Strafe abzuliefern – was nützt das alles, wenn die Thronfolge an einem so schwachen Faden hängt, wie es die Gesundheit des Großfürsten Peter ist?

In einem Jahr kann eine zweite, tückischere Krankheit ihn hinweggerafft haben, in einem Jahr aber kann ein kleiner Stammhalter da sein, kräftiger und gesünder als Peter, kräftig und gesund wie Katharina. Schließlich ist der Großfürst siebzehn Jahre alt, freilich zu jung, um einer Familie vorzustehen, um das Wesen der Ehe zu begreifen, aber das wird später von selbst kommen, es ist auch nicht so wichtig. Wichtig ist bloß, daß er, letzter Sproß der Romanows (von jenem Iwan abgesehen), einen Sohn zeuge und damit Elisabeths Thron konsolidiere. Nur das.

Die Trauung wird auf den ersten Juli angesetzt. Elisabeth will, daß sie die größte sein soll, die jemals in Rußland gefeiert wurde. Sie will durch die vollste Entfaltung des höfischen Prunkes dem eigenen Volk und dem gesamten Ausland ein einprägsames Bild von der gewaltigen und unerschütterlichen Macht des russischen Thrones geben. Die Vorbereitungen für dieses gigantische Fest, das nicht weniger als zehn volle Tage dauern soll, nehmen sie vollkommen in Anspruch. Das ist etwas, was ihrer herrscherlichen Eitelkeit, ihrer orientalischen Prachtliebe, ihrem Sinn für das große »In-Szene-Setzen« entgegenkommt. Sie hat für nichts anderes mehr Interesse, sie hört ihren Ministern nicht zu, die wichtigsten Papiere bleiben ungelesen, die wichtigsten Entscheidungen werden hinausgeschoben. Dafür ergeht bereits im März ein Ukas an alle Personen von vornehmem Stand, in dem ihnen befohlen wird, für die Feierlichkeit reiche Kleider sowie Wagen mit sechs Pferden und andere Equipagen bereitzuhalten. Ganz genau wird angegeben, daß die Personen der ersten und zweiten Rangklasse »zwei Heiducken und acht bis zwölf Bediente, aber keineswegs weniger als acht Bediente, sowie zwei Schnelläufer und womöglich noch ein oder zwei Pagen und zwei

Jäger bereithalten müssen. Die Personen der dritten Rangklasse sechs Bediente und zwei Schnelläufer usf.«. An den russischen Gesandten in Paris ergeht der Befehl, sich möglichst genau nach den Festlichkeiten zu erkundigen, die bei Gelegenheit der Trauung des Dauphin mit der spanischen Infantin stattfanden, und wirklich kommen nach entsprechender Zeit die wortgetreuen Abschriften des französischen Hochzeitszeremoniells, Zeichnungen des Festzuges und Berichte von Augenzeugen. In die entferntesten Teile des russischen Reiches ergehen Ukasse mit dem Befehl, Früchte und Wein sowie Boote und Wagen zur Verfrachtung nach Petersburg zu liefern.

Während Herden von Schlachtvieh nach Petersburg getrieben werden, während auf Hunderten von Karren Geflügel, Met und Wein in die Hauptstadt rollen, während täglich im Hafen Schiffe einlaufen mit Stoffen aus England, fertigen Livreen aus Paris, Equipagen aus Deutschland, während die Kaiserin und mit ihr ganz Rußland beschäftigt ist, die Hochzeit vorzubereiten, läßt sich der Bräutigam von seinem Lieblingslakaien Rumber, einem ehemaligen schwedischen Dragoner, über das richtige Wesen der Ehe belehren. Rumber hat eine Frau in der Heimat zurückgelassen, er spricht aus eigener Erfahrung: eine Frau dürfe in Anwesenheit ihres Mannes nicht einmal zu atmen wagen; nur ein Einfaltspinsel gestatte einem Weibe, eine eigene Meinung zu haben; ein paar Ohrfeigen zur rechten Zeit wären sehr zu empfehlen usf. Solche Reden hört Peter gern, und noch lieber gibt er sie mit boshaftem Grinsen an Katharina weiter. Sie soll nur ja nicht glauben, daß er um ihre Liebe wirbt! Er braucht ihre Liebe nicht – sie soll ihn *fürchten*. Wie Richard der Dritte, weil er »zum Verlieben nicht taugt, gewillt ist, ein Bösewicht zu sein«, so ist auch Peter gewillt, ein schlechter Ehemann zu werden, weil er den Mut verloren hat, die Liebe seiner Braut zu erringen. Und wirklich beginnt Katharina, zum Abscheu vor seiner Häßlichkeit – dieser Abscheu ließe sich überwinden – auch Angst vor seinem Charakter zu empfinden. Sie beginnt, sich vor der Ehe zu fürchten, sie weint oft, und ihre Hofdamen haben alle Mühe, sie wieder fröhlich zu stimmen. Noch ist die Ehe nicht geschlossen, und schon melden sich alle Anzeichen einer tiefen gegenseitigen Abneigung. Einiges davon kommt Elisabeth zu Ohren. Tief empört läßt sie den Lakaien Rumber entfernen, sie läßt ihn sogar einsperren. Sie verdoppelt ihre Freundlichkeit gegen Katharina und zeichnet das Mädchen bei jeder Gelegenheit aus. Im übrigen aber sieht sie die Dinge so, wie sie sie sehen will, sehen muß: so harmlos wie möglich. Der Großfürst ist eben noch etwas kindisch, die Ehe wird ihn schon zum Mann machen. Wenn er erst eine Frau hat, wird er schon aufhören, mit Puppen zu spielen, wenn er die kluge, heitere Katharina zur Frau hat, wird die Vertraulichkeit mit den plumpen Lakaien zu Ende sein.

In diesen Tagen wird der kindische Peter großjährig gesprochen und zum regierenden Fürsten von Holstein ernannt. Für den künftigen Beherrscher des unendlichen russischen Reiches wäre das nicht sehr wesentlich, für den gedrückten, kleinmütigen Knaben aber hat es überwältigende Bedeutung. Stehlin berichtet, daß der Großfürst das Dokument seiner Ernennung laut vorlas und zu Bergholz und Brümmer sagte:»Endlich sind meine Wünsche in Erfüllung gegangen. Ihr habt mich lange genug beherrscht, jetzt ist es an mir, zu befehlen. Ich werde mich bemühen, Sie so bald wie möglich nach Holstein zurückzuschikken!« Am wohlsten wäre ihm wahrscheinlich, wenn man ihm selbst gestattete, nach Holstein zurückzukehren und dort ein kleiner Fürst zu sein, ein Vasall seines angebeteten Königs Friedrich. Weil Holstein genau das Maß hat, dem er sich gewachsen fühlt, ist es ihm ans Herz gewachsen. Während viele tausend Menschen damit beschäftigt sind, seine Anwartschaft auf das mächtige russische Reich durch die ungeheure Hochzeitszeremonie großartig zu bekräftigen, während alle Teile dieses Reiches ihren Tribut für diese Feier entrichten und sein Name auf den Lippen von Millionen kaisertreuer Russen ist, umgibt er sich mit ein paar holsteinischen Offizieren, interessiert er sich ausschließlich für holsteinische Angelegenheiten, kreisen alle seine Gedanken um Holstein. Während die einfältigen russischen Bauern, die Kleinbürger in den entferntesten Städten des Reiches von der Kanzel her über die rührende Liebe des kaiserlichen Brautpaares hören, das alsbald durch eine Ehe für ewig verbunden werden soll, während in Tausenden von Gottesdiensten für das Glück und für den Bestand dieser Ehe gebetet wird, läßt er seiner Braut sagen, er könne sie nicht mehr besuchen, weil in der Sommerresidenz seine Wohnung zu weit von der ihren gelegen sei. Es ist das Unglück seines Lebens, daß er immer mehr bekommen soll, als er will: das größte Land Europas zum Erbe und die genialste Frau seiner Zeit zur Gattin.

Die ungeheuren Vorbereitungen und die Schwerfälligkeit des Transportes in Rußland zwingen sogar die ungeduldige Elisabeth, die Hochzeit um einige Wochen zu verschieben. Endlich wird sie auf den einundzwanzigsten August festgesetzt. Drei Tage vorher reiten Herolde durch die Straßen von Petersburg und benachrichtigen durch Paukenschläge die Bevölkerung. Man braucht sie nicht zu rufen, sie kommt von selbst. Auf dem Admiralitätsplatz sind Tische mit Speisen für das Volk aufgestellt, Springbrunnen sprudeln Wein, und die Herrlichkeiten nehmen kein Ende. Die Prozession vom Winterpalast bis zur Kasanschen Kirche dauert von zehn Uhr morgens bis ein Uhr mittags. Der Wagen, in dem die Kaiserin mit dem Brautpaar sitzt, ist mit acht Pferden bespannt, die von Stallknechten geführt werden, ihm folgen hundertzwanzig Hofequipagen, begleitet von unzähligen Schnelläufern, Heiducken, Pagen und Offizieren zu Pferde. Katharina trägt eine kleine Krone aus Brillanten im ungepuderten Haar und ein Kleid aus Silberglacé, bis zur halben Höhe des Rockes mit Rauschgold verbrämt. Sie sieht – sogar nach Aussage ihrer Mutter – wahrhaft bezaubernd aus. »The procession infinetely surpasses« any thing I ever saw«, berichtet der englische Gesandte. Die Trauungszeremonie wird von dem Lehrer und Beichtvater Katharinas, Simon Todorsky, vollzogen und dauert volle drei Stunden. Die weiteren Festlichkeiten, die Empfänge und Soupers, die Komödien, Opernaufführungen, Illuminationen und Feuerwerke nehmen zehn Tage in Anspruch. Den Schluß bildet eine seltsame Zeremonie, die von Peter dem Großen eingeführt war, die aber in diesem Jahr zum ersten und letzten Mal stattfindet: die Ausfahrt des »Großväterchens der russischen Flotte«, des berühmten kleinen Bootes Peters des Großen. Es befindet sich für gewöhnlich im Gewahrsam der Peter-Paul-Festung und ist viel zu alt und morsch, um auf das

Wasser gelassen zu werden. Es wird also auf ein größeres Boot gesetzt, das bis ans Wasser mit rotem Tuch verhängt ist, und in Begleitung unzähliger Ruderboote, aller Schaluppen der See-offiziere, der Spitzen der Admiralität, der Kaiserin und des Brautpaares, wird das kleine Boot über die Newa bis zum Alex-ander-Newsky-Kloster gebracht, wo es der Erzbischof mit Weih-wasser besprengt und die kaiserliche Fahne emporgezogen wird, während Elisabeth das auf dem Boot befindliche Bildnis ihres Vaters küßt. Der Symbolwert dieser höchst umständlichen Zere-monie ist klar: sie bedeutet ein neues Gelöbnis Elisabeths zu den Ideen Peters des Großen, ein Gelöbnis, in das auch das neu-vermählte Paar miteingeschlossen wird.

»Es waren die fröhlichsten Vermählungsfestlichkeiten, die es vielleicht je in Europa gegeben hat«, schreibt die Fürstin an Christian August. Und das mag sogar stimmen, wenn man bloß von zwei Teilnehmern absieht: von Peter und Katharina.

V.

Einsamkeit

»... Danach geleitete die Kaiserin den Großfürsten und mich in unsere Gemächer, die Damen entkleideten mich und brachten mich zwischen neun und zehn Uhr zu Bett. Ich bat die Prinzessin von Hessen, noch ein Weilchen bei mir zu bleiben, aber sie wollte darauf nicht eingehen... Ich blieb mehr als zwei Stunden allein und wußte nicht, was ich tun sollte: sollte ich mich wieder erheben? Sollte ich im Bette bleiben? Schließlich kam meine neue Kammerfrau, Frau Kruse, und berichtete mir mit großer Heiterkeit, der Großfürst erwarte sein Souper, das man ihm bald auftragen werde. Nachdem seine kaiserliche Hoheit gut gespeist hatte, kam er zu Bett, und als er sich niedergelegt hatte, fing er an, mir davon zu sprechen, welches Vergnügen es wohl einem seiner Kammerdiener machen würde, uns beide im Bett zu sehen. Dann schlief er ein und schlummerte sehr behaglich bis an den nächsten Morgen... Frau Kruse versuchte am nächsten Morgen, uns junge Eheleute auszufragen. Ihre Hoffnungen aber erwiesen sich als trügerisch. Und in diesem Zustand blieben die Dinge während der neun folgenden Jahre ohne die geringste Änderung.«

Mit diesen Worten schließt Katharina die Schilderung ihrer Hochzeit und den ersten Teil ihrer Memoiren.

Katharina selbst ist es, die den Vorhang beiseiteschiebt und ihren Alkoven den Blicken der Neugierde preisgibt. Sie weiß, warum sie es tut: nicht aus Schamlosigkeit, die bleibt ihr zeitlebens fremd; auch als reife, um ihrer Liebschaften willen in ganz Europa berüchtigte Frau ist sie in ihren Gesprächen, Briefen und Aufzeichnungen zurückhaltend, beinahe prüde. Niemals berichtet sie mit einem Sterbenswort über die vielen heißen Stunden, die ihr später beschieden waren. Nur in diesem einen Fall, da es sich um die qualvollen Demütigungen ihres Ehelebens handelt, ist sie mit souveräner Verachtung des Peinlichen, das für sie selbst darin liegt, indiskret und bekennt, ohne den leisesten Versuch einer Verschleierung, was jede Frau auf das tiefste beschämen müßte. Sie weiß, warum sie es tut. Die Memoiren sind für ihren geliebten Enkel Alexander geschrieben, zu einer Zeit, da Katharina bereits eine Greisin ist, eine alte Frau, von mannigfacher Schuld beladen: sie hat ihre Ehe gebrochen, sie hat ihren Gatten vom Thron gestürzt, sie hat seine Ermordung zum allermindesten ungesühnt gelassen; ihre Lebensführung war ein Skandal, ein öffentliches Ärgernis, ein Hohn auf Sitte und Tugend. Niemand wagt es, sie anzuklagen, solange sie die Macht in ihren starken Händen hält; aber sie weiß, daß sie bloß die Augen zu schließen braucht, und hundert Ankläger im In- und Ausland, Historiker und Schwätzer, Tugendhafte und Heuchler, werden über sie herfallen. Sie werden ihre Sünden beim Namen nennen, die Liste ihrer Liebhaber aufzählen, sie werden ihr Andenken beschimpfen und bespeien und in den tiefen Kot ziehen, durch den sie oft genug, aber mit hocherhobenem Haupt gegangen ist. Diese Ankläger werden recht haben, recht, was die Tatsachen betrifft; aber unrecht, weil sie nicht wissen werden, wie es zu diesen Tatsachen kam. Für den geliebten Enkel, den sie zu ihrem Richter macht, übernimmt Katharina die eigene Verteidigung. Anwalt ihrer selbst, ohne Rücksicht und ohne falsche Scham, wie es dem Anwalt geboten ist, zeigt sie den Weg, der einerseits zu der steilen Höhe der Alleinherrschaft, andererseits in tiefste Schuld führt, den dornenvollen Weg voller Erniedrigungen und Kränkungen, der in dem possenhaftesten aller Brautgemächer beginnt und mit der blutigen Tragödie von Ropscha endet.

Es beginnt wie ein französischer Schwank, wie eine heiter gewagte Novelle des Boccaccio: es beginnt damit, daß der junge Gatte im Ehebett mit Puppen spielt und daß der jungen Frau, will sie ihrem Gelöbnis folgend in allen Dingen gehorsam und gefügig sein, nichts anderes übrig bleibt, als mitzuspielen. Es bedarf großer Mühe und Vorsicht, die Puppen unter Tags gut zu verbergen, denn die beiden wissen ganz gut, wie empört ihre

Majestät wäre, erführe sie, womit das junge Ehepaar, das sie mit so ungeheurem Aufwand vor den Blicken ganz Europas verheiratet hat, seine Nächte verbringt. Es ist die gewagteste, die groteskeste, die dümmste aller Lustspielsituationen, wie diese zwei Halbkinder fortwährend darauf bedacht sein müssen, daß man sie nicht dabei erwischt, wie sie sündigen, indem sie mit Puppen spielen!

Aber ist es denn, wenn man bloß von Elisabeths Ungeduld absieht, nicht eigentlich ein recht harmloses Spiel? Hat dieses Spiel zweier unschuldiger Kinder, die noch nicht vom Baume der Erkenntnis gekostet haben, nicht eher etwas Rührendes? Vielleicht haben die Ärzte recht, und Peter ist wirklich trotz seiner siebzehn Jahre noch nicht im Vollbesitze der Männlichkeit, und die Aufklärungen seiner Lehrer, die anstößigen Gespräche seiner Lakaien vermochten ihm nichts als ein Wissen zu vermitteln, das nur durch Unterstützung der Natur zur Erkenntnis werden könnte? Eines Tages, bald, wird diese Erkenntnis erwachen... So ungefähr denkt Frau Kruse, wenn sie allmorgendlich vergebens die junge Frau auszufragen versucht, und so denkt in den allerersten Tagen auch Katharina. Wiederum versucht sie durch völlige Gefügigkeit und munteres Eingehen auf alle seine Launen das Vertrauen und die Liebe ihres Gatten zu erringen. Das scheint gar nicht so schwer. Peter, der selbstverständlich während der »Flitterwochen« Tag und Nacht mit seiner Frau beisammen sein muß, denkt gar nicht daran, die Lehren Rumbers anzuwenden – diese Lehren haben vielleicht seiner Einbildungskraft entsprochen, nicht aber den geringen aktiven Möglichkeiten seines Charakters. Seine Aggression ist niemals offen und direkt. Wiederum ist er der scheinbar harmlose, kindische Spielgefährte, froh, an Stelle seiner Lehrer und Aufpasser ein anspruchsloses Wesen zur Seite zu haben, vor dem er sich hemmungslos gehen lassen darf. Kein rauhes, böses Wort kommt über seine Lippen. Aber schon vierzehn Tage nach der Hochzeit – in allen Bürgerhäusern wird noch vom Glanz der Festlichkeiten gesprochen, die Gäste aus entfernteren Städten haben ihre Heimfahrt noch nicht beendet, die Lieferanten warten noch auf die Bezahlung ihrer Rechnungen – gesteht der junge Gatte seiner jungen Gattin, daß er sich in eine ihrer Hofdamen verliebt habe. Ausführlich schildert er ihr die Reize des Fräulein Karr und, damit nicht genug, macht er auch einen seiner Lakaien zum Vertrauten dieser neuen Leidenschaft. »Er war diskret wie ein Kanonenschuß«, schreibt Katharina, die gerade dazukommt, wie er dem Diener erklärt, man könne die Großfürstin gar nicht mit dem bezaubernden Fräulein Karr vergleichen!

Ob nun diese Verliebtheit echt ist oder ob Peter sie bloß sich und den anderen vortäuscht, um damit sein unmännliches Verhalten gegenüber seiner Frau zu beschönigen – sie ist jedenfalls geeignet, den nächtlichen Puppenspielen ihre »Harmlosigkeit« zu nehmen. Peter mag geistig ebenso wie körperlich zurückgeblieben sein, soviel Verstand hat er gewiß (falls dazu überhaupt Verstand gehört), um zu begreifen, wie tief er Katharina beleidigt, wenn er in ihrem Bett, das er bloß zu kindischen Zerstreuungen benützt, von seiner Liebe für eine andere spricht! Es ist gar keine Frage: er *will* sie beleidigen, er will sie demütigen, und das gelingt ihm in wenigen Wochen so gut, daß sie darüber alles vergißt, was ihre Mutter ihr jemals angetan hat. Sie vergießt bittere Tränen, als die Fürstin sich zur Heimfahrt anschickt.

Diese Heimfahrt erfolgt nicht ganz freiwillig. Elisabeth muß der Fürstin erst sagen lassen, daß ihrer Abreise nun nichts mehr im Wege stünde und daß bereits auf allen Poststationen Pferde für sie bereit wären. Die Fürstin hat bis zum letzten Augenblick nicht aufgehört, sich unliebsam verdächtig zu machen. Sie hat nicht aufgehört zu konspirieren, Bestushew anzufeinden, Briefe an Friedrich II. zu schreiben – allerdings waren diese Briefe schon längst nicht mehr vorsichtig perlustriert, sondern auf ausdrücklichen Befehl Elisabeths kurzerhand geöffnet und meistenteils ganz einfach im Original zurückbehalten worden. Ihren Abschied von Elisabeth schildert die Fürstin folgendermaßen: »Es war ein sehr bewegter Abschied, besonders war es mir fast unmöglich, mich von Ihrer kaiserlichen Majestät zu conjedieren, und die große Monarchin tat mir ihrerseits die Gnade, so innig bewegt zu sein, daß der ganze Hof darüber gleichfalls in Rührung versetzt wurde. Unendliche Male wurde Lebewohl gesagt, und schließlich begleitete mich diese huldreichste Beherrscherin mit

Tränen und den zärtlichsten Ausdrücken bis zur Treppe.« Ganz anders schildert ein Augenzeuge diesen Abschied. Der englische Gesandte Hyndford schreibt in seiner Depesche vom 1. Oktober 1745: »Als die Fürstin sich von der Kaiserin verabschiedete, bat sie mit einem Strom von Tränen, ihr doch zu vergeben, wenn sie durch irgend etwas Ihre Kaiserliche Majestät beleidigt hätte. Die Kaiserin antwortete, für solche Gedanken sei es jetzt wohl zu spät, hätte die Fürstin früher so vernünftig gedacht, so wäre es weitaus besser für sie gewesen.« Alle innere Wahrscheinlichkeit spricht für die Darstellung Hyndfords. Trotzdem wird die Fürstin, ebenso wie ihr Gefolge, zum Abschied reich beschenkt, sie bekommt auch Geschenke für den guten Christian August mit, zudem sechzigtausend Rubel an barem Geld, um ihre Schulden in Rußland vor der Abreise zu bezahlen. (Leider sind diese Schulden aber mehr als doppelt so hoch. Katharina nimmt den Rest auf sich und legt damit den Grundstock zu einer Verschuldung, die sie siebzehn Jahre lang quälen und von einer Abhängigkeit in die andere bringen wird.) Die Fürstin reist also in leidlich guter Laune von Petersburg ab, sie reist sehr langsam und bequem, so daß sie zwölf Tage bis nach Riga braucht. Hier erst ereilt sie Elisabeths Rache – und man muß sagen, es ist eine Rache von geradezu eleganter Bosheit. In Riga erhält die Fürstin einen Brief von Elisabeth, in dem es heißt:
»Ich erachte es für notwendig, Ihnen ans Herz zu legen, bei Ihrer Ankunft in Berlin seiner Majestät dem König von Preußen einzuprägen, daß es mir sehr angenehm wäre, wenn er geruhen wollte, seinen bevollmächtigten Minister Baron Mardefeld zurückzurufen.« Der Wunsch nach Abberufung des preußischen Gesandten hat nichts mit der Fürstin von Zerbst zu tun, sondern ergibt sich aus der außenpolitischen Haltung Rußlands während des Zweiten Schlesischen Krieges. Elisabeth hat natürlich hundert andere Möglichkeiten, Friedrich von diesem Wunsch in Kenntnis zu setzen; wenn sie gerade die Fürstin von Zerbst mit diesem peinlichen Auftrag betraut, so ist das eine Art Strafe: die Fürstin hat für den Preußenkönig in Rußland intrigiert, jetzt soll sie selbst ihrem König mitteilen, wie ganz und gar ihre Bemühungen mißlungen sind. Es ist das Schlimmste, was der

Ärmsten widerfahren kann. Mit der geheimen Mission, Bestushew zu stürzen, ist sie nach Rußland gegangen, und mit dem offiziellen Auftrag, den preußischen Gesandten abzuberufen, kehrt sie zurück.

Kaum daß ihre Mutter abgereist ist, geschieht etwas – an sich recht geringfügig –, was aber als Symptom mit vollem Recht Katharina aufs schwerste beunruhigt: die Kaiserin läßt aus Katharinas Hofstaat eine junge Estin namens Maria Petrowna Shukow entfernen, ein siebzehnjähriges heiteres Ding, an das sich Katharina besonders herzlich angeschlossen hat. Zur Begründung erklärt Elisabeth, die Fürstin hätte sie vor ihrer Abreise gebeten, die Shukow zu entlassen, weil die allzugroße Freundschaft zwischen den beinahe Gleichaltrigen von Übel sei. Ob die Fürstin das wirklich gesagt hat, ist nicht festzustellen. Es ist auch nicht wichtig. Wenn nicht die Fürstin, so hat Frau Kruse oder sonstwer die Kaiserin von dieser Freundschaft verständigt, und warum Elisabeth auf diese Verständigung hin sofort Maßregeln ergreift, liegt auf der Hand. Elisabeth weiß natürlich, was im großfürstlichen Schlafzimmer vorgeht, zumindest, was nicht vorgeht. Dergleichen kann an einem Hofe kein Geheimnis bleiben, am allerwenigsten an diesem, der ein so ungeheures Interesse daran hat, die Ehe konsumiert, den künftigen Thronfolger auf dem Wege zu sehen. Die undelikateste Form der Spionage, die Beobachtung durch Lakaien, erscheint Elisabeth im Interesse der Dynastie selbstverständlich. Zwei Monate sind seit der Hochzeit verstrichen, und noch immer berichten ihre Spitzel nichts, was sie beruhigen könnte. Es ist begreiflich, daß die heftige und ungeduldige Kaiserin den erstbesten Grund, den man ihr an die Hand gibt, packt und ohne ausführliche Nachprüfungen – die ja auch wirklich peinlich wären – die allzuvertraute Freundin aus Katharinas Nähe entfernt. Für eine selbstherrliche russische Zarin, für eine Despotin, die alljährlich Zehntausende ohne Federlesen nach Sibirien schickt, ist diese Maßregel so geringfügig, daß nicht einzusehen ist, warum sie sich viel darüber den Kopf zerbrechen sollte. Ganz anders wirkt die Sache auf Katharina. Sie ist sich keiner Schuld bewußt. Sie weiß, daß auch die Shukow unschuldig ist, und ihr loyaler Charakter erträgt es nicht, daß ein Mensch gekränkt und geschädigt wird, bloß weil sie ihn gerne hatte. Sie bemüht sich, der Shukow Geld zukommen zu lassen, sie bemüht sich, das Mädchen passend zu verheiraten und macht sich durch alles das natürlich nur noch verdächtiger, vergrößert den Zorn Elisabeths gegen die Shukow. Schließlich wird das arme Ding zusamt dem Gatten, den Katharina ihr verschafft hat, nach Astrachan verbannt.

Diese Episode wäre an sich nicht so wichtig, erhellte sie nicht blitzartig Katharinas Situation, bildete sie nicht den Auftakt zu einer endlosen Reihe ähnlicher und schärferer Maßnahmen. Blitzartig begreift Katharina, daß sie, obwohl Großfürstin und »Kaiserliche Hoheit«, trotz Diamanten, Hofstaat und tausend Schmeichlern, in der neuen Heimat noch weniger Freiheit und Selbständigkeit hat als in der alten, daß an Stelle der despotischen Willkür ihrer Mutter die weitaus despotischere Willkür Elisabeths getreten ist. (Daß sie gerade an jenem Tag, der sie endlich von der Mutter befreit, zum ersten Mal Elisabeths Tyrannei zu spüren bekommt, ist einer jener Scherze, die sich das Leben leisten darf!) Daß sie dem Throne näher steht als jede andere Frau im Lande, macht sie nicht freier, sondern tausendmal abhängiger, unterdrückter als die allerärmste Kleinbürgersfrau. Mit hundert indiskreten, spähenden, tastenden Augen läßt Elisabeth sie bewachen, durch hundert Münder, durch Hofdamen, Kammerjungfern, ja selbst durch Lakaien läßt Elisabeth die junge Frau zur Rede stellen, rügen, verwarnen. Bald ist sie für Elisabeths Geschmack zu prächtig, bald zu einfach gekleidet, bald steht sie zu spät auf, bald braucht sie zu lange zur Toilette, bald ist sie zu übermütig, bald zu mißgestimmt. Auf tausend demütigende, kränkende, beleidigende Arten gibt Elisabeth Katharina zu verstehen, daß sie von Tag zu Tag tiefer in Ungnade fällt. Elisabeth ist eine Frau, die gewohnt ist, in allem und jedem sofort ihren Willen zu haben: von diesem frechen großfürstlichen Kinderpaar wird er ihr verweigert. Sie hat für diese beiden alles getan, was sie konnte: sie hat sie mit Wohltaten, mit Geschenken überschüttet, sie hat sie vor aller Augen erhöht, hat ihnen die großartigste Hochzeit des Jahrhunderts ausgerichtet, sie hat sie sogar wirklich in ihr Herz geschlossen, alles in der Hoffnung auf das baldige, so überaus notwendige Familienglück. Nun sieht sie sich in dieser Hoffnung betrogen, ihr Zorn ist gewaltig, und fast der gesamte großfürstliche Hofstaat ist damit beauftragt, herauszuspionieren, welchen Eheteil die Schuld an dem unerträglichen Übelstand trifft. Ist es möglich, daß die bildhübsche, lebhafte, bewegliche Katharina den achtzehnjährigen Peter vollkommen kalt läßt? Ist es nicht viel wahrscheinlicher, daß Peters Häßlichkeit und Unliebenswürdigkeit seiner Frau Widerwillen einflößt, daß sie diesen Widerwillen, diesen Abscheu in der Einsamkeit des Alkovens offen zur Schau trägt und damit jede Annäherung des schüchternen Jünglings zurückstößt? Wäre es anders, müßte man ja an der Männlichkeit dieses Jünglings überhaupt und damit für alle Zukunft an der Hoffnung auf einen legitimen Thronerben verzweifeln!

·D'Allion, der Nachfolger de la Chétardies, berichtet in seiner Depesche vom 26. Februar 1747 – also ein halbes Jahr nach der Hochzeit:»Le grand Duc n'a pas encore fait voir à sa femme qu'il fut homme.« Es ist so gut wie ausgeschlossen, daß Peter um diese Zeit Mätressen hat. Trotzdem kann man nicht sagen, daß er vollkommen unsinnlich ist. Dagegen zeugt seine ständige Verliebtheit in irgendein Hoffräulein (nach der Lapouchina ist es die Karr, nach der Karr die Korff, der er nachläuft), dagegen zeugt auch sein Ausspruch in der Hochzeitsnacht,»es würde dem Diener Spaß machen, uns beide im Bett zu sehen«. Dieser Ausspruch beweist nicht nur ein Wissen um sexuelle Dinge, sondern eine sogar ziemlich rege, wenn auch verderbte sexuelle Phantasie. Auf derselben Linie einer vorzeitigen, beinahe greisenhaften Verderbtheit liegt es, daß Peter nichts lieber sieht, als wenn Katharina mit seinem Lieblingskammerdiener Tschernyscheff freundlich ist. Er ermuntert Tschernyscheff zu allerlei Vertraulichkeiten gegen Katharina, er schickt ihn mehrmals am Tage mit allerlei nichtigen Aufträgen zu ihr und treibt den Scherz darin soweit, daß der Lakai, in berechtigter Angst um seine Sicherheit, sich einmal die Bemerkung erlaubt,»seine Kaiserliche Hoheit mögen bedenken, daß die Großfürstin nicht Frau Tschernyscheff sei«. Einige Monate lang spricht er mit seiner Frau ausschließlich von Tschernyscheff, von seiner männlichen Schönheit, seiner Ergebenheit, bis schließlich eine der wenigen wohlwollenden Personen ihrer Umgebung, der alte Kammerdiener Timofei, Katharina auf die Gefahr, in der sie schwebt, aufmerksam macht: das ganze Personal spricht schon von ihrer Liebe für den schönen Tschernyscheff. Übrigens hat dieser noch einen Bruder und einen Vetter gleichen Namens, die beide ebenfalls in Peters Diensten stehen, und die bösen Klatschmäuler des Hofes, die natürlich alle wissen, daß etwas in der großfürstlichen Ehe nicht in Ordnung ist, zögern nicht, alle drei zu Geliebten Katharinas zu machen. Übrigens machen Peters perverse Wunschphantasien, die immer auf Demütigung gerichtet sind (also dasselbe Endziel haben wie die indiskreten Erzählungen über seine Leidenschaften für andere Frauen), in denen immer Lakaien und Zuschauer ihre Rolle spielen, nicht halt bei der eigenen Gattin, sie versteigen sich sogar bis zu der geheiligten Person seiner kaiserlichen Tante. Eines Tages entdeckt er, daß sein Schlafzimmer an eines ihrer Privatgemächer grenzt: er bohrt Löcher in die Verbindungstür und sieht Elisabeth mit dem Favoriten Rasumofsky. Sofort lädt er alle Herren und Damen in sein Zimmer, und damit sie sich recht bequem am Anblick der privaten Monarchin und ihres Liebhabers im brokatenen Schlafrock ergötzen können, läßt er Stühle und Bänke vor die durchlöcherte Türe stellen.

All das sind nicht Handlungen eines unerotischen Menschen. Seine Unmännlichkeit Katharina gegenüber muß andere Ursachen haben. Eine sehr naheliegende Mutmaßung spricht Castéra aus, wenn er glaubt, der Großfürst müßte bloß seine Scham überwinden und sich irgend jemand vertrauensvoll eröffnen: »le moindre Rabin de Petersbourg ou le moindre chirurgien l'aurait délivré de sa petite imperfection«. Der Hinweis auf den Rabbiner läßt keinen Zweifel an der Art der »Imperfection«, die Castéra meint. Tatsächlich wird diese Version später halboffiziell, denn es wird ein Tag kommen, an dem man ein brauchbares Märchen haben muß, um zu erklären, warum der Großfürst neun Jahre lang kinderlos blieb, um plötzlich Vater zu werden. Es ist also kein Wunder, wenn das Gerücht von der »petite imperfection« in allerlei Gesandtendepeschen spukt, denn die Gesandten können ja nichts anderes berichten, als was sie bei Hofe zu hören bekommen. Glaubhaft ist die Sache nicht. Peter hat im Laufe der letzten Jahre an unzähligen Krankheiten gelitten, er ist unzählige Male von den Ärzten untersucht worden, und wenn auch nur der Schimmer eines Verdachtes in dieser Richtung bestanden hat, so ist man ihm ohne Zweifel nachgegangen und hat sich Gewißheit verschafft.

Hätte wirklich nur dieser geringfügige körperliche Defekt, den der »unbedeutendste Chirurg« in wenigen Minuten beheben kann, den heißen Wünschen Elisabeths nach einem Thronerben im Wege gestanden, man hätte ganz gewiß an Stelle der vielen planlosen und meist sehr schädlichen Maßregeln, zu denen man im Laufe der Jahre griff, einen klaren Befehl an Peter erlassen, und er hätte nicht die Möglichkeit, wohl auch kaum den Wunsch gehabt, sich einer Operation zu entziehen, die einerseits eine Staatsnotwendigkeit, andererseits eine Bagatelle gewesen wäre. So einfach ist Peters Rätsel nicht zu lösen. Alle Wahrscheinlichkeit spricht dagegen, daß er kalt oder durch einen äußeren Defekt in seiner Männlichkeit behindert war. Alle Wahrscheinlichkeit spricht dafür, daß er an psychischer Impotenz litt, daß er, in moderner Terminologie ausgedrückt, ein Neurotiker war.

Aber »Neurose« ist nur ein Wort, ein kaltes, wissenschaftlich klingendes Wort. Nur dem Kundigen verrät es, daß dahinter die innere Leidensgeschichte eines jungen Menschen steckt, der aus seiner tiefen Einsamkeit den Weg zum Mitmenschen, zum »Du«, nicht finden kann. Elternlos, von verhaßten Erziehern lieblos hin- und hergestoßen, von Altersgenossen und Spielkameraden abgeschnitten, ist er herangewachsen. Er hat Menschen gekannt, die ihn kommandierten, und Menschen, die ihm parierten, keinen einzigen aber, mit dem er auf gleich und gleich die primitivste Voraussetzung jeder Art von Liebe, das beglückende »Wir« erleben durfte. Katharina, die ihm während der ersten Monate ihres Moskauer Aufenthaltes ein wenig Mut zu einer, wenn auch kindischen Gemeinschaft geben konnte, hat ihn gerade im Augenblick seiner tiefsten Schwäche im Stiche gelassen, sie, die sein verkümmertes Selbstbewußtsein geweckt hat, hat es am allerschmerzlichsten verletzt. Nie wird er es ihr verzeihen können. Nie wird er von ihr beglückt sein können, nie wird er sie beglücken wollen, nie wird er sie als Frau, als Partnerin empfinden, immer nur als Feindin. Ihre Schönheit, ihre Klugheit, ihre Anmut erfüllen ihn nicht mit Leidenschaft, steigern ihn nicht zum Mann, sondern vermehren nur noch das Gefühl seiner tiefen Niedergeschlagenheit und Unzulänglichkeit. Je strahlender sie sich entwickelt, desto tiefer wird er sich seiner Häßlichkeit bewußt, von ihrem munteren Geist fühlt er sich noch tiefer in den Schatten gerückt, vor ihrer gefährlichen Bezauberung flüchtet er zu den unverbindlichen Vertraulichkeiten mit Lakaien. Alles das vollzieht sich unter der Schwelle seines Bewußtseins; auch wenn er einen Freund hätte, könnte er ihm diese dunklen Dinge nicht anvertrauen. Aber die Neurose hat ihre eigene Sprache, ihre eigene unwiderlegbare Logik: mit tausend Worten, stünden sie ihm selbst zu Gebote, könnte Peter seinen Protest gegen alles, was mit ihm geschieht, gegen die Ehe wie gegen die Thronanwartschaft, gegen Katharina wie gegen Elisabeth, gegen alle die verhaßten Aufgaben, die ihm gestellt sind und denen er sich nicht gewachsen fühlt, nicht besser zum Ausdruck bringen als mit dieser »unverständlichen« beharrlichen Kälte im Ehebett. Lächerlich wäre es, von »Schuld« zu sprechen. Peter ist für sein seelisches Leiden ebensowenig verantwortlich zu machen, als wenn er ein körperliches Gebrechen hätte. Trotzdem ist es unausbleiblich, daß sein ablehnendes Verhalten nicht ohne Rückwirkung auf Katharina bleiben kann. Sie ist mit ganz anderen Empfindungen als er, sie ist mit durchaus positiven Empfindungen in diese Ehe getreten, ohne Verliebtheit zwar, aber vom denkbar besten Willen erfüllt, so gut als möglich mit Peter zu leben und alle Erwartungen der Kaiserin, des Hofes, der Nation zu erfüllen. »Wenn er von mir hätte geliebt sein wollen«, schreibt sie, »so wäre ihm das nicht schwer geworden«, und trotz allem, was sie später getan hat, muß man ihr das Recht auf diese Worte zugestehen. Sie hat am Anfang alles versucht, um seine Liebe zu gewinnen, um ihn lieben zu können: er hat es ihr unmöglich gemacht. Er hat sie verschmäht, er ist anderen Frauen nachgelaufen, er hat ohne Eifersucht – im Gegenteil mit einem gewissen

Vergnügen – Vertraulichkeiten zwischen ihr und anderen Männern geduldet und gefördert. Jede Schmach, die eine Frau erleiden kann, hat sie von ihm erlitten und, was das Übel tausendfach verschlimmert: der ganze Hof, in gewissem Sinne sogar ganz Europa ist Zeuge dieser Schmach. Jeder auswärtige Gesandte weiß, daß sie nicht imstande ist, die Aufmerksamkeit ihres Gatten zu erregen, jeder Kammerdiener weiß, welchem Fräulein der Großfürst gerade den Hof macht. Und weil niemand den Grund dieser vollkommenen Zurücksetzung der eigenen jungen und hübschen Gattin verstehen kann, sind tausend Spürnasen, tausend Lästerzungen, tausend müßige Gehirne damit beschäftigt, die geheimen Fehler, Laster, Perversionen der jungen Frau herauszufinden und verantwortlich zu machen. Ein Jahr nach der Hochzeit sind Peter und Katharina, statt durch ein Kind zu tiefster innerer Gemeinschaft verbunden, durch tausend Kränkungen, Beleidigungen, Mißverständnisse einander entfremdet und mit unausgesprochenen Feindseligkeiten beladen.

Eine solche, vom Anbeginn zerrüttete, verfehlte Ehe in Ordnung zu bringen, gehört zu den denkbar schwierigsten Aufgaben. Jedes unrichtige Wort kann den Schaden nur vergrößern, jede undelikate Einmischung Unbefugter muß das Übel verschlimmern und unheilbar gestalten. Auch der erfahrenste Berater würde niemals wagen, eine so heikle Situation anders als mit subtilster Vorsicht, mit taktvollster Diskretion, sozusagen mit Samthandschuhen anzupacken. Hier aber, wo es sich nicht allein um die Verbesserung einer Ehe handelt, hier, wo die Konsolidierung des Thrones, die Dynastie, die Ruhe des Landes an dieser Ehe hängen, hier wird mit einer Plumpheit und Ungeschicklichkeit sondergleichen vorgegangen. Man muß sich staunend fragen, warum von allen ausdenkbaren Möglichkeiten gerade die allerdümmste zur Ausführung kommt, und wird sich schließlich antworten, daß, wie in so manchen anderen Fällen der Politik, auch hier eine ganze Reihe verschiedener Interessen zusammenwirken, um am Ende zu einer Maßregel zu führen, die kein einziges Interesse wirklich befriedigt. Zu der kardinalen Forderung nach einem Thronerben tritt Bestushews Mißtrauen gegen die Tochter der

Fürstin von Zerbst, die er dauernd im Verdacht hat, zugunsten des Preußenkönigs schriftlich zu konspirieren. Hinzu tritt ferner die wachsende Unzufriedenheit mit dem Betragen Peters.

Um all diesen Übelständen – wirklichen und vermeintlichen – zu begegnen, verfaßt der Kanzler zwei Schriftstücke, die er am 10. und 11. Mai der Kaiserin zur Unterschrift vorlegt. Das erste Schriftstück, betitelt »Instruktion für eine vornehme Dame«, beschäftigt sich mit der Person Katharinas. Ihr soll an Stelle der bisherigen Hofmeisterin eine vornehme Dame – sprich: Aufsichtsdame – zur ständigen Begleitung beigegeben werden. Diese vornehme Dame muß sich verpflichten, »die ehelichen Vertraulichkeiten zwischen den Kaiserlichen Hoheiten soviel als möglich und fortwährend zu überwachen und der Großfürstin einzuprägen, daß sie zum Range einer Kaiserlichen Hoheit nur deshalb erhöht worden sei, damit das Reich den gewünschten Erben und Nachfolger des allerhöchsten kaiserlichen Hauses erhalte«. Dazu sei es notwendig, »jeden Schritt der Großfürstin zu überwachen, sie stets zu begleiten, um jeder Familiarität mit den Kavalieren, Pagen und Dienern des Hofes vorzubeugen«. Die Warnungen des braven Timofei sind also zu spät gekommen, der Klatsch bezüglich der Tschernyscheffs ist bereits bis zu Bestushew, bis zu Elisabeth gedrungen. Im übrigen hat die vornehme Dame darüber zu wachen, daß die Großfürstin keine Briefe schreibt und mit niemandem unter vier Augen oder im Flüstertone spricht. Für Bestushew ist dieser letzte Punkt der wichtigste: er will vor allem Katharinas Korrespondenz und ihre Unterhaltungen mit ausländischen Diplomaten überwachen lassen.

Die zweite Instruktion beschäftigt sich mit dem Großfürsten. Auch er soll an Stelle der unfähigen Brümmer, Bergholz und Stehlin einen neuen Begleiter bekommen, dessen Aufgabe es ist, den Thronfolger von seinen »unwürdigen Neigungen abzuhalten«. Die unwürdigen Neigungen Peters sind in der Instruktion sehr ausführlich dargetan. Da heißt es, der Großfürst »widme seine gesamte Zeit der schädlichen Vertraulichkeit mit Bediensteten und Lakaien, stecke sie in Uniformen, lasse sie exerzieren und verwandle auf diese Weise die Kriegskunst in einen Spaß«. Ferner wird darüber geklagt, daß Peter bei Tisch den Dienern

Wein über die Köpfe gieße, Personen, die sich ihm nahen, sogar Ausländer, mit unflätigen Witzen empfange, unablässig Grimassen schneide und niemals die Glieder ruhig halten könne. Und schließlich – so heißt es – sei es ganz und gar unfaßbar, daß ein achtzehnjähriger Ehemann im Zimmer seiner Frau mit Puppen spiele. Diese Ausführungen ihres »geschworenen Feindes« Bestushew decken sich nicht nur wörtlich mit Katharinas Klagen über ihren Mann (und bilden somit eine objektive Bestätigung), sie vervollständigen das klinische Bild des jugendlichen Neurotikers mit einigen sehr charakteristischen Zügen. Diese Grimassen, diese Gliederverrenkungen sind offenbar keine Unarten, wie Bestushew meint, sondern unwillkürliche Zuckungen eines schwer nervösen Menschen. An sich ließe sich gar nichts Vernünftigeres denken, als jedem der beiden jungen, unerfahrenen Eheleute einen reifen Berater zur Seite zu geben. Leider ist dies aber keineswegs der wahre Zweck der »Instruktionen«. Weder Bestushew noch Elisabeth haben das mindeste Verständnis für die Schuldlosigkeit beider Ehepartner am Versagen der Ehe, sie mutmaßen in allen möglichen falschen Richtungen, sie denken an schlechten Willen, an Streitigkeiten, an Treulosigkeiten. Das geht schon aus dem Wortlaut der Instruktion betreffs Katharina hervor und zeigt sich deutlich in der Wahl der »vornehmen Dame«. Während Peter in der Person des Fürsten Repnin wenigstens einen Mann von angenehmem und liebenswürdigem Wesen zum Begleiter bekommt, zeigt die Ernennung der Frau Tschoglokow zur Aufsichtsdame, daß keineswegs an eine verständnisvolle Beratung, vielmehr an eine strenge Beaufsichtigung Katharinas gedacht wird. Die Tschoglokow hat keine einzige jener Eigenschaften, die nötig wären, um einer ratlosen jungen Frau in einer so überaus empfindlichen Situation helfend zur Seite zu stehen; sie ist weder klug noch gütig, im Gegenteil: sie gilt als eine der dümmsten und arrogantesten Frauen am Hofe. Aber sie ist ein Subjekt Bestushews, eine verläßliche Spionin, und ihre Tugendhaftigkeit ist über jeden Zweifel erhaben. Sie hat ihren Gatten aus Liebe geheiratet, und sie bekommt jedes Jahr ein Kind – das eben soll Katharina als Beispiel dienen. Es muß zu Elisabeths Ehre gesagt sein, daß sie zwei volle Wochen mit dieser unseligen Ernennung zögert; vielleicht sagt ihr ein richtiger Fraueninstinkt, daß diese offene Beaufsichtigung bis an den Rand des Ehebettes wenig geeignet ist, eine freudlose Ehe zu verbessern, und daß der ständige Anblick einer glücklichen Gattin für eine unglückliche kein besseres Heilmittel ist als Salz für offene Wunden. Da aber meldet einer ihrer vielen Spione, der Graf Devier, später Held des Siebenjährigen Krieges, er habe Katharina allein in ihrem Zimmer mit Tschernyscheff überrascht. In welcher Situation er die beiden überrascht hat, werden wir nie mit absoluter Sicherheit erfahren; es liegen nur Katharinas eigene Aufzeichnungen vor, und diese betonen natürlich die vollkommene Harmlosigkeit eines albernen Gespräches von wenigen Minuten. Am nächsten Tag sind sämtliche Tschernyscheffs vom Hof entfernt, zwei davon kommen in Untersuchung (die ergebnislos bleibt), und die Tschoglokow tritt, an der Hand des Todfeindes Bestushew, mit der angenehmen Einführung, die Kaiserin sei sehr unzufrieden mit Katharina, ihren Überwachungsdienst an. Bei diesem Anschlag auf den letzten, armseligen Rest von Freiheit und Frohsinn kann Katharina ihre Aufregung nicht bemeistern. Während ihre Lippen sagen, daß sie sich natürlich den Wünschen Ihrer Majestät füge, stürzen ihr die Tränen aus den Augen. Die Tschoglokow kann sofort berichten, wie wenig freudig sie empfangen wurde, und Katharinas Augen sind noch ganz rot vom Weinen, da erscheint die Kaiserin persönlich. Zum erstenmal ergießt sich die elementare Wucht ihres angesammelten Zornes über die unglückliche Katharina: sie kenne den wahren Grund dieser Tränen, behauptet Elisabeth; Frauen, die ihre Männer nicht lieben, weinten immer. Niemand aber habe Katharina gezwungen, den Großfürsten zu heiraten, es sei ihr eigener Wille gewesen, so dürfe sie denn jetzt auch nicht darüber weinen. »Ich weiß es ganz gut – Sie allein sind schuld, wenn Sie keine Kinder haben!« Elisabeths Gesicht ist vor Wut gerötet und entstellt; im nächsten Augenblick wird sie Katharina schlagen, wie sie die Frauen ihrer Umgebung zu schlagen pflegt und manchmal sogar die Herren. Da rafft die junge Frau ihre ganze Geistesgegenwart zusammen, verleugnet die eigene Empörung, das beleidigte Rechtsgefühl, alle Vernunft und alle naheliegenden Einwände, und sagt demütig:»Mütterchen, ich habe Unrecht«. Sie hat Elisabeths russische Seele verstanden. Die zürnende Majestät ist – wenigstens für den Augenblick – besänftigt.

Durch den Amtsantritt der Tschoglokow wird Katharina praktisch zu einer Gefangenen. War sie bisher von geheimen Spitzeln umgeben, so wacht jetzt ohne Unterlaß das Auge Elisabeths über jede ihrer Bewegungen, das Ohr Bestushews über jedes ihrer Worte. Die »vornehme Dame« faßt die erhaltene Instruktion in keinem andern Sinne auf als in dem einer strengen Gouvernante. Wie alle schlechten Erzieher, vermutet sie das Wesen der Erziehung ausschließlich im Verbieten und Strafen. Es fällt ihr nicht im entferntesten ein, Katharinas Freundschaft zu erwerben oder als erfahrene Frau und mehrfache Mutter die heiklen Fragen, um derentwillen sie berufen wurde, mit der jungen Großfürstin zu besprechen; es fällt ihr nicht ein, die beiden unglücklichen Menschenkinder, die durch die Ungnade der Kaiserin nur noch ratloser, noch verstörter geworden sind, zu fröhlichem Beisammensein zu ermuntern und jene Atmosphäre beruhigenden Wohlwollens zu verbreiten, in der Mißstimmungen sich lösen und Beleidigungen vergessen werden können. Im Gegenteil: sie beschränkt sich darauf, an allem, was sie sieht, zu nörgeln und zu mäkeln. Sie gestattet auch nicht das harmloseste Spiel, sie gestattet nicht, was nicht ausdrücklich vorgeschrieben ist. »Pareil discours deplaira à sa Majesté«, behauptet sie, sowie die Unterhaltung etwas angeregter wird – was selten genug der Fall ist. Sie hat das Mißtrauen der Dummheit gegen den Geist, das Mißtrauen aufgeblasener Tugend gegen jede Art Heiterkeit. In einem einzigen Jahr gelingt es ihr, alle ihr mißliebigen Leute, also alle Leute von Humor und nachsichtigem Charakter, aus der Umgebung des großfürstlichen Paares zu entfernen. Darunter auch den Fürsten Repnin, der durch Herrn Tschoglokow ersetzt wird. Herr Tschoglokow ist nicht viel klüger als seine Frau, aber ebenso anmaßend wie sie, ebenso langweilig und ebenso kriecherisch gegenüber Bestushew. Die ständige Anwesenheit dieser beiden Tugendwächter genügt, damit jedermann den »jungen Hof« so gut als möglich meidet. Man weiß, daß jedes Wort, das hier gesprochen, aufmerksam belauscht und an Ihre Majestät weitergegeben wird, oft genug entstellt, aufgebauscht oder aus Dummheit mißverstanden. Die Kavaliere des jungen Paares werden sehr sorgfältig ausgewählt und scheinbar nach dem einzigen Gesichtspunkt ihrer Ungefährlichkeit für die Großfürstin. Gelingt es doch dem einen oder anderen, das stets rege geistige Interesse Katharinas zu erwecken oder sie, die so leicht und so gerne lacht, zum Lachen zu bringen, dann wird er sicher in kürzester Zeit gegen einen verläßlicheren Langweiler ausgetauscht.

Durch all das wird zwar erreicht, daß die jungen Eheleute mehr als bisher aufeinander angewiesen sind, aber der Fortpflanzung der Dynastie wird damit nicht gedient. Peter kommt mehrmals am Tage zu seiner Frau. Manchmal spielt er ihr auf seiner Violine vor – leider liegt seine einzige Begabung, sein einziges edles Interesse gerade dort, wo Katharina vollkommen unfähig ist: auf dem Gebiet der Musik. Manchmal läßt er Katharina stundenlang Gewehrübungen machen und, mit einer Flinte an der Schulter, vor einem leeren Zimmer Schildwache stehen. Dann wieder entwickelt er den Plan, ein Lustschloß nach Art eines Karthäuserklosters zu erbauen, in dessen Park alle Damen und Herren des Hofes als Mönche verkleidet herumgehen sollen; an die hundertmal muß ihm Katharina einen Grundriß dieses Vergnügungsklosters entwerfen und, unermüdlich neben ihm im Zimmer auf- und ablaufend, den sinnlosen Plan bis in alle Einzelheiten durchsprechen. Abends aber, wenn er sich neben ihr zur Ruhe legt – und er schläft während der ersten neun Jahre niemals anderswo als in ihrem Bett –, wenn Frau Tschoglokow und die Hofdamen sich zurückgezogen haben, läßt er sich von Frau Kruse allerlei Puppen und Kinderspielzeug bringen. Das ist zwar streng verboten, aber Frau Kruse ist dem Großfürsten ergeben, weil sie, wie er, aus Holstein stammt, sie haßt die Tschoglokow, weil die auch ihr gegenüber scharf und hochfahrend ist, und so schlägt sie gerne der verhaßten Aufpasserin ein Schnippchen, während sie Peter gefällig ist. Sie verschafft ihm soviele Puppen, daß oft das ganze Bett von ihnen bedeckt ist. Bis Mitternacht, manchmal bis gegen zwei Uhr morgens, muß Katharina, eine blühende zwanzigjährige Frau, als wäre es eine Strafe des Schicksals für die frühe Verleugnung ihres Geschlechtes, jenes Spiel spielen, das sie als kleines Mädchen verabscheut hat, weil sie so gerne ein Knabe hätte sein wollen. »Die Großfürstin soll in allem nach dem Willen ihres Gatten handeln«, heißt es in der Instruktion, »und auch in unrecht erscheinenden Dingen sich lieber Zwang antun, als durch Eigensinn und Widerstand zu Kälte und Uneinigkeit Veranlassung geben.« Mit diesen Worten sind zwar ganz gewiß weder Puppenspiele noch Gewehrübungen gemeint – aber andere Dinge verlangt Peter eben nicht von seiner Frau. Es ist beinahe unfaßbar, daß sie diese neun Jahre allnächtlichen Verschmähtwerdens ohne tiefe seelische Störung übersteht, so daß sie später dieser peinlich-entwürdigenden Spiele mit den erfrischend natürlichen Worten gedenken kann: »Il me semble, que j'étais bonne à autre chose!«

Zunächst aber gehen diese vielen leeren, langweiligen Tage, diese vielen leeren, unausgenützten Nächte nicht ganz spurlos an ihr vorüber. Sie muß oft den Arzt rufen. Bald hat sie unerträgliche Kopfschmerzen, bald fehlt ihr der Schlaf, bald der Appetit. Eine rätselhafte Hypochondrie macht ihr das Leben zur Qual. Boerhave läßt sie ab und zu zur Ader, er verordnet ein Pulver, eine Arznei, er hat hübsche lateinische Namen für ihre verschiedenen Leiden. Den wahren Namen ihrer Krankheit darf er nicht aussprechen – er heißt: Gesundheit. Katharina ist ein gesundes, blutvolles Geschöpf mit den natürlichen Funktionsbedürfnissen ihrer Jahre. Ihr kräftiger Körper verlangt nach Bewegung, ihr lebhafter Geist nach Nahrung, ihre Sinne nach Befriedigung, ihr junges Herz nach Liebe.

Nichts von alledem wird ihr zuteil. In den acht Jahren, während derer die Tschoglokows ihr Schreckensregiment am jungen Hofe führen, sind es immer bloß die wenigen Sommerwochen in Oranienbaum, einem Lustschloß, das Peter von der Kaiserin zum Geschenk erhalten hat, wo sie ein bißchen Jugendglück, ein wenig persönliche Freiheit genießt. Hier kann sie um drei Uhr morgens, bloß von einem Diener begleitet, auf die Entenjagd gehen, oder sie kann, im Herrensattel, stundenlang durch die Wiesen galoppieren. Auch der Herrensattel ist eigentlich verboten. Elisabeth glaubt, diese Art zu reiten schade der Fruchtbarkeit. Aber Katharina hat eine kleine Erfindung gemacht: einen verstellbaren Sattel, der es ihr ermöglicht, vor den Augen der Tschoglokow züchtig im Damensattel abzureiten, um, einmal außer Sehweite, das Bein über den Rücken des Pferdes zu schlagen und, im Vertrauen auf die Ergebenheit ihres Stallknechtes, so zu reiten, wie es ihr gefällt.

Doch diese schönen Sommerwochen sind schnell vorüber, und nicht in jedem Sommer darf man nach Oranienbaum. Und die russischen Winter wollen kein Ende nehmen. Auch auf den Festen, auf den Bällen wird sie ständig bewacht. Kaum daß ihr ein Tänzer verstohlen ein Kompliment über ihre Toilette, über ihre schönen Augen machen kann. Solche Worte saugt sie auf, wie ein trockener Schwamm das Wasser: wenn man allnächtlich vom Gatten verschmäht, wenn einem die unscheinbarste Hofdame vorgezogen wird, dann ist man empfänglich selbst für das dümmste Kompliment, dann klammert sich das erschütterte Selbstbewußtsein selbst an die fadeste Schmeichelei. Aber auch der Fasching nimmt nur eine knappe Zeit des Jahres ein, während der übrigen Monate gleitet das monotone Einerlei des untätigen, inhaltlosen Lebens zähflüssig vorüber. Längst ist kein Mensch mehr in Katharinas Nähe, mit dem sie ein freies, offenes Wort zu sprechen wagen würde. Sie ist auch bemüht, niemandem besondere Sympathien zu bezeugen, denn sie hat immer wieder erfahren müssen, daß jeder, den sie liebgewinnt, in Ungnade fällt, jeder, der ihr wohl will, ins Unglück gerät. Sie glaubt, keinen einzigen Freund an diesem Hofe zu haben – da wird der letzte, den sie hatte, einzig um dieser Freundschaft willen nach Sibirien verbannt: der alte Diener Timofei, ihr Orakel, ihr hilfreicher guter Geist in hundert mißlichen Angelegenheiten. »Das war der größte Kummer während der ganzen Regierungszeit Elisabeths.« Nun erst ist sie vollkommen einsam.

Aus Langeweile beginnt sie zu lesen. Bücher verkürzen die endlose Zeit, lenken die Gedanken vom eigenen Mißgeschick ab, erfüllen die leere Öde des Daseins mit allerlei bunten Gestalten und Geschehnissen. Katharina liest, was ihr gerade in die Hände fällt – zunächst also allerlei Romane, vornehmlich französische. Diese Romane erhitzen die ohnedies überwache Phantasie, vermehren die Sehnsucht nach wirklichem inneren Erleben, nach menschlicher Gemeinsamkeit, nach Liebe und Geliebtwerden.

Trotzdem ist es süßer, mit einer Romanheldin glücklich zu sein, um einen Romanhelden zu leiden, als mit der Tschoglokow zu zanken und mit Peter Puppen zu spielen. Mangels jeder anderen Beschäftigung wird das Lesen bald Katharinas wesentlichster und heißgeliebter Zeitvertreib, sie hat beständig ein Buch in ihrem Zimmer, ein Buch in der Tasche, wenn sie spazieren geht. »Ich war nie ohne Buch, nie ohne Kummer, aber immer ohne Vergnügen«, sagt sie von diesen Jahren. Anfangs liest sie wahllos alles, was ihre ebenfalls nicht wählerischen Hofdamen gerade lesen. Eines Tages gelangt die soeben in Frankreich erschienene »Geschichte Deutschlands« an den russischen Hof, und da niemand sich des langweiligen Buches bemächtigt, nimmt es Katharina an sich. Es gefällt ihr besser als die gefühlsseligen, seichten Romane, und sie entdeckt mit großer Freude, daß man sich mit Büchern nicht bloß zerstreuen, sondern daß man aus Büchern auch lernen kann. Jetzt endlich erinnert sie sich der Ratschläge Gyllenborgs. Sie läßt sich die Werke des Plutarch, des Tacitus besorgen. Ihrem so ganz und gar der Wirklichkeit ergebenen Geiste sagt die Geschichte – die Erzählung wirklicher Geschehnisse – weit mehr zu als die schönsten erfundenen Geschichten. Weil die Haupttriebfeder ihrer Persönlichkeit der Ehrgeiz ist, identifiziert sie sich lieber mit einem Alexander, mit einem Alkibiades, als mit einer schmachtenden, liebestrunkenen Chloe. Kaum daß sie zu lernen beginnt, erkennt sie, wie wenig sie weiß: man hat ihr ja nur die kümmerliche Bildung eines Durchschnittprinzeßchens beigebracht. Baron Mardefeld – den Friedrich zum Ärger Elisabeths noch immer nicht abberufen hat – empfiehlt ihr eines Tages das »Dictionnaire philosophique et critique« von Henry Bayle. Das ist nun eigentlich ein Nachschlagewerk, eine Art kritischen Lexikons, aber Katharina, in ihrem unersättlichen Durst nach Wissen, liest es von der ersten bis zur letzten Zeile. Sie braucht dazu zwei volle Jahre, aber es sind keine versäumten Jahre. Der Grundstock für eine allgemeine Bildung ist gebaut, das Grundelement jeder fruchtbaren geistigen Arbeit ist in Katharinas Seele gelegt: der Zweifel am

Überlieferten, Hergebrachten. Bayle, der große philosophische Ketzer des siebzehnten Jahrhunderts, ist der unmittelbare Vorläufer der Aufklärer und Enzyklopädisten, von ihm zu Montesquieu und zu Voltaire führt nur ein Schritt. Bald ist »L'esprit des lois« der ständige Begleiter der einsamen Großfürstin. Der glühend heiße Atem ihrer Zeit schlägt ihr entgegen, die brennenden Probleme des achtzehnten Jahrhunderts entzünden ihr Herz, drei Jahrzehnte, ehe sie einen Teil Europas in Brand stecken.

Hat sie bisher von den großen Männern gelernt, die Geschichte machten, so erfährt sie jetzt zum erstenmal von den unzähligen kleinen, mit denen keine Geschichten gemacht werden, von jenen, deren Masse den Mächtigen ihre Macht verleiht und die selbst jeder Macht beraubt sind, von den Entrechteten, von den Ausgebeuteten – vom *Volk*. Es ist ein wichtiger, ein beinahe heiliger Augenblick, gewaltiger für diese eine Frau, als für hundert andere die erste Erfahrung der Liebe. Jetzt ist es Zeit, daß sie sich der ausgemergelten, schmutzentstellten Gesichter erinnert, die bei jener großen Reise nach Kiew in ihre königliche Kalesche starrten, der halbverfallenen, elenden Lehmhütten hinter den prächtigen Reiseschlössern der Kaiserin. Jetzt ist es nicht mehr selbstverständlich, nicht mehr gottgewollt und ewig unabänderlich, daß jene arbeiten und hungern, während ein kleines Häuflein adliger Nichtstuer, um den Thron geschart, im Genusse ihrer Privilegien schwelgen. Ja, auch der Thron selbst ist nicht mehr ein unantastbares Heiligtum; das aufgerüttelte Gewissen verlangt, daß er sein Recht nicht auf die Gewalt der Bajonette gründe, sondern auf den Schutz des Rechtes, den er jedem kleinsten, unbedeutendsten Untertan gewährleistet. Katharina selbst, obwohl dem Throne so nahe, wird um diese Zeit weit weniger seines Glanzes froh, als sie unter seiner Willkür zu leiden hat, und das mag viel dazu beitragen, daß sie der Gedanke des »Menschenrechtes« so gewaltig erschüttert, daß sie auf diesen Gedanken nicht mit der Ablehnung der künftigen Herrscherin, sondern mit der Begeisterung der augenblicklich Unterdrückten reagiert. Daß sie alle Härte und Ungerechtigkeit des Despotismus am eigenen Leibe verspürt, macht sie zu der »begeisterten

Republikanerin«, als die sie sich immer, auch noch mit der Zarenkrone auf dem Haupt, bekennt.

Noch ein kleines, und neben die Werke Montesquieus treten die Werke Voltaires, neben den Zweifel an der Gottgewolltheit des Absolutismus tritt der Zweifel an Gott. Katharina hat bisher erst die Gebräuche der lutherischen, später die Gebräuche der griechischen Kirche treulich erfüllt, ohne sich um diese Dinge viel den Kopf zu zerbrechen. Nun lernt sie, daß jede Kirche nicht bloß Mittler zwischen Mensch und Himmel ist, sondern eine höchst irdische Macht, ebenso groß und oft noch größer als die Macht des Thrones, sie lernt, daß die geistige Not vieler Tausender der Kirche zu irdischen Schätzen und Gütern verhilft, daß der Thron den Einfluß der Kirche braucht und die Kirche die Gewalt des Thrones.

Während die Tschoglokow, wie ein bissiger Zerberus, Katharinas Türe bewacht, so daß kein Unbefugter, kein Verdächtiger, ja nicht einmal die täglichen Nachrichten vom großen Hof bis zur Großfürstin gelangen können, dringt mit den unscheinbaren, graugebundenen Büchern der freche, aufrührerische Geist des achtzehnten Jahrhunderts in die Gemächer der Gefangenen. Während es Katharina verboten ist, harmlose und fröhliche Spiele mit ihren jungen Hofdamen zu spielen, lernt sie das große befreiende Lachen Voltaires, das Lachen der Weisheit über die Narrheit, das tiefste, aber auch das gefährlichste, das Lachen der Philosophie. Während Elisabeth der jungen Frau, die von Tag zu Tag schöner, von Jahr zu Jahr mehr ihre Rivalin wird, eine Demütigung um die andere zufügt, wächst diese junge Frau, die niemals klagt und niemals aufbegehrt, schweigend und stetig der Kaiserin, ihrer Umgebung, diesem ganzen, tief ungebildeten Hof, an dem die Hälfte nicht lesen und kaum ein Drittel schreiben kann, weit über den Kopf. In Paris spüren der schwerfällige Dauphin und seine leichtsinnige Gattin Marie Antoinette nichts von dem Finsterniswind, der dem großen Erdbeben der Revolution vorangeht: in Rußland aber, weitab vom Herd der drohenden Katastrophe, inmitten saufender oder kartenspielender Halbbarbaren, fühlt die junge Thronfolgerin – und sie ganz allein – den frischen Hauch der kommenden neuen Zeit. Sie fürchtet ihn nicht, sie heißt ihn willkommen. Sie, die hermetisch Abgeschlossene, ist die einzige, die von den Grundgedanken ihrer Epoche erreicht und befeuert wird. Einsam, ist sie vom Geist der besten Geister ihrer Zeit umgeben; jeder selbständigen Handlung beraubt, lernt sie selbständig denken; zur Gefangenen erniedrigt, wächst sie zu wirklicher Größe. Nun hat ihr Ehrgeiz nicht mehr das primitive äußerliche Ziel: zu herrschen, sondern das erhabene, das wahrhaft kaiserliche Ziel: dem Guten zur Herrschaft zu verhelfen.

Wenn sie ein Unglück trifft, dann ist es immer zu ihrem Glück: hätte sie in diesen entscheidenden Entwicklungsjahren das heitere, ungebundene Leben einer begehrenswerten jungen Frau führen, hätte sie alle Freuden der Jugend, der Schönheit und der hohen Stellung genießen dürfen – sie hätte niemals Zeit und Lust gefunden, ihre natürlichen geistigen Anlagen zu vertiefen und jenen Adel der Bildung zu erwerben, der sie weit über alle Regentinnen erheben sollte. Die Tschoglokows sind eine segensreiche Zuchtrute der Vorsehung – aber nur in diesem Sinne erfüllen sie ihre Aufgabe. Den Instruktionen aber, um derentwillen man sie in ihre Ämter eingesetzt hat, werden sie in keinem einzigen Punkte gerecht.

Sie erfüllen nicht einmal die primitivste Erwartung Elisabeths, dem großfürstlichen Paar ein strahlendes Beispiel ehelichen Glückes und ehelicher Tugend zu geben. Es wäre kein übler Lustspielstoff, wie dieses langweilige Musterpaar durch die ständige Bewachung eines anderen Ehepaares, zum Gaudium des jungen, zum größten Ärger des großen Hofes von einer Verstrikkung in die andere gerät. Es beginnt damit, daß Herr Tschoglokow unter anderem auch die Pflicht hat, neben dem Zimmer des Großfürsten zu schlafen, weshalb Frau Tschoglokow sich nachts recht einsam fühlt und eine der Hofdamen, ein Fräulein Koscheliew, veranlaßt, bei ihr zu wohnen. Wenn nun Herr Tschoglokow morgens heimkommt, sieht er im Bett neben seiner säuerlichen, stets schwangeren Frau ein dralles junges Ding mit strahlend weißer Haut, und dafür sind auch berufsmäßige Tugendwächter nicht ganz unempfänglich. Eines Tages wird nun Katharina von den Masern befallen, und Frau Tschoglokow weicht nicht von ihrem Krankenbett. Wie könnte sie auch anders? Sie muß doch verhindern, daß etwa ein Arzt der Großfürstin einen verbotenen Gruß ausrichtet, daß eine Hofdame, eine Kammerfrau ihr heimlich ein Zettelchen zusteckt. Ganz und gar mit der Bewachung Katharinas beschäftigt, denkt sie nicht im allermindesten an eine mögliche Gefahr im eigenen Hause; sie merkt nichts, als bereits der gesamte junge Hof über den Sündenfall Tschoglokows kichert; sie ist die einzige, die nicht sieht, wie das Fräulein Koscheliew von Tag zu Tag rundlicher wird; inmitten eines unbeschreiblichen Skandals, der schließlich bis zu Elisabeth dringt, ist sie die einzig Ahnungslose. Ein paar Tage lang sieht es ganz so aus, als sollte das großfürstliche Paar seine Quälgeister loswerden, aber dann verzeiht die Tschoglokow dem Gatten um ihrer sieben Kinder willen, sie wirft sich sogar der Kaiserin zu Füßen und bittet um Gnade für den Treulosen. Gestützt von Bestushew bleiben beide Tschoglokows in ihren Ämtern, aber von einer Musterehe ist keine Rede mehr. Die Frau hat bloß aus Vernunft verziehen, sie behält eine unüberwindliche Abneigung gegen den Gatten aus ihrer Enttäuschung zurück. Das persönliche Unglück macht sie weder nachsichtiger noch liebenswürdiger, im Gegenteil, es steigert ihre natürliche Empfindlichkeit, ihre Übellaunigkeit, ihre ständige Gereiztheit. Frau Kruse hat zu früh über den Sturz der verhaßten Nebenbuhlerin triumphiert: die Tschoglokow hat es erfahren, und das kostet die gefällige Puppenspielerin ihre Stellung. Sie wird durch Frau Wladyslawa ersetzt, was ausnahmsweise kein übler Tausch für Katharina ist.

Als Erzieher hat Tschoglokow in den acht Jahren seiner Tätigkeit vollkommen versagt. Er war auch nicht mit ganzem Herzen bei seiner Aufgabe, denn während er Elisabeths Wünschen gehorsam sein wollte, war er doch gleichzeitig bestrebt, sich bei seinem künftigen Kaiser beliebt zu machen, das heißt, er drückte, wo immer es möglich war, beide Augen zu. Sehr zum Nachteil Peters, der sich durch seine militaristischen Spielereien, durch seine närrische Liebe für Holstein und den König von Preußen, je älter er wird, desto lächerlicher und unbeliebter macht. Mit vierundzwanzig Jahren richtet sich der Großfürst in seinem

Zimmer ein ganzcs Arsenal ein. Auf langen, schmalen Tischen sind Armeen von Zinn- und Bleisoldaten aufgestellt, Festungen aus Pappe, Kanonen aus Holz. Während Katharina mit dem Studium der Enzyklopädisten beschäftigt ist, hält Peter eine ganze Hundemeute in seinem Zimmer, die er unermüdlich mit einer riesigen Kutscherpeitsche von einer Ecke in die andere hetzt, bis die Tiere vor Schmerz winselnd zusammenbrechen. Eines Tages klettert eine Ratte auf den Tisch, benagt eine Festung und frißt zwei Soldaten aus Stärkemehl. Katharina kommt gerade dazu, wie Peter das Nagetier für sein »Staatsverbrechen« bestraft; er läßt es von einem seiner Hunde fangen und hängt es inmitten des Zimmers auf, »dem Publikum zum warnenden Beispiel«. Ein anderes Mal bringen ihm Holsteiner ein Pappmodell der Stadt Kiel, und Peter äußert ganz ungeniert vor Zeugen, daß ihm diese Stadt »lieber sei als ganz Rußland«.

Auch in allen anderen Dingen bleibt Peter unter Tschoglokows Aufsicht der alte. Er hört nicht auf, bald dem einen, bald dem anderen Hoffräulein nachzulaufen, und niemals vergißt er, Katharina von seinen neuerwachten Leidenschaften zu verständigen. Es gibt Dinge, an die eine Frau sich niemals gewöhnt. Obwohl Katharina ihren Gatten nicht liebt, empfindet sie jedesmal, wenn er ihr vor den Augen des ganzen Hofes eine andere Frau vorzieht, eine empfindliche Kränkung. Besonders beleidigt sie aber seine Vorliebe für die bucklige Prinzessin von Kurland, der er in so auffallender Weise allerlei Artigkeiten erweist, daß Katharina einmal unter dem Vorwande einer plötzlichen Unpäßlichkeit vorzeitig die Tafel verläßt. Kaum hat sie sich zu Bett begeben und ist eingeschlafen, da erscheint Peter und weckt sie, um ihr recht ausführlich von seiner »Liebe« zu erzählen. Katharina, müde dieser taktlosen Ausführungen, hoffend, ihnen damit am schnellsten ein Ende zu bereiten, tut, als schliefe sie weiter – bis dieser sonderbare Ehemann mit einer Tracht tüchtiger Prügel ihre Aufmerksamkeit erzwingt. Richtig ist, daß er an diesem Abend ziemlich viel getrunken hat. Er trinkt auch an anderen Abenden mehr als er verträgt, einmal sogar an der Tafel der Kaiserin. Manchmal besäuft er sich mit seinen Dienern, und im gemeinsamen Rausch vergessen diese leicht, in Peter ihren Herrn und Gebieter zu achten. Dann versucht er, mit Stockschlägen und allerlei Drohungen den verlorengegangenen Respekt wiederherzustellen, oft genug erfolglos. Beim großen Brand des Schlosses in Moskau werden seine Möbel, so gut es gehen will, in Sicherheit gebracht; beim Transport geben die Schiebetüren einer alten Kommode nach, und zum Staunen der Träger – zum Staunen auch des »Aufpassers« Tschoglokow – erweist sich das ganze, große Möbelstück bis an den Rand mit Schnapsflaschen angefüllt. Dies ist also das Ergebnis der Erziehung Tschoglokows: zu den alten »schädlichen Neigungen« sind neue getreten – Trunksucht und Gewalttätigkeit.

Frau Tschoglokow hat ebensowenig Erfolge aufzuweisen wie ihr Mann. Gerade in jenem Punkt, der Bestushew am wichtigsten ist, versagt die Abschließung Katharinas von der Außenwelt: in der Korrespondenz. Laut Punkt vier der Instruktion war es Katharina »zur Vermeidung des Verdachtes einer unnützen und geheimen Korrespondenz« überhaupt verboten, Briefe zu schreiben. Die allmonatlichen Nachrichten an ihre Eltern werden im Kollegium für auswärtige Angelegenheiten aufgesetzt, und sie darf lediglich ihre Unterschrift unter die stereotype Phrase: »Ich bin gesund und wünsche Ihnen das gleiche« setzen. Die Beziehungen zwischen Preußen und Rußland werden von Jahr zu Jahr gespannter, Friedrichs Diplomaten am russischen Hofe sind zwar sehr rührig, aber sie verstehen nicht, diese Rührigkeit zu verbergen; sie nähren bloß das wachsende Mißtrauen, dem eines Tages sogar Lestoque, dieser vertrauteste Freund Elisabeths, zum Opfer fällt. Er gerät in den Verdacht, Geld von Friedrich empfangen zu haben. Er wird in die Festung gesperrt, gefoltert und, obwohl nicht das mindeste Belastungsmaterial zutage gefördert werden kann, seines gesamten Besitzes beraubt und nach Uglitsch in Sibirien verbannt. Mit tiefer Erkenntnis in das Wesen des Despotismus schreibt Katharina aus diesem Anlaß: »Die Kaiserin war nicht stark genug, um einem Unschuldigen Gerechtigkeit widerfahren zu lassen: sie hätte seinen Groll gefürchtet.« Nach de la Chétardie ist dies nun das zweite Opfer aus dem intimsten Freundeskreis Elisabeths, das Bestushews Politik zum Opfer fällt. Katharina hat keine besonderen Sympathien für Friedrich II.

Trotz allem Bösen, das ihr hier widerfährt, ist sie doch mit Herz und Seele ihrem neuen Vaterland ergeben und, obwohl seine »geschworene Feindin«, teilt sie Bestushews politische Ansichten weit mehr als die ihres Gatten. Wenn sie sich in eine geheime Korrespondenz mit ihrer Mutter einläßt, so tut sie es nicht aus politischen Gründen, sondern weil sie sich gegen die demütigende Entmündigung auflehnt und weil ihr die Möglichkeit einer Auflehnung in einer Form entgegentritt, deren romantische Gefährlichkeit ihrem Charakter entspricht:

Eines Tages kommt ein Malteserritter namens Sacrosomo nach Petersburg, der mit großen Ehren empfangen und auch bei Hofe vorgestellt wird. Als Sacrosomo die Großfürstin begrüßt, läßt er eine kleine Papierrolle in ihre Hand gleiten. Es gelingt Katharina, das gefährliche Röllchen unbemerkt zu lesen. Es enthält einen Brief ihrer Mutter, die allerlei Einzelheiten wissen will, unter anderem auch, ob Kurland nicht für Katharinas Bruder zu haben sei. Ferner sind da ein paar Zeilen von Sacrosomos Hand mit der Bitte, die Antwort einem bestimmten Musiker während eines Konzertes in die Tasche gleiten zu lassen. Das scheint zunächst ganz undurchführbar: wie eine richtige Gefangene hat Katharina nichts, was zum Schreiben nötig ist, weder Papier noch Tinte, noch Feder. Sie kann diese Dinge unmöglich verlangen, ohne die Tschoglokow mißtrauisch zu machen. Was also tun? Sie läßt sich von ihrem Juwelier allerlei silberne und goldene Dinge vorlegen, angeblich um ihren Leuten kleine Geschenke zu machen. Sie kauft auch wirklich eine Menge von dem Zeug, darunter eine sogenannte »endlose Feder«, in der ein Tintenbehälter angebracht ist. Papier ist wesentlich einfacher zu beschaffen. In jedem Buch gibt es vorne ein leeres Blatt, und da sie viele Bücher besitzt, ist schnell ein solch leeres Blatt bei der Hand. Sie schreibt also ihren Brief – einen sehr harmlosen Brief –, und sowie das nächste Konzert beim Großfürsten stattfindet, tritt sie unauffällig an das kleine Orchester heran, wartet, bis der bezeichnete Musiker unter dem Vorwand, ein Tuch darin zu suchen, seine Rocktasche soweit als möglich öffnet, und senkt, äußerlich ruhig, aber mit klopfendem Herzen ihren Brief in diese Tasche. Niemand hat es bemerkt.

Auf diese Weise werden mehrere Briefe zwischen Zerbst und Petersburg gewechselt. Aber Katharina hat auch gefährlichere geheime Korrespondenzen; eines Tages steckt ihr ein finnisches Dienstmädchen einen langen Brief von Andrei Tschernyscheff zu, der wegen jener Verleumdungen zwei Jahre lang im Gefängnis gesessen hatte. Auch diesen Brief hat Katharina beantwortet; es ist wenig poetisch, aber charakteristisch für ihre Situation, daß sie dies nur tun konnte, während sie auf dem Nachtstuhle saß. Manche wollen aus dieser geheimen Korrespondenz schließen, daß ihre Beziehungen zu Tschernyscheff tatsächlich intime waren – dazu ist aber kein Grund vorhanden. Derselben Katharina, die sofort nach ihrem Regierungsantritt daran dachte, dem alten Timofei einen guten Posten und einen warmen Pelzmantel zu verschaffen, darf man ruhig zutrauen, daß sie aus purem Gerechtigkeitsgefühl dem unschuldig gequälten Tschernyscheff ein paar tröstende Worte und etwas Geld zukommen läßt.

Katharinas Tugend ist zunächst noch unangetastet. Aber das ist nicht das Verdienst der Tschoglokow. Ein ebenso kluger und entschlossener wie anziehender Liebhaber hätte den Drachen schon zu besiegen gewußt, wie sich alsbald erweisen wird. Aber der Bruder des Favoriten Rasumofsky, der einen Sommer lang täglich sechzig Werst reitet, um Katharina eine Weile lang sehen zu können, wagt erst zwanzig Jahre später, ihr seine Liebe zu bekennen; ein anderer Kavalier wieder macht ihr den allzu tollen Vorschlag, nachts als Bedienter verkleidet in ihr Zimmer zu kommen. Derjenige aber, der die leichtesten und günstigsten Gelegenheiten gehabt hätte, ein Alleinsein herbeizuführen, Katharinas ausdauerndster, verbissenster, vernarrtester Verehrer ist ihr in tiefster Seele zuwider: es ist niemand anders als Herr Tschoglokow. Nach dem verunglückten Abenteuer mit der Koscheliew hatte er sich in die Großfürstin verliebt, und diese Leidenschaft war für niemanden am Hofe ein Geheimnis. Wenn die unsinnige Bewachungsmaßnahme nicht ihr wohlverdientes komödienhaftes Ende findet, indem die behütete Unschuld von ihrem eigenen Hüter geraubt wird, so dankt dies Elisabeth nicht der Aufsicht der einfältigen Frau – sie dankt es ausschließlich dem dicken Bauch des Herrn Tschoglokow.

Sechs Jahre nach ihrem Amtsantritt muß die Tschoglokow der zürnenden Kaiserin gestehen, daß die großfürstliche Ehe noch immer nicht konsumiert, daß Katharina noch immer Jungfrau ist. Die ominösen Instruktionen haben ihren Zweck nicht erreicht. Sie haben Katharina sechs Jahre ihrer Jugend geraubt, sie haben sie zu einer Art politischer Gefangenen gemacht, zu einer vorsichtigen Diplomatin, zu einer besessenen Bücherleserin, zu einer Philosophin, einer Revolutionärin – nur nicht zur Mutter.

VI.

Ein Kind, zwei Mütter und kein Vater

Sergej Saltykow, ein blutjunger Kavalier aus ältestem russischem Adel, heiratete 1750 aus Liebe ein hübsches junges Hoffräulein. Obwohl sie ihn wie irrsinnig liebte, wurde er ihrer im Laufe eines einzigen Jahres überdrüssig, er suchte neue Abenteuer und fand deren, so viele er wollte. Er war jung, schön wie der Tag, geistvoll genug, um zu blenden, darüber hinaus besaß er aber jene Eigenschaft, der Frauen am schwersten widerstehen können: obwohl tief treulos, nahm er die Liebe überaus wichtig. Wenn er eine Frau begehrte, dann war er von seiner Leidenschaft vollkommen erfüllt, dann stellte er seine ganze Zeit und alle seine Fähigkeiten in den Dienst ihrer Eroberung; dann entwickelte er die Entschlossenheit eines Feldherrn, die Schlauheit eines Diplomaten, die Kühnheit eines Kosaken und die Ausdauer eines Forschers; dann setzte er Himmel und Hölle in Bewegung, verbündete sich mit Gott und dem Teufel; jedes Hindernis verdoppelte seinen Eifer, jeder Widerstand verdreifachte seine Leidenschaft – kurz, er war der vollkommene Typus des Verführers.

Ein solcher Mann liebt keine leichten Siege. Als Saltykow im Jahre 1752 an den Hof zurückkehrt, ist Elisabeth gerade ihres Rasumofsky müde geworden, und der Stern Iwan Schuwalows ist im Aufgehen. Elisabeth gibt Saltykow recht deutliche Zeichen, daß es ihn wenig Mühe kosten würde, Schuwalow auszustechen. Aber der schöne Sergej tut was er kann, um diese Zeichen nicht zu bemerken: er ist keiner, der kommt, wenn man ihn ruft. Außerdem ist Elisabeth siebenundvierzig Jahre alt. Katharina ist dreiundzwanzig und auf der Höhe ihrer Schönheit. Wie jedermann weiß auch Saltykow, daß sie Tag und Nacht bewacht wird und daß es sogar verboten ist, leise mit ihr zu sprechen. Er weiß, daß jeder Versuch, sich der Großfürstin zu nähern, mit Gefahren

131

verbunden und daß von diesen Gefahren die Verbannung nach Sibirien noch die geringste ist. Im ganzen weiten Rußland ist Katharina ganz gewiß diejenige Frau, mit der ein Verhältnis anzuknüpfen am aussichtslosesten, mit der ein Verhältnis zu haben am riskantesten erscheint: gerade das macht ihren Reiz für Saltykow aus, gerade deshalb verliebt er sich in sie. Er kommt so oft wie möglich an den jungen Hof, nicht allein, das würde auffallen.

In seiner Gesellschaft befindet sich beständig ein zweiter Kavalier aus altem russischem Adel: Leo Naryschkin, ein Spaßmacher ohnegleichen, ein origineller Witzbold mit geistigen Hintergründen, ein liebenswürdiger junger Mann, den jeder gut leiden kann und den niemand ernst nimmt. Ganz offen bemüht sich Saltykow um die Freundschaft des Großfürsten; die ist nicht schwer zu erwerben. Peter hat eine Vorliebe für schöne junge Männer, er ist ein schwacher, suggestibler Mensch, bald steht er ganz und gar unter Saltykows Einfluß und kann keinen Tag mehr ohne seinen neuen Freund auskommen, sehr zur Freude seiner kaiserlichen Tante, die ihn weit lieber in Gesellschaft der beiden Russen als in der seiner holsteinischen Offiziere sieht.

Saltykow und Naryschkin versäumen auch an keinem Tag, der Frau Tschoglokow ihre Aufwartung zu machen. Sie ist wieder einmal hochschwanger und deshalb an ihr Zimmer gefesselt; ihre Schutzbefohlene, Katharina, muß ihr natürlich unentwegt Gesellschaft leisten. Frau Tschoglokow ist sehr dankbar für diese beharrliche Aufmerksamkeit, die ihr zwei so glänzende Kavaliere beweisen, die übrigens niemals und durch nichts den Anschein zerstören, daß ihre Gegenwart ausschließlich ihr gilt. Von so viel Höflichkeit wird sogar ihre Empfindlichkeit besänftigt, ihr Griesgram aufgehellt; sie nimmt keinen Anstoß an Leo Naryschkins burlesken Einfällen; sie gestattet, daß man heiter ist, daß man lacht, sie lacht sogar mit.

Abends versammelt man sich beim Großfürsten. Hier wacht das Auge des Herrn Tschoglokow, und zwar doppelt wachsam, weil der Wächter verliebt ist. Hier erst entfaltet sich Saltykows Genie: er entdeckt, daß Tschoglokow – ein Dichter ist. Er bringt ihn dazu, allabendlich über irgend ein Thema ein langes Gedicht zu machen, das dann – es braucht keiner Verabredung dazu – von der ganzen Gesellschaft begeistert aufgenommen und von Naryschkin sogleich vertont wird. Die neue Eitelkeit steigt dem einfältigen Manne zu Kopf, er läßt sich, kaum daß er ein Gedicht gemacht hat, sogleich überreden, sich an ein zweites zu setzen, und während er über seinen Versen brütet, während Peter seiner neuesten Flamme, einem Fräulein Schafirow, den Hof macht, während Naryschkin auf dem Klavecin musiziert, kann Saltykow endlich Katharina sagen, warum er mit dem Großfürsten ausreitet, der Frau Tschoglokow Visiten macht und Herrn Tschoglokow einen Dichter nennt. Endlich kann er, zwar in Gegenwart eines Halbdutzend Menschen, aber doch unbelauscht, von seiner Liebe sprechen. Er tut es flüsternd, aber feurig und täglich aufs neue.

Katharina behauptet, sie hätte alles getan, um ihm seine Liebe auszureden, sie hätte seinem beharrlichen Werben einen ebenso beharrlichen Widerstand entgegengesetzt. Das ist möglich: sie weiß, was auf dem Spiele steht, für sie selbst sowohl wie für Saltykow. Trotzdem kommt dieser Widerstand nur aus dem Verstand, nicht aus dem Herzen. Der Mann, der allabendlich glühend auf sie einflüstert, ist schön, er liebt sie, er riskiert sogar seine Existenz für diese Liebe. Wenn sie die Augen zur Seite wendet, sieht sie ihren häßlichen, pockennarbigen Gemahl, der sie ganz offen mit seiner Leidenschaft für das Fräulein Schafirow bloßstellt, wie er sie seit den acht Jahren ihrer Ehe unablässig für irgendein Fräulein bloßgestellt hat. Es ist unmöglich, bloß vernünftig zu sein. Wohl sagt ihr Mund allerlei Vernünftiges, erinnert Saltykow an seine Frau, an ihre exponierte Stellung, aber im Munde einer liebenden Frau hat jedes »Nein« den Tonfall eines »Ja«. Und Saltykow kennt den Tonfall der Liebe. Er nimmt keinen ihrer Einwände ernst.

Einmal lädt Tschoglokow die ganze Gesellschaft zur Jagd auf eine Newa-Insel. Während alle auf ihren Pferden hinter den Hasen her sind, versteht Saltykow mit Katharina im hohen Rohr zurückzubleiben. Zum ersten Mal ist er mit ihr allein. Zum ersten Mal kann er von seiner Liebe sprechen, ohne die Stimme zu dämpfen, ohne vor unbefugten Augen seine Züge beherrschen zu müssen. Katharina ist außerstande, ihre Gefühle zu verbergen. Um zu widerstehen, hätte sie eine Heilige sein müssen. Sie ist keine Heilige, sie ist eine normale, gesunde junge Frau, die acht Jahre lang namenlos einsam war.

Der Großfürst ist lange nicht so dumm wie Tschoglokow. Bei seiner perversen Sexualneugierde hat er bald heraus, daß etwas los ist, und wenige Tage nach dem Jagdausflug sagt er zu Fräulein Schafirow: »Sergej Saltykow und meine Frau betrügen Tschoglokow. Sie reden ihm ein, was sie wollen und lachen ihn aus.« Der Wortlaut ist höchst charakteristisch: nicht er, der Gatte, sondern die Wachsamkeit des überdies noch bis über die Ohren verliebten Tschoglokow wird betrogen. Peter ist auch nicht böse darüber, sondern angeregt zu anstößigen Gesprächen. Ebenso wie seine verschiedenen Angebeteten an Katharina, gibt er Katharina an Fräulein Schafirow preis. Die hat auch nichts Eiligeres zu tun, als die Worte des Großfürsten überall weiterzusagen; sie gelangen bis ans Ohr der Kaiserin, und die arme Tschoglokow muß sich sagen lassen, daß ihr Mann ein Tölpel sei, der sich von ein paar Rotznasen an der Nase herumführen lasse. Die Gefahr ist im Augenblick gar zu groß; Saltykow und Naryschkin ziehen sich für einige Monate auf ihre Güter zurück, Sommer und Herbst vergehen in Sehnsucht und Langeweile. Im Winter begibt sich der Hof nach Moskau, und jetzt erst kehrt Saltykow aus seiner freiwilligen Verbannung zurück.

Beim ersten Wiedersehen darf er erkennen, wie schmerzlich er vermißt wurde. Seine heftige Leidenschaft wird ebenso heftig erwidert. Wie aber dieser Leidenschaft Genüge tun? Im Moskauer Schloß ist Katharina noch unfreier als im Sommerpalais. Hier gibt es keine Jagdausflüge, keine Möglichkeit, sich unter vier Augen zu sprechen. Jetzt erst hat Saltykow die erlösende Idee, und diese Idee löst mehr als das Problem intimer Zusammenkünfte, sie löst die brennendste Frage des Thrones und verändert mit einem Schlage Katharinas Situation.

Es handelt sich um ihre Aussöhnung mit Bestushew. Saltykow hat ganz richtig erkannt, daß weder die Tschoglokows noch Elisabeth, noch Peter Katharinas eigentliche Gefängniswärter sind, sondern einzig und allein Bestushew. Das weiß auch Katharina, und sie ist sofort bereit, dem Feind die Hand zu reichen. Die Leidenschaft mag eine große Rolle dabei spielen, aber diese Versöhnlichkeit entspricht auch ihrem Charakter.

Bestushew hat sie angefeindet von der ersten Stunde an, da sie russischen Boden betreten hat, sie hat ihm unzählige Bitternisse zu verdanken; trotzdem ergreift sie, ohne zu zögern, die erste Möglichkeit, den »geschworenen Feind« zum Freund zu machen. Sie schickt sogleich einen gewissen Bremse zu Bestushew und läßt dem Kanzler sagen, daß sie ihm nicht mehr so ferne stehe wie bisher. Bestushew kommt diese Aussöhnung überaus gelegen. Seine Position ist aus verschiedenen Gründen nicht mehr so fest wie vor einigen Jahren. Das hängt vornehmlich mit dem neuen Favoriten Schuwalow zusammen. Schuwalow ist nicht so uneigennützig und indolent, wie Rasumofsky gewesen war; er hat sich, seinem Bruder und seinen Vettern einflußreiche Posten verschafft, die Schuwalows sind eine neue politische Macht in Rußland, sie drohen dem alten Kanzler über den Kopf zu wachsen.

Auch beginnt Elisabeths Gesundheit unter ihrem unregelmäßigen Leben zu leiden; oft wird sie von Koliken befallen, die schwere Depressionen nach sich ziehen und aller Wahrscheinlichkeit nach in Wirklichkeit epileptische Anfälle sind. Eines Tages kann sie sterben, dann wird Peter Regent – dieser kindische Narr, der Friedrich II. vergöttert und bereit ist, das heilige Rußland für Holstein zu verkaufen. Trotz seiner alten Antipathie hat Bestushew längst zur Kenntnis genommen, daß Katharina klüger ist als ihr Gatte und daß ihr die Sympathien der Russen ebenso am Herzen liegen, wie sie Peter gleichgültig sind; Katharina als Bundesgenosse – das ist im Augenblick etwas, in Zukunft kann es alles sein.

Bestushew empfängt Katharinas Boten mit offenen Armen. Die Großfürstin möge in allem über ihn verfügen, läßt er ihr sagen, und ihm den Weg weisen, alles Nötige zu besprechen. Tags darauf macht Saltykow dem Kanzler seine Aufwartung. Nichts bleibt unklar in der Aussprache dieser beiden Männer. Katharinas Wünsche sind im Augenblick durchaus unpolitischer Natur: »Sie soll sehen, daß ich durchaus nicht der Werwolf bin, für den sie mich hält«, sagt Bestushew. »Ich werde ihr die Wladyslawa sanft machen wie ein Lamm.«

Aber warum persönliche Wünsche nicht mit politischen Notwendigkeiten verbinden? Wenige Tage später sagt die Tschoglokow zu Katharina: »Ich habe sehr ernsthaft mit Ihnen zu sprechen.« Sie hält auch wirklich eine sehr lange und bloß scheinbar unklare Rede. Sie spricht von ehelicher Treue, von den heiligen Geboten der Religion und der Sitte, von ihrer eigenen Ehrbarkeit und Tugend. »Aber«, so fügt sie hinzu, »es gibt Fälle von höherer Wichtigkeit, die eine Ausnahme von der Regel notwendig machen.« Dann spricht sie von der Liebe zum Vaterlande, die höher stünde als die Liebe zum Gatten, und schließlich platzt sie heraus: »Sie haben die Wahl zwischen Naryschkin und Saltykow. Wenn ich nicht irre, bevorzugen Sie den ersten?« Katharina hat schweigend die ganze Rede angehört, nachdenklich, ob dies alles aufrichtig oder eine Falle sei. Jetzt aber sagt sie: »Nein, nein.« »Nun«, erwidert die Tschoglokow, »dann ist es der andere. Sie werden sehen, daß ich Ihnen keine Schwierigkeiten machen werde.«

Sie hält ihr Wort, denn sie hat neue Weisungen erhalten. Bestushew hat bereits gearbeitet, er hat Katharinas und Elisabeths Interessen in sehr naheliegender Weise miteinander verknüpft. Die Riegel der Gefängnistür fliegen auf. Unter dem Protektorat des allmächtigen Kanzlers, geduldet von Ihrer Majestät, geleitet von der Tschoglokow, unter den Augen der Wladyslawa, betritt Saltykow endlich die Gemächer Katharinas.

Soweit ist alles ganz klar. Aber welche Rolle spielt Peter? Katharina erzählt, gleichzeitig mit Frau Tschoglokows Bemühungen um sie habe Herr Tschoglokow sich um den Großfürsten bemüht und einige Zusammenkünfte zwischen Peter und einer hübschen jungen Witwe namens Grooth zustande gebracht. Eine ganz andere Geschichte – diejenige offenbar, die damals allgemein am Hofe kolportiert wurde – berichtet der junge Champeaux an seinen Vater, den französischen Gesandten in Hamburg: Saltykow habe gelegentlich einer Sauferei dem Großfürsten das Versprechen abgenommen, sich einer notwendigen kleinen Operation zu unterziehen; kaum habe Peter dieses Versprechen gegeben, da sei auch bereits Boerhave mit dem Chirurgen und allem Erforderlichen erschienen und habe Peter beim Wort genommen; Saltykow habe für diesen Dienst einen wunderbaren Diamanten von der Kaiserin erhalten.

Es ist unmöglich, festzustellen, welche dieser beiden Geschichten und ob überhaupt eine von beiden wahr ist. Aber auch wenn beide erfunden sind, beweisen sie, daß Peter nicht mit im Komplott ist, man ihn nicht einfach vor die Staatsnotwendigkeit gestellt, sondern allerlei versucht hat, um ihn endlich zum Mann zu machen, damit er sich in dem bald eintretenden Fall von Katharinas Schwangerschaft für den Vater halten kann. Haben diese Versuche Erfolg? Bei Peters Gleichgültigkeit gegen Katharina und bei seiner Neigung zum Zynismus ist es durchaus möglich, daß er die Intrige wortlos mitmacht, daß er den Dingen, die ihm in keiner Weise nahegehen, ihren Lauf läßt. Wenn er sich Katharina jemals zärtlich genähert hat, so war es jedenfalls nach achtjähriger Entfremdung zu spät. Sicher ist, daß sie das Verhältnis mit Saltykow noch zwei Jahre lang fortsetzt, sicher ist, daß Peter weiterhin dem Fräulein Schafirow und verschiedenen anderen Fräuleins seine Gunst schenkt. Wenn es der Witwe Grooth oder sonstwem gelungen ist, aus dem vierundzwanzigjährigen Großfürsten einen Mann zu machen – keine Macht der Welt ist nach so vielen gegenseitigen Demütigungen imstande, aus seiner Verbindung mit Katharina eine wirkliche Ehe zu machen!

Zweimal wird die Hoffnung auf einen Thronerben durch unbegreifliche Unvorsichtigkeiten zunichte: einmal infolge einer überstürzten Reise, ein andermal infolge eines Jagdausfluges nach Lubertzy, wo Katharina unter freiem Himmel unter einem regennassen Zelt übernachten muß, erleidet sie eine Fehlgeburt. Die zweite bringt sie in Lebensgefahr. Aber wo ist Frau Tschoglokow, die sieben Kinder geboren hat und die mit ihren Erfahrungen hier zum ersten Male wirklich am Platze wäre? Die Tschoglokow hat in der allgemeinen Unmoral den Kopf verloren. Sie, die Tugendhafteste von allen, ist in später, aber um so hemmungsloserer Leidenschaft zum Fürsten Repnin entbrannt und vernachlässigt unter allen möglichen Vorwänden ihren Dienst. Katharina ist

nicht mehr ihre Gefangene, sondern ihre Vertraute, die einzige, deren unverbrüchlicher Verschwiegenheit sie sich anzuvertrauen wagt. Herr Tschoglokow hört unterdes nicht auf, die Großfürstin anzuschmachten. In seiner Einfalt läßt er sich von Saltykow einreden, daß dieser sich für ihn bei Katharina bemühe und daß dies den Gegenstand seiner Gespräche mit ihr bilde. Wieder ist es der Großfürst, der diese Komödie durchschaut und aufdeckt, nicht aus Eifersucht, sondern um Tschoglokow zu beweisen, »wer sein wahrer Freund sei«, also aus gehässiger Rivalität gegen Katharina. Aber Saltykow, dieser »Dämon der Intrige«, hat sofort eine neue Idee: er redet Tschoglokow ein, die Kaiserin selbst habe ein zärtliches Auge auf ihn geworfen. Tschoglokow glaubt an sein Glück ebenso schnell wie an seine dichterischen Fähigkeiten, er geht so oft wie möglich an den großen Hof, er nähert sich Elisabeth auf Maskenfesten und wird wirklich mit großer Gnade aufgenommen. Aber man hat nicht mit der wachsamen Eifersucht der Schuwalows gerechnet, die um ihren jungen Einfluß zittern und die Kaiserin schließlich so sehr gegen den armen Tschoglokow aufhetzen, daß sie ihn öffentlich bei Tisch einen »Dummkopf und Verräter« nennt. Das nimmt sich der Gescholtene so sehr zu Herzen, daß er davon die Gelbsucht bekommt. An sein Krankenbett wird ein Arzt gerufen, der den Schuwalows vollkommen ergeben ist, und Katharina behauptet, dieser Arzt hätte Tschoglokow im Auftrage seiner Partisane umgebracht, »jedenfalls sagten alle Ärzte, die später geholt wurden, man hätte ihn behandelt wie einen Menschen, den man töten will«. Wenige Tage nach dem Tode ihres Gatten wird auch Frau Tschoglokow ihres Amtes enthoben. Katharina ist um diese Zeit gerade zum dritten Male in der Hoffnung.
Die Tschoglokow ist bitter enttäuscht. Sie hatte – nicht ganz mit Unrecht – geglaubt, sich große Verdienste um das Vaterland und um die Thronfolge erworben zu haben. Vom Standpunkt der Schuwalows aber sieht es so aus, als habe sie bloß Katharina Gelegenheit zum Leichtsinn gegeben. Und die Kaiserin handelt im Sinne der Schuwalows: Elisabeth ist entweder klug genug, um auch ihren Günstlingen nicht die Wahrheit zu sagen, oder sie selbst will die Wahrheit nicht wahrhaben.

Die Beziehung zwischen Elisabeth und Katharina wird von Jahr zu Jahr schlechter. Aber – es bleibt immer eine lebendige Beziehung zwischen diesen beiden Frauen von ungewöhnlichem Format und Temperament, ein Spannungsverhältnis, das keineswegs mit eindeutig negativen Energien geladen ist. Vor zehn Jahren hat Elisabeth die kleine Prinzessin von Zerbst mit stürmischer mütterlicher Liebe ins Herz geschlossen, und Katharina hat in der wunderschönen großen Kaiserin ihr eigenes Ideal geliebt und bewundert. Vieles hat sich seither geändert: die alternde Elisabeth hat begonnen, in Katharina ihre Rivalin zu sehen, die älter werdende Katharina hat die häßlichen Seiten ihres Idols kennengelernt. Trotz der immer und in allen Dingen zur Schau getragenen Devotion der jungen Frau spürt und fürchtet Elisabeth den größeren Geist, den festeren Willen, die stärkere Persönlichkeit Katharinas; und Katharina hat tausendfach am eigenen Leibe erfahren, daß die großartige Zarin oft nichts anderes ist als eine eitle, launenhafte und despotische Närrin. Häßliche, feindselige Empfindungen sind zu der ursprünglich heißen gegenseitigen Zuneigung getreten, haben sie verdunkelt und verdrängt, gelegentlich in Haß verkehrt – aber niemals gänzlich zum Verlöschen gebracht. Selten zwar, dann aber mit allen Zeichen untrüglicher Echtheit, kommt wie Sonne aus dickem schwarzen Regengewölk Elisabeths Zärtlichkeit für die junge Frau zum Vorschein. Dann stürzen ihr Tränen aus den Augen, weil man Katharina einen Zahn ziehen muß, dann tröstet sie die Weinende, weil Peter sie ungerecht gescholten hat, dann klebt sie ihr ein paar Schönheitspflästerchen auf die ungeschminkten Wangen. Und Katharina wiederum, deren Memoiren eine einzige Anklage gegen die sinnlosen Ungerechtigkeiten Elisabeths sind, verliert sich immer wieder an begeisterte, beinahe verliebte Schilderungen von Elisabeths Schönheit, ihrer vollendeten Haltung zu Pferde, ihrer unnachahmlichen Anmut beim Tanze. 1750 ist Katharinas Vater, der gute Christian August, gestorben. Acht Tage nachdem diese Nachricht nach Rußland kam, ließ Elisabeth der jungen Frau durch die Tschoglokow befehlen, nicht länger zu weinen, »denn schließlich sei ihr Vater kein König gewesen«. Das war eine tiefe, unvergeßliche Kränkung. Trotzdem berichtet Katharina von einem Maskenfest, das zwei Jahre später stattfindet und bei dem Elisabeth, wie gewöhnlich, in Männerkleidern tanzte:»Man hätte die Kaiserin bloß immerfort ansehen mögen, und nur mit Bedauern wandte man den Blick von ihr, denn nichts konnte sie ersetzen.« In ihrer Begeisterung sagt sie zu Elisabeth:»Es ist ein wahres Glück, daß Ihre Majestät nicht wirklich ein Mann sind, wir Frauen würden sonst alle den Kopf verlieren.« Und Elisabeth antwortet: Wäre sie wirklich ein Mann, keine andere als Katharina würde sie zu ihrer Liebsten erwählen. Dieser zärtliche Dialog, mit einem zärtlichen Kuß abgeschlossen, ist möglich trotz allem Ärger, den Elisabeth über Katharina gehabt hat, trotz aller Schikanen, mit denen sie Katharina gequält hat. Viel mehr, viel Entscheidenderes muß geschehen, um diese beiden Frauen, die im Grunde eine natürliche Zuneigung füreinander haben, endgültig zu entzweien.

Als Katharina vor zehn Jahren nach Rußland gekommen war, um Peter zu heiraten, hatte Elisabeth ein seltsames Idyll vor Augen: sie, die nicht geheiratet hatte, um ihre Unabhängigkeit zu bewahren, die Kinderlose, die allein ihren Launen und Leidenschaften lebte, hatte eine ewig ungestillte Sehnsucht nach jener anderen Lebensform, die ihr versagt bleiben mußte – nach der geordneten Familie. Ein glückliches Ehepaar erweckte immer ihr Wohlgefallen, und sie liebte Kinder über alles. Auch wußte sie, daß der Staat auf Familien gegründet ist und daß ein beispielgebendes Familienleben im allerhöchsten Hause die Untertanen freut und den Thron festigt. Sie hatte davon geträumt, das junge großfürstliche Paar würde, an ihrer Seite, unter ihrer Obhut, ein solches beispielhaftes Familienleben führen, würde ein Kind ums andere in die Welt setzen und damit ihre eigenen Ausschweifungen vergessen lassen, ihre mütterlichen Instinkte und zugleich die dynastischen Bedürfnisse befriedigen. Es war anders gekommen.

Nun endlich, nach zehn Jahren des Wartens, der Enttäuschung, der Ungeduld, des Zornes und der Verzweiflung – Elisabeth hatte bereits daran gedacht, den gefangenen Iwan, den sie so sehr fürchtete, zu befreien und offiziell zu ihrem Nachfolger zu ernennen –, nun endlich sieht Katharina ihrer Niederkunft entgegen. Aber wie himmelweit ist diese Wirklichkeit von Elisabeths ehrbar-sentimentalen Träumen entfernt! Wer ist der Vater des erwarteten Kindes? Elisabeth wird sich hüten, Gewißheit darüber zu suchen. Wenn Elisabeth Bestushews Plan gekannt und aus Gründen der Staatsnotwendigkeit gebilligt hat, so war er doch ihrem im Grunde tief religiösen Herzen ebenso zuwider wie ihrem Romanowschen Familienstolz. Seit jenem Plan sind immerhin zwei Jahre vergangen; darf Elisabeth hoffen, daß Peter in diesen zwei Jahren zum Manne, zum richtigen Ehemanne geworden ist? Sie darf es hoffen, denn der Großfürst ist blind oder verständig oder zynisch genug, um zu schweigen. Aber andere Leute am Hofe reden allerlei über diese späte Fruchtbarkeit einer offenkundig miserablen Ehe, und die Schuwalows bringen jedes Gerede an die Ohren Ihrer Majestät. Die Kaiserin wird von den zwiespältigsten Empfindungen zerrissen, und dementsprechend sind ihre Handlungen voll von Widersprüchen. Einmal erscheint sie plötzlich in Abwesenheit des Großfürsten in Katharinas Privatgemächern, mit der deutlichen Absicht, die Großfürstin mit Saltykow zu überraschen, was bloß durch einen glücklichen Zufall nicht geschieht. Andererseits aber verfügt sie nichts, um Saltykow aus Katharinas Nähe zu entfernen. Die Reise von Moskau nach Petersburg legt Katharina fast ununterbrochen weinend zurück: sie fürchtet, man würde Saltykow in Moskau zurücklassen, wozu man ja genügend Veranlassung hätte. Aber man tut es nicht, man gewährt der jungen Frau sogar eine Unterredung mit ihrem Liebhaber in einer Zwischenstation, offenbar, um die Hochschwangere nicht zur Verzweiflung zu treiben.

Am zwanzigsten September, mitten in der Nacht, wird Katharina von Wehen befallen. Zugleich mit der Hebamme wird Elisabeth verständigt, die Kaiserin erscheint um zwei Uhr früh und weicht volle zwölf Stunden lang nicht von Katharinas Schmerzenslager, das, der damaligen Sitte gemäß, auf einer niedrigen Matratze neben dem Bett aufgeschlagen ist. Kaum aber ist der ersehnte Knabe geboren, da läßt ihn Elisabeth von der Hebamme in ihre eigenen Gemächer tragen, der Großfürst, der anstandshalber einen Blick auf das Neugeborene geworfen hat, die Hofdamen folgen ihr, die Wöchnerin bleibt allein.

Am Schlosse wird die kaiserliche Standarte aufgezogen, von allen Festungswällen künden Kanonen die glückliche Geburt des Thronfolgers. Katharina liegt einsam und vergessen auf ihrer Matratze zwischen zwei zugigen Fenstern. Während von allen Kirchen die Glocken läuten, tausend Gläubige hinknien, um für ihren künftigen Kaiser zu beten (»Qui est-ce qui aurait cru alors, en se rejouissant de la naissance de Paul, que c'est un tiran qui naissait pour la Russie?«), während die ganze Stadt in freudiger Erregung ist, während der Großfürst ein Glas um das andere auf das Wohl »seines Sohnes« leert, währenddes liegt Katharina, in Schweiß gebadet, von Durst gequält, wie ein unnütz gewordenes Stück Fleisch, das seine Schuldigkeit getan hat; und die Wladyslawa wagt nicht einmal, ihr ohne Erlaubnis der Hebamme ein Glas Wasser zu reichen. Wo ist die Hebamme? Sie ist bei Elisabeth, die, vor Freude außer sich, ganz und gar mit dem Kinde beschäftigt, die Mutter des Kindes völlig vergessen hat.

Sie hat das Kind an sich genommen, und sie gibt es nicht mehr her. Vergessen sind die Regierungsgeschäfte, vergessen die Favoriten, alle übrigen Leidenschaften, um dieser neuen, längst ersehnten Seligkeit willen: ein Kind herzen, an sich drücken, pflegen, verwöhnen zu können. Sie läßt den kleinen Paul in ihrem eigenen Zimmer schlafen; wenn er schreit, läuft sie selbst zu ihm, sie wickelt ihn auf, wenn es nötig ist, und sie deckt ihn so sorgfältig zu, daß er unter lauter Daunendecken und Pelzen beinahe erstickt. Elisabeth ist so besessen von ihrer Zärtlichkeit für dieses kleine Wesen, daß am Hofe das Gerücht entsteht und lange nicht verstummen will, sie hätte das Kind Katharinas gegen ein eigenes, um die gleiche Zeit geborenes, vertauscht. »Diese Nachricht gilt für vollkommen gewiß«, berichtet d'Éon nach Paris. In Paris ist man skeptisch: Elisabeth ist beinahe fünfzig Jahre alt. Aber diese fanatische Liebe zu dem Kinde einer anderen, zu diesem Kinde, das aller Wahrscheinlichkeit nach nicht einmal aus ihrem eigenen stolzen Romanowschen Blute stammt, ist schon ein seltsames psychologisches Rätsel, das mit unbefriedigten mütterlichen Instinkten kaum zureichend erklärt wird. Will sie mit dieser übertriebenen Zärtlichkeit ihren wohlbegründeten

Verdacht zum Schweigen bringen, zusamt den vielen Schwätzern, die immer wieder behaupten, der kleine Paul sei der Sohn des Saltykow? Sehr wahrscheinlich. Saltykow war der erste, bei dem sie, als Frau, Katharina gegenüber eine Niederlage erlitten hat, will sie sich nun rächen, indem sie Katharina sein Kind fortnimmt? Auch das mag eine Rolle spielen. Warum ist Elisabeth nicht herzlicher gegen Katharina, nun da diese ihren innigsten, heißesten Herzenswunsch erfüllt hat? Warum ist ihr ganzes Benehmen darauf abgestimmt, Katharina verstehen zu lassen, sie sei nichts als eine Art Sklavin, die ihre Funktion erfüllt habe, ohne Anspruch auf besonderen Dank oder besondere Rücksicht zu haben? Sie ist eifersüchtig auf Katharina um dieses Kindes willen, und es ist die Eifersucht einer hemmungslosen Despotin, die sich hier austobt.

Katharina ist einsamer, als sie es je zuvor gewesen ist. Kaum daß ihr die allernotwendigste körperliche Pflege zuteil wird, kaum daß die verhaßte Gräfin Schuwalow ab und zu den Kopf zur Türe hereinsteckt, um nach ihrem Befinden zu fragen. Während Elisabeth alle Freuden der Mutterschaft genießt, während die Nachricht von dem Ereignis durch tausend Boten bis an die entferntesten Punkte des Riesenreiches verkündet wird, bekommt die wirkliche Mutter ihren Sohn kein einziges Mal zu Gesicht. Vierzig Tage vergehen, ehe – anläßlich der öffentlichen Gratulationen – das Kind für eine kleine Weile in ihr Zimmer gebracht, aber sogleich wieder zur Kaiserin zurückgetragen wird. »Ich fand ihn hübsch, und sein Anblick heiterte mich ein wenig auf«, schreibt Katharina. Ist sie nicht ärmer als die ärmste Landstreicherin, die in irgendeiner Toreinfahrt gebiert? Um alle die tausend intimen Seligkeiten, die jede Bäuerin, jede Kleinbürgersfrau für die ausgestandenen Leiden entschädigt, wird sie betrogen: sie darf niemals das flaumige Köpfchen ihres Kindes streicheln, sie darf sein erstes Lächeln, den großen ersten Blick des Erkennens nicht beobachten. Sie darf nicht einmal nach dem Befinden des Kleinen fragen, denn das würde als Mißtrauen gegen die Sorgfalt der Kaiserin angesehen werden. Langsam beginnt sie zu verstehen, daß man ihr das Kind ein für allemal fortgenommen hat.

Schlecht gepflegt und beladen von Kummer erholt sie sich nur schwer. Man hat ihr nicht nur das Kind, man hat ihr auch Saltykow genommen. Die Kaiserin hat ihn nach Schweden geschickt, um dem dortigen Hof die Geburt des Thronfolgers mitzuteilen. Diese Maßnahme ist klar wie Wasser: Elisabeth hat keinerlei Grund mehr, die skandalöse Beziehung zu dulden, sie hat allen Grund, ihr so schnell wie möglich ein Ende zu bereiten. Saltykow macht keine Schwierigkeiten, die Situation war schon seit langem für ihn bloß peinlich und gefährlich. Wenn aber Elisabeth glaubt, mit seiner Verschickung dem Klatsch Einhalt zu tun, so irrt sie gründlich: er wird bloß über ganz Europa verbreitet. Im Ausland fühlt sich Saltykow sicher, und die spannende Geschichte seines Abenteuers mit der russischen Großfürstin gibt ihm in den Augen der schwedischen Damen einen unwiderstehlichen Reiz. Sowohl seine Indiskretionen wie seine neuen Weiberaffären kommen Katharina zu Ohren. Sie leidet unsäglich: an Scham, an Eifersucht und – trotz allem – an Sehnsucht. Da sie keinen Menschen hat, dem sie sich anvertrauen könnte, ist ihr jedes Menschen Anblick zuwider. Sie vergräbt sich in ihr Bett, in ihr Zimmer, in ihre Bücher, in ihre Gedanken.

Der Großfürst stört sie nur wenig in ihrer Einsamkeit. Von der Geburt des Kindes an, das nach ihm Paul Petrowitsch genannt ist, zieht er sich mehr und mehr von seiner Frau zurück. Zwar bezweifelt er niemals mit einem offenen Wort die Legitimität des Knaben: er verlangt sogar, als ihm zu Ohren kommt, Katharina hätte anläßlich der Taufe hunderttausend Rubel erhalten, die gleiche Summe für seinen Anteil an dem freudigen Ereignis. (Da man offenbar fürchtet, er könne seine Forderung näher begründen, beeilt man sich, sie zu erfüllen, und da gerade kein Geld in der Staatskasse ist, nimmt man Katharina ihr Geschenk wieder fort.) Peter ist ein Zyniker, aber er ist nicht völlig unempfindlich. Er nimmt hunderttausend Rubel anläßlich der Geburt »seines Sohnes«, aber meidet fortan das Bett seiner Frau. Neun Jahre lang hat er allnächtlich in ihrem Zimmer geschlafen, nunmehr löst er dieses Symbol ehelicher Gemeinschaft. Wenn er mit seinen Dienern, seinen holsteinischen Offizieren getrunken hat, legt er sich in seinem eigenen Zimmer zur Ruhe und kommt nur mehr während des Tages zu Katharina, wenn er irgendeinen Rat braucht. Sie hat kein Kind, sie hat keinen Mann, sie hat keinen Geliebten.

Für die meisten Frauen bedeutet die Geburt des ersten Kindes nicht bloß das höchste Glück, sondern auch den Beginn der vollen Entfaltung ihres Frauentums. Diese Entfaltung ist Katharina versagt. Eine tyrannische Hand hat die Schleusen versperrt, die gesündesten, stärksten Gefühle ihres Herzens dürfen sich nicht in ihr natürliches Strombett ergießen. Hätte Katharina eine liebende Frau und Mutter sein dürfen – und ihre heißblütige Natur hatte alle Anlage dazu –, sie wäre gewiß eine viel sympathischere, vielleicht aber eine weit weniger großartige Frauengestalt geworden. Die tiefeinsamen Monate nach ihrer Entbindung sind die traurigsten, zugleich aber die wichtigsten für ihre spätere Entwicklung; in diesen Monaten unmenschlicher Entwürdigung und bittersten Herzenskummers wird die spätere, die eigentliche Katharina geboren: die Frau mit dem eisernen, unerschütterlichen und geradlinigen Willen zur Macht. Eine mittelmäßige Natur wäre zugrunde gegangen, hätte sich an nutzlosen, ohnmächtigen Haß vergeudet – Katharina kann die zurückgestauten Liebeskräfte in erneute geistige Aktivität umsetzen. Nie hat sie mehr gelesen, mehr gedacht, mehr gegrübelt als in dieser Zeit. Sie beginnt, alle Dinge in einem neuen, klareren Licht zu sehen. Anstatt über die Bosheit ihrer Umgebung zu klagen, spürt sie den verborgenen Kräften nach, von denen die Menschen bei ihren Handlungen bewegt und getrieben werden. Sie revidiert ihre eigene Haltung: zehn Jahre lang hat sie sich in allem untergeordnet, hat alles ertragen, alles erduldet, hat sich streng von jeder Politik, von jeder Parteinahme ferngehalten und bloß durch Nachgiebigkeit und Freundlichkeit sich um jedermanns Gunst innig bemüht. Jetzt sieht sie, daß man es anders machen muß, will man durch das Gestrüpp des intriganten Hoflebens seinen Weg machen. Man muß Freunde haben, auf die man zählen kann, und Mittel, um seinen Feinden zu schaden. Man muß eine Macht sein, jemand, der Gnaden austeilen und, wenn es anders nicht geht, auch Furcht einflößen kann. Man muß Mächtige hinter sich haben, mit Mächtigen im Bunde sein, um gelegentlich feindlichen Mächten die Stirn bieten zu können. Sie ist fest entschlossen, ihr Zimmer nicht eher zu verlassen, als bis sie die erlittenen Demütigungen verwunden hat und sich stark genug fühlt, ihren neuen Ansichten gemäß aufzutreten. Darüber vergeht der Winter, ein Winter, voll von Bällen, Festlichkeiten und Vergnügungen, die alle zu Ehren des neugeborenen Thronerben gegeben werden und bei denen die eigentliche Hauptperson, die »glückliche Mutter«, abwesend ist. Erst gegen Ende des Karnevals kehrt Saltykow aus Schweden zurück. Mit Hilfe der Wladyslawa wird eine Zusammenkunft vereinbart. Aber Katharina wartet – nach fast sechs Monaten schmerzlicher Trennung – bis drei Uhr früh vergebens auf ihren Geliebten. Am nächsten Tage läßt er sich durch eine windige Ausrede entschuldigen; es bedarf eines bitteren, vorwurfsvollen Briefes von seiten Katharinas, um ihn zu ihr zu führen. Wie jede verliebte, vereinsamte Frau läßt sie sich durch die Gegenwart des geliebten Mannes leicht und gerne besänftigen. Im tiefsten Innern weiß sie, daß seine Liebe – die flüchtige Liebe des geborenen Verführers – für immer dahin ist. Aber sie will sich dieses Wissen nicht klar machen, sie kann in diesem Augenblick die letzte, schmerzlichste Enttäuschung nicht ertragen. Sie braucht jetzt Kraft – und sie schöpft Kraft aus den frommen, schonungsvollen Lügen des abgekühlten Liebhabers. Am Geburtstag des Großfürsten erscheint sie zum ersten Male wieder in der Öffentlichkeit.

Elisabeth hat ihr den Sohn und alle Freuden der Mutterschaft genommen. Sie hatte die Macht dazu. Aber auch die Despotie der allmächtigen Zarin kann nicht hindern, daß die junge Frau, die nach Monaten der tiefsten Verzweiflung am 10. Februar 1755 wieder auftaucht – in einem neuen Kleid aus blauem Samt, über und über mit Gold bestickt –, in jedem Wort und in jeder Geste nicht mehr die unterwürfige Großfürstin ist, sondern die Mutter des künftigen Thronerben.

VII.

Der Großfürst und die Großfürstin

»Der russische Großfürst ist sehr unvorsichtig in seinen Reden, lebt beständig in Streit mit der Kaiserin, ist wenig geachtet oder vielmehr verachtet bei seinem Volk und gibt sich zuviel mit seinem Holstein ab«, schreibt Friedrich II. – der Mann, den Peter so sehr vergöttert, daß er, Erbe der russischen Krone, einmal äußert, er würde sich glücklich schätzen, unter Friedrich als Sergeant dienen zu dürfen. Das unfreundliche Urteil des angebeteten Idols wird noch härter, wenn man die Situation bedenkt, in der es gefällt wird. Europa ist erfüllt von politischen Spannungen, die vor allem gerade Friedrich in Atem halten. Ein neuer Krieg mit Österreich steht vor der Tür, während das mit Preußen verbündete Frankreich der amerikanischen Kolonien wegen in einen Konflikt mit England geraten ist, der gleichfalls eine friedliche diplomatische Lösung unmöglich erscheinen läßt, und alle Bemühungen, zu einem guten Einvernehmen mit Rußland zu kommen, schlagen fehl. Elisabeth zeigt eine unüberwindliche Abneigung gegen Friedrich, dem seine Spione berichten, daß bereits geheime Bündnisse zwischen Rußland, Österreich und Polen geschlossen sind; Bestushew widersteht den verlockendsten Bestechungsversuchen, obwohl sich der geizige Friedrich zu Versprechungen hinreißen läßt, die sogar im großzügigen Rußland ein ansehnliches Taschengeld darstellen. Und trotz alledem, trotz Friedrichs genauer Kenntnis von Elisabeths zerrütteter Gesundheit, mißt er der Verehrung des designierten Thronfolgers so wenig Wert bei, daß er darüber sagt:»Ich bin seine Dulcinea. Er hat mich nie gesehen und hat sich in mich verliebt, wie Don Quichotte.« Friedrich, ein genialer Menschenkenner, hat sich aus der Entfernung ein sehr richtiges Bild von seinem Verehrer gemacht; er weiß, daß Peter kein klares, sachliches politisches Programm, sondern bloß eine verblasene, hartnäckige Pubertätsschwärmerei für seine Person hat. Der mißt er keine Wichtigkeit bei, so wichtig ihm gerade in diesem Augenblick eine Verbindung mit dem russischen Thronfolger sein müßte: er glaubt nicht an Peters Thronfolge. Seit dem Jahre 1750 waren die diplomatischen Beziehungen zwischen Preußen und Rußland abgebrochen. Seither konnte Friedrich nur indirekt Nachrichten aus Rußland bekommen, zum Beispiel durch seinen Gesandten in Paris; außerdem aber wimmelt es in jener Zeit an sämtlichen Höfen Europas von »vornehmen Reisenden« aller Nationalitäten, von jungen Aristokraten, die im Gefolge der verschiedenen Geschäftsträger auftreten und die teils bewußte Spionage treiben, teils unbeschwert von der notwendigen Vorsicht beamteter Stellungen ihre persönlichen Eindrücke sammeln und leichtherzig weitergeben können. Aus solchen Quellen schöpft Friedrich seine Kenntnis von Peters Charakter, von seinen Fehlern und von der Wirkung beider auf die russische Öffentlichkeit. Die Nachrichten stimmen. Vom ersten Tag an, da Peter russischen Boden betreten hatte, wurde an seiner Fähigkeit zur Regentschaft gezweifelt. Aber solange Peter keinen Sohn hatte, stand man vor einem Vakuum. Es gab eben weit und breit keinen anderen Prinzen aus Romanowschem Blut, und da man an den seinerzeit entthronten und seither eingekerkerten Iwan nicht denken wollte – man hatte ihm bereits zu viel Böses getan! – und da ein Durchbruch des dynastischen Prinzips außerhalb jeder Diskussion stand, hätte Peter noch hundertmal unfähiger und närrischer sein können, als er es war, man hätte sich damit abfinden müssen. Durch die Geburt des kleinen Paul aber ist eine Möglichkeit gegeben, den Knaben zum Zaren zu krönen und für die Zeit seiner Minderjährigkeit einen Regenten zu bestimmen. Welchen Regenten? Noch liegt kein Anlaß vor, diese Frage offen zu erörtern, noch lebt Elisabeth, und wenn sie auch gelegentlich kränkelt, kann sie doch noch zehn, noch zwanzig Jahre lang leben. Sie kann selbst die Thronfolge zugunsten des heißgeliebten Säuglings abändern und einen Regenten bestimmen. In manchem ehrgeizigen Kopf spukt bereits dieser Gedanke: die Schuwalows zum Beispiel bemühen sich mehr denn je, die Kaiserin ganz und gar auf ihre Seite zu bringen.

Ganz gewiß denkt vorläufig noch niemand in diesem Zusammenhang an Katharina. Im Gegenteil: man hat ihr offiziell zu verstehen gegeben, daß ihre eigentliche Aufgabe durch die Geburt ihres Sohnes erfüllt und daß sie gerade dadurch zu einer recht nebensächlichen Figur geworden ist. Sie selbst aber, nachdem sie erst einmal die körperliche Schwäche des Wochenbettes, die tiefe Depression der Enttäuschung überwunden hat, beginnt sehr schnell zu begreifen, daß dieser Sohn, mag man ihn auch von ihr genommen, mag man ihr auch noch so wenig Dank gewußt haben, ihre Stellung in Rußland gefestigt und grundlegend geändert hat. Ihr Kopf folgt neuen Gedankengängen, sie kommt zu neuen Schlüssen, und dementsprechend ist ihre Haltung vom ersten Augenblick an, da sie wieder in der Öffentlichkeit erscheint, in einem entscheidenden Punkt eine grundandere geworden: sie rückt deutlich und entschieden von ihrem Gatten ab.

Peters Fehler waren ihr natürlich immer genau bekannt, sie wußte, besser als Friedrich, wie wenig der Großfürst von seinen künftigen Untertanen geachtet wurde. Bisher aber hat sie immer und alles, was ihr möglich war, getan, um seine Fehler vor der Außenwelt zu bemänteln und zu beschönigen; seine närrischen Spiele, seine häufigen Räusche, seine dummen Liebesaffären hat sie jedem Außenstehenden gegenüber abgeleugnet. Sie hat mit ihm gemeinsam Front gegen die Tschoglokows gemacht. Sie hat ihn nach besten Kräften beraten: als im Jahre 1751 der schwedische Graf Lynar nach Moskau gekommen war, um Peter zum Umtausch Holsteins gegen Oldenburg zu bewegen, da war der Großfürst, so vernarrt er auch in alles Holsteinische sein mochte, aus Geldverlegenheit zum Umtausch bereit gewesen, wäre es Katharina nicht gelungen, ihm einleuchtend darzutun, wie sehr ein solcher Kuhhandel mit der angestammten Muttererde dem Ansehen eines künftigen Kaisers schaden müsse. Sie hat ihren Mann weder geliebt noch geachtet – aber sie hatte sich doch der Außenwelt gegenüber mit ihm solidarisch gefühlt, sie hatte geglaubt, mit ihm zu stehen oder zu fallen, zur Macht kommen oder untergehen zu müssen. Seine Romanowsche Abstammung war das einzige, was ihr, einer deutschen Prinzessin, die Anwartschaft auf den russischen Thron verleihen konnte. Er hat sie gedemütigt,

149

verschmäht und namenlos gelangweilt, sie hat ihn verabscheut, mißachtet und betrogen – aber außerhalb des ehelichen Schlafgemaches hat sie in allen Dingen treu zu ihm gestanden, sie hat immer und in allem sein Spiel gespielt: es war auch um ihren Einsatz gegangen.

Das eben ist jetzt anders geworden. Sie hat einen Sohn, der auf den Namen Paul Petrowitsch getauft ist, für den in allen russischen Kirchen als für den jüngsten Sproß des Hauses Romanow gebetet wird, dessen Thronanwartschaft unbestritten und unbestreitbar ist. Sie beginnt zu begreifen, daß sie, auf diesen Erben gestützt, die mühevolle und gefährliche Solidarität mit Peter nicht mehr braucht. Sie hat nicht umsonst in den Enzyklopädisten gelesen, sie hat gelernt, daß auch hinter der autokratischsten Regierung eine breitere Öffentlichkeit steht, deren Meinung nicht ungestraft verachtet werden kann – und Peter fordert den Ärger der öffentlichen Meinung täglich aufs neue heraus. Sie hat sich nicht umsonst mit russischer Geschichte beschäftigt, sie hat gelernt, daß in diesem Lande, mehr als sonstwo auf der Welt, die Persönlichkeit, die Beliebtheit einer Persönlichkeit in entscheidenden Augenblicken den Ausschlag gibt – und Peter ist unbeliebt; sie aber ist beliebt, sie könnte noch tausendmal beliebter sein in dem Maße, in dem sie den Gegensatz zu ihrem Mann öffentlich zur Schau trägt. Warum also soll sie ihr Schicksal und das ihres Sohnes mit dem des unseligen Narren Peter verbinden, der Rußland haßt und Rußland wissen läßt, daß er es haßt? Es gibt keine Gemeinschaft mehr zwischen ihr und Peter, keine körperliche, keine geistige, nicht einmal die äußerliche des gemeinsamen Schlafzimmers. Die Affäre Saltykow, obwohl sie Peter scheinbar kalt gelassen, hat den Rest ehelichen Gemeinschaftsgefühles in den beiden zerstört und einen Abgrund aufgerissen, der unüberbrückbar ist. Es ist eine Eigentümlichkeit schlechter Ehen, daß erst ihr völliger Zusammenbruch beweist, daß doch noch etwas da war, was vernichtet werden konnte.

Als Katharina (durch eine Ironie des Zufalls gerade am Geburtstage ihres Gatten) zum ersten Male wieder in der Öffentlichkeit erscheint, hat sie den entscheidenden Entschluß ihres Lebens gefaßt: sie hat innerlich ihr Schicksal von dem ihres Gatten gelöst, und was sie fortan tut, ist frei von jeder Rücksicht auf ihn. Sie steht ihm zwar weiter zur Verfügung, wenn er sie um Rat fragt, sie führt sogar mehrere Jahre lang seine holsteinischen Geschäfte, weil der unruhige und fahrige junge Mann außerstande ist, die vielen langweiligen Papiere, die er aus seinem Herzogtum bekommt, durchzulesen, zu prüfen und zu erledigen. Sie lernt dabei, wenn auch in kleinem Maßstabe, die Führung eines Staatswesens, lernt widersprechende Interessen gegeneinander abwägen und miteinander verbinden und lernt vor allem die unendlichen Schwierigkeiten ermessen, denen die Ideale der Philosophie im Reiche der Realität begegnen. Peter ist sehr zufrieden mit ihrer Verwaltung und gibt ihr den ehrenden Beinamen »Madame la Ressource«. Aber der Ukas, der sie zur Führung der holsteinischen Agenden ermächtigt, ist geheim; in der Öffentlichkeit ist Katharina keineswegs mehr die Kameradin ihres Mannes, sondern durchweg bemüht, in allem und jedem sein Gegenteil darzustellen.

Um diese Zeit kommt ein Holsteiner namens Brockdorff nach Rußland und gewinnt schnell das Vertrauen, die Freundschaft und schließlich die vollkommene geistige Abhängigkeit des Großfürsten. Katharina behandelt ihn mit beleidigender Kälte, sie macht ihn zur Zielscheibe boshafter Witze und setzt ihn dem Spott ihrer Umgebung aus. Zum ersten Mal schafft sie sich bewußt einen Feind: aber es handelt sich darum, zu zeigen, wie gleichgültig ihr, im Gegensatz zu Peter, alles Holsteinische ist. Brockdorff zahlt es ihr heim. Nennt sie ihn »den Pelikan«, so nennt er sie »die Viper«. Noch im Alter behauptet sie, Brockdorff wäre ein Taugenichts und ein Dummkopf gewesen. Aber er handelt, wenigstens soweit es seine eigenen Interessen betrifft, durchaus vernünftig. Er zeigt großes Verständnis für die Marotten des Großfürsten und legt ihm nahe, an Stelle seiner lächerlichen Bleisoldaten ein richtiges Regiment aus Holstein kommen zu lassen. Obwohl die Bilanz des Herzogtums ohnedies passiv und Peter aus diesem Grund beständig in größter Geldnot ist, begeistert ihn diese Idee: zu ihrer Durchführung bedarf es der Einwilligung, zumindest der Duldung des neuen Hofmeisters Alexander Schuwalow. Diesem verspricht Brockdorff die ewige

Sympathie des künftigen Kaisers, wenn er in dieser Sache beide Augen zudrücken wolle. Warum Schwierigkeiten machen? Es handelt sich doch im Grunde bloß um ein harmloses Amüsement.

Es handelt sich wirklich bloß um ein harmloses Amüsement; aber wie gefährlich, wie taktlos ist es in diesem Augenblick, da im ganzen Lande die gereizte, geladene Atmosphäre eines nahenden Krieges – eines Krieges gegen Preußen! – herrscht! Die russischen Garderegimenter, die mit der Wache von Oranienbaum betraut sind und die wissen, daß sie vielleicht in Bälde für ihr Herrscherhaus werden in die Schlacht ziehen müssen, sehen mit unverhohlener Empörung die fremden Truppen in der Nähe des Schlosses ihr Lager errichten. »Man hat uns Verräter ins Land geschickt«, sagen sie, »diese verfluchten Deutschen sind alle an den König von Preußen verkauft.« Alexander Schuwalow steht auf dem Balkon, als das holsteinische Regiment vorbeidefiliert, und blinzelt mit den Augen: ein häßlicher Tick, der ihn immer befällt, wenn er nervös ist. Er hat seine Hintergedanken: er sichert sich die Sympathien seines künftigen Kaisers, indem er ihm gestattet, sich in großem Stil unmöglich zu machen. Peter verletzt und verärgert alle Welt. Er verbringt Tag und Nacht im holsteinischen Lager; er, der Offizier zweier russischer Regimenter ist, trägt tagein, tagaus die holsteinische Uniform, die er zu Zeiten des seligen Tschoglokow bloß heimlich in seinem Zimmer tragen durfte. Er exerziert mit seinen Truppen nach preußischer Art. Was soll das, fragen sich die Leute. Mit Recht wird Peters Leidenschaft für Uniformen als durchaus unrussisch, wird sein Feldwebelfanatismus eines künftigen Herrschers unwürdig empfunden. Selbst die einfachsten Männer fühlen, daß Peters Liebe für das Militärische ganz äußerlich ist. Niemals hat er ein ernstes strategisches Werk gelesen, niemals den Umgang mit erfahrenen russischen Militärs gesucht. Was ihn begeistert, ist die Uniform, das rauhe soldatische Gehabe, worin er, der Schwächling mit der zarten Konstitution und dem schüchternen Wesen, sein männliches Selbstgefühl sucht, das er sich auf anderen Gebieten nicht zu holen versteht. Was er von seinen Holsteinern lernt, ist: Tabak rauchen und auf gut preußisch fluchen. Eines

Morgens sieht ihn sein ehemaliger Lehrer Stehlin im Kreise seiner Soldaten im Grase sitzen, eine Flasche Bier neben sich und eine große Pfeife im Munde; und da der brave Schwabe, der weiß, daß Peter den Tabakgeruch niemals vertragen konnte, darüber erstaunt, erwidert der junge Mann dem alten:»Was wunderst du dich, närrischer Teufel? Hast du wohl jemals einen rechtschaffenen Soldaten gesehen, der nicht seine Pfeife Tabak rauchte?« Wenn er aus so geringem Anlaß den besten seiner Lehrer einen »närrischen Teufel« nennt, wie spricht er dann im Zorn gegen seine Untergebenen? Er hält es für soldatisch, sie anzufahren, ihnen Schimpfworte, Ohrfeigen und gelegentlich auch gefährlichere Dinge an den Kopf zu werfen. Von der Spitze des russischen Adels bis zum letzten Lakaien gibt es nur eine Stimme des Unmuts über sein Betragen.

Währenddes ist Katharina bestrebt, ihre Mißbilligung mit dem Tun ihres Gatten so deutlich wie nur möglich zur Schau zu tragen. Sie setzt kein einziges Mal ihren Fuß in das holsteinische Lager. Bei den täglichen Spaziergängen mit ihren Damen schlägt sie ostentativ eine andere Richtung ein, und sie sagt jedem, der es hören will, sogar den Lakaien, dem Gärtner, den Stallknechten, daß sie das militärische Treiben Peters, vor allem aber die Anwesenheit der fremden Truppen, von Herzen verabscheut. Das spricht sich herum und kommt denn auch schließlich an die richtige Adresse: zu den russischen Soldaten, die lernen, in ihr eine russische Patriotin zu sehen und darüber ihre deutsche Abkunft vergessen. Während Peter exerziert, legt sie mit Hilfe ihres italienischen Gärtners einen schönen Garten an. Während er flucht und beim leisesten Anlaß grob und ausfallend wird, ist sie von gleichmäßigster, mildester Freundlichkeit gegen jedermann. Wenn Peter aber nach der Abreise der Truppen große Feste gibt, zu denen er auch Schauspielerinnen und Tänzerinnen einlädt, so bleibt sie auf ihren Zimmern und äußert Verstimmung. Das widerspricht zwar ihrem wirklich leutseligen Charakter und ihren demokratischen Anschauungen; da aber auf diesen Festen der Wein sehr reichlich fließt und gerade durch ihre Abwesenheit gewöhnlich ein ausgelassenes, bacchantisches Treiben entfesselt wird, wirkt ihre Absonderung dezent und erweckt Beifall. Sie hat die Fähigkeit, jene einfachen Handlungen und Gesten zu finden, die in einfachen Menschen das lebhafte, sympathische Bild einer Persönlichkeit erstehen lassen. Diese Fähigkeit teilt sie mit allen Lieblingen des Volkes, mit den gekrönten ebensowohl wie mit den revolutionären. Es ist immer ein Schuß Schauspielerei dabei, aber eine unbewußte Schauspielerei, die ein ebenso echter Wesenszug ist wie jene anderen Züge, die dem entfernteren Betrachter verborgen bleiben. Die stille und sittsame Großfürstin, die Blumen und Bäume pflanzt, während ihr Gatte das russische Militär verhöhnt und sich mit zweifelhaften Frauen betrinkt, ist eine Erfindung der genialen Katharina, die ihren unfähigen, närrischen Mann fallengelassen hat: aber in dieser Erfindung liegt wirkliches, ehrliches Verständnis für die Seele des Volkes, und dieses Verständnis ist es, was Peter fehlt. Neuerdings beobachtet Katharina mit großer Pünktlichkeit alle Dogmen und Gebräuche der griechischen Kirche. Peter, der sich als Deutscher und Lutheraner fühlt, verspottet diese Dogmen, unterläßt die vorgeschriebenen Riten und stört sogar durch lautes Lachen und Sprechen den Gottesdienst. Katharina hat ehemals eine mechanische Frömmigkeit geübt, der später die Werke der französischen Aufklärer den Boden entzogen haben; was sie jetzt tut – das muß gesagt sein –, geschieht lediglich um der Wirkung willen; es fügt dem sympathischen Bild einen neuen volkstümlichen Zug hinzu. Wer der Voltairianerin daraus vom religiösen Standpunkt aus einen Vorwurf machen will, hat recht. Aber er vergißt, daß die gemeinsame Religion aller großen Herrschernaturen der Opportunismus ist. Dafür hatte im achtzehnten Jahrhundert keiner ein besseres Verständnis als Voltaire.

Der erste, der ihren beginnenden Kampf um die Macht begreift, gutheißt und unterstützt, ist ihr ehemaliger Todfeind Bestushew. Der Großkanzler spielt in seinen Mußestunden gerne Karten, und zwar Hasard; aber das ist vielleicht nur ein psychologischer Ausgleich, weil er als Politiker ein überaus nüchterner und sehr überlegter Rechner ist. Obwohl um zwanzig Jahre älter als Elisabeth, ist er entschlossen, die üppige Kaiserin, die ihre Kräfte sinnlos vergeudet, zu überleben. Zwei Fragen bedrängen seine

Ruhe: wie er sich bis an Elisabeths Ende dem täglich wachsenden feindseligen Einfluß der Schuwalows widersetzen und wie er nach Elisabeths Tod mit Peter, dem »Affen Friedrichs«, auskommen soll. Das ist ein Meer von Ungewißheit, und in diesem Meer braucht er eine Insel, an der er im Falle eines Sturmes anlegen kann. Dafür kommt nur Katharina in Frage. Er will sie stärken, damit sie bald stark genug sei, um ihn zu stützen. Er beginnt, sie zur künftigen Kaiserin zu erziehen und gleichzeitig, sich die künftige Kaiserin zu verpflichten. Er war es, der Katharina bewogen hat, die holsteinischen Angelegenheiten für Peter zu führen, weil dies »jenem anderen, größeren Plan für die Zukunft Vorschub leisten kann«. Er, der sie ehedem so streng verboten hat, wird nun zum Vermittler ihrer Korrespondenz mit der Fürstin von Zerbst. Er nützt, er stützt Katharina, wo immer er kann.

Aber er ist ein Greis und Katharina eine heißblütige junge Frau. Bestushew ist kein feiner Kenner auf dem Gebiet der Liebe, das hat er mit jenen »Instruktionen« zur Genüge bewiesen; aber zwanzig Jahre im Dienste einer Regentin vom Schlage Elisabeths haben ihn die Gefahren kennen gelehrt, denen ein ernster Politiker durch die Torheiten eines weiblichen Herzens ausgesetzt ist. Jeder gutgewachsene Stutzer kann in einer einzigen Nacht alle seine Bemühungen zunichte machen und Katharina ganz und gar für sich in Anspruch nehmen. Er kann Katharina gegen die Wirkung feuriger junger Augen nicht unempfindlich machen, aber er kann dem Zufall in den Arm fallen und der einsamen, lebenshungrigen Frau einen Mann zuführen, der ihren Bedürfnissen wie den seinen gleichermaßen entgegenkommt. Ein solcher Mann wäre der baltische Graf Lehndorff, der ebenso vortrefflich anzusehen, wie Bestushew von ganzem Herzen ergeben ist.

Am Peter-Pauls-Tag nimmt Bestushew seinen jungen Schützling mit nach Oranienbaum, um ihn der Großfürstin vorzustellen. Die Kaiserin hat dem Hofe befohlen, diesen größten aller russischen Feiertage in Oranienbaum zu feiern, sie selbst aber ist mit dem kleinen Paul in Peterhof geblieben. Katharina darf also ihren Sohn an seinem ersten Namenstag nicht sehen, sie muß als Hausfrau und Repräsentantin des Hofes die Gäste empfangen, die in einem breiten, endlosen Strom von Karossen herbeikommen, die Spitzen des Adels, der Diplomatie und der Generalität. Sie hat keine Ahnung, daß dieser Tag über ihr Herz entscheiden soll.

Nach dem Diner wird getanzt, und bei dieser Gelegenheit wird ihr Graf Lehndorff vorgestellt, zugleich mit einem jungen polnischen Edelmann, der sich im Gefolge des neuen englischen Gesandten befindet, einem Grafen Stanislaus Poniatowsky. Katharina wendet an beide die liebenswürdigen Worte und blitzenden Blicke einer Frau, die weiß, daß sie einen »beau jour« hat. Gleich darauf befindet sie sich in einem Kreis von Bestushews Spionen, die Lehndorffs Lob singen und von Katharina ein ermutigendes Wort für Lehndorff erwarten. Aber Katharina sagt unbefangen: von den beiden jungen Leuten habe ihr der Pole besser gefallen. Die Zwischenträger eilen mit diesem betrüblichen Ausspruch zu Bestushew, bloß einer, Leo Naryschkin, gibt ihn an Poniatowsky weiter. Er wirkt wie ein Funke auf trockenes Stroh: Poniatowsky war von der Schönheit der Großfürstin geblendet, nun ist er leidenschaftlich verliebt.

Der junge polnische Graf ist der typische »vornehme Reisende«. Sein Vater und die Familie seiner Mutter, die Czartoryskis, bilden die neue russische Partei in Polen, die sich im Gegensatz zum herrschenden Wahlkaiser, dem Sachsen August, befindet. Stanislaus wurde in Frankreich erzogen, er ist bei Choiseul und dem Abbé Berni, aber auch bei der berühmten Madame Geoffrin in die Schule gegangen, und nun haben ihn seine Eltern dem englischen Gesandten nach Petersburg mitgegeben, damit ihr Sohn unauffällig für die polnischen Interessen in Rußland werbe und gleichzeitig selbst politische Karriere mache. Er bringt dazu ein angenehmes, slawisches Gesicht, blaue, gefühlvolle Augen und eine schmächtige, aber elegante Gestalt mit, eine etwas feminine Grazie und eine gefüllte Brieftasche. Er ist bisher überall in Rußland ausgezeichnet aufgenommen worden.

Auf der nächtlichen Rückfahrt von Oranienbaum in die Hauptstadt hat Poniatowsky wenig Mühe, seinen Freund, den englischen Gesandten, in ein langes Gespräch über Katharina zu verwickeln. Sir Charles Hanbury Williams ist nicht weniger begei-

stert als sein junger Schützling: er ist beim Diner Katharinas Tischherr gewesen. Sir Williams war wenige Wochen zuvor in einer sehr heiklen und wichtigen Mission nach Rußland gekommen. Der englisch-russische Subsidienvertrag vom Jahre 1742 ist im Begriffe, abzulaufen, gerade in diesem Augenblick, wo eine kriegerische Verwicklung zwischen England und Frankreich unausweichlich scheint und das mit Frankreich verbündete Preußen beunruhigende Expansionsgelüste in der Richtung nach Hannover zeigt. Williams Vorgänger war außerstande gewesen, die Erneuerung des Vertrages durchzusetzen, hauptsächlich deshalb, weil er als alter, gebrechlicher Mann, außerstande gewesen war, die Kaiserin dort aufzusuchen, wo allein sie zu finden war: auf Bällen, Festen, Maskeraden. Williams hatte am Hofe König Augusts von Polen bewiesen, daß er nicht nur ein guter Diplomat, sondern auch ein ausgezeichneter Gesellschafter war, jung genug, um einer Frau zu gefallen, und reif genug, um darüber nicht seine Aufgaben zu vergessen. Er wußte, mit welchen Hintergedanken man ihn nach Petersburg geschickt hatte, wenn er in einer seiner ersten Depeschen berichtet hatte: »Die Gesundheit der Kaiserin ist sehr schlecht; sie leidet an Husten und Atemnot, sie hat geschwollene Knie und die Bauchwassersucht – aber sie hat mit mir ein Menuett getanzt.« Schon dieser Brief zeigt Williams Neigung zur Aufschneiderei; eine Frau, die wirklich an allen diesen Krankheiten leidet, kann kein Menuett tanzen, auch wenn Apoll persönlich vom Olymp stiege, um sie dazu aufzufordern. Allein Williams ist eine gefährliche Abart von Optimist, ein aktiver Träumer. Kaum hat er die ersten artigen Worte in das Ohr der Kaiserin flüstern dürfen, so sah er auch schon hunderttausend Russen gegen die Feinde Englands marschieren. Aber so gerne Elisabeth die Galanterien des vorzüglich aussehenden Engländers anhörte, so gelangweilt und zerstreut zeigte sie sich, sobald er den Versuch machte, ihr von Politik zu sprechen. Die Frau war empfänglich für jedes, auch für das banalste Kompliment – die Kaiserin war und blieb taub. Williams war seit seiner Ankunft nicht um einen Schritt weiter gekommen als sein Vorgänger.
Er war mit großer Neugierde nach Oranienbaum gekommen. Er

hat irgendeinen vernünftigen Halt in diesem seltsam verworrenen Land gesucht und dabei zunächst natürlich an den Herrscher von morgen gedacht: an Peter. Aber schon die erste Unterredung hat auch diese Hoffnung vernichtet; er hat bei Peter weder Ernst noch Intelligenz, dafür aber eine blinde, fanatische Liebe für den König von Preußen entdeckt. Da setzte ihn die Tischordnung neben die Großfürstin, und noch war die letzte Platte nicht abgetragen, da wußte Williams bereits, daß er endlich seine natürliche Bundesgenossin gefunden hatte: eine anheimelnd kultivierte Europäerin, die ein geistreiches Gespräch nicht nur zu würdigen, sondern auch zu führen versteht, die sich brennend für alle politischen Fragen interessiert und die zu alledem noch einen tiefen Haß gegen den König von Preußen empfindet. »Die Großfürstin«, berichtet Williams tags darauf nach London, »ist nicht nur überzeugt davon, daß Friedrich der natürliche und gefährlichste Feind Rußlands ist, sie haßt ihn auch persönlich. Sie sagte mir, der Prinz Heinrich von Preußen habe nicht soviel Verstand wie sein Bruder, dafür aber sei sein Herz nicht so schlecht wie das des preußischen Königs, welches gewiß eines der schlechtesten auf der Welt ist.«

Das war Musik in William's Ohren! Und noch dazu Musik aus einem blühenden jungen Frauenmund, begleitet vom Leuchten herrlicher Augen. Williams war bereit gewesen, um der englischen Interessen willen der alternden Elisabeth den Hof zu machen. Um Englands willen Katharina zu lieben, ist eine viel leichtere Aufgabe, und sie verheißt größeren Erfolg. Mit feuriger Unbedachtsamkeit, die sein Alter und seine Rasse Lügen straft, stürzt er sich in diese verheißungsvolle Leidenschaft.

Der junge Pole, den er schützen soll, ist weitaus ängstlicher. Ehe er das lockende Abenteuer beginnt, bedenkt er das Ende. Er hat gehört, daß alle russischen Fürstinnen grausam sind gegen lästig gewordene Liebhaber. Was Saltykow befeuerte, läßt ihn zurückschaudern: die Gefahr. Er möchte seiner eigenen Leidenschaft gerne entfliehen. Aber wenn er Katharina sieht, »ihre schwarzen Haare, ihre blendend weiße Haut, ihre langen dunklen Augenwimpern, ihre griechische Nase, ihren Mund, der nach Küssen verlangt, ihre vollendeten Arme und Hände, ihren beschwingten

Gang von größtem Adel«, wenn er ihr Lachen hört, das ebenso fröhlich ist wie ihre Laune, vergißt er, »daß es ein Sibirien gibt«. Es ist auch schon zu spät, um zu fliehen. Aufmerksame Augen haben ein paar heiße Blicke hin und her beobachtet. Geschäftige Geister sind schon dabei, im eigenen Interesse das Feuer auf beiden Seiten zu schüren. Da ist Bestushew, der sich gefällig machen möchte, da ist Naryschkin, der ehemalige Intimus Saltykows, der seine Rolle als gefälliger Freund bei einem Nachfolger fortsetzen möchte. Als er erkrankt, läßt er Poniatowsky in seinem Namen Briefe an Katharina schreiben; es sind Briefe mit dem denkbar nichtigsten Inhalt, Bitten um Früchte oder Eingemachtes und dergleichen, aber der verliebte Sekretär wendet soviel Mühe, Witz und Schwung an die Abfassung, daß die schöngeistige Katharina aufmerksam wird und, als sie den Autor erfährt, ebenso geschmeichelt wie begeistert ist. Der scheue Liebhaber, den seine Zurückhaltung nur noch interessanter macht, wird von allen Seiten ermutigt; halb gelockt und halb gestoßen stolpert er schließlich über die Hintertreppe, die Saltykow gefunden hatte.

Poniatowsky ist nicht so schön wie sein Vorgänger, aber er hat viele andere Vorzüge, die im Augenblick entscheidender sind: er besitzt alles, um eine gekränkte, enttäuschte Frau zu trösten. Seine Liebe ist echt, tief und zärtlich, sie gilt nicht der Großfürstin, nicht nur der blühend schönen Frau, sie gilt auch der geistigen Persönlichkeit Katharinas, die zwar auch der seinen überlegen ist, die er aber ermessen und würdigen kann. Er ist treu, aufmerksam und diskret, ritterlich und sehr gefühlvoll. Erst bei ihm lernt Katharina das volle Glück der Liebe kennen, sie genießt es in vollen Zügen; es berauscht sie, es beschwingt sie, entfesselt alle unbändigen Kräfte ihrer lebensfrohen, positiven Natur. »Ich bin die mutigste Frau der Welt«, sagt sie triumphierend, »ich bin tollkühn, wenn es darauf ankommt.« Das ist keine Prahlerei, es ist die Wahrheit; schon dieser Ausspruch, der eigentlich eine Herausforderung ist, beweist es, die Zukunft wird es hundertfach beweisen. Bisher hat sie ihren Mut nur auf dem Rücken eines feurigen Pferdes austoben können. Jetzt, da die glühende Liebe eines liebenswerten Mannes ihr so vielfach verletztes Selbstgefühl täglich aufs neue stärkt und befeuert, sucht ihr freudiger, seliger Übermut nach allerlei Betätigungen. Es ist ihr nicht genug, daß ihr Liebhaber durch die freundliche Nachsicht einer bestochenen Dienerschaft zu ihr kommt: sie selbst verläßt, von Kopf bis Fuß als Mann verkleidet, zu nächtlicher Stunde den Palast, durch die Vorzimmer ihres zechenden Gemahls, an den Wachtposten vorbei, begibt sie sich zu den Naryschkins, wo sie im intimsten Freundeskreis die lustigsten Stunden ihres Lebens verbringt. Manchmal findet sie keinen Wagen zur Heimfahrt und geht im Morgengrauen zu Fuß durch die Straßen der Stadt. Ein lebensgefährliches Abenteuer, bloß eines Spaßes halber: das sind die Freuden eines überschäumenden Temperamentes, das zehn Jahre lang unter unablässigem Druck gehalten wurde.

Allerdings – sie hat jetzt zwei mächtige Bundesgenossen: Bestushew und Williams. Bestushew ist bereit, Poniatowsky zu protegieren, da Lehndorff nicht gefallen hat. Er hätte den Balten vorgezogen, denn der ist ein farbloser junger Mann, während Poniatowsky zwar keine offizielle Mission, dafür aber allerlei geheimnisvolle Interessen und Aufgaben hat. Bestushew muß sich damit abfinden. Er unterstützt die Geschäfte der Czartoryski in Rußland, die gar nicht einwandfrei sind, und er stellt sich taub, wenn Poniatowsky den polnischen Premier Brühl und sogar seinen König verspottet. Bestushew hat keine Wahl. Er hat zwar noch die Macht in Händen, aber diese Macht ist wie eine taube Nuß: außen unversehrt, innen vom Wurm zerfressen. Elisabeth läßt ihren Kanzler walten, aber sie hat ihm ihre Gnade entzogen. Er bekommt sie oft monatelang nicht zu Gesicht.

Sie kümmert sich kaum mehr um die Regierung. Schneller als früher wechseln Ausschweifungen mit frommen Bußübungen, und beide haben einen krankhaften Charakter. Manchmal betrinkt sich die Kaiserin, bis sie bewußtlos zusammenbricht. Ihre Kammerfrauen können sie nicht einmal entkleiden, sie müssen ihr die steifen seidenen Gewänder vom Leib schneiden, um sie zu Bett zu bringen. Manchmal kniet sie tagelang vor einem Heiligenbild, spricht es mit lauter Stimme an und behauptet, von ihm Ratschläge zu bekommen. Die meiste Zeit aber verwendet sie auf nutzlose Versuche, ihre zerstörte Schönheit wiederherzustellen. Dutzende Menschen sind beschäftigt, Salben und Wasser zu mischen, orientalische und französische Methoden werden ausprobiert, um die Spuren der Krankheit, des Alkohols, der Ausschweifung und des Alters zu verwischen. Ihre Toilette dauert viele Stunden, und oftmals erscheint sie bei offiziellen Empfängen erst nach Mitternacht, weil sie dreimal die Frisur gewechselt hat, ehe sie mit ihrem Spiegelbild einigermaßen zufrieden war. Sie ist zu müde, zu sehr mit sich selbst beschäftigt, um Bestushew gegen die Redereien der Schuwalows zu verteidigen oder um ihm im Interesse der Schuwalows die Regierung zu entwinden.

Eines Tages schickt Bestushew Katharina durch Poniatowsky den Entwurf zu einem Ukas, der nach dem Tode Elisabeths erlassen werden und durch den Katharina zur Mitregentin ihres Gatten eingesetzt werden soll. Mitregentin? Katharina und Bestushew wissen genau, was das heißt; Katharina würde Rußland verwalten, wie sie Holstein verwaltet: selbständig. Im Grunde genommen ist nichts auffallend an diesem Plan, der gewissermaßen in der Luft liegt, nur die Heimlichkeit, mit der er betrieben wird. Die ist bezeichnend für Bestushews erschütterte Position. Wenige Jahre zuvor hätte er mit Elisabeth selbst die Frage der Thronfolge besprochen und geregelt; jetzt muß sich der Großkanzler wie ein Verschwörer benehmen, wenn er die künftigen Interessen Rußlands ins Auge faßt. Übrigens vergißt er über den russischen seine eigenen Interessen nicht: in dem Konzept sind ihm nicht weniger als drei Kollegien vorbehalten.

Williams, Katharinas zweiter Verbündeter, war zuerst ein wenig enttäuscht gewesen, weil ihm sein junger Schützling vorgezogen worden war, dann aber hatte er sich bald mit der Rolle eines väterlichen Freundes zufriedengegeben. Als solcher kann er noch ungezwungener bei Katharina ein- und ausgehen, und sie hört nicht auf, seine vielseitige Unterhaltung zu schätzen, sie liebt seine Ironie, seinen beißenden Spott, seine resignierte Bewunderung. Ist auch ein anderer ihr Geliebter geworden, so hat Williams doch gerade durch diesen Geliebten, mit dem zusammen er das Palais Skawronsky bewohnt und den er nie anders als »seinen

lieben Sohn« nennt, allen gewünschten Einfluß auf die Großfürstin. Dazu dient noch ein weiteres Mittel: Katharina befindet
sich seit Jahren in immer drückenderer Geldverlegenheit. Zu
den Schulden ihrer Mutter, die sie seinerzeit auf sich genommen
hatte, sind neue getreten, was nicht zu verwundern ist, wenn man
bedenkt, daß sie bei einem jährlichen Taschengeld von dreißigtausend Rubeln allein im Pharao durchschnittlich achtzehntau-
send Rubel im Jahr verspielt. Sie war eine hemmungslose Verschwenderin und bleibt es bis an ihr Lebensende, obwohl sie
gleichzeitig eine gewisse Neigung zur Ordnung hat und für ihre
Person einfache und primitive Genüsse den kostspieligen Extra-
vaganzen vorzieht. Aber sie verliert jedes Maß und jedes Bedenken, wenn sie glaubt, mit Geld oder Geschenken Sympathien
erwerben zu können. Das ist nur in den seltensten Fällen trocke-
ne und bewußte Bestechung, meist geschieht es im Überschwang
ihres sanguinischen Temperamentes, das stets nur frohe, wohl-
wollende Gesichter in ihrer Umgebung zu sehen verlangt. Nun
wird sie selbst das Objekt einer solchen Bestechung: Williams
eröffnet ihr einen Kredit beim englischen Konsul, dem Bankier
Baron Wolff, und Katharina schöpft aus dieser Quelle im Laufe
eines einzigen Jahres an die hunderttausend Rubel.
Katharinas Korruptheit ist die Folge der allgemeinen Korruptheit
des russischen Hofes: sie läßt sich bestechen, um andere bestechen zu können. Bestechlich sind alle, vom letzten Lakaien bis
zur Monarchin. Im August läßt Williams seinen König wissen,
daß Elisabeth begonnen hat, zwei Paläste zu bauen und daß sie
Geld braucht, um sie zu vollenden. Der Subsidienvertrag sichert
Rußland eine Rente von fünfzigtausend Pfund Sterling, aber
Williams meint, ein weiterer Zuschuß für die Privatkasse Elisabeths würde sie noch über die Bedingungen des Vertrages hinaus
den englischen Interessen verpflichten. »Mit einem Wort, alles,
was bisher gegeben wurde, dient dazu, die russischen Truppen zu
kaufen, was weiter gegeben würde, soll dazu dienen, die Kaiserin
zu kaufen.«
Der Zuschuß wird bewilligt. Am 30. September berichtet Williams triumphierend nach London, daß die Erneuerung des
Subsidienvertrages perfekt sei.

Er triumphiert zu früh. Anstatt der erwarteten Belobigung bekommt er aus England eine scharfe Rüge. »Sie haben sich das Mißfallen (high displeasure) des Königs zugezogen, weil Sie seine Dignität herabgesetzt, indem Sie nach den russischen Ministern unterzeichnet haben; ehe dieser Fehler nicht wieder gutgemacht ist, wird der König das von Ihnen unterzeichnete Traktat nicht ratifizieren.« Das ist an sich nicht schlimm. Die russische Kanzlei macht keine Schwierigkeiten, eine neue Kopie mit der Unterschrift Williams an der von Georg gewünschten Stelle anzufertigen. Aber der Kurier, dem diese Kopie anvertraut wird, hat durch widrige Winde eine schlechte und außerordentlich lange Reise, und als endlich die Unterschrift des englischen Kabinetts nach Petersburg kommt, hat sich die Situation grundlegend geändert: am 5. Januar 1756 hat Friedrich mit dem König von England den Vertrag von Westminster abgeschlossen.

Das ist ein schwerer Schlag für Williams. Aber mit einem blindgläubigen, fanatischen Optimismus, der englischen Diplomaten im allgemeinen selten eigen, hofft er immer noch, trotz der veränderten Sachlage, die Hilfe Rußlands gegen Frankreich zu gewinnen, zumindest aber die Neutralität Rußlands sicherzustellen, damit Preußen seine volle Kraft gegen Frankreich entfalten könne. Er hat bisher die Pflicht gehabt, gegen Friedrich zu operieren – jetzt muß er für den neuen Bundesgenossen Englands Stimmung machen. Das neue Amt würde einen neuen Mann erfordern, aber Williams glaubt fest und versteht seine Regierung davon zu überzeugen, daß er auch für dieses neue Spiel die besten Karten in der Hand habe: Katharina und durch sie den Kanzler Bestushew. So sicher ist er seiner Sache, daß er auf dem Umweg über London mit Friedrich in Verbindung tritt und sich ihm als eine Art »Geschäftsträger inkognito« anbietet; er nimmt Aufträge von Friedrich entgegen und läßt ihm Nachrichten zukommen, die geeignet sind, den König von Preußen in seiner Hoffnung auf die Neutralität Rußlands zu bestärken. Auch als – in der Folge des Vertrages von Westminster – Frankreich einen Allianzvertrag mit Österreich abschließt, als Elisabeth diesem Vertrag von Versailles beitritt, als in Rußland zum Kriege gegen Preußen gerüstet wird und der Feldherr Graf

Apraxin bereits im Begriffe steht, zur Armee abzureisen, glaubt Williams immer noch und an immer neue, immer phantastischere Möglichkeiten, entgegen dem Befehl der Kaiserin, entgegen dem Beschluß der Regierung, die russischen Truppen aufhalten und die Ostgrenze Preußens entlasten zu können. Er täuscht sich selbst und täuscht damit seine eigene und die preußische Regierung. Er glaubt, Katharina fest in der Hand zu haben, und er überschätzt die Macht Katharinas: er glaubt und läßt seine Auftraggeber glauben, daß Katharina willens und imstande sei, den General Apraxin in Rußland zurückzuhalten oder ihn zum Hochverrat zu bewegen; er gibt Friedrich eine genaue (wie sich erst später herausstellt, falsche) Nachricht über den russischen Kriegsplan, wie ihn Katharina aus Apraxins Mund erhalten haben und an ihn, Williams, verraten haben soll; er empfängt durch den englischen Gesandten in Berlin, Mitchell, den Auftrag, Apraxin mit Hilfe Katharinas zu bestechen! »Der General Apraxin«, schreibt Mitchell am 8. Januar 1757, »ist der Großfürstin vollkommen ergeben. Er ist durchaus kein Kriegsmann und hat eine schlechte Meinung von seiner Armee – man kann daher wohl annehmen, daß er nicht wünscht, mit den Preußen in offenen Kampf zu treten. Dazu ist Apraxin ein Verschwender und beständig in Geldnot. Deshalb glaubt der König von Preußen, man könne Apraxin eine größere Geldsumme bieten, damit er die Bewegung der russischen Armee aufhält; ein Feldherr findet leicht einen Vorwand dafür. Wenn die Großfürstin es auf sich nehmen will, sollte man sie als Vermittlerin brauchen.« Diese Briefe liegen vor. Es liegt aber auch ein Brief Katharinas an Bestushew vor, datiert vom 30. Januar 1757, in dem es heißt: »Ich habe mit Vergnügen gehört, daß unsere Armee bald anfangen wird, unsere Deklaration in Ausführung zu bringen – wir wären mit Schmach bedeckt, wenn sie nicht zur Ausführung käme... Ich bitte, empfehlen Sie unserem gemeinschaftlichen Freund (Apraxin), daß er den König von Preußen, nachdem er ihn geschlagen hat, in seine alten Grenzen zurückweist, damit wir nicht andauernd auf dem qui vive sein müssen.« Was ist nun wahr? Täuscht Katharina Williams oder täuscht sie Bestushew? Lügt Williams oder lügt Katharina, wenn sie zur selben Zeit, da

Friedrich durch sie den russischen Kriegsplan zu erfahren glaubt, an Apraxin schreibt und ihm einen vollen, schnellen Erfolg der russischen Waffen wünscht? Weder die hochnotpeinliche Untersuchung, die ein Jahr später geführt wird, noch hundert Jahre Geschichtsforschung haben hier völlige Klarheit geschaffen. Katharinas politische Stellungnahme ist einfach, aber ihre Situation ist kompliziert. Ihre Ansicht deckt sich vollkommen mit der des Kanzlers Bestushew: wie er sieht sie in Preußen Rußlands natürlichen Feind, wie er aber ist sie, trotz des Vertrags von Westminster, für strikte Neutralität gegenüber England; wie er fürchtet sie das Erscheinen der englischen Flotte im baltischen Meer – wie er gerät sie dadurch in Gegensatz zu der französischen Partei, die gerade, um die französischen Seekräfte im Ärmelkanal zu entlasten, den Krieg zwischen England und Rußland herbeizuführen trachtet. Für die Franzosen sind Sympathien für England gleichbedeutend mit Sympathien für Preußen; die Interessen der Alliierten laufen eben nicht in allen Punkten parallel.

Mit Apraxin ist Katharina wirklich recht befreundet, und sie legt großen Wert auf diese Freundschaft, denn der Feldherr ist sowohl mit Bestushew wie mit den Schuwalows in guten Beziehungen, und sie gedenkt ihn eines Tages als Vermittler zu gebrauchen. Tatsächlich hat Apraxin die Großfürstin vor seiner Abreise oftmals besucht und hat ihr bei diesen Gelegenheiten auch erklärt, daß die Beschaffenheit der russischen Truppen einen Winterfeldzug gegen Preußen unratsam erscheinen läßt und daß man mit der Eröffnung der Feindseligkeiten besser bis zum Frühjahr warten sollte. Solche Gespräche hat Apraxin aber auch mit der Kaiserin, mit Bestushew, mit den Mitgliedern der Konferenz und der Kollegien geführt. Es ist möglich, daß Katharina den Inhalt dieser Gespräche an Williams weitergegeben hat, ohne zu ahnen, daß nicht der offizielle englische, sondern der geheime preußische Gesandte neben ihr saß; Williams konnte diese Dinge aber auch auf viele andere Arten erfahren und bloß versucht haben, ihnen durch die Autorschaft der Großfürstin ein größeres Gewicht zu verleihen. Wenn die Abreise des dicken, behäbigen Apraxin sich von Woche zu Woche verzögert, wenn es erst einer

Intervention der Alliierten bedarf, um Rußland zum tätigen Anteil an der Koalition zu bewegen, so ist das nicht – wie Williams in seinen Nachrichten an Friedrich hindurchschimmern läßt – auf Katharinas Einfluß, sondern bloß auf die mangelhafte Ausrüstung der Soldaten, auf ihren geringen Kriegswillen und vor allem auf die Zerrüttung der russischen Finanzen zurückzuführen.

Aber wenn in diesem Augenblick auch noch niemand in Rußland etwas von den Berichten ahnt, die Friedrich aus der nächsten Umgebung der Großfürstin bekommt, so gibt ihre Situation dennoch genügend Anlaß zu Mißdeutungen: sie hat von Williams Geld genommen, und sie liebt seinen Freund und Schützling Poniatowsky. Weder das eine noch das andere kann lange Geheimnis bleiben. In den Depeschen des französischen Geschäftsträgers ist längst die Rede von der Wirkung des englischen Goldes. Poniatowsky ist zwar ebenso verschwiegen wie Saltykow indiskret war, aber was nützt das? Eines Tages betritt Graf Horn, ein vornehmer Schwede, Katharinas Privatkabinett; ihr Hündchen kläfft ihn wütend an. Wenige Minuten später empfängt das kleine Tier den Grafen Poniatowsky mit ebenso lebhafter Begeisterung. »Mein Freund«, sagt Horn zu Poniatowsky, »es gibt keine schlimmeren Verräter als Bologneserhündchen. Wenn ich eine Frau liebe, schenke ich ihr immer zunächst einen solchen Hund. Durch diese Tiere habe ich immer auf dem schnellsten Wege erfahren, wer mir vorgezogen wird. Aber seien Sie ruhig – ich bin diskret.« Vielleicht ist auch Graf Horn wirklich diskret, aber er ist nicht der einzige, der Beobachtungen dieser Art macht. Und Poniatowsky, obwohl von seiner Leidenschaft gänzlich in Atem gehalten, ist trotzdem kein unpolitischer Mensch. Er haßt seinen König, er intrigiert gegen ihn, er verspottet ihn, wo immer er kann. Da August mit Friedrich im Kriege liegt, wirken diese Ausfälle als indirekte Sympathiekundgebungen für Friedrich. Als solche werden sie vor allem von Peter gewertet, der Poniatowsky dafür innig in sein Herz schließt. (Wie könnte es auch anders sein? Er liebt doch zwangsläufig alle Männer, die seine Frau lieben und bei ihr Glück haben!) Aber nicht nur Peter sieht in Poniatowsky einen verkappten Feind der »guten Sache«, wie der Krieg, die Allianz gegen Friedrich, allgemein genannt wird: Douglas klagt darüber nach Paris, aus Paris schreibt der Abbé Berni nach Warschau, der sächsisch-polnische Hof bittet den russischen um die Verabschiedung des beunruhigenden jungen Mannes. Elisabeth verabschiedet ihn gern und schnell.»Der Schlag ist geführt«, jubelt die französische Partei am Tag, da Poniatowsky abreist. Aber Katharina ist nicht mehr dieselbe, die sie vor zwei Jahren war. Sie läßt sich Poniatowsky nicht so leicht entreißen, wie sie sich Saltykow hat entreißen lassen. Zum ersten Mal läßt sie Bestushew die Macht der künftigen Kaiserin spüren, zu der er sie im eigenen Interesse zu machen wünscht. Sie verlangt von ihm, daß er das sächsisch-polnische Kabinett veranlasse, Poniatowsky mit dem offiziellen Mandat eines Gesandten nach Petersburg zurückzuschicken. Bestushew tut es ungern, aber er hat keine Wahl. Er legt dem Grafen Brühl in Warschau nahe, daß es ein großer Fehler wäre, in diesem Augenblick den großfürstlichen Hof durch eine Absage zu verstimmen. Drei Monate lang ringt Brühl gegen Bestushew, ringt die gesamte Allianz gegen den Wunsch der verliebten Katharina, dann kehrt Poniatowsky mit dem Ministerportefeuille in der Tasche und dem Weißen Adlerorden auf der Brust nach Petersburg zurück.

Im Sommer 1757 sendet das verbündete Frankreich einen neuen Gesandten nach Petersburg, den Marquis L'Hôpital. Da man in Paris über Elisabeths zunehmende Indolenz ebenso wohlunterrichtet ist wie über Katharinas wachsenden Einfluß, hat man dem Marquis ans Herz gelegt,»der Kaiserin zu gefallen, sich aber gleichzeitig dem jungen Hof so angenehm wie nur möglich zu machen«. Als L'Hôpital zum erstenmal zur Vorstellung ins Sommerpalais kommt, ist es Katharina, die ihn empfängt; an der Spitze von vierhundert festlich gekleideten Damen heißt sie den Franzosen willkommen. Man wartet, solange es angeht, auf Elisabeth, aber schließlich setzt man sich ohne sie zu Tisch und eröffnet ohne sie den Ball. Es ist eine helle russische Nacht, der Saal muß künstlich verfinstert werden, um im Strahl von zwölfhundert Kerzen zu erglänzen. Jetzt erst, im gnädigeren, milderen

Licht der Kerzen, erscheint Elisabeth, ihr Gesicht ist immer noch himmlisch, aber diesmal gestatten ihre geschwollenen Beine kein Menuett für den neuen Gast: nach ein paar freundlichen Worten zieht sie sich auf die Galerie zurück und betrachtet traurig das glänzende Treiben, dessen Sonne und Mittelpunkt sie so oft gewesen ist.

L'Hôpital ist seiner doppelten Aufgabe nicht gewachsen. Sehr bald unterliegt er ganz und gar dem Einfluß der Schuwalows, deren Frankomanie ebenso närrisch, äffisch und übertrieben ist wie Peters Leidenschaft für alles Preußische. Peter begegnet L'Hôpitals Bemühungen, ihm Sympathien für Frankreich beizubringen, mit grobem Hohn, und Katharina flößt ihm Angst ein. Er sieht sie ganz unter dem Einfluß Bestushews, Williams und Poniatowskys, »un trio d'un coquin, d'un fou et d'un fat«, er hat nichts in Händen, was er der Wirkung dieser drei entgegensetzen könnte – der Wirkung der Macht, des Geldes und der Liebe –, und er begnügt sich damit, seiner Regierung mitzuteilen, daß alle Versuche um den jungen Hof vergeblich waren: »Der Großfürst ist ein ebenso eingefleischter Preuße, wie die Großfürstin eine unverbesserliche Engländerin ist.«

Endlich, im August 1757, rückt die russische Armee ins Feld. Bald darauf nimmt sie die Festung Memel, ohne erheblichen Widerstand zu finden, und am 17. August siegt sie in offener Feldschlacht bei Groß-Jägersdorf. In Petersburg, in Wien und in Versailles ist man außer sich vor Freude; man sieht die Russen bereits ganz Ostpreußen überrennen, um sich an der schlesischen Grenze mit den Truppen Maria Theresias zu vereinigen, sieht den übermütigen preußischen Emporkömmling entscheidend geschlagen, besiegt und verloren – da geschieht das Unfaßbare: anstatt seinen Sieg auszunützen und so schnell als möglich weiter vorzurücken, zögert Apraxin erst zwei Wochen lang an Ort und Stelle, um sich dann in Eilmärschen, die weit eher einer Flucht als einem taktischen Rückzug gleichen, wieder bis in die Festung Memel zurückzuziehen, wobei er die Dörfer hinter sich verbrennt, seine Bagage, sein Pulver vernichtet und die Kanonen vernietet.

Was war geschehen? Am 27. August hatte in Petersburg ein Kriegsrat getagt, auf dem der Rückzug Apraxins beschlossen worden war, weil die Approvisionierung der vorrückenden russischen Armee unmöglich und diese dem Hungertode nahe war. Apraxin hatte die Dörfer verbrennen müssen, weil ihm der Feind wirklich auf den Fersen war und eine zweite Schlacht forcieren wollte. Davon wußte man in Wien und in Paris wenig. Hingegen erfuhr man etwas anderes: Elisabeth – von der L'Hôpital noch kurz zuvor berichtet hatte, sie »befinde sich entgegen allen Gerüchten vortrefflich wohl« – war am 8. September beim Verlassen der Kirche bewußtlos zusammengefallen, sie mußte auf öffentlichem Platze, inmitten einer Menge Volkes, das aus allen umliegenden Dörfern zur Messe herbeigeströmt war, zur Ader gelassen werden und konnte mehrere Tage lang den Besitz der Sprache nicht wiedererlangen. Der Zusammenhang zwischen diesem schweren Anfall und Apraxins Rückzug scheint auf der Hand zu liegen: man weiß im Ausland, daß Peter ein erklärter Freund Friedrichs ist und daß Katharina dem Einfluß Williams unterliegt; man vermutet, daß Apraxin vom nahe bevorstehenden Ende Elisabeths verständigt wurde und daß er an die Grenze zurückgeeilt war, entweder um Peters Politik zu gehorchen oder – und das scheint noch wahrscheinlicher – um Katharina mit seinen Soldaten zur Verfügung zu stehen, wenn sie seiner im Kampf um die Macht bedarf.

Katharina hat zunächst keine Ahnung von diesen Mutmaßungen. Als sie von Apraxins Rückzug erfährt und die schlimme Wirkung auf die Gemüter beobachtet, schreibt sie dem Feldherrn ein zweites Mal und bittet ihn, um Gottes willen den Vormarsch weiter fortzusetzen. Sie bekommt keine Antwort auf diesen Brief: man ist in Petersburg zu dem Entschluß gekommen, Apraxin dem Zorn der Alliierten zu opfern. Er wird seines Amtes entsetzt, in Riga gefangengehalten, und es wird ein kriegsgerichtliches Verfahren gegen ihn eingeleitet. An seine Stelle tritt General Fermor.

Das zweite Opfer ist Williams. Seine Verbindung mit Friedrich ist zwar nicht nachgewiesen, aber sie wird geargwöhnt, und sie wird zur brennenden Gefahr durch seine Freundschaft mit Katharina. Im Oktober 1757 wird Georg II. mitgeteilt, daß sein Vertreter nicht länger in Rußland erwünscht sei (qu'il est devenu odieux à la cour), und bereits Ende Oktober räumt Williams das große Hotel der englischen Gesandtschaft, das ganz genau gegenüber dem weitaus kleineren der französischen liegt, getrennt durch einen Kanal, der den Spitznamen »Pas de Calais« führt.

Vor der Ankunft des neuen englischen Geschäftsträgers, des Grafen Keith, wird die Bestimmung dieser beiden Gebäude vertauscht, so wie es dem augenblicklichen Ansehen der zwei Großmächte in Rußland entspricht: L'Hôpital bezieht das große Haus, und Keith muß sich mit dem kleinen zufriedengeben. Williams Abschied betrübt Katharina so tief, daß sie einen ganzen Tag lang darüber weint. Bei seiner Ankunft in London weist Williams einen eigenhändigen Brief der Großfürstin vor, in dem es heißt: »Ich werde jede erdenkliche Gelegenheit benützen, um Rußland zu einem freundschaftlichen Bund mit England zu bewegen, worin ich die wahren Interessen meines Landes erblicke. Ich werde England überall den Vorzug geben, wo ich es für das Wohl Europas und ganz besonders Rußlands nötig halte, dem gemeinsamen Feinde Frankreich gegenüber, dessen Größe eine Schmach für Rußland ist.« Dieser Brief ist bereits durchaus im selbstbewußten Ton einer Potentatin geschrieben, die ihr eigenes Programm hat und gar nicht zweifelt, daß der Augenblick nahe ist, wo sie die Macht hat, ihr Programm durchzuführen.

Ihr Selbstbewußtsein ist voll entwickelt und bereit, der ganzen Welt zu trotzen. Sie ist schwanger, und diesmal zweifelt niemand, wer der Vater des Kindes ist. Auch Peter nicht. Er hat verschiedene Liebschaften mit Sängerinnen, mit Hoffräuleins und eine beständige Liebschaft mit der Nichte des Vizekanzlers Worontzow. Er hat Poniatowsky aufrichtig gern, und er selbst interveniert beim Wiener Gesandten Esterhazy, um die immer wieder aufflackernden Intrigen gegen den polnischen Geschäftsträger zu durchkreuzen. Aber da er von Natur indiskret, dazu aber noch häufig betrunken und aus ganz anderen Gründen oftmals gegen seine Gattin verstimmt ist, äußert er gelegentlich, bei vollbesetzter Tafel: »Der Teufel weiß, woher meine Frau ihre Schwangerschaften hernimmt. Ich weiß wirklich nicht, ob ich dieses Kind auf meine Kappe nehmen soll.« Leo Naryschkin, einer der Zeugen dieser Szene, eilt besorgt sofort zu Katharina.

»Ihr seid Narren«, sagt sie ruhig, »geht sofort zum Großfürsten und verlangt von ihm einen Eid, daß er nicht mit seiner Frau geschlafen hat. Und sagt ihm, wenn er diesen Eid leistet, werdet ihr sofort zu Alexander Schuwalow gehen und ihm das mitteilen.« – Die Frage, ob Peter imstande gewesen wäre, den Eid mit gutem Gewissen zu leisten, muß offen bleiben. Jedenfalls hat er gar kein Verlangen nach peinlichen Verwicklungen. »Geht zum Teufel und sprecht mir nie mehr davon!« sagt er zu Katharinas Abgesandten.

Von Peter droht keine Gefahr. Es sind die Franzosen, die nicht aufhören, auf die Entfernung des lästigen Polen zu dringen. Als Katharina erfährt, daß der Graf Brühl Order bekommen hat, Poniatowsky abzuberufen, schreibt sie an Bestushew: »Ich weiß, daß der Graf Brühl Ihnen gehorchen würde, selbst wenn Sie von ihm verlangen, er solle auf sein Brot verzichten. Wenn Sie nur so handeln wollen, wie ich es wünsche, wird niemand wagen, sich Ihrem Willen zu widersetzen.« Katharinas Machtgefühl wächst in dem Maße, in dem sich Elisabeths Gesundheit verschlechtert. Und sie setzt, ohne zu zögern, ihre ganze Macht aufs Spiel, um ihren Geliebten zu behalten. Sie siegt zum zweiten Mal. Bestushew befielt, und Brühl gehorcht. »Mit dem Grafen Poniatowsky ist man hier so zufrieden, daß man nicht an seine Abberufung denkt«, schreibt er. Poniatowsky bleibt, aber der Bogen ist aufs äußerste gespannt.

Im Dezember kommt Katharina mit einer Tochter nieder. Als die Hebamme glaubt, daß es soweit ist, verständigt man den Großfürsten. Er kommt, in seine holsteinische Uniform gekleidet, mit Sporen an den Stiefeln und dem Degen an der Seite. Auf Katharinas erstaunte Frage, was diese großartige Aufmachung in einer Wochenstube bedeuten solle, erwidert er: »Nur in der Not erkennt man seine wahren Freunde. In dieser Kleidung, als holsteinischer Offizier, bin ich bereit, das herzogliche Haus gegen alle Feinde zu beschützen. Da Sie sich unwohl fühlen, bin ich gekommen, um Ihnen zu helfen.« Er ist zweifellos betrunken. Aber ein hellhöriges Ohr wird aus diesen sinnlosen, bombasti-

171

schen Worten den verdrängten Ärger des betrogenen Gatten heraushören.

Katharinas zweite Niederkunft unterscheidet sich recht wesentlich von ihrer ersten. Zwar wird auch die neugeborene Tochter sogleich nach der Geburt ihrer Mutter genommen und zur Kaiserin gebracht, aber diesmal war Katharina darauf gefaßt gewesen, sie empfindet kaum Kummer, ihr mütterliches Gefühl ist ein für allemal erstickt. Zwar kümmert sich auch diesmal niemand um die Wöchnerin, der Hof feiert ohne sie die herrlichsten Feste, der Großfürst betrinkt sich ohne sie mit seinen Kumpanen, aber diesmal hat sie selbst Vorsorge für ihre Zerstreuung getroffen, und wenn sie sich auch heimlich unterhält, so beweist die gewagte Art dieser Unterhaltungen, daß sie sich sehr sicher fühlt. Unter dem Vorwand zu frieren, hat sie neben ihrem Bett eine Reihe von Wandschirmen aufstellen lassen, so daß ein geheimes Kabinett entsteht, das einen Ausgang ins Vorzimmer hat und gegen das Bett zu mit einem Vorhang abgeschlossen werden kann. In diesem Kabinett gibt es mehrere Stühle und Tische, ein bequemes Kanapee, und wenn der Vorhang zurückgeschlagen ist, befindet sich die Wöchnerin inmitten einer angeregten Gesellschaft, die durch das Vorzimmer hierherkommt, aber in jedem Augenblick verborgen werden kann, indem man den Vorhang zuzieht. Eines Abends während der angeregtesten Unterhaltung klopft der allergefährlichste, Alexander Schuwalow, den Katharina nie anders als den »Großinquisitor« nennt. Alles klappt vorzüglich, die Kumpanei hinter dem Vorhang gibt keinen Mucks von sich, und der Gewaltige entfernt sich nach einer langen Unterredung mit Katharina in der festen Überzeugung, sie ganz allein angetroffen zu haben. Der gelungene Streich steigt den Übermütigen zu Kopf, sie wollen zu essen, sie wollen zu trinken haben. Katharina schellt und verlangt ein Souper, und zwar gleich sechs gute Schüsseln, denn sie stürbe vor Hunger. Ihrem Befehl wird wörtlich gehorcht, und eine Stunde später räumen die verdutzten Diener die völlig leeren Schüsseln wieder ab. »Dieser Abend war einer der lustigsten meines Lebens«, schreibt Katharina.

Sie ist übermütig geworden. Die Anbetung Poniatowskys, die

verehrungsvolle Anerkennung Williams', die Willfährigkeit Bestushews sind ihr zu Kopf gestiegen. Sie ist unvorsichtig in ihren Vergnügungen und hochmütig gegen ihre Feinde. Sie verspottet die Schuwalows, schneidet den französischen Gesandten und läßt es sogar Elisabeth gegenüber an der gewohnten Ehrerbietung fehlen. Die Selbstsicherheit verleiht ihr eine unglaubliche Faszination. »Eine Frau, für die ein anständiger Mann gern ein paar Knutenhiebe auf sich nehmen würde«, sagt der General Lieven. Sie ist schön, wenn auch nicht so vollkommen, so unzweifelhaft schön, wie es Elisabeth in ihrer guten Zeit gewesen war. Aber sie hat einen weit blendenderen Geist vor ihrer Rivalin voraus, ein gleichmäßiges, sprühend munteres Wesen und vor allem eine unnachahmliche Meisterschaft in der Behandlung der Menschen. Wer einmal in ihre Nähe kommt, unterliegt dem sieghaften Zauber ihrer Persönlichkeit. Manchen macht »der funkelnde Blick eines wilden Tieres« Angst, aber das sind Ausnahmen. Die meisten fühlen sich in ihrer Gesellschaft besonders wohl, denn sie versteht es, einen jeden mit dem zu unterhalten, was ihn interessiert, und sie gibt jedem Gelegenheit, sein eigenes Licht leuchten zu lassen. Ihre Freunde sehen bereits die Zarenkrone auf ihrem Haupt, und ihre Feinde rechnen ebenfalls mit dieser Möglichkeit. Sie intrigieren gegen Katharina, aber gleichzeitig bemühen sie sich um ihr Wohlwollen.

Bloß in ihrer allernächsten Umgebung spürt sie gelegentlich einen offenen Widerstand: ihre eigenen Hofdamen lassen es manchmal am nötigsten Respekt fehlen. Die Hofdamen sind auf seiten Peters, der bald der einen, bald der anderen seine Gunst zuwendet, und deren jede sich in der süßen Hoffnung wiegt, dereinst die Rolle einer Pompadour zu spielen. Am meisten Aussicht hat die Gräfin Worontzow; sie versteht es, den flatterhaften Peter dauernd zu fesseln, auch über gelegentliche heftige Streitigkeiten hinweg, bei denen es nicht nur Schimpfworte, sondern auch Ohrfeigen regnet. Nach Katharinas Urteil ist sie die dümmste und häßlichste Frau am Hofe. Katharinas Urteil über Peters Damen ist immer sehr unfreundlich. Manchmal hat es den Anschein, als litte sie, zum Unterschied von ihrem Gatten, trotz aller Abneigung an einer spießbürgerlichen Eifersucht; jedenfalls hört sie nicht auf, sich ärgerlich darüber zu verwundern, daß er ihr andere, mindere Frauen vorzieht. Aber von Elisabeth Worontzow sagt sogar der Deutsche Scherer, ein Apologet des Großfürsten:»Sie fluchte wie ein Soldat, schielte, stank und spuckte beim Sprechen.« Und Stehlin berichtet, daß sie Blatternarben und einen viel zu großen Busen hatte. Aber Peter, der gewiß von anomaler Veranlagung ist, findet aus irgendeinem unbekannten Grunde gerade in dieser Frau seine richtige Gefährtin. Wie das winzige Holstein dem großen Rußland, so zieht er dieses plumpe Scheusal seiner prachtvollen Gattin vor. Die vollsaftige, gesunde Katharina kann das nicht begreifen – aber sie begreift, daß die Worontzow eine ganz andere Gefahr bedeutet als eine Karr, eine Korff oder eine Schafirow. Sie ist die Nichte des mächtigen Vizekanzlers, und ihr Traum geht weit über den eines simplen Königsliebchens hinaus. In Peters intimem Kreis ist oft davon die Rede, man müsse»der Viper den Kopf zertreten«. In so unmittelbarer Nähe des russischen Thrones ist jeder Gewaltakt möglich. Katharina weiß, daß die Worontzow nichts Geringeres wünscht, als Peters rechtmäßige Gattin und Zarin von Rußland zu werden. Schon jetzt ist es ziemlich gewiß, daß nach dem Tode Elisabeths die Feindseligkeiten zwischen den Gatten entscheidende Formen annehmen müssen.

Schon jetzt ist alles auf dieses Ereignis vorbereitet. Im November erleidet Elisabeth einen neuen Anfall; es wird still um sie. Es geschieht ein ums andere Mal, daß sie den oder jenen Herrn zu sprechen wünscht und erfährt, er sei beim Großfürsten oder bei der Großfürstin. Jeder von beiden hat seinen Clan, seine Anhänger, im Inland und im Ausland. Katharinas Partei am Hofe ist die schwächere, sie steht und fällt mit Bestushew. Trotzdem fürchtet sie Elisabeths Todesstunde nicht: sie weiß, mehr aber noch fühlt sie es mit allen Nerven, daß hinter den eigensüchtigen Partisanen aller Parteien, hinter den Schloßmauern, eine dunkle, geheimnisvolle, riesige Macht steht, das Volk. Und sie weiß, sie fühlt, daß diese dunkle, geheimnisvolle Macht auf ihrer Seite steht. Das ist es, was sie so sicher macht. Sie überschätzt nicht ihre Kraft, sie unterschätzt ihre Gegner nicht, sie unterschätzt bloß die zähe Lebensfähigkeit in Elisabeths siechem Körper. Es ist der Kaiserin bestimmt, noch einige Jahre zu leben, und Katharina ist es bestimmt, einen schweren Rückschlag, eine harte Prüfung durchzumachen, ehe ihre Erziehung wirklich vollendet ist und die Entscheidungsstunde schlägt.

Peters frech zur Schau getragene Begeisterung für Friedrich beunruhigt nicht einmal den Wiener Gesandten, den Grafen Esterhazy; aber Katharinas stille Sympathie für England hört nicht auf, die französische Diplomatie zu beschäftigen. Von der Bestechlichkeit beider Ehegatten sind sämtliche Höfe überzeugt, und es scheint niemand etwas besonders Anstößiges dabei zu finden. Mit Peter, als dem regierenden Herzog von Holstein, schließt Maria Theresia einen Vertrag, der ihm hunderttausend Gulden sichert, wogegen er seine holsteinischen Truppen zu ihrer Verfügung zu halten hat. Über die Unbrauchbarkeit dieser preußisch gedrillten, preußisch uniformierten, preußisch empfindenden Truppen in einem Kriege gegen Preußen ist niemand im Zweifel, aber Maria Theresia glaubt, den geldhungrigen Peter bestochen zu haben und im Falle eines Thronwechsels, der ihn zum Zaren macht, auf seine dankbare Loyalität rechnen zu dürfen. Katharinas Fall liegt schwieriger. Trotz Williams' Abreise besteht der Verdacht, daß weiterhin englisches Geld durch unterirdische Kanäle den Weg in Katharinas gierige Tasche findet; da Frankreich im Augenblick zu arm ist, um an eine Gegenbestechung zu denken, sinnt man dort nach anderen Möglichkeiten, um der russischen Großfürstin zunächst auf gütlichem Wege »des sentiments convenables« einzuflößen. Man weiß, daß Katharina in Korrespondenz mit ihrer Mutter steht, und da man sich von der Person Johanna Elisabeths eine ebenso falsche Vorstellung macht, wie von ihrem Einfluß auf Katharina, wird eines Tages ein französischer Offizier, Marquis de Fraigne, mit der heiklen Aufgabe betraut, die Fürstin von Zerbst aufzusuchen und sie zu veranlassen, ihren ganzen mütterlichen Einfluß für die »gute Sache« geltend zu machen. Da Zerbst sich neutral erklärt hat, gelingt es dem Marquis, in Zivilkleidern über Hamburg in das alte Schloß zu gelangen, wo er vorzüglich aufgenommen wird. Seit jener Zeit, da ihre Diensteifrigkeit für Friedrich II. der Fürstin wenig Dank

175

und Ehre, dafür aber viele Unannehmlichkeiten eingetragen hat, ist ihre Begeisterung für den König von Preußen merklich abgekühlt. Sie ist jetzt schon ganz und gar die Mutter der russischen Großfürstin, sie bezieht eine hohe Pension von der russischen Zarin, und Frankreich ist eine mit Rußland verbündete Macht; außerdem ist de Fraigne ein angenehmer Gesellschafter, und Zerbst ist so langweilig wie seit eh und je. Es freut sie, daß man in Paris, in Versailles, politische Kombinationen an ihre Person knüpft; eifrig, wie sie es immer war, wenn es galt, eine Rolle zu spielen, setzt sie sich hin und schreibt einen langen Brief an ihre Tochter, der aber niemals in Katharinas, wahrscheinlich hingegen in Friedrichs Hände kommt. Jedenfalls erfährt Friedrich auf diesem oder auf einem anderen Wege von der Anwesenheit eines französischen Offiziers in Zerbst, und er gibt Auftrag, den verdächtigen Fremden sofort zu arretieren.

Prinz Heinrich von Preußen verhandelt volle vierundzwanzig Stunden mit dem regierenden Fürsten von Zerbst, Katharinas Bruder, wegen der Auslieferung de Fraignes. Schließlich erweist sich die Neutralität von Zerbst als schwaches Argument den Kanonen gegenüber, die auf die alten Schloßmauern gerichtet werden. Um seinen Gastgeber zu schonen, ergibt sich de Fraigne und läßt sich arretieren. Er verbringt nicht weniger als fünf volle Jahre im Gefängnis, ehe es Katharina im Jahre 1763, bereits als Zarin von Rußland, gelingt, seine Befreiung durchzusetzen. Dem Fürstentum Zerbst wird eine Strafe von hunderttausend Dukaten zudiktiert, weil es trotz seiner Neutralität einen französischen Offizier verborgen gehalten hatte. Johanna Elisabeth begibt sich nach Hamburg, in das Haus des französischen Residenten Champeaux, ihr Sohn aber zur österreichischen Armee, wo er – der Sohn des treuen Vasallen Christian August! – gegen Friedrich kämpft. In Hamburg erlebt Johanna Elisabeth einen letzten, späten Liebesfrühling: der Neffe Champeaux' wird ihr Geliebter, mit ihm zusammen begibt sie sich nach Paris, wo sie endlich jenes Leben führt, von dem sie fast ein halbes Jahrhundert lang geträumt hat: Ludwig XV. läßt sie feierlich als Verwandte seiner hohen Verbündeten begrüßen, sie führt ein großes, fürstliches Haus, hält sich einen vornehmen Hofstaat, besucht alle Feste, alle

Theater und macht in zwei Jahren Schulden von einer halben Million Francs.

Die Emigration der alten zerbstischen Fürstenfamilie von ihrem Stammsitz, de Fraignes Gefangennahme, die späte Erfüllung von Johannas Wunschträumen – lauter mittelbare Folgen der französischen Bemühungen um Katharinas Abkehr von England. Katharina hat von diesen Bemühungen nicht einmal erfahren.

Aber während die Fürstin noch in Hamburg darüber nachsinnt, auf welche Weise sie ihre halsstarrige Tochter zur Vernunft bringen könnte, hat die französische Partei in Petersburg ein weitaus wirksameres Mittel gefunden, um die beunruhigende Politik der Großfürstin auszuschalten.

Es beginnt damit, daß L'Hôpital dem Vizekanzler Worontzow erklärt, er habe von seiner Regierung den Befehl bekommen, nur mehr mit dem Großkanzler Bestushew als dem allein Bevollmächtigten der Regierung zu verhandeln. Die Eitelkeit Worontzows wird dadurch auf das empfindlichste verletzt, sein Haß gegen Bestushew zur Weißglut angefacht. Die Schuwalows stekken ohnedies mit L'Hôpital unter einer Decke. Es gilt, die Kaiserin aus ihrer Lethargie zu erwecken und zu einem entscheidenden Schritt gegen Bestushew zu veranlassen. Elisabeth hat Bestushew niemals geliebt; sein trockenes, pedantisches Wesen war ihrer phantastischen Natur immer im Grunde zuwider. Aber er war ein Vermächtnis ihres vergötterten Vaters, sie hatte ihm vertraut und sich daran gewöhnt, ihm alle langweiligen Regierungsgeschäfte zu überlassen. Der indolente Rasumofsky war niemals eifersüchtig auf diese Agenden gewesen, und die ehrgeizigen Schuwalows hatten nicht vermocht, die träge, abwegige Monarchin zu einem Regierungswechsel zu bewegen. Jetzt aber stürmen sie von allen Seiten auf sie ein, es ist ein wohlbedachter, konzentrischer Angriff. Man versichert Elisabeth, in Wien und Versailles wisse man, daß Bestushew vom englischen König gekauft sei, man nennt sogar eine genaue Ziffer: zwölftausend Dukaten jährlich. Man sagt ihr, daß Briefe Katharinas an Apraxin durch Bestushews Hände gegangen wären, man nennt Leute, die diese Briefe gesehen haben wollen. Das Ehrgefühl der Kaiserin, die ihre Kassen erschöpft, ihre Soldaten geopfert hat, um ihrer Bündnispflicht zu genügen, ist aufs äußerste erbittert bei dem Gedanken, daß ihre Verbündeten sich durch die Bestechlichkeit ihrer Generäle und Minister, durch die hochverräterischen Umtriebe des jungen Hofes im Stich gelassen fühlen. Alexander Schuwalow wird nach Narva geschickt, um Apraxin persönlich zu verhören. Apraxin schwört, daß Katharina ihn niemals zu etwas habe verleiten wollen, was entgegen den Befehlen der Kaiserin gewesen sei, muß aber zugeben, Briefe von ihr erhalten zu haben und gibt diese Briefe heraus. Ihr Inhalt ist vollkommen harmlos, aber immerhin, die Großfürstin, der jede politische Korrespondenz aufs strengste untersagt ist, hat dieses Verbot übertreten, und Bestushew hat sie dabei unterstützt. Wenn zwei Briefe nichtigen Inhalts gefunden wurden, warum sollen nicht andere, gefährlichere geschrieben, vernichtet oder versteckt worden sein? Und warum mischt sich Katharina in Angelegenheiten der Krone? Die Empfindlichkeit der alten Autokratin ist geweckt, man läßt sie nicht mehr zur Ruhe kommen. Macht der junge Hof nicht überhaupt längst nur mehr, was sein eigener Wille ist, verhöhnt er nicht alle Befehle der Kaiserin? Bleibt Poniatowsky nicht entgegen Elisabeths ausdrücklichem Wunsch in Petersburg, bloß weil Katharina es will und weil Bestushew lieber ihr gehorcht als seiner Monarchin? Hat nicht der holsteinische Minister Stamke ohne Elisabeths Einwilligung, aber auf Peters Wunsch und durch Bestushews Vermittlung den polnischen Weißen Adlerorden bekommen? Läuft nicht alle Welt an den jungen Hof, schmeichelt den Herrschern von morgen und vernachlässigt die Majestät?

Bis hierher sieht es aus wie eine Intrige gegen Bestushew, vermischt mit Beschuldigungen gegen den jungen Hof. Da kommt eines Tages der Großfürst zu seiner Tante, bittet sie flehentlich um Verzeihung wegen seines schlechten Benehmens und behauptet, von Bestushew beraten worden zu sein. Nun hat die Sache ein ganz anderes Gesicht: Peter ist mit im Komplott, dessen Spitze sich nur indirekt gegen den Kanzler richtet. Das wahre Ziel ist Katharina. Alle ihre Feinde haben sich verbündet, um dem Kampf der beiden Gatten zuvorzukommen, um schnell, ehe es zu spät, ehe Elisabeth tot ist und Katharina Gelegenheit hat, die öffentlichen Sympathien zu Hilfe zu rufen, ihr den Stempel des Hochverrats auf die Stirn zu drücken und sie für immer unmöglich zu machen. Man versichert Elisabeth, sie müsse bloß Bestushew verhaften und in seinen Papieren nachsuchen lassen, es würden sich gewiß Dokumente finden, die das Einverständnis des Kanzlers mit der Großfürstin auch in der Frage der Thronfolge beweisen. An einem Hof, wo es ebensoviele Spione wie Personen gibt, bleibt nichts ein Geheimnis. Ebenso wie seine Feinde Wind von seinen Zukunftsplänen bekommen haben, hat Bestushew Kenntnis von der gegen ihn gerichteten Intrige. Er stellt sich krank, empfängt Besucher im Schlafrock und unrasiert, verzieht das Gesicht wie in großen Schmerzen, und als er am 8. Januar in die Konferenz befohlen wird, läßt er sich mit seiner Krankheit entschuldigen. Aber Elisabeth empfindet das bloß als Ungehorsam, sie befiehlt sein Erscheinen, und gleich bei seinem Eintritt in den Konferenzsaal wird er verhaftet.

Das vollzieht sich im Winterpalais, in den späten Nachmittagsstunden. Obwohl Katharina im selben Hause wohnt, erfährt sie an diesem Abend nichts von Bestushews Verhaftung. Erst am nächsten Morgen, während sie mit ihrer Toilette beschäftigt ist, kann ihr die Wladyslawa einen Zettel von Poniatowskys Hand zustecken:»Der Mensch bleibt nie ohne Hilfe. Bestushew ist gestern verhaftet und seiner sämtlichen Ämter und Würden beraubt worden; Ihr Juwelier Bernardi, Jelagin und Adadurow sind ebenfalls unter Arrest.«

Das ist eine schreckliche Nachricht. Und je länger Katharina überlegt und die Konsequenzen bedenkt, desto fürchterlicher und trostloser erkennt sie ihre Lage. Bestushews Verhaftung an sich bedeutet den Sieg ihrer Feinde; was ihnen zum vollen Triumph fehlen mag, das können sie jetzt in aller Ruhe suchen, Schuwalows blinzelnde Augen werden es in Bestushews Schreibtisch gewiß finden: alle kompromittierenden Briefe von Katharinas Hand, ihre Einflußnahme auf Poniatowskys Verbleib in Rußland, ihre Stellung zu Williams, ihre Ansichten über Elisabeth und den Großfürsten, und vor allem – das Projekt betreffs der Thron-

179

folge. Wenn all dies ans Licht kommt – und wie sollte es dem Großinquisitor entgehen? –, dann ist nicht nur der Traum von der russischen Krone, dann sind wohl auch Freiheit und Leben vertan. Und in dieser schwierigsten aller Lagen hat Katharina keinen Bestushew, um sie zu beraten, um sie zu stützen. »Der Mensch bleibt nie ohne Hilfe«, hat Poniatowsky geschrieben. Aber ohne Bestushew ist auch Poniatowsky hilflos ausgeliefert wie sie selbst.

Wenn sie es in den letzten Monaten aus falscher Selbstsicherheit an Takt, vielleicht sogar an Klugheit hat fehlen lassen – in diesem Augenblick der höchsten Gefahr ist sie großartig, gewinnt sie mit einem Schlag die ganze Überlegenheit ihres Verstandes und ihres Charakters. An diesem Abend findet die Hochzeit ihres Freundes Leo Naryschkin statt. Sie kleidet sich festlich, geht in die Messe, zum Souper, zum Ball. Kein Mensch spricht ein Wort von den Verhaftungen, kein Mensch scheint etwas davon zu wissen. Bloß der Großfürst ist auffallend heiter und hält sich auffallend fern von seiner Frau: er hofft auf ihre Verbannung und auf eine Ehe mit Elisabeth Worontzow. Katharina geht heiter von einem Gast zum andern, plaudernd, lächelnd, scheinbar vollkommen ahnungslos. Bei dem Grafen Trubetzkoy, dem zusammen mit Schuwalow die Untersuchung im Falle Bestushew anvertraut ist, bleibt sie stehen, sie bewundert laut die schönen Bänder an seinem Marschallstab und fügt flüsternd hinzu: »Was sind das für schöne Sachen, die ich höre? Haben Sie mehr Verbrecher oder mehr Verbrechen?« Der hochbetagte Mann, überrumpelt von ihrer offenen Unbefangenheit, stottert: »Wir haben getan, was man uns befohlen hat. Bestushew ist verhaftet, jetzt suchen wir nach Gründen für seine Verhaftung.«

Katharina kann nicht daran zweifeln, daß diese Gründe gefunden werden müssen; aber sie bleibt bis zum Schluß auf dem Ball, und keiner bemerkt die qualvolle Sorge hinter ihrer hellen, leuchtenden Stirn. Erst am nächsten Morgen bekommt sie ein Billett von Bestushew: »Beunruhigen Sie sich nicht, ich habe Zeit gefunden, alles zu verbrennen.« Das ist ein Trost. Das wesentlichste Beweisstück ist aus der Welt geschafft, jetzt bleibt noch abzuwarten, was ihre Feinde aus dem Gefundenen, aus ihrer Beziehung zu Poniatowsky und aus ihrem Briefwechsel mit Apraxin, machen können. Von einem Tag zum andern ist es leer um die Großfürstin geworden.

Kein Mensch wagt es, sie zu besuchen, die gestern noch die künftige Herrscherin in ihr gesehen haben, sehen heute die Verdächtige, morgen vielleicht Geächtete in ihr. Sie selbst verlangt nach niemandem, aus Angst, ihre Freunde ins Unglück zu bringen, vielleicht auch aus Angst, kränkende Absagen zu erhalten. Auch bei Hofe vermeidet sie es, sich irgend jemandem zu nähern, und niemand sucht ihre Nähe. »Das Ansehen der Großfürstin ist gewaltig gesunken«, berichtet L'Hôpital nach Paris. Eine ähnliche Depesche geht an den französischen Residenten in Hamburg, kommt der Fürstin von Zerbst zu Gesicht und veranlaßt sie, zum ersten Mal im Leben einen wirklich herzlichen, warmen Brief an ihre Tochter zu schreiben und sie zu beschwören, sich demütig Elisabeth zu Füßen zu werfen und ihre Verzeihung zu erflehen. Gerade dieser Brief kommt niemals in Katharinas Hände. Sie hätte ihn auch kaum befolgt. Es ist nicht Stolz, was sie hindert Elisabeth um Verzeihung zu bitten, es ist die richtige Erkenntnis, daß ein solches Verhalten einem Schuldbekenntnis gleichkäme. Sie hat vieles getan, was Elisabeth verstimmen mußte, nichts aber gegen die Interessen Rußlands. Ihre Liebe zu Rußland ist echt, hier fühlt sie sich nicht nur unschuldig, sie ist fest überzeugt, daß sie und Bestushew die besten Patrioten sind und daß jenseits des Hofes und seiner Kamarilla das große Land auf ihrer Seite steht. Das Volk hat gemurrt, als man Bestushew verhaftet aus der Konferenz in sein Haus geführt hatte! Das Volk hat gefragt, warum man nicht lieber die Schuwalows verhafte, diese herzlosen Ausbeuter. Es ist möglich, daß Bestushew von den Engländern Geld genommen hat, es ist sogar wahrscheinlich, denn wie könnte einer im korruptesten aller Länder seine Macht verteidigen ohne einen ausgiebigen Dispositionsfonds? Aber die Schuwalows haben fünf Monopole erfunden, sie haben ihren unermeßlichen Reichtum aus dem eigenen Volke gepreßt. Den kleinen Leuten kann es nur recht sein, wenn es dem englischen König gefällt, Pfunde und Dukaten nach Rußland zu schicken, aber es wurmt sie, daß sie bei jedem Sack Salz, bei jeder Pfeife Tabak, bei jedem Stück

Thunfisch den Schuwalows ihren Tribut entrichten müssen. Das alles weiß Katharina. Und wenn auch ihre Feinde im Augenblick alle Macht am Hofe haben, wenn der Kampf auch beinahe aussichtslos erscheint, sie nimmt ihn auf.

Sie hat einen Kammerdiener namens Schkurin. Zu Zeiten der Tschoglokow hat er der Aufpasserin Spitzeldienste geleistet. Katharina hat ihn einmal dabei ertappt und ihm eine schallende Ohrfeige gegeben. Diese russische Behandlungsmethode hat Wunder gewirkt: von jenem Tage an ist Schkurin der treueste und verläßlichste ihrer Diener. Einer seiner Freunde ist mit der Bewachung Bernardis betraut, er kennt auch einen kleinen Waldhornbläser, der in Bestushews Diensten steht und das Haus des verhafteten Kanzlers weiter betreten darf. Durch Schkurins und seiner Freunde Hilfe tritt Katharina in Korrespondenz mit den Verhafteten und verhindert damit die größte aller Gefahren, daß sich die Angeklagten in widersprechende Aussagen verwickeln. Vor Schkurins Augen verbrennt sie ihre sämtlichen Papiere, sogar ihre Rechnungsbücher und jene kleine Schrift »Portrait eines fünfzehnjährigen Philosophen«, die sie seinerzeit auf Veranlassung Gyllenborgs verfaßt hatte. »Wenn dich jemand nach meinen Papieren fragt«, sagt sie zu Schkurin, »so kannst du beim Kreuz beschwören, daß du gesehen hast, wie ich sie alle ausnahmslos verbrannt habe.«

Bald tritt eine weitere Verschlimmerung ihrer Lage ein: der kleine Waldhornbläser wird verhaftet, man hat bei ihm ein Billet Poniatowskys an Bestushew gefunden. Das Billet war an sich harmlos, aber immerhin an einen Staatsgefangenen gerichtet. Das Ministerium verlangt nunmehr ausdrücklich seine Abberufung durch den König von Polen. Katharina ist machtlos geworden. Auch der letzte Ausweg der Verzweiflung, Peter um seine Intervention zu ersuchen, ist verrammelt. Peter hat seit dem Sturze Bestushews kein einziges Wort an sie gerichtet, er hat ihr Zimmer nicht betreten, ihren Rat nicht eingeholt, wie er es sonst in schwierigen Lagen zu tun pflegte. Er ist sofort offen zu ihren Feinden übergegangen und hat dazu sogar einige entwürdigende Konzessionen gemacht. Der sklavische Verehrer Friedrichs II., der den französischen Gesandten bisher immer einen »Harlekin«

genannt hat, ist am Tage nach Bestushews Sturz auf L'Hôpital zugegangen und hat ihm gesagt:»Wie schade, daß ihr Freund de la Chétardie diesen Tag nicht mehr erleben durfte!« Worontzow ist nunmehr Großkanzler, er sieht bereits Katharina des Landes verwiesen und seine Nichte an Peters Seite auf dem russischen Thron. Das ist allerdings nicht nach dem Geschmack der Schuwalows, die keinem eine solche Vormachtstellung gönnen wollen: die Schuwalows wollen nach Elisabeths Tod das ganze großfürstliche Haus mitsamt dem Knaben Paul Petrowitsch nach Holstein schicken, den Gefangenen Iwan aus der Schlüsselburg befreien und als dessen Befreier Herren von Rußland werden. Die neuen Männer der Macht sind untereinander nicht einig in bezug auf die Zukunft, außer in einem Punkt, daß Katharina ausgespielt hat. Die früher sorgsam ihre gehässigen Gedanken verbargen, zeigen ihr nun offen ihre Mißachtung. Am 28. Februar läßt Poniatowsky Katharina bitten, ins Hoftheater zur russischen Komödie zu kommen. Er hat nicht bloß den Wunsch, die Geliebte wenigstens von ferne zu sehen, er will, daß auch andere sie sehen, damit das Gerücht, wonach man sie bereits verstoßen und heimgeschickt habe, verstumme. Sie läßt also für den Abend ihren Wagen befehlen. Bald darauf erscheint Alexander Schuwalow und teilt ihr mit, ihre Absicht, in die Komödie zu fahren, mißfalle dem Großfürsten. Sie weiß den Grund: wenn sie ausgeht, müssen ihre Damen sie begleiten, und Peter hat dann keine Gelegenheit, inmitten dieser Damen mit der Worontzow zu soupieren. In der letzten Zeit, da sie nicht ausging, hatte sie ihm dieses Vergnügen gerne gewährt, heute aber ist es ihr wichtig, ins Theater zu gehen. Sie besteht also auf ihrem Wunsch, er auf dem seinen. Er kommt sogar deswegen in ihr Zimmer gelaufen und macht ihr eine Szene, es gibt einen erregten Wortwechsel, ohne daß einer den Willen des andern erschüttern kann. Knapp vor Beginn der Vorstellung läßt Katharina Schuwalow fragen, ob ihr Wagen bereit sei. Er kommt und meldet, der Großfürst habe verboten, ihr einen Wagen zu geben. Sie ist aufs tiefste erbittert, aber im Grunde genommen froh, der Erbitterung vieler Wochen endlich Luft machen zu können. »Dann werde ich eben zu Fuß gehen«, sagt sie, »und wenn man meinen Damen und Kavalieren verbieten sollte, mich zu begleiten, dann werde ich allein gehen. Außerdem aber werde ich mich sofort schriftlich bei der Kaiserin beschweren.« Schuwalow blinzelt nervös, wie es seine Gewohnheit ist, und fragt:»Was werden Sie Ihrer Majestät schreiben?« »Ich werde ihr schreiben, wie man mich behandelt. Ich werde ihr schreiben, daß Sie Zusammenkünfte des Großfürsten mit meinen Hofdamen begünstigen und mich zu diesem Zweck abhalten wollen, in die Komödie zu gehen, wo ich das Glück habe, Ihre Majestät zu sehen. Außerdem aber werde ich die Kaiserin bitten, mich zu meiner Mutter zurückzuschicken. Ich bin es müde, allein und verlassen in meinem Zimmer zu sitzen und jeden, der sich mir nähert, ins Unglück zu stürzen. Das alles werde ich der Kaiserin schreiben, und wir werden ja sehen, ob Sie den Mut haben, meinen Brief nicht zu übergeben.«

Wie die meisten Menschen, hat Schuwalow Katharina immer nur sanft gesehen. Ihr Wutausbruch macht einen starken Eindruck auf ihn, und er entfernt sich schweigend. Sofort beginnt Katharina, mit fliegender Feder einen Brief in russischer Sprache zu schreiben. Dieser Brief ist keineswegs in jenem hochfahrenden Ton gehalten, mit dem sie ihn Schuwalow angekündigt hat; vielmehr bemüht sich Katharina um die rührendsten, bewegtesten Worte. Sie dankt für alle Wohltaten, die ihr Elisabeth bewiesen, bedauert, ihre Gnade verloren zu haben, und bittet, im Interesse ihrer angegriffenen Gesundheit zu ihrer Mutter zurückkehren zu dürfen. »Was meine Kinder betrifft, so sehe ich sie fast gar nicht, obwohl ich unter einem Dache mit ihnen wohne, es ist daher ganz gleich, ob ich an demselben Ort oder einige tausend Werst von ihnen entfernt lebe. Ich weiß, daß Ihre Majestät unendlich viel besser für meine Kinder sorgt, als es mir bei meiner geringen Begabung möglich wäre. Ich werde den Rest meiner Tage bei meinen Eltern verleben, unter heißen Gebeten für Ew. Majestät, für meine Kinder, für den Großfürsten und für alle, die mir Gutes oder Böses getan haben.«

Keine einzige jener Beschwerden, mit denen sie Schuwalow gedroht hat! Aber die Drohung allein hat genutzt. Als sie den Grafen rufen läßt, erscheint er mit der Mitteilung, daß ihr Wagen bereitstünde. Sie übergibt ihm den Brief und sagt, sie entbinde alle Damen, die keine Lust hätten sie zu begleiten, von ihrem Dienste. Als sie durch das Vorzimmer geht, wo, wie gewöhnlich, der Großfürst mit der Worontzow Karten spielt, erhebt er sich, was er sonst nie zu tun pflegt. Er macht eine Verbeugung, und Katharina erwidert mit einer tiefen Reverenz. Als sie aus der Komödie zurückkommt, teilt ihr Schuwalow mit, die Kaiserin werde selbst mit ihr zu sprechen geruhen. Genau das hat sie erreichen wollen. Sie ist fest überzeugt, daß die Schuwalows, die Worontzows und der Großfürst darauf hinarbeiten, sie mit Schimpf und Schande in ihre Heimat zurückgeschickt zu sehen. Sie ist ebenso fest überzeugt, daß gegen diese Intrige kein Mittel geeigneter ist, als den Stier bei den Hörnern zu packen und selbst ihre Heimreise zu verlangen: Elisabeth, die vor allen radikalen Maßnahmen zurückschreckt, der das Ansehen ihres Hofes im Auslande am Herzen liegt, die müde, kranke Elisabeth muß vor dieser plötzlichen Forderung instinktiv zurückschrecken und selbst alle Gründe finden, die ihr widersprechen. Außerdem aber ist Katharina fest überzeugt, daß die Kaiserin einem Gespräch mit ihr nicht gewachsen ist.

Aber sie muß lange auf dieses Gespräch warten. Tag um Tag, Woche um Woche vergeht – Elisabeth läßt nichts von sich hören. Unterdes, das weiß Katharina, sind ihre Feinde unablässig an der Arbeit, um irgendeinen greifbaren Tatbestand gegen sie ans Licht zu bringen. Bestushew wird täglich verhört, seine Papiere werden bis auf das letzte durchstöbert, vergebens. Bestushew hat vor seiner Verhaftung gründlich Ordnung gemacht. Keine einzige Zeile von Katharinas Hand wird gefunden. Und aus seinen Aussagen – will man sie nicht als pure Ritterlichkeit werten – geht deutlich hervor, daß er trotz allem an ihre und damit auch an seine spätere Zukunft glaubt; er verrät sie mit keiner Silbe. Befragt, warum er entgegen den Wünschen Elisabeths Poniatowsky in Rußland gehalten habe, erwidert er: »Es ist wahr, daß ich mich bemüht habe, Poniatowsky hier zu behalten. Ich wußte mich verfolgt vom Grafen Esterhazy und vom Marquis L'Hôpital und ich wünschte deshalb, wenigstens einen mir wohlgesinnten Minister in meiner Nähe zu haben. Ich wende mich an die Monarchin mit der Bitte um Gnade, weil ich meinen Vorteil Ihrem allerhöchsten Wunsch vorangestellt habe.« Die Verhaftung des Großkanzlers, die im eigenen Land sowie im Ausland das größte Aufsehen erregt hat, beginnt bereits, eine Kalamität zu werden. In der Hoffnung, doch noch auf die Spur irgendeines Verbrechens zu kommen, vielleicht auch bloß, um Zeit zu gewinnen, schreibt man an die geheimen Kanzleien in Wien und in Paris und erbittet Abschriften aller durch Bestushew gesandten Depeschen. Kein Beamter im Ausland berücksichtigt eine Bitte, deren Erfüllung ihm unendliche Mühe machen und möglichenfalls schwere Unannehmlichkeiten zuziehen würde.

Katharina erfährt nichts von den Ergebnissen der Untersuchung. Sie weiß bloß, daß kein Winkelchen in Bestushews Haus, keine Fuge, keine Ritze, kein noch so klug ersonnenes Versteck den blinzelnden Augen des »Großinquisitors« entgehen kann. Die Beweise der kaiserlichen Ungnade mehren sich, die Mienen der Menschen bei Hofe werden immer frostiger. Eines Tages wird die Wladyslawa verhaftet. Bei dieser Nachricht, die sie von Schuwalow empfängt, bricht Katharina in Tränen aus. »Aber glauben Sie nur ja nicht«, sagt sie, »daß Sie etwas durch diese Frau erfahren können. Es hat gar keinen Sinn, wenn Sie alle meine Leute ins Unglück stürzen, denn ich habe niemandem mein Vertrauen geschenkt!« Ihren Damen erklärt sie und bittet sie, es jedermann weiterzusagen, wenn man ihr eine unangenehme Person anstatt der Wladyslawa geben würde, so möge sich diese auf die denkbar schlechteste Behandlung, sogar auf Schläge gefaßt machen. Noch immer spricht sie nicht die Sprache der Hilflosigkeit, der Demut, der Zerknirschung. Aber in Wahrheit sind ihre stählernen Nerven von diesen Wochen des Wartens, von dem starren, undurchdringlichen Schweigen der Kaiserin, von der ungewohnten, feindseligen Einsamkeit zermürbt. Das ist nicht die stille, friedliche Einsamkeit, in der man Trost bei den Philosophen, im Glauben an eine bessere Zukunft finden kann. Gibt es denn noch eine Zukunft für sie? Das ist es, was man wissen müßte. Alles ließe sich eher ertragen als diese qualvolle Ungewißheit. Sie muß eine Entscheidung erzwingen, mit allen Mitteln, um jeden Preis.

Eines Nachts zwischen zwei und drei Uhr morgens schellt sie

Sturm nach ihrer Kammerfrau. Mit ersterbender Stimme behauptet sie, auf den Tod krank zu sein und verlangt nach dem Beichtvater. Statt seiner erscheint erst Schuwalow, dann kommen zwei Ärzte, die ihren Puls fühlen, die Köpfe schütteln und wie gewöhnlich einen Aderlaß vorschlagen. »Mein Körper bedarf keiner Hilfe mehr«, flüstert Katharina in höchster Erregung, »meine Seele ist in Gefahr.« Schließlich kann man ihr den Beichtvater nicht abschlagen und läßt ihn rufen. Der Pope ist kein Dummkopf, er weiß sehr bald, um was es sich handelt, er ist ihr wohlgesinnt wie die gesamte Geistlichkeit, und nach einer zweistündigen Unterredung, in der sehr wenig von ihrem Seelenheil gesprochen wird, verspricht er, sich sofort bei der Kaiserin für ihre unglückliche Nichte zu verwenden. Unterdes ist es Morgen geworden, die Zeit, um die Elisabeth schlafen geht. Der fromme Mann muß also warten, bis sie ihren unruhigen, gehetzten Schlummer beendet hat, um ihr zu sagen, die Großfürstin würde bestimmt aus Gram und Kummer sterben, wenn die Monarchin kein Mittel fände, sie zu trösten. Diesem Appell gegenüber kann Elisabeth nicht taub bleiben. Am Abend läßt sie Katharina sagen, sie werde sie noch im Laufe dieser Nacht zu sich rufen lassen.

Um zehn Uhr abends macht Katharina Toilette, dann legt sie sich angekleidet auf ein Kanapee und schläft, bis Schuwalow kommt, um sie zur Kaiserin zu führen. Warum geht sie nicht ruhelos im Zimmer auf und ab, bedenkt Rede und Gegenrede, sucht, erwägt, feilt ihre Worte? Ihre Ruhe nach der Nervenkrise, aber vor dem entscheidenden Gespräch, ist seltsam; noch hat sie nicht mehr gewonnen als ein Delinquent, dem die Untersuchungshaft zu lange dauert und dem es gelungen ist, den Verhandlungstermin zu beschleunigen. Ihre Ankläger, ihre Richter sind erregter als sie. Während sie schläft, trifft Elisabeth alle möglichen Vorbereitungen, sie läßt Wandschirme in ihrem Zimmer aufstellen und Iwan Schuwalow sich hinter den Wandschirmen verbergen; sie läßt Apraxins Briefe, das einzig greifbare Belastungsmaterial, zur Stelle schaffen und tut sie in ihr goldenes Waschbecken. Der Großfürst, begierig, gegen seine Gattin zu zeugen, und ängstlich, sie mit der Kaiserin allein zu lassen, wartet ungeduldig an der Schwelle seines Zimmers, um mit ihr zugleich bei Elisabeth einzutreten. Was fürchten sie alle von der einsamen, wehrlosen Katharina? Sie fürchten, was Katharina die Ruhe ihres Schlummers verleiht: die Kraft ihrer Persönlichkeit. So schlafen geniale Feldherren vor der entscheidenden Schlacht, gefeite Raufbolde vor einem Duell auf Leben und Tod.

Um halb zwei kommt Alexander Schuwalow und weckt die Schlafende. Sie gehen durch den nächtlichen Palast, der nicht ganz so still ist wie sonst um diese Stunde; die Wachtposten sind nicht so stumpf und schläfrig wie in anderen Nächten, hinter manchem Schlüsselloch, hinter mancher Portiere lugt ein neugieriges Auge nach dem Gesicht, dem Gang, der Haltung der Prinzessin, die ihrem Schicksal entgegenschreitet. Ihr Herz ist jetzt wild und bewegt. Aber das ist gut so. Sie will Elisabeth keine kalten Argumente anführen, sie will keinen nüchternen, endlosen Disput über Recht und Unrecht; sie will Elisabeth rühren.

Als sie bei der Kaiserin eintritt, findet sie den Großfürsten bereits vor. Kaum daß sie Elisabeth erblickt, wirft sie sich ihr zu Füßen, und mit Tränen in den Augen bittet sie noch einmal, zu ihren Angehörigen zurückkehren zu dürfen. Elisabeth will die Kniende erheben. Ihr großer Zorn ist verraucht. Wie vor sechs Wochen, als sie ihren Brief bekommen hatte, weckt Katharinas Bitte, Rußland für immer zu verlassen, eine Reihe von Sorgen, denen sich die kranke, müde Frau nicht mehr gewachsen fühlt.

»Wie können Sie wünschen, daß ich Sie fortschicke? Denken Sie doch daran, daß Sie Kinder haben!«

»Meine Kinder sind in Ihren Händen und könnten nirgends besser aufgehoben sein. Ich hoffe, Sie werden sie nicht verlassen.«

»Aber welchen Grund soll ich der Welt angeben, wenn ich Sie fortschicke?«

»Eure Majestät werden, wenn Sie es für richtig halten, einfach sagen, weshalb ich mir Ihre Ungnade und den Haß des Großfürsten zugezogen habe.«

Elisabeths Stirn wird immer kummervoller: der Welt sagen, was sie ihr doch um jeden Preis verschweigen will! »Und wovon wollen Sie bei Ihren Verwandten leben?«

»Wovon ich lebte, ehe Sie mir die Ehre antaten, mich zu berufen.«

»Ihre Mutter ist flüchtig. Sie hat ihr Land verlassen müssen und ist nach Paris gegangen.«

»Ich weiß es. Meine Mutter war den Interessen Rußlands ergeben, und das hat ihr den Zorn des Königs von Preußen zugezogen.«

Das Argument ist unwiderleglich. Elisabeth fordert Katharina zum zweiten Male auf, sich zu erheben, dann geht sie nachdenklich im Zimmer auf und ab. Der erste Waffengang ist geschlagen. Katharina weiß bereits, daß Elisabeth sie nicht fortschicken will. Aber woran denkt Elisabeth, wenn sie von der einen Ecke des großen Gemaches in die andere geht? Plötzlich wendet sie sich wieder an Katharina:

»Gott ist mein Zeuge, wie viel ich geweint habe, als Sie nach Ihrer Ankunft in Rußland krank wurden, und wenn ich Sie nicht lieb hätte, würde ich Sie nicht hier behalten haben.«

Das ist nicht die Sprache des Zornes, die Sprache der Anklage. Warum erinnert sich Elisabeth gerade jener Stunden, in denen sie um Katharina gebangt und gezittert hat? Noch einmal, nach Jahren der Feindseligkeiten, im Augenblick des allerschwärzesten Verdachtes, durchbricht Elisabeths ursprüngliche und im tiefsten unzerstörbare Liebe zu Katharina den angesammelten Groll der Kaiserin gegen die Ungehorsame, den Haß der Alternden gegen die Junge, durchbricht die sieben eisernen Ringe, mit denen sie ihr Herz gepanzert glaubte, und macht sie schwach. Vergebens sucht sie in ihrem Gedächtnis nach den finsteren Anschuldigungen gegen Katharina, mit denen ihre Umgebung sie seit Monaten füttert. Was sie zutage bringt, hält dem Blick aus Katharinas Augen nicht stand.

»Sie sind entsetzlich stolz. Sie glauben, niemand sei klüger als Sie!«

»Wenn ich das glaubte, nichts wäre geeigneter, mir diesen Glauben zu nehmen, als meine gegenwärtige Lage.«

Während dieses Gespräches flüstert der Großfürst mit Alexander Schuwalow. Katharina hört mit halbem Ohr auf ihr Geflüster und fängt die Worte auf: »Sie ist entsetzlich bösartig und eigensinnig.«

Katharina wünscht die Auseinandersetzung mit Peter in Gegenwart der Kaiserin. Sie wendet sich also an Peter und sagt: »Wenn Sie von mir sprechen, so sage ich Ihnen mit großem Vergnügen vor Ihrer Majestät, daß ich allerdings schlecht bin gegen die, welche Ihnen raten, schlecht zu tun, und daß ich eigensinnig geworden bin, seit ich sehe, daß meine Gefälligkeit mir bloß Ihren Haß zuzieht.«

Peter wendet sich an die Kaiserin: »Eure Majestät sehen selbst aus ihren Worten, wie bösartig sie ist.«

Aber Elisabeth ist mit ihren eigenen Gedanken beschäftigt. Was war es doch, was sie gegen Katharina auf dem Herzen hatte? Warum haben ihr alle ihre Freunde geraten, mit der größten Strenge die Großfürstin ins Verhör zu nehmen?

»Sie mischen sich in Dinge, die Sie nichts angehen. Wie zum Beispiel können Sie es wagen, Befehle an den General Apraxin zu schicken?«

»Ich? Nie ist es mir in den Sinn gekommen, ihm Befehle zu schicken.«

»Wie? Können Sie leugnen, daß Sie ihm geschrieben haben? Ihre Briefe liegen hier, in diesem Becken. Es ist Ihnen doch verboten, zu schreiben?«

Jetzt ist man bei der Sache selbst. »Es ist wahr, ich habe dieses Verbot übertreten und bitte deshalb um Verzeihung. Da aber meine Briefe hier sind, können sie Eurer Majestät beweisen, daß ich ihm niemals Befehle geschickt und ihn lediglich gebeten habe, die Befehle Eurer Majestät zu befolgen.«

»Bestushew behauptet, es waren noch viele andere Briefe.«

»Wenn Bestushew das behauptet, so lügt er.«

»Nun wohl, wenn er über Sie lügt, so werde ich ihn foltern lassen.«

»Eure Majestät hat die Macht, zu tun, was Ihr gut dünkt. Aber ich habe doch bloß diese beiden Briefe geschrieben.«

Elisabeth ist zu Ende mit ihrer Kraft. Sie hat nichts gegen Katharina in der Hand. Ihre Berater haben ihr vorgegaukelt, Katharina sei eine Hochverräterin und Bestushew sei ein Hochverräter, und sie sei es ihrem Ansehen vor Europa schuldig, der Sache auf den Grund zu gehen. Aber es ist nichts, gar nichts an den Tag gekommen. Katharina steht vor ihr, ruhig, stark, ein Standbild ge-

kränkter, beleidigter Unschuld. Vielleicht hat sie trotzdem gefehlt, verraten – wer kann es wissen. Elisabeth ist zu müde, zu schwach, sie ist dieser gesunden, ausgeschlafenen Frau mit der klaren, klugen Stirn nicht gewachsen. Unterdes kreischt der wütende Großfürst auf seine Gattin ein. Er ist dabei, die ganze schmutzige Wäsche des häßlichen Haushaltes auszubreiten. Es sind keine Neuigkeiten für Elisabeth. Sie weiß, daß Katharina kein Engel ist, aber sie hat sich bereits damit abgefunden, daß ihr Hof kein guter Humus für Tugend ist. Und wenn Katharina auf alle beleidigenden Anwürfe ruhig und maßvoll antwortet, dann fühlt sich Elisabeth, die auch kein Engel ist, zu dieser Frau mit der adligen Haltung, zu diesem Wesen voll Kraft und Festigkeit unwillkürlich hingezogen. Peters Stimme wird in der Aufregung schrill und tut ihren Ohren weh. Peter ist ein Dummkopf, er weiß nie, worauf es ankommt. Elisabeth ist nicht so klug wie Katharina, die exzessiven Schwankungen ihres Gemütes haben die Entwicklung ihres Verstandes gehemmt, aber sie hat einen gesunden Instinkt trotz alledem, und in entscheidenden Augenblicken hat sie immer gewußt, worauf es ankommt. Jetzt tritt sie plötzlich ganz nahe an Katharina heran und flüstert ihr zu:
»Ich hätte Ihnen noch vieles zu sagen, aber ich mag hier nicht sprechen, um Euch nicht noch mehr in Unfrieden zu bringen.«
Katharina hat verstanden. Auch in ihr schmilzt die Erbitterung vieler trauriger Wochen, sie vergißt gern, daß sie als angeklagte Anklägerin hierhergekommen ist, und mit bewegter Stimme flüstert sie zurück:
»Auch ich kann mich nicht aussprechen, obwohl ich den dringenden Wunsch habe, Ihnen mein Herz und meine Seele zu eröffnen.«
Beide Frauen haben ehrliche Tränen in den Augen. Was ist eigentlich geschehen? Die massiven Beschuldigungen der Schuwalows und Worontzows haben sich in einem völlig artfremden Medium in Nichts aufgelöst. Katharina hat kaum Gelegenheit gehabt, sich zu verteidigen, aber sie hat Elisabeth gegenübergestanden und noch dazu in Gegenwart von dreien ihrer schlimmsten Feinde, deren einer, der hinter dem Wandschirm, Elisabeths

Geliebter ist. Um vor diesen dreien das volle Ausmaß ihrer Schwäche zu verbergen, entläßt Elisabeth die ganze Gesellschaft. Am nächsten Tag kann jeder, der will, aus Elisabeths Mund hören, daß ihr Neffe ein Tropf, Katharina aber eine sehr kluge Frau sei. Wenige Tage später läßt die Kaiserin Katharina ein zweites Mal zu sich kommen, aber von dieser Unterredung wissen wir nichts: Katharinas Memoiren brechen in dem Augenblick ab, da sie Elisabeths Zimmer betritt, in dem diesmal weder Wandschirme noch andere Personen sich befinden. Aber ein Brief von Katharinas Hand liegt vor, knapp darauf, am Tage vor ihrer Abreise nach Oranienbaum, an Elisabeth geschrieben: »Wenn ich der gnädigen Worte gedenke, die ich von den gesegneten Lippen Ew. Kaiserlichen Majestät habe hören dürfen, so treten mir Tränen der Freude in die Augen.«

Kein Wort mehr von Heimgeschicktwerden, von Verbannung und Ungnade. Am 21. April – an Katharinas Geburtstag – läßt ihr die Kaiserin sagen, daß sie auf ihre Gesundheit getrunken habe. Sie gestattet ihr, einmal in der Woche nach Peterhof zu kommen, um ihre Kinder zu sehen. Kein hartes Wort über die Großfürstin kommt mehr über ihre Lippen. Trotzdem ist von einer wirklichen Freundschaft keine Rede. Elisabeth ist in die gefährlichen Jahre gekommen, aus deren Zerstörung nur die edelsten Werte des Geistes und des Herzens unversehrt hervorgehen können; aber sie hat alle ihre Schätze vertan, alle ihre Feuer abgebrannt, alle Gaben ihrer reichen Natur dem Dämon der Eitelkeit geopfert: jetzt ist sie selbst ein Opfer des Dämons, und der Rest ihrer Tage ist erfüllt von Trauer über ewig entschwundene Freuden. Sie kann den allzu häufigen Anblick ihrer jungen, kraftvollen Nachfolgerin nicht ertragen.

Katharina macht es ihr leicht; unter dem Vorwand einer Brunnenkur lebt sie in Oranienbaum sehr zurückgezogen, in einem entlegenen Pavillon. Sie beteiligt sich nicht an den Festen in Peterhof, obwohl sie keinerlei Brüskierung mehr zu fürchten hätte. Von allen Seiten bemühen sich ihre Feinde von gestern erneut um ihr Wohlwollen. Der kühne Traum der Elisabeth Worontzow ist zerstoben, sie begnügt sich wieder mit der Rolle einer künftigen Pompadour und schmachtet nach einem freundlichen Wort von den stolzen Lippen der Großfürstin. Sogar die Franzosen sind eingeschüchtert und beginnen, die Schäden ihrer verfehlten Bemühungen wiedergutzumachen. Die russische und die französische Regierung beschließen, Katharinas Bruder, den regierenden Fürsten von Zerbst, für die erlittenen Geldeinbußen schadlos zu halten.

Immerhin, die begonnenen Prozesse müssen zu Ende geführt werden, aber es ist bereits vollkommen klar, daß sie keine Ergebnisse zeitigen werden. Es wünscht auch niemand mehr, daß sie welche zeitigen. Aber wenn man einen Feldmarschall, einen Großkanzler verhaftet hat, so kann man sie nicht gut wieder laufen lassen wie zwei Landstreicher. Das Verfahren gegen Apraxin wird ein Jahr nach seiner Inhaftierung eingeleitet. Bereits am ersten Tag wird der unglückliche Mann vom Schlage getroffen, einem Gerücht zufolge, weil er einen Satz des Untersuchungsrichters nicht zu Ende hörte:»Uns bleibt jetzt nichts anderes übrig als...« Hier fiel der große, dicke, apoplektische Apraxin tot zu Boden. Er hatte gefürchtet zu hören:»... als Sie zu foltern«, während der Satz mit den Worten:»... als Sie freizulassen« hätte schließen sollen.

Die Untersuchung gegen Bestushew dauert ebenfalls ein volles Jahr und endet mit einem Schuldspruch wegen – Majestätsbeleidigung.»Der perfide Minister«, heißt es in einem Manifest an das Volk,»habe in blindem Bestreben, sich wichtig zu machen, Ihrer Majestät Mißtrauen gegen Ihren lieben Neffen, den Thronfolger, und gegen Ihre liebe Nichte, die Großfürstin, einflößen wollen«, weshalb er seiner Ämter und Würden verlustig bleibt und auf eines seiner Güter verbannt wird. Daß man seine Güter und sein Vermögen nicht zu konfiszieren wagte, beweist zur Genüge, wie wenig Beweismaterial gegen ihn gefunden werden konnte. Da er sowohl wie Katharina alle entscheidenden Dokumente verbrannt hat, muß es für ewig unentschieden bleiben, ob er zu Unrecht verbannt wurde oder zu Unrecht einer strengeren Strafe entging. Die übrigen Verhafteten erleiden die gleiche milde Strafe, die nichts anderes ist als ein Finale der tiefsten Verlegenheit.

Poniatowsky hat, trotz seiner offiziellen Abberufung, die ganze Sturmzeit in Petersburg, in der Nähe der Geliebten zugebracht. Er hat sich krank gesagt, tagsüber bleibt er in seinem Bett, nachts aber verkleidet er sich bis zur Unkenntlichkeit, stülpt eine blonde Perücke auf sein Haupt und begibt sich nach Oranienbaum. Wenn der Pförtner oder ein Wachtposten ihn anhält:»Wer da?«, erwidert er:»Musikant des Großfürsten«. In ihrem abgelegenen Pavillon empfängt Katharina allnächtlich den Freund. Hat es eine Zeit gegeben, da der junge Pole die Gefahren ihrer Liebe fürchtete? Nach drei Jahren der Leidenschaft, angesichts des unausweichlichen Abschieds, wagt er jede Tollkühnheit, um sie noch einmal und immer wieder noch einmal zu sehen. Seine Liebe ist mit der Zeit gewachsen, oder Katharina hat ihn mit ihrer Bravour angesteckt; jedenfalls ist der freche Mut dieser beiden, die bereits einen Blick in den Abgrund getan haben, fast unglaublich. Nachdem ihre Liebe bereits ganz Europa alarmiert, Bestushews Sturz besiegelt und beinahe Katharinas Verbannung herbeigeführt hat, ereignet sich eine Episode, die wiederum haarscharf an der Katastrophe vorbeiführt, um eine schwankhafte Fortsetzung zu nehmen und schließlich doch das Ende des Romans zu beschleunigen.

Eines Nachts, beim Verlassen des intimen Pavillons, wird Poniatowsky im dunklen Park von Oranienbaum von drei Berittenen aufgegriffen, wie ein Dieb am Kragen gepackt und so vor den Großfürsten geführt. Peter tut, als fühle er durch den verkleideten Eindringling sein Leben bedroht, vielleicht glaubt er das auch wirklich, und Brockdorff rät ganz laut, kurzen Prozeß zu machen und den Verdächtigen auf der Stelle zu töten. Selbst angesichts dieser unmittelbaren Lebensgefahr verlangt die Ritterlichkeit des polnischen Edelmannes, daß er schweige – und er schweigt. Gerade aber das bringt Peter außer sich. Die Diskretion des Liebhabers ist ihm so unverständlich, daß er wirklich beginnt, in dem stummen Mann einen Verschwörer zu sehen. Ohne die inständigen Bemühungen Leo Naryschkins wäre Poniatowsky verloren gewesen; schließlich wird er Alexander Schuwalow übergeben, der es für das klügste hält, den Gesandten des Königs von Polen wieder freizulassen und keinen Skandal anzuzetteln. Auch er hat gelernt, daß es klüger ist, sich mit Katharina gut zu verhalten. Aber noch immer kann sich der ganz und gar in seine Leidenschaft versponnene junge Mann nicht entschließen, abzureisen. Er sinnt auf ein neues Mittel, die Geliebte wiederzusehen, und findet es. Beim Tanz in Peterhof flüstert er Elisabeth Worontzow ins Ohr:»Es wäre Ihnen ein Leichtes, uns alle glücklich zu machen!« – Die Worontzow begreift, daß dies die ersehnte Gelegenheit ist, sich die unnahbare Großfürstin zu verpflichten, und noch in derselben Nacht führt sie Poniatowsky zu Peter.»Bist du nicht der größte aller Narren«, ruft Peter,»daß du mich nicht gleich ins Vertrauen gezogen hast! Hätte ich gewußt, um was es sich handelt, so wären dir alle Unannehmlichkeiten erspart worden.« Poniatowsky ist geistesgegenwärtig; anstatt über die erlittenen Unannehmlichkeiten zu klagen, lobt er die ausgezeichnete militärische Organisation der holsteinischen Bewachungstruppen. Damit hat er Peters empfänglichster Eitelkeit geschmeichelt, die gute Laune seiner königlichen Hoheit wächst, eine Flasche Wein tut das ihre, ein toller Gedanke erwacht in seinem Kopf und bringt ihn in der gleichen Sekunde auf die Beine: er läuft in das Zimmer Katharinas, weckt die Schlafende, zwingt sie, einen losen Morgenrock über ihr Nachtgewand zu werfen, läßt ihr nicht einmal Zeit, Schuhe und Strümpfe anzuziehen, mit Pantoffeln an den nackten Füßen führt er sie zu Poniatowsky und der Worontzow:»Also da ist sie«, ruft er,»ich denke, man wird mit mir zufrieden sein!«

Ganz gewiß ist keiner so zufrieden wie Peter. Es ist ein vollkommener Triumph für ihn, der Höhepunkt seiner Ehe, die restlose Erfüllung eines Wunschtraumes. Von seinem Hochzeitstag angefangen hat er versucht, seine überlegene Frau auf zwei Arten zu entwürdigen: indem er sie mit anderen Frauen betrog und indem er sie anderen Männern gönnte. Nun endlich ist die Situation geschaffen, in der er, seine Mätresse im Arm, lachend auf Katharina und ihren Geliebten blicken darf: er ist ganz und gar Herr dieser Situation. Er führt sie noch mehrmals herbei, indem er selbst Poniatowsky nach Oranienbaum lädt, wo er ihn bereits in Gesellschaft Katharinas und der Worontzow erwartet. Wenn er nach dem Souper à quatre sagt:»Nun Kinder, ich glaube, Ihr braucht uns nicht mehr«, und sich vergnügt mit seiner Geliebten entfernt, dann fühlt er sich keineswegs als Hahnrei, sondern zum ersten Mal als vollgültiger, gleichwertiger, sogar überlegener Mann. Seine Gefälligkeit ist echt, sie entspringt keiner verdächtigen Güte, sondern ehrlicher Verhöhnung der Ehe. Poniatowsky braucht keine blonde Perücke mehr, er hat von den Wachen Peters nichts mehr zu befürchten.

Aber gerade diese Situation ist Katharina unerträglich; zu den abenteuerlichsten Eskapaden bereit, erschreckt sie der Gedanke, der Diskretion des geschwätzigen Großfürsten, dem Wohlwollen seiner gehässigen Mätresse ausgeliefert zu sein. Auch ist sie nicht zynisch wie Peter, sie ist romantisch. Was Peter Freude macht: die Herabwürdigung der Liebe zur Libertinage, beleidigt ihr Gefühl. Sie erträgt es nicht, daß Peter in Poniatowsky nichts als ihren Worontzow sieht. Sie hält Poniatowsky für ihre einzige große Liebe – sie kennt gar keine andere. Sie hätte Peter, sie hätte Saltykow mit dieser Liebe geliebt, wäre Peter liebenswert oder Saltykow treu gewesen.

Was sie aber vor allem nicht erträgt, das ist die neue Freundschaft mit Peter, diese niedrige Freundschaft auf der Basis des beiderseitigen Ehebruches. Mit ihrem sicheren Instinkt für die geheimnisvoll wirkende Ausstrahlung allen Tuns begreift sie, daß diese Aussöhnung eine größere Gefahr für ihre Zukunft bedeutet als alle Bemühungen ihrer Feinde. Ihr großes Ziel erträgt keine Gemeinschaft zwischen ihr und Peter, und obwohl Peter gerne bereit ist, an den Polenkönig zu schreiben und um Poniatowskys neuerliche Betrauung zu bitten, zieht sie es vor, den Geliebten ziehen zu lassen, überzeugt davon, daß diese robuste Leidenschaft länger leben wird als die sieche Kaiserin und daß nach Elisabeths Tod sie – Katharina – die Macht haben wird, an ihre Seite zu berufen, wen es ihr beliebt und wie es ihr beliebt.

Ihre Korrespondenz mit Poniatowsky ist zärtlich, wie die zwischen Verlobten, und voll von zuversichtlicher Hoffnung auf eine baldige endgültige Vereinigung.

VIII.

Das Schicksal erfüllt sich

Ungefähr um diese Zeit – Sommer 1759 – wird ein neuer Mann mit der Erziehung des Knaben Paul Petrowitsch betraut: Graf Nikita Panin.

Als Elisabeth seinerzeit ihres Favoriten Rasumofsky müde geworden war und nach einem neuen Günstling Ausschau gehalten hatte, waren ihre Augen wohlgefällig auf den damals neunundzwanzigjährigen Panin gerichtet gewesen. Der russische Hofklatsch erzählt, daß Panin bereits bis ins Badezimmer seiner Souveränin vorgedrungen war, dort aber das Unglück hatte, einzuschlafen und den Augenblick zu verpassen, in dem Elisabeth seinen Eintritt erwartete. Jedenfalls hatte er sich auf diese oder eine andere Weise den besten Posten des Reiches verscherzt, und die Schuwalows triumphierten. Da sie aber fürchteten, dem ausgezeichnet aussehenden jungen Mann könnte sich noch eine zweite Chance bieten und er könnte sie besser nützen, sorgten sie für seine ehrenvolle Entfernung vom Hofe: er wurde erst Geschäftsträger in Kopenhagen, später in Stockholm. In beiden Städten hat er Rußland Ehre gemacht, denn er war ebensowenig ein Barbar wie ein Nachäffer fremder Sitten, er war ein nationaler Russe von hoher Bildung und angenehm kühlem, nonchalantem Benehmen. Er war ein Schüler Bestushews.
Er hatte Bestushews politisches System – das alte System Peters des Großen – zu dem seinen gemacht: er liebte England und Österreich und haßte Preußen und Frankreich. In diesem Sinne operierte er am schwedischen Hofe. Die neue Allianz mit Frankreich mißfiel ihm. Und als der neue Kanzler Worontzow von ihm verlangte, daß er im Geiste dieser Allianz die französischen Interessen in Stockholm unterstütze, erwies er sich weniger geschmei-

dig, aber charaktervoller als Williams und erbat seine Abberufung.

Jetzt ist er zweiundvierzig Jahre alt, etwas wohlbeleibt und noch weniger feurig als anno dazumal. Die Schuwalows fürchten ihn nicht mehr und lassen zu, daß er als Erzieher des kleinen Paul eine Stellung bekleidet, die ihn oft in die Nähe Elisabeths bringt. Es ist auch nichts mehr zu befürchten: Elisabeth ist ein erloschener Krater.

Peter ist sehr wenig zufrieden mit dem neuen Erzieher seines Sohnes: »Mag der Junge vorläufig unter seiner Aufsicht bleiben, ich werde bald für eine bessere, militärische Erziehung an Stelle dieser weibischen sorgen.« Noch viel weniger zufrieden ist Panin mit dem Großfürsten. Wie könnte auch dieser aufrechte Mann, der so unerschütterlich an einer einmal gefaßten Meinung festhält, mit dem Großfürsten zufrieden sein? Panins Haß gegen Preußen ist weitaus größer als sein Haß gegen Frankreich, und er weiß, daß Peter nicht bloß Friedrich anbetet, sondern daß er seinem Angebeteten auch richtige Spitzeldienste leistet: durch den neuen englischen Gesandten, den Marquis Keith, läßt er Friedrich neben immer wieder erneuten Schwüren seiner unbedingten Ergebenheit auch alle wichtigen Nachrichten zukommen, deren er habhaft werden kann; Kurier um Kurier wird angeblich nach London, in Wirklichkeit aber nach Berlin gesandt, so daß Friedrich oft früher Nachricht von Beschlüssen der Petersburger Konferenzen hat als die obersten Befehlshaber der russischen Truppen. All das ist niemandem Geheimnis, der dänische und der französische Gesandte machen darüber Vorstellungen bei Worontzow, aber Worontzow kann sich nicht entschließen, etwas gegen seinen künftigen Kaiser zu unternehmen. Seine Nichte liegt ihm wieder in den Ohren, sie steckt ihn mit ihren ehrgeizigen Plänen an: wie, wenn man nach Elisabeths Tod die illegitime Geburt des kleinen Paul enthüllte und eine Scheidung wegen erwiesenen Ehebruches erwirkte? Dann kann sie immer noch Kaiserin und Worontzow der erste Mann in Rußland werden!

Panin weiß um die Pläne der Worontzows. Er weiß auch um die Pläne der Schuwalows. Er hat seinen eigenen Plan: er will Peter absetzen und seinen kleinen Zögling Paul zum Zaren krönen lassen. Wie das? Es gibt einen einzigen Menschen, mit dem er darüber spricht: das ist Katharina.

Sie ist ihm wert, weil sie seinem Freund und Lehrer Bestushew wert war, und sie ist ihm doppelt wert, weil sie für Bestushew gelitten hatte und ihm bis zum letzten Augenblick treu geblieben war. Panin ist ein guter Menschenkenner, er weiß bald, daß man mit Katharina gefahrlos über die gefährlichsten Dinge sprechen darf: sie ist die Verschwiegenheit selbst.

Er weiß auch, daß sein Plan nicht durchaus nach ihrem Geschmack ist, aber doch eher nach ihrem Geschmack als eine Regentschaft Peters: »Ich will lieber die Mutter, als die Gattin des Regenten sein.« Das ist wahr, aber es ist nicht die volle Wahrheit: sie selbst will Regentin sein. Panin ist kein Schmeichler und Heuchler, Katharina braucht ihm nicht ins Herz zu sehen, um zu wissen, daß sie auf ihn nur bis zur Entthronung Peters zählen darf – er sagt es ihr offen.

Aber schon das bedeutet viel für sie, mehr als die plumpen Annäherungsversuche des Favoriten Iwan Schuwalow, die den französischen Gesandten veranlassen, nach Paris zu schreiben: »Der Favorit möchte gerne ein doppeltes Amt bekleiden, so gefährlich das auch scheint.« Iwan kommt nicht in Gefahr, seinen Kopf zu riskieren, denn Katharina verliert den ihren nicht an ihn. Die Schuwalows sind und bleiben verdächtig, und wenn sie tastende Versuche machen, um durch Panin Katharinas Ansicht über eine Entthronung Peters zu erfahren, so antwortet ihnen Panin im Namen Katharinas: » – es dürfe nicht an das getastet werden, was zwanzig Jahre lang durch alle heiligen Eide beschworen wurde.«

Ein Jahr, nachdem Panin mit der Erziehung des kleinen Paul betraut worden war – im Sommer 1760 –, kommt die jüngste Schwester Elisabeth Worontzows nach Petersburg. Die »kleine Katharina«, wie sie später im Gegensatz zur großen genannt werden soll, ist im Augenblick achtzehn Jahre alt, aber bereits seit drei Jahren mit dem Fürsten Daschkow verheiratet und Mutter zweier Kinder. Sie hatte kaum eine sorgfältigere Erziehung genossen als ihre dicke einfältige Schwester, aber schon als frühreifer Backfisch hatte sie Geschmack an der Lektüre, und zwar an der schwierigen Lektüre der Historiker und Philosophen, gefunden, und als sie – fünfzehn Jahre alt – zum ersten Mal Katharina im Hause des Onkels Worontzow begegnete, war die Großfürstin, überrascht darüber, ein so ungewöhnlich gebildetes russisches junges Mädchen kennenzulernen, überaus liebenswürdig gegen das aufgeweckte Kind gewesen, das ihre Vorliebe für Montaigne und Voltaire teilte. Katharina ist unwiderstehlich, wenn sie liebenswürdig ist; aber der Eindruck, den sie auf dieses junge Mädchen im allerempfänglichsten, überspanntesten Alter machte, war überwältigend. Die nachfolgende Ehe, die doppelte Mutterschaft vermochten nicht, ihn zu verlöschen. Die Daschkow schwärmte für Katharina wie ein Backfisch, aber wie ein sehr gebildeter Backfisch: in Katharina erblickte sie das Ideal der aufgeklärten Philosophie.

Kaum daß sie mit ihrem Gatten in Petersburg angekommen ist, versuchen ihre Schwester und der Großfürst, die junge Daschkow in ihren Kreis zu ziehen. Aber in diesem Kreise gefällt es der kleinen Fürstin nicht. Peter verlangt von seiner gesamten Umgebung ein rauhes, militärisches Gehabe; es müssen nicht bloß die Männer, ob sie daran Freude finden oder nicht, nach preußischer Manier Knasterpfeifen rauchen, sogar die Damen tun das, um dem Großfürsten gefällig zu sein. Peter nennt Friedrich II. nie anders als »der König, mein Herr« und verhält sich sehr ablehnend gegen die Ideen der französischen Philosophen. Einmal erhitzt er sich für die Wiedereinführung der Todesstrafe. »Mit der Todesstrafe sparen, heißt Ungehorsam und alle mögliche Unordnung ermutigen«, sagt der Herrscher von morgen und hat sich damit in den Augen von Montesquieus gelehriger Schülerin als künftiger Tyrann gerichtet. Sie hätte ihm seine despotischen Ansichten vielleicht verziehen, hätte er sie besser zu argumentieren verstanden; was sie an Peter und seinem Kreis am tiefsten abstößt, ist die Unbildung und das selbstgefällige Auftrumpfen mit der Unbildung als mit einer soldatischen Tugend.

Wie gewöhnlich stellt Katharina einen vollkommenen Kontrast zu ihrem Gatten dar. Von einem »Kreis« der Großfürstin kann man um diese Zeit kaum sprechen, denn sie verharrt in ihrer Zurückgezogenheit und erscheint nur an den Courtagen bei

Hofe. Aber sie besucht jeden Sonntag ihre Kinder in Peterhof; auf der Rückfahrt läßt sie gewöhnlich ihren Wagen vor der Sommervilla der Daschkows halten und nimmt die junge Frau für den Rest des Tages mit sich nach Oranienbaum. In Katharinas Garten, in der Stille ihres Zimmers führen diese beiden Frauen, von denen die eine etwas über dreißig, die andere noch nicht zwanzig Jahre alt ist, stundenlange Gespräche miteinander. Es sind sehr erhabene Gespräche über die praktische Anwendung der Philosophie, über Menschenrechte, Humanität, Demokratie. Mit Stolz, wahrscheinlich aber auch mit Recht, behauptet die Daschkow, daß kaum eine dritte Frau in ganz Rußland an diesen Gesprächen hätte teilnehmen können. Nach solchen Gesprächen fährt die Daschkow mit glühenden Wangen, wie von Fiebern geschüttelt, nach Hause. Sie sieht im Geiste das Rußland Peters – einen geknechteten Soldatenstaat, wo zu der russischen Knute noch der preußische Henker tritt – und das Rußland Katharinas, den Idealstaat Montesquieus, eine konstitutionelle Monarchie, wo der Wille des freien, bewußten Volkes mit dem Willen einer weisen und gütigen Kaiserin harmonisch zum allgemeinen Besten zusammenwirkt.

Von einem edlen Feuer durchglüht, verbringt die junge Frau schlaflose Nächte. Ihre überhitzte Phantasie treibt die tollsten Blüten. Vielleicht ist sie ausersehen, die vergötterte Freundin, Rußland, die Menschheit zu retten? Es hat schon mehrere Staatsstreiche in Rußland gegeben, keinen aber, der so sehr im Sinne des Volkes, des Patriotismus, des schlechthin Guten gewesen wäre wie eine Entthronung Peters zu Gunsten Katharinas. Müssen es denn immer ehrgeizige Generäle, machtgierige Abenteurer sein, die eine Revolte anzetteln? Warum soll nicht einmal in der Geschichte Rußlands eine Frau, eine ganz und gar, mit Haut und Haar der guten Sache ergebene junge Frau an der Spitze der Revolution marschieren? Die kleine Daschkow ist von ihrer eigenen Uneigennützigkeit fest überzeugt, und wenn ihre Eitelkeit mindestens ebenso groß ist wie ihr Idealismus, so ist sie ihr doch durchaus nicht bewußt, und diese Naivität gibt ihr jenen unbedenklichen Elan, ohne den sie sich bestimmt im Gestrüpp vernünftiger Erwägungen verloren hätte. Ihr Ehrgeiz ist groß, nobel und vom Enthusiasmus für alles Edle nicht zu trennen. Katharina ist die Verkörperung ihrer Ideale, und das Beisammensein mit diesem leibhaftigen Ideal ist ihr Glück, für das sie jedes andere, auch das ihrer Familie, einzutauschen bereit ist. Solange Elisabeth lebt, kann sich ihre Aktivität nicht voll entfalten. Aber sie bleibt nicht müßig. Durch die Stellung ihres Gemahls, mehr noch durch die Stellung ihres Onkels, des Großkanzlers Worontzow, und durch ihre Schwester, hat sie Gelegenheit, mit allen wichtigen Personen der Regierung zu sprechen, und sie spricht mit ihnen nie anders als im Hinblick auf ihre Zukunftspläne. Sie spielt das kleine unerfahrene Ding (was braucht sie viel zu spielen, da sie neunzehn Jahre alt ist?), und die Leute kommen gar nicht auf den Gedanken, daß dieses vorwitzige Kücken gefährlich sein könnte. Mühelos und unauffällig erfährt sie, wie sich der und jener, Mitglieder des Senats und der Generalität, zu Peter, zu Katharina verhalten. Ohne daß diese es ahnen, sammelt sie ihre künftigen Bundesgenossen in ihrem klugen, entschlossenen Kopf und bedenkt die Rolle, die dem oder jenem später angewiesen werden könnte.

Mit Katharina spricht sie niemals offen über diese Dinge. Katharina würde es nicht gestatten. In den Augen der Großfürstin ist die Daschkow ein bezauberndes Kind, dessen begeisterte Liebe ihr angenehm schmeichelt und dessen Unterhaltung sie anregt. Sie erfährt auch manches von diesem Kind, was ihr zu wissen wichtig ist. Katharina hat eigentlich niemals eine richtige Freundin gehabt, auch ihre Beziehung zur Daschkow ist keine richtige Frauenfreundschaft: die Daschkow ist wie ein verliebter Gymnasiast, dessen Leidenschaft sie sich gefallen läßt, ohne sie ernst zu nehmen.

Im Herbst 1758, bald nach der Abreise Poniatowskys, soll einmal in Katharinas nächster Umgebung irgendwer gesagt haben, daß nur die französische Regierung die Wiederberufung des jungen Polen nach Petersburg durchsetzen könnte. »Täte sie es doch«, soll Katharina erwidert haben, »und ich wäre mit Leib und Seele Französin.« Wahr oder erfunden, jedenfalls wurde diese Unterredung L'Hôpital hinterbracht und von ihm sogleich an seinen

Minister in Paris, den Herzog von Choiseul, weitergegeben. Choiseul maß in diesem Augenblick Katharina keine allzugroße Bedeutung bei.

Im Sommer des Jahres 1759 errang die englische Flotte zwei entscheidende Siege: einen bei Le Havre, wo ein großer Teil der zum Truppentransport bestimmten Schiffe vernichtet wurde, und einen zweiten bei der Ausfahrt der französischen Mittelmeerflotte an der Pforte von Gibraltar. Choiseul erkannte sogleich die ganze Schwere der erlittenen Niederlage und wünschte, auf diplomatischem Wege zu erkunden, unter welchen Bedingungen ein ehrenvoller Friede mit England möglich wäre. Da das verbündete Rußland mit England nicht im Kriege lag, schien es für diese Vermittlerrolle besonders geeignet. In diesem Zusammenhang war Katharina interessant. Sie war mit dem englischen Geschäftsträger in Petersburg befreundet, sie war klug und diskret, und es kam bloß darauf an, sie für die französischen Interessen freundlich zu stimmen. Choiseul erinnerte sich an L'Hôpitals seinerzeitigen Bericht und gedachte, den neuen Mann mit einer Zusicherung betreffs Poniatowskys Wiederkunft nach Rußland aufs angenehmste bei Katharina einzuführen. Aber feiner, wohlerfahrener Psychologe, der er war, fürchtete er die Enttäuschung eines Wiedersehens nach so langer Trennung. Ein anderes Mittel, Katharina an Frankreich zu attachieren, schien ihm besser: warum sollte ein junger Franzose nicht imstande sein, einen französierten jungen Polen zu ersetzen? Er suchte also einen Mann, der geeignet schien, indem er Katharina versprach, ihr Poniatowsky wiederzugeben, Poniatowsky bei Katharina auszustechen. Diesen Mann glaubte er in dem siebenundzwanzigjährigen Grafen Breteuil gefunden zu haben.

Katharina empfing Breteuil sehr freundlich und dankte ihm und durch ihn dem König von Frankreich für die Bemühungen, den Grafen Poniatowsky wieder nach Rußland zu bringen. Aber wenige Tage später wurde Breteuil durch seinen König desavouiert: Ludwig hatte erfahren, daß Elisabeth den jungen Polen nicht mochte und ihn auf keinen Fall ein zweites Mal als Gesandten akkreditieren wollte. Breteuil wurde beauftragt, dies Katharina mitzuteilen. Er hatte große Angst vor dieser zweiten Unterredung, er machte sich mit Recht auf Enttäuschung, Kälte, Unfreundlichkeit gefaßt. Zu seinem freudigen Erstaunen blieb Katharina gleichmäßig freundlich und sagte, sie sei trotz des augenblicklichen Mißerfolges vollkommen von den liebenswürdigen Absichten des französischen Königs überzeugt, sie wisse alle Schwierigkeiten zu ermessen und werde für die Beweise seiner Sympathie ewig dankbar sein.

Ohne es ahnen zu können, hatte Breteuil bei dieser zweiten Unterredung der Großfürstin einen weitaus größeren Gefallen erwiesen als bei der ersten. Sie stand zwar immer noch in zärtlicher Korrespondenz mit Poniatowsky, aber sie fürchtete nichts auf der Welt mehr als sein Wiedererscheinen in Petersburg.

Denn seit kurzem hat Poniatowsky einen Nachfolger gefunden. Er ist Leutnant bei der Garde und heißt Gregor Orlow.

Die Orlows sind kein altes Adelsgeschlecht. Noch der Großvater hatte als einfacher Soldat bei den Strelitzen gedient und war nach dem mißglückten Aufstand dieses Regimentes mit vielen Kameraden zum Tode verurteilt worden. Seinem Hang zur Grausamkeit folgend, hatte Peter der Große Hinrichtungen gerne beigewohnt, gelegentlich auch selbst exekutiert; als damals an jenen Orlow die Reihe gekommen war, sein Haupt auf den Block zu legen, hatte er mit dem Stiefel den blutenden Kopf eines Kameraden zur Seite geschoben und gerufen: »Ich muß mir hier doch Platz verschaffen.« Solche Kaltblütigkeit angesichts des unabwendbaren Todes hatte die Bewunderung Peters erregt, er schenkte Orlow das Leben und steckte ihn in ein Linienregiment, wo er mit der Zeit den Offiziersrang und damit den Titel eines Edelmannes erwarb.

Im Augenblick leben fünf Enkel dieses rohen, zynischen Helden. Fünf Brüder von robuster männlicher Schönheit, alle bei der Garde, alle beliebt bei ihren Kameraden, vergöttert von ihren Untergebenen, sowohl um ihrer Tugenden wie um ihrer Laster willen, deren spezifisches Gemisch das damalige Ideal eines russischen Offiziers ergibt: sie alle sind verwegen bis zur Tollkühnheit, heiter in ihrem Wesen, gutmütig gegen ihre Freunde, hemmungslos in ihren Leidenschaften, Trinker, Spieler, Frauenjäger und Fatalisten. Sie verstehen es, heiß zu leben und kühl dem Tod entgegenzusehen; sie sind rauschhafte Menschen, gierig, aber nicht berechnend, großartig in ihrem Temperament und vollkommen ungebildet. Wie gewisse Katzenarten bewegen sie sich immer am Rand gefährlicher Abgründe. Frauen lieben solche Männer, aber ihre Faszination erstreckt sich auch auf einfache Typen des eigenen Geschlechts. Gregor ist der zweitälteste Orlow und der schönste von allen. »Ein Engelskopf auf dem Körper eines Athleten.« In der furchtbaren Schlacht von Zorndorf hat er sich durch besondere Kaltblütigkeit ausgezeichnet. Viermal verwundet, war er nicht einen Schritt von seinem Posten gewichen, wofür er zum Flügeladjutanten des Feldzeugmeisters Peter Schuwalow ernannt worden war. Genauer betrachtet, hatte seine Tapferkeit gar nichts mit dem beliebten »pflichtgetreuen Heldentum« zu tun, sondern es war jene traditionelle Orlowsche Todesverachtung, die gar keines idealen Zieles bedarf, um unbekümmert Schicksal und Gefahr herauszufordern. Gregor hat es bald darauf bewiesen, indem er die Geliebte seines eigenen Obersten, die wunderschöne Fürstin Kurakin, entführte. Das war ein viel gefährlicheres Abenteuer als die Schlacht von Zorndorf, aber Gregors Stern bewährte sich zum zweiten Mal. Schuwalow starb eines plötzlichen Todes, und Gregor Orlow war über Nacht einer der interessantesten Männer Rußlands geworden.

Dies war in Königsberg geschehen, und man fand es vorteilhaft, ihn von dort zu entfernen. Er wurde dem Grafen Schwerin, der in der Schlacht von Zorndorf gefangen genommen worden war, als Bewachungsoffizier zur Seite gegeben und hatte ihn nach Petersburg zu begleiten. Es war ein leichter Dienst, eigentlich bloß eine Formsache: Ritterlichkeit gegen gefangene Feinde war immer eine der stolzesten russischen Nationaltugenden, und der Graf Schwerin hatte sich nicht zu beklagen; er wurde als »vornehmer Ausländer« behandelt, bewohnte ein glänzendes Palais, ging und kam, wie er wollte und wurde sogar am Hofe empfangen. Hier erfreute er sich als Preuße natürlich der besonderen Sympathie Peters. »Wäre ich Kaiser, so wären Sie nicht Kriegsgefangener«, sagte er und zeigte dem Gast einen Ring mit dem Bildnis Friedrichs II., den er stets am Finger trug.

Gregor Orlow hatte also Zeit, sein tolles Leben in Petersburg fortzusetzen und das Schicksal weiter herauszufordern. Er tat es am Kartentisch. Er spielte, ebenso wie seine Brüder, mit Leidenschaft und ohne Vernunft; bald hatte er Tausende in der Tasche, bald war er ein Bettler, bald spielte er mit hohen Offizieren, bald in Spelunken; wenn er gewann, gab er das Geld mit vollen Händen aus, und wenn er verlor, machte er Schulden. Seine Brüder machten es genauso. Ein nüchterner, vernünftiger Beobachter, der in den Sternen nicht zu lesen vermag, hätte ihnen allen den sicheren Untergang prophezeien müssen.

Katharina hat Orlow als Begleitoffizier des Grafen Schwerin kennengelernt. Es heißt, daß sie einmal, als der Graf gerade zu Besuch in Oranienbaum weilte, gelangweilt zum Fenster hinausgesehen und sich dabei in dem feurigen Blick Gregor Orlows verfangen habe. Jedenfalls hat die kräftige Schönheit des jungen Offiziers Eindruck auf sie gemacht, und Orlow war kein zögernder Liebhaber wie Poniatowsky; er nützte seine Chance unbedenklich, sowie er sie wahrnahm. Er hatte überhaupt wenig Ähnlichkeit mit Poniatowsky, aber eine gewisse Ähnlichkeit mit Saltykow und mit jenen Männern, die ihm in der Gunst Katharinas folgen sollen: er ist, sehr banal ausgedrückt, ihr Typ. Es ist gewiß kein Zufall, daß alle Liebhaber Katharinas, mit der einzigen Ausnahme Poniatowskys, Männer von herkulischem Körperbau sind, schöne, massive Hünen mit breiten Schultern und wohlgeformten Beinen, leidenschaftlichem Temperament und geringer geistiger Kultur, Männer eben, deren in die Augen springendes, gemeinsames Merkmal die Männlichkeit ist. Diesem Typ dankt Katharina den Ruf einer neuzeitlichen Messalina, den Scheinkontrast zwischen ihren geistigen und sinnlichen Neigungen und jene ordinären Farben, mit denen die Wachsfigur ihres Nachruhms im Panoptikum der mittelgebildeten heutigen Menschheit dick bestrichen ist. Diese Panoptikumsfigur ist ein scheußlicher Zwitter, ein Wesen mit männlichem Gehirn, brünstigem Unterleib und ohne Herz; eine nüchterne Verwalterin ihres Ruhmes, die nicht allein zu Bett gehen kann und die zur

Befriedigung ihrer nichts als sinnlichen Bedürfnisse die geeigneten Partner einzig und allein im Hinblick auf ihre diesbezüglichen Fähigkeiten bewußt erwählt.

Seit hundertfünfzig Jahren kitzelt diese monströse Vorstellung die Phantasie des Bürgers. Sie ist falsch. Katharina ist liebebedürftig und zärtlich wie irgendeine andere Frau von gesundem Blut und natürlicher Veranlagung. »Das Schlimme ist, daß mein Herz auch nicht eine Stunde lang gern ohne Liebe sein möchte. Man sagt, daß man mit solcher Sehnsucht die menschlichen Laster verhüllen möchte, als ob die in Herzenswärme ihren Grund hätten! Aber es mag sein, daß eine solche Beschaffenheit des Herzens eher ein Laster ist als eine Tugend.« Das klingt nicht gerade sehr puritanisch, aber es ist auch keineswegs die Sprache der nackten Wollust. Und das Primäre ist nicht Katharinas Liebe zur männlichen Stärke, sondern ihre tiefe, bis in die Knochen reichende Angst vor männlicher Schwäche. Unmöglich kann sie ihre Erfahrungen verleugnen; ihre ganze Kindheit war umschattet von dem ohnmächtigen Kampf gegen den schwächlichen, kränklichen Bruder; ihre Ehe mit einem schwächlichen, kränklichen Mann war eine Wiederholung, eine endlose Modulation dieses Themas. Alle Demütigungen, alle Beleidigungen ihres Frauentums kamen von einem Schwächling. Neun Jahre allnächtlichen Verschmähtwerdens lassen sich von einer außergewöhnlich gesunden, robusten weiblichen Natur überwinden, vergessen lassen sie sich nicht. Sie haben ihr Zeichen zurückgelassen: die Angst. Die Angst vor einer Wiederholung der erniedrigenden Erlebnisse. Die Liebe zur männlichen Kraft ist nichts als der befreiende Ausweg, den ihre durchaus unhysterische Natur aus der Beklemmung ihrer trüben Erfahrungen gefunden hat. Und weil sie eben voll sentimentaler Bedürfnisse ist, muß sie diese instinktive, sinnliche Auslese romantisch verfälschen: sie kommt zu einer naiven, heidnisch-antiken Vorstellung vom Zusammenhang zwischen körperlicher und seelischer Größe, äußerer und innerer Schönheit.

Andererseits erweckt eine Frau von Katharinas Format und vor allem von Katharinas Verstand gerade bei geistig hochstehenden Männern eine gewisse Angst; gewiß, sie erweckt allerhöchstes

Interesse, Bewunderung, Verehrung, Freundschaft, aber doch auch Angst und deshalb keine Liebe. Im Zusammenhang mit ihrer überlegenen sozialen Position ist diese Angst eines klugen Mannes um die nötige Bewahrung seines Selbstgefühls doppelt begreiflich. Auch Poniatowsky hatte Angst, und er wäre vielleicht rechtzeitig geflohen, hätte ihn Naryschkin nicht buchstäblich ins Zimmer der Großfürstin gestoßen. Nur Männer, die ganz sicher im Bewußtsein ihrer robusten Männlichkeit ruhen und denen für alle anderen Werte die Wertung fehlt, sind imstande, in einer Frau wie Katharina nichts als die Frau zu sehen, ein Wesen, das sie wie eine Feder aufheben, deren Hals sie wie den Leib eines kleinen Vogels umspannen und zerdrücken können, eine Frau schlechthin, und beinahe ein wenig rührend, beinahe ein wenig komisch, weil nicht einmal der Purpurmantel sie davor bewahren kann, im entscheidenden Augenblick nichts als eine Frau zu sein. Damit ist der scheinbare Gegensatz zwischen Katharinas Vorliebe für einen Voltaire und ihrer Liebe für einen Orlow aufgehoben: es ist kein Gegensatz, es ist ein zwingender Zusammenhang. Der französische Ministerpräsident Choiseul war ein guter, aber kein ausreichender Psychologe; er hatte nicht bedacht, daß ein gebildeter Mann wie Breteuil mit einer gebildeten Frau wie Katharina immer nur ein gebildetes Gespräch führen würde und daß es der rohen Einfalt eines Soldaten bedurfte, um den klugen Mund Diotimas mit einem Kuß zum Schweigen zu bringen.
Nicht die wirkliche Gestalt ihres Geliebten, bloß die Gestalt ihrer Liebe kann eine Frau charakterisieren. Orlow ist ein beschränkter Draufgänger, aber Katharina erblickt in ihm »einen Helden aus den schönen Tagen der römischen Republik«. Er ist für sie der Mann in seiner natürlichen Funktion: er ist ihr Eroberer und ihr Beschützer. Er ist der Heros aus der alten Sage, der das Fürchten nicht kennt. Sein starker Arm reicht nicht bloß um ihren Leib, er reicht so weit wie sein und seiner Brüder Einfluß bei den Garderegimentern. Katharina weiß, was die Garden in Rußland vermögen. Sie waren immer das Herz, die Kerntruppe, die Exekutive jeder Palastrevolution. Sie haben der Witwe Peters des Großen, der ersten Katharina, sie haben Elisabeth den Weg zum Thron gebahnt. Wenn Orlow nicht bei der Großfürstin ist,

dann ist er bei seinen Kameraden von der Garde. Er trinkt mit ihnen, er würfelt mit ihnen, er macht dabei Propaganda für Katharina. Er malt ihr Bild in den hellsten, ihre Situation in den düstersten Farben. Er schildert sie als glühende russische Patriotin, als gequältes Opfer des verpreußten Großfürsten. Die Soldaten hören ihm gerne zu, denn er spricht ihre Sprache. Seine Brüder agitieren bei ihren Kameraden im gleichen Sinne. Die Garden sehen Peters Regierung mit berechtigtem Mißtrauen entgegen: sie wissen, daß Peter die Garden nicht leiden mag, daß er sie »Janitscharen« nennt, Zigeunertruppen, die die Hauptstadt blockieren und für richtigen militärischen Drill nicht zu gebrauchen sind. Dagegen erscheint Katharina, die alles Russische, alle russischen Soldaten und ganz besonders die russischen Garden liebt, als Lichtgestalt, an sie knüpfen sich bald alle geängstigten Zukunftshoffnungen und mehr als das: aller feurige Enthusiasmus, den stockmonarchistische Soldaten für jeden Monarchen empfinden, der diesem schönen, kindlich-männlichen Begeisterungsbedürfnis nur einigermaßen entgegenkommt. Gregor Orlow ist kein diskreter Liebhaber, wie es Poniatowsky gewesen war; die Garden wissen, welche Rolle er bei der Großfürstin spielt, und sie empfinden das als eine Ehre, als eine Herablassung, die ihnen allen zuteil wird.

Wenn Katharina in ihrem wilden, brutalen Gardeoffizier das ganze halbbarbarische Rußland umarmt, so wird sie durch ihn zur geliebten Herrin der gesamten russischen Garde, zu ihrem angebeteten Mütterchen, für das jeder einzelne Soldat mit Begeisterung bereit ist, zu kämpfen und zu sterben.

Panin, die Daschkow und Orlow wissen bloß wenig voneinander. Jedes einzelnen Beziehung zu Katharina läuft auf seinem eigenen Geleise. Jeder kennt eine andere Katharina: Panin die vernünftige Politikerin, die Daschkow die Philosophin, Orlow die Frau. Die Daschkow wäre aus allen Himmeln gefallen, wüßte sie, wie sich ihr erhabenes Idol mit einem rohen, ungebildeten Soldaten gemein macht; Orlow fände die Gespräche der beiden Frauen überraschend langweilig und, da er ihnen nicht folgen könnte, verstimmend. Panin, als der persönlich Unbeteiligte, hätte wahrscheinlich ein wohlwollendes Lächeln für die verschiedenartigen Unterhaltungen der künftigen Zarenmutter.

Er ist nicht der einzige, der die Thronfolge zugunsten des kleinen Paul abzuändern wünscht. Auch Elisabeth, die ihren mißratenen Neffen haßt und die den Knaben Paul leidenschaftlich liebt, wünscht es. In ihren Zimmern, die sie, von Blutungen, von epileptischen Anfällen, von Herzbeklemmungen geplagt, kaum mehr verlassen kann, erfährt sie, daß Peter mit Ungeduld ihrer Auflösung entgegensieht, und sie weiß, daß er mit frecher Hand an alles tasten wird, was ihr heilig war, an ihre Religion, an ihre Bündnisse, an ihre Freunde. Aber sie ist zu fromm, um ihren eigenen Eid zu brechen, jetzt, an der Schwelle des Todes, fürchtet sie, mehr noch als je zuvor, einen Akt der Willkür zu setzen. Sie möchte gezwungen, durch irgendein Zeichen von oben dazu gedrängt, durch einen Ausbruch nationalen Willens dazu veranlaßt werden.

Sie versucht sogar, einen solchen Ausbruch herauszufordern; in einem kurzen Intervall relativen Wohlbefindens befiehlt sie, im Hoftheater eine nationale russische Komödie zu spielen. Mit Erstaunen sehen die Herren und Damen im Parkett zum ersten Mal seit vielen Monaten die kaiserliche Loge erleuchtet: Elisabeth erscheint, den kleinen Paul Petrowitsch an der Hand. Das Theater ist ziemlich leer. Die Monarchin befiehlt, die diensthabende Garde hereinzulassen. Die Garde hat ihr vor zwanzig Jahren geholfen, den Thron zu erobern, vielleicht wird sie ihr heute helfen, den Thron einem würdigeren Erben zu bewahren? Die Soldaten strömen herein, ehrfürchtig grüßen sie die Kaiserin; es sind alte, bärtige Männer darunter, die sie damals auf ihrem Weg zum Winterpalais begleitet haben. Elisabeth nimmt den kleinen Paul auf den Schoß, sie liebkost die Locken des Kindes, sie zeigt das Kind und ihre Liebe zu dem Kind den leicht gerührten, leicht begeisterten Männern. Jetzt müßte einer schreien: »Es lebe der Zarewitsch Paul Petrowitsch!« – und dieses ganze eigenartige Auditorium würde gewiß in den Ruf einstimmen; es wäre eine nationale Kundgebung, eine Forderung, man könnte ihr guten Gewissens nachgeben… Aber keiner ruft irgend etwas. Die großen, rauhen Soldaten betrachten mit freundlichem Schmunzeln das festlich gekleidete kaiserliche Kind, es gefällt ihnen, es rührt sie, aber es begeistert sie nicht. Traurig kehrt Elisabeth in ihre Gemächer zurück. Die Vorsehung hat nicht gesprochen, die Vorsehung will anders als Elisabeth, sie muß sich der Vorsehung beugen. Nunmehr gibt sie sich ganz dem Egoismus der Krankheit und ihrer Frömmigkeit hin. Sie hat niemals ein geregeltes Leben geführt, jetzt aber gibt es überhaupt keine Tageseinteilung mehr; von plötzlichen Müdigkeiten befallen, läßt sie sich, wo immer sie sich gerade befindet, ein Lager improvisieren, und wehe dem, der – und sei es um der dringlichsten Geschäfte willen – diesen flüchtigen Schlummer stören wollte! Sie betet und fastet beinahe unablässig, sie bezahlt ihre Ärzte großzügig, verschmäht aber ihre Medizinen und nimmt irgendwelche Zaubertränke, die ihr bald die eine, bald die andere ihrer Kammerfrauen anpreist. An ihrem linken Fuß hat sich eine Stelle geöffnet. Elisabeth blickt stundenlang auf diese Wunde und sagt, dies wäre die Strafe Gottes, weil ihr Vater, der große Peter, diesen schönen Fuß so oft geküßt habe.

Ihre Agonie hält ganz Europa in Atem. Alle Blicke sind in dieses Krankenzimmer gerichtet, wo in Wirklichkeit die entscheidende Schlacht des Siebenjährigen Krieges geschlagen wird. Noch einmal versuchen alle Interessierten, die sterbende Monarchin zu einer Abänderung des Testamentes zu bewegen: Ludwig XV. schreibt einen langen, eigenhändigen Brief an Breteuil; die Schuwalows versuchen eine letzte Intrige, um ihrer Hoffnung willen, Herzöge der eroberten ostpreußischen Provinzen zu werden; Panin versucht, zugunsten seines Zöglings zu sprechen, aber es ist alles zu spät. Elisabeth ist nicht mehr mit Rußland beschäftigt.

Katharina hat den meisten Grund, den Tod der Kaiserin zu fürchten. Je hinfälliger Elisabeth wird, desto deutlicher tritt Peter mit seinen Plänen hervor. Er spricht nicht bloß von sofortigem Frieden mit Preußen, er spricht von einem Bündnis, von einem aktiven Bündnis mit Friedrich, von Krieg gegen die bisherigen Verbündeten. Er spricht von Krieg gegen Dänemark, dem er ein Stückchen holsteinische Erde abjagen will. Je näher der Tag rückt, der ihn zum Kaiser von Rußland machen soll, desto unverhohlener äußert er seinen Haß, seinen Hohn gegen alles Russische. Sein Verhalten ist so aufreizend und verspricht so empörend zu werden, daß Katharina weiß: sie hat bloß die Wahl, mit ihm zusammen unterzugehen oder offen gegen ihn aufzutreten. Aber gerade in diesem Augenblick ist sie in der denkbar schlechtesten Verfassung zu einem aktiven Auftreten: sie ist schwanger. Diesmal besteht nicht die leiseste Möglichkeit, Peter zu einer wohlwollenden Haltung diesem Kinde Orlows gegenüber zu bestimmen. Also muß ihr Zustand unter der gnädigen Krinoline tiefstes Geheimnis bleiben. Schon die fragliche Geburt des Großfürsten Paul verspricht nach Elisabeths Tod eine Gefahr für Katharina zu werden. Bei seinen Trinkgelagen nennt Peter seine Mätresse nur mehr die »Romanowna«. Die kleine Daschkow hört es, und wenige Tage vor dem Tod der Kaiserin kommt sie, obwohl vom Fieber einer starken Influenza geschüttelt, mitten in der Nacht in den Palast, zwingt die entsetzte Dienerschaft, sie zur Großfürstin zu führen, und weckt die Schlummernde mit ihren Zukunftssorgen:

»Ich kann die Ungewißheit über Ihre teure Person nicht ertragen«, sagt sie. »Um des Himmels willen, vertrauen Sie mir und sagen Sie mir, welche Vorsichtsmaßregeln Sie ergreifen wollen, um die drohenden Gefahren von Ihrem Haupte abzuwenden.« Katharina sieht die roten Flecken der Aufregung in dem süßen Kindergesicht ihrer Freundin und, ehe sie antwortet, befiehlt sie die Kleine zu sich ins Bett, wickelt ein warmes Plaid um ihre kältestarrenden Beine und bedeckt sie mit ihrer eigenen Decke. Dann sagt sie:

»Ich habe gar keinen Plan. Ich kann auch gar nichts tun, als auf Gott den Allmächtigen und auf seine Hilfe vertrauen.«

»Dann«, sagt die Daschkow, »müssen Ihre Freunde für Sie handeln! Ich habe Mut und Begeisterung genug, um alle zu entflammen, und welches Opfer wäre mir hierfür zu groß?«

»Ich beschwöre Sie«, erwidert Katharina, »tun Sie um Gottes willen nichts, was Sie in Gefahr bringen könnte, und glauben Sie mir, daß nichts zu tun möglich ist. Kämen Sie um meinetwillen ins Unglück, so wäre mir das ein lebenslänglicher Vorwurf.«

»Ich kann Ihnen bloß versprechen, daß ich Ihre Person nicht in Gefahr bringen werde. Wenn meine blinde Ergebenheit für Sie mich aufs Schafott bringt, so sollen Sie doch gewiß nicht davon betroffen werden.« Es ist ein überaus edles, erhabenes Gespräch; es klingt ein bißchen überspannt, ein bißchen theatralisch, ein bißchen verlogen. Aber in diesem Gespräch wird Katharinas neues Programm formuliert, und zwar – auch dies gehört zu dem neuen Programm – nicht von ihr, sondern von der anderen: »Dann müssen Ihre Freunde für Sie handeln!« Wenn Katharina, entgegen ihren Worten, einen Plan hat, dann ist es wirklich die vollkommene, strikte Passivität. Aber sie vertraut weniger auf Gott als auf Peters Narrheiten und auf die Propaganda der Brüder Orlow. In jedem andern Punkt hat Katharina schließlich ihresgleichen, aber ihre Fähigkeit, andere Menschen zu Vollstreckern ihres unausgesprochenen, selbst hartnäckig abgeleugneten Willens zu machen, ist bisher unerreicht geblieben.

Aufs tiefste bewegt von dieser stillen Würde des Unglücks, verläßt die Daschkow den Palast; sie hat in ihrer Aufregung gar nicht bemerkt, daß ihre angebetete Freundin gesegneten Leibes ist.

Elisabeth stirbt am 25. Dezember 1761 um zwei Uhr nachmittags. Sie wird sofort im großen Empfangssaal aufgebahrt, und im Laufe der nächsten Stunden erscheinen alle Würdenträger, alle höheren Adligen und Militärs, um von der verblichenen Monarchin Abschied zu nehmen, die »im Tode noch wunderschön« ist, schöner vielleicht als in den letzten Jahren, nun, da aller Kampf und Krampf um Jugend und Gesundheit vorüber ist. Kein Auge bleibt trocken, alte Männer und rauhe Krieger schluchzen laut; und nachdem sie sich ausgeweint haben, gehen sie hinüber in die Kirche, um der Eidesleistung des neuen Kaisers beizuwohnen. Der Pope, dem Elisabeth ihre letzte Beichte abgelegt, der ihr noch wenige Stunden zuvor die letzte Ölung gespendet hat und der besser als irgendein anderer weiß, wie oft und gerne Peter die griechische Religion verhöhnt und verspottet hat, feiert den jungen Kaiser in einer Rede, in der er die Worte des Evangeliums: »Siehe, ich verkündige dir große Freude –« sowohl auf die Geburt Christi wie auf die Thronbesteigung Peters III. anwendet.

Katharina wohnt der Zeremonie als gewöhnliche Zuschauerin bei. In der Eidesleistung wird weder ihr Name noch der des kleinen Paul Petrowitsch erwähnt: das ist ungebräuchlich, befremdet jedermann und bedeutet die erste, wenn auch noch verhüllte Kampfansage.

Nichts von dem, was Friedrich befürchtet, was die Verbündeten erhoffen, geschieht: keine einzige Stimme erhebt sich, um gegen Peters Thronbesteigung zu protestieren. Gewiß sehen Unzählige seiner Regierung mit Furcht und äußerstem Mißtrauen entgegen. Aber diese Unzähligen sind in keiner Weise organisiert, sie haben keine Leitung, keine Ausdrucksform, keinen Plan. Einer glaubt vom andern, er werde »etwas tun«. In Paris und in Wien glaubt man, die russischen Adligen würden Peter stürzen, die Adligen vertrauen auf den Haß der Garden gegen den Preußenaffen. Aber die Garden ziehen ruhig vor den Palast; sie rufen:»Es lebe der Kaiser!«, und einige sollen sogar geäußert haben:»Gottlob, daß wir nach so vielen Jahren Weiberherrschaft endlich wieder einen Mann zum Zaren haben!« Die Macht ist ein seltsames Ding. Als er noch Großfürst war, als noch ein Federstrich genügt hätte, um ihn von der Thronfolge auszuschließen, war Peter allen als ein Dummkopf, ein Narr, ein lächerlicher Hanswurst erschienen; auf dem Piedestal des Thrones, mit der Krone auf dem Haupt, wird er plötzlich eins mit seinem Kleid und seinen Insignien: er ist der Kaiser, und wer kann, beeilt sich ihm zu gefallen, ihm zu schmeicheln, ihm zu dienen und Vorteile durch ihn zu erlangen. Die seit Jahrtausenden ausgefeilte, vollendete, großartige Propaganda der Majestät tritt in Funktion. Es schien unmöglich, daß Peter wirklich Kaiser werden könne – da er es geworden ist, scheint nichts wahrscheinlicher, als daß er es bleibt.

Peter ist im Grunde weder wirklich dumm noch wirklich schlecht. Eine ausgepichte Feindin wie die Fürstin Daschkow muß zugeben, daß er eine gewisse Gutmütigkeit, einen gewissen Mutterwitz besitzt, und selbst Katharina schreibt in ihren Memoiren: »Er hatte eigentlich kein schlechtes Herz.« Dümmere, Schlechtere als er haben bis an ihr Lebensende unbehelligt regiert. Was Peter zur Regierung unfähig macht, ist der erhärtete, versteinerte Protest gegen alles das, wozu man ihn im Laufe der letzten zwanzig Jahre hat haben wollen. Seine Anschauungen, seine Neigungen, seine Persönlichkeit, sein Charakter – alles das hat sich nicht durch unmittelbare Anschauung und Beobachtung, nicht durch selbständiges Werten und Urteilen, sondern einzig und allein in der entgegengesetzten Richtung zu den Wünschen Elisabeths hin entwickelt. Der Protest gegen den Vorgänger ist eine allgemeine Kronprinzen-Neurose, aber sie wird gewöhnlich durch die selbstverständliche Liebe zum gemeinsamen Land begrenzt und mit dem Augenblick der Herrschaft über dieses Land abgeschlossen. Peters Protest aber hat sich auch auf das Land gerichtet, das zu beherrschen er durch Elisabeths Willen bestimmt worden war, und in den zwanzig Jahren der Vorbereitung hat sich sein Haß gegen Rußland so vertieft und versteinert, daß nicht einmal die Tatsache, daß Rußland nun ihm gehört, imstande ist, diesen Haß aufzulösen.

Peter ist ein Neurotiker, und alles, was er tut, trägt den untrüglichen Stempel der Neurose: sinnlose, sich überstürzende Hast, Überwertung äußerlicher Details und vollkommene Unkenntnis, Außerachtlassung der gegebenen Realität. Innerhalb eines gesunden, logischen, wirklichkeitsnahen Verhaltens sind selbst schwere Fehler korrigierbar, in der kranken Atmosphäre des Neurotikers werden sogar vernünftige Dinge zu Unsinn und Unheil. Peters erste Regierungstat, wie nicht anders zu erwarten, ist der Friede mit Preußen. Noch in der Nacht nach Elisabeths Tod schickt er den Flügeladjutanten Gudewitsch mit seinen ergebenen Grüßen zu Friedrich, reiten Kuriere zu allen im Felde stehenden Armeekorps mit dem Befehl, die Feindseligkeiten sofort einzustellen. An sich wirkt ein Friedensschluß nach fünfjährigem Krieg auf jedes Volk als Erlösung. Auch daß dieser Friedensschluß alle mit soviel Blut gemachten Eroberungen preisgibt, wäre in dem besonderen Fall kein Grund zu tiefer Verstimmung, weil Rußland ohne Annexionsabsichten in den Krieg gezogen ist und weil die Behauptung der eroberten Gebiete nicht bloß eine Verlängerung des Krieges mit Preußen, sondern auch

eine Auseinandersetzung mit den eigenen Verbündeten nach sich gezogen hätte. Wäre Peter bloß auf den Gedanken gekommen, wenigstens der Form halber einen Ministerrat zusammenzurufen, ein Manifest ausarbeiten zu lassen, wonach dieser Friede im Interesse des russischen Volkes, des russischen Handels, des russischen Wohlstandes geschlossen würde, er hätte den Segen seiner Untertanen empfangen. Aber Peter hat so wenig Interesse an Rußland, daß er sich nicht einmal die Mühe nimmt, es zu heucheln. Er schließt den Frieden einzig und allein aus seiner persönlichen Vorliebe für die Person Friedrichs II., und er schließt ihn genau so, wie es seiner seltsamen, homoerotischen Verehrung für seinen niemals geschauten Heros entspricht. Er verhandelt mit ihm nicht wie das Oberhaupt des Siegerstaates mit dem Oberhaupt des besiegten Staates, nicht einmal auf gleich und gleich, sondern wie ein Soldat mit seinem obersten Kriegsherrn. Er bietet dem König von Preußen, der gestern noch knapp vor dem Zusammenbruch stand und bloß in der sehr ephemeren Hoffnung auf eine Unterstützung durch die Türkei aufrechterhalten wurde, das große russische Reich als Vasallenstaat an. Der kluge Friedrich, der wie durch Zauberei aus der gefährlichsten Situation seines Lebens errettet wird, merkt sofort, daß er hier mehr bekommt als er will und als ihm gut tut, und während er an seinen Freund d'Argens schreibt: »der junge russische Kaiser ist ein göttlicher Mensch, man sollte ihm Altäre errichten«, beeilt er sich, seinem übereifrigen Jünger zugleich mit seinem neuen Gesandten, dem Baron Goltz, einen Brief mit geheimen und vernünftigen Ratschlägen zu schicken. Er rät ihm, die Gefühle seines Volkes zu schonen, nicht zuviele Reformen und auch diese wenigen möglichst langsam durchzuführen, und vor allem rät er ihm, sich mit seiner klugen Frau zu vertragen.
Aber obwohl Peter in seiner Idolatrie verharrt, ist er außerstande, seinem großen Freund zu folgen: in ihrer gesunden Vernunft laufen dessen Ratschläge seiner kranken Natur zuwider. Er versteht Friedrich nicht, er sieht ihn aus der Froschperspektive, er sieht nur seine militärischen Gamaschen und hält es für pure Verleumdung, wenn man ihm erzählt, daß der Soldatenkönig in seinen Mußestunden Voltaire liest und sogar selbst

Verse macht. Er formt seinen Gott nach seinem Ebenbild; der Friedrich, zu dem er anbetend emporblickt, ist ein gigantischer Feldwebel. Um ihn nachzuahmen – nicht aus Freude an der Sache selbst –, beginnt Peter seine Regierung mit einer gewissen äußerlichen Aktivität; er steht morgens zeitig auf, nimmt vor allen andern Dingen seinen Soldaten die Parade ab, spricht aber auch, weil er weiß, daß Friedrich dies tut, selbst mit seinen Ministern und mit den Vertretern der auswärtigen Mächte, und schon dieser äußerliche Eifer, verglichen mit der trägen Lässigkeit besonders der letzten Jahre Elisabeths, wirkt erfrischend und bringt dem jungen Kaiser das Lob seiner Umgebung ein. Er erläßt eine Unmenge Ukasse, erstaunlich vernünftige und völlig nebensächliche, je nachdem, ob sie von seinem Geheimsekretär Wolkow oder von ihm selbst ausgedacht sind. An ein und demselben Tag wird die furchtbare geheime Kanzlei, dieses Schreckgespenst aller politisch Verdächtigen, aufgehoben und den Hofjägern gestattet, in den Straßen der Hauptstadt Raben abzuschießen. Wolkow, Worontzow, die Männer um Peter haben alles Interesse daran, ihm eine gewisse Popularität zu verschaffen, und anfangs hört er noch auf ihre Ratschläge. Er läßt die berühmten Verbannten aus Sibirien zurückkommen: es kommt Lestocq, der einst Elisabeths bester Freund war und der später ihre Gunst verlor; es kommt Biron, dieser phantastische Abenteurer, der als Sohn eines Stallknechtes zur Welt gekommen und unter Anna Iwanowna Herzog von Kurland geworden war; es kommt der achtzigjährige Feldmarschall Münnich, der unter Anna Leopoldowna Biron stürzte; nur Bestushew, der Freund Katharinas, bleibt in der Verbannung. Auf Wolkows Rat werden die Monopole der Schuwalows eingeschränkt, wird der Handel mit Stockfischen freigegeben, den Akademien, den Vertretern der schönen Künste werden Unterstützungen zugesagt. Besonderen Erfolg aber hat die Befreiung des Adels von der Pflicht zum Staatsdienst. Dieser Beschluß löst solche Befriedigung aus, daß der Senat die Absicht ausspricht, dem jungen Kaiser eine Statue zu errichten.

Aber diese immerhin löblich begonnenen Tage enden an einer üppig gedeckten Tafel, für die der Kaiser ausdrücklich helle, festliche Kleider vorschreibt, und die Tafelfreuden münden für gewöhnlich in laute, wüste Zechgelage, bei denen sich Peter sinnlos betrinkt und seine Mätresse Elisabeth Worontzow beständig an der Seite hat. Und dies wenige Tage nach dem Tode der Kaiserin, während ihr Leichnam noch im selben Hause aufgebahrt ist. Viele unter Peters Gästen haben die Kaiserin geliebt und schämen sich des erzwungenen Verrats an der Toten; viele sind frommen, ehrfürchtigen Gemütes und fühlen sich tief verletzt durch das, was sie sehen, mehr noch durch das, was sie mittun, um den Kaiser nicht zu verstimmen. Sie alle denken mit Sympathie an Katharina, die allen diesen Festen ferne bleibt und die Trauerzeit in strengster Zurückgezogenheit verbringt.

Während der sechs Wochen, die Elisabeths Leiche dem russischen Ritus zufolge aufgebahrt bleiben muß, hat das Volk zweimal am Tage freien Zutritt in den Palast, um von der toten Kaiserin Abschied zu nehmen. Zu Hunderten und Tausenden strömen die einfachen Leute herbei, um die tote Monarchin zu sehen, auf ihrem herrlichen Katafalk, der nicht weniger als hunderttausend Rubel gekostet hatte, mit all seinen Statuen, seinem vergoldeten Schnitzwerk, seinem Baldachin aus Goldglacé und seinem Hermelinbewurf bis an die Erde, seinen Kartuschen, künstlichem Laub, Muschelwerk und unzähligen Kerzen. Und fast immer sehen die Leute neben diesem großartigen Katafalk eine Frau in tiefster Trauer, auf den Knien, scheinbar ganz und gar in ihren Schmerz und ihre Gebete vertieft. Flüsternd sagen sie: »Das ist die Kaiserin.« Volle sechs Wochen lang verbringt Katharina viele Stunden des Tages neben der toten Elisabeth, auf den Knien, trotz ihres schwangeren Zustands und trotz der immer unerträglicher werdenden Ausdünstung der Leiche. Ihre Augen sind niedergeschlagen, aber sie weiß, daß die Augen der anderen auf sie gerichtet sind und daß die Herzen der einfachen Leute bei diesem Anblick demütiger Pietät in Rührung zerfließen. Das russische Volk ist von kindlicher Frömmigkeit; es hat Elisabeth geliebt, es hat in ihr das Oberhaupt seiner Kirche verehrt. Von Elisabeths vielen Sünden hat das Volk wenig gewußt, wohl aber von ihren Wallfahrten, von ihren frommen Bußübungen, von ihrer Vorliebe für einige Klöster und Heilige. Elisabeth war ein »Mütterchen« gewesen, das, ohne sich viel über das Volk den Kopf zu zerbrechen, dem Herzen des Volkes nahe gewesen war.

Manchmal kommt auch Peter an die Bahre seiner Tante; ungeniert und laut sprechend, geht er hin und her, bald scherzt er mit den Damen, bald hat er das oder jenes an den Schuhschnallen, an den Krawatten der Herren vom Dienste auszustellen. Im Lichte der feierlichen Kerzen, angesichts der düsteren Majestät des Todes, kommt der Kontrast zwischen Katharinas würdiger Haltung und Peters frechem Zynismus grell und überdeutlich, wie auf einer primitiven Bühne, hervor. Es ist auch eine primitive Bühne für das einfache Volk. Katharina weiß das, und sie beherrscht ihre Rolle. Peter aber ist kein Komödiant. Das ist ein Lob für einen Privatmann, nicht aber für einen Kaiser, der doch, will er nicht mit roher Gewalt regieren, seinem Volk gefallen muß. Nur wer sich außerhalb der bestehenden Ordnung stellt, wer nichts von der öffentlichen Meinung will, darf sie brüskieren, zu allerletzt aber ein Kaiser, dem die bestehende Ordnung anvertraut ist und der bei diesem Amt von der öffentlichen Meinung getragen werden muß.»Schonen Sie die Gefühle Ihres Volkes«, hatte Friedrich ihm geschrieben. Aber wie könnte Peter schonen, was er gar nicht kennt? Friedrichs Worte sind vergessen, aber die Uniform des preußischen Regiments, zu dessen Generalleutnant ihn Friedrich ernannt hat, trägt Peter tagein, tagaus vor den Augen unglücklicher Eltern, die ihre Söhne im Feldzug gegen Preußen verloren haben. Mit Staunen hören die Vertreter der europäischen Mächte – mit Entrüstung die Vertreter der bislang verbündeten Mächte – den Kaiser an offener Tafel sich der hochverräterischen Dienste rühmen, die er als Großfürst dem König Friedrich erwiesen, indem er Befehle an die russische Armee zurückgehalten oder Friedrich rechtzeitig von den beabsichtigten Bewegungen der russischen Armee verständigt hatte. Oder sie hören ihn im Rausche zu dem preußischen Gesandten Baron Goltz sagen:»Trinken wir auf die Gesundheit Ihres Königs, unseres Herrn! Er hat mir ein Regiment geschenkt, ich hoffe, er wird mir nicht den Abschied geben!«
In seinem tiefsten Inneren hat sich Peter niemals der Aufgabe gewachsen gefühlt, Rußland zu regieren. Aber er hat es nicht ver-

standen, sich offen dieser Aufgabe zu entziehen. Nun ist sie über ihn hereingebrochen. Er befindet sich in der bekannten Angsttraumsituation etwa eines Menschen, der ohne jede Vorbedingung in offener Arena einem Kampfstier gegenübersteht. Wie im Traum verhält sich der Stier zunächst vollkommen ruhig und sanft. Wie im Traum schlägt die Angst jäh in Übermut um, der Träumer beginnt, sich wirklich für einen Torero zu halten, den Stier zu necken, bei den Ohren zu ziehen.... Vom Kleinmut zum Größenwahn ist nur ein Schritt: Peter hat ihn getan. Weil alle seine Befehle befolgt werden, weil Servilität ihn umgibt, weil keine laute Stimme des Protestes hörbar ist, glaubt er nicht nur, daß er Rußland regieren, sondern auch, daß er alles mit diesem Reiche beginnen könne, was ihm gefällt. Er zupft den Stier bei den Ohren.

Zwei Mächte stützen den Thron: die Armee und die Geistlichkeit. Der russische Zar ist Oberhaupt beider. Peter mißversteht die Situation. Er begreift nicht, daß es *Mächte* sind, auf der seine Macht aufgebaut ist; er begreift bloß, daß er Oberhaupt ist und glaubt, er könne tun, was ihm beliebt. Die Armee gehört ihm. Also kann er aus ihr eine preußische Armee machen, er kann ihr die nationale flaschengrüne Tracht mit den langen Röcken nehmen und sie in eine kurze, zweifarbige, preußische Uniform stecken, kann sie auf preußische Art exerzieren lassen. War es jemals erhört, daß eine Armee nach fünfjährigem siegreichen Kriege in die Tracht des Feindes gesteckt und nach der Art des Feindes geschult wurde? Die preußischen Röcke verletzen das russische Nationalgefühl, das preußische Exerzieren läuft dem russischen Temperament schnurgerade zuwider. Mit knirschenden Zähnen versehen die Soldaten ihren Dienst. Die Unzufriedenheit reicht bis zu den obersten Vorgesetzten, die ohne Rücksicht auf ihr Alter und ihren Rang bei Wind und Wetter täglich an der Spitze ihrer Regimenter die Übungen persönlich leiten müssen. Würdige, erfahrene Strategen mieten heimlich irgendeinen jungen deutschen Offizier, um bei ihm das preußische Exerzieren zu erlernen, denn der Kaiser scheut sich nicht, einem Manne, der für Rußland eine Schlacht gewonnen hat, wegen eines schlecht ausgeführten »Kehrt – euch« öffentlich eine Rüge zu erteilen. Taktlos, aus völligem Mangel an Wirklichkeitssinn, gibt Peter dieser durch und durch unzufriedenen Armee schließlich noch seinen Oheim, den Prinzen Georg von Holstein, zum obersten Befehlshaber – einen Fremden, einen Deutschen, einen Mann, der nicht das mindeste militärische Verdienst, nicht die mindeste militärische Erfahrung hat. Und bisher waren die Russen gewohnt gewesen, den Zaren selbst zum obersten Chef zu haben. Die Armee gehört ihm: also unterzeichnet er im April mit Friedrich den Vertrag eines »ewigen Bündnisses«, laut dessen er sich verpflichtet, dem König von Preußen mit einem Teil seiner Truppen zur Verfügung zu stehen, das heißt, die russischen Soldaten sollen, nachdem sie fünf Jahre gegen Friedrich gekämpft haben, unter seinem Oberbefehl gegen ihre bisherigen Verbündeten schießen! Der größenwahnsinnige Knabe auf dem russischen Thron hat zu lange mit Zinnsoldaten gespielt; er weiß nicht, daß ein lebendiger Soldat, mag er auch ein Söldner, ein Leibeigener sein, zum Kämpfen Haß und Liebe nötig hat. Haß gegen den Feind und Liebe zu der eigenen Sache; er weiß nicht, daß Liebe und Haß nicht durch einen Befehl erzeugt werden können, sondern bloß durch eine geschickte und planvolle Propaganda. Aber dazu hat Peter keine Zeit. Die rastlose Hast des Neurotikers zwingt ihn täglich zu neuen Entschlüssen; kaum ist der Friede mit Preußen perfekt, so will er den Krieg gegen Dänemark. Drei Monate ist es her, daß ihm das größte Reich der Erde zugefallen ist, da will er um einen armseligen Fetzen Erde, auf den er als Herzog von Holstein Anspruch zu haben glaubt, einen Krieg beginnen. Dieser Krieg ist noch unpopulärer als das Bündnis mit Preußen: was in der russischen Armee Ehre im Leib hat, kommt um seinen Abschied ein. Welches Interesse könnte Rußland an einer Vergrößerung Holsteins haben? Seit Peter den Thron bestiegen hat, werden die Holsteiner von Tag zu Tag frecher, von Tag zu Tag verhaßter; sie haben die fettesten und einträglichsten Posten, sie haben das Ohr, sie haben das Herz des jungen Kaisers. Und als schließlich Peters Absicht bekannt wird, die Leibgarden – die stolzesten und zuverlässigsten Regimenter des Reiches – aufzulösen und durch holsteinische Truppen zu ersetzen, da hat der Herzog von Holstein dem Kaiser von Rußland das Grab geschaufelt. Kriege kosten bekanntlich Geld. Als Peter den Thron bestiegen hatte, waren die in Preußen befindlichen Regimenter seit zwei Monaten ohne Sold. Trotzdem rüstet er einen neuen Krieg gegen Dänemark. Die Staatskassen sind leer. Woher das Geld beschaffen? Im März erscheint ein Ukas, wodurch die Einziehung sämtlicher Kirchengüter in Aussicht gestellt wird. Bei der Frage der Säkularisierung der Kirchengüter hatte schon Peter der Große versagt. Peter III. hätte sie kaum gelöst, auch wenn er vorgegeben hätte, ein gläubiges Mitglied der Kirche zu sein, deren Oberhaupt er ist; aber wiederum nimmt er sich nicht die Mühe, soviel Komödie zu spielen als nötig wäre, um die Gefühle des Volkes zu schonen. Wiederum vermengt er Großes mit Kleinem, Wichtiges mit Nebensächlichem, Äußerliches mit Wesentlichem. Er verhöhnt die russischen Dogmen, benimmt sich provokant im Gotteshaus, er spricht davon, den Popen ihre prächtigen Gewänder zu nehmen und sie in die einfachen schwarzen Kutten der deutschen Pastoren zu stecken, er will ihnen ihre ehrfurchtgebietenden langen Bärte scheren, er will alle Heiligenbilder mit Ausnahme des Erlösers und seiner Mutter aus den Kirchen entfernen lassen, er befiehlt, alle Kapellen in den Häusern der Adeligen zu sperren. Er will im kaiserlichen Schloß eine protestantische Kapelle errichten. Weil er sie gar nicht kennt, rührt er an Kräfte, die ein Peter der Große fürchtete. Mit ein paar Ukassen will er das konservativste, traditionstreueste Land Europas umkrempeln. Er zupft den Stier bei den Ohren und hat selbst kein Ohr für sein dumpfes Grollen. Der Baron Goltz schreibt an Friedrich II.: »Berichte aus fernen Provinzen beweisen, daß die Geistlichkeit überall bemüht ist, das Volk gegen den Kaiser aufzuwiegeln und daß der Geist der Empörung und Unzufriedenheit so allgemein wird, daß die Gouverneure nicht wissen, welche Maßregeln sie ergreifen sollen, um das Volk zu zügeln.« Der Metropolit Arssenij von Rostow verfaßt eine Bittschrift, die ihrem geharnischten Ton nach weit eher einem Manifest gleicht, und läßt sie dem Kaiser überreichen: Peter gerät in großen Zorn und läßt den unschuldigen Mönch, der ihm die Bittschrift überbrachte, ins Gefängnis werfen.

In den ersten Tagen von Peters Regierung war Katharina an jedem Morgen in seinem Arbeitszimmer erschienen; aber sie hatte dort so schlechte Behandlung gefunden, ihre Ratschläge waren mit so unverhohlener Mißachtung aufgenommen worden, daß sie diese Besuche sehr bald wieder einstellte. »Es ist heute bereits klar«, schreibt Breteuil anfangs Januar nach Paris, »daß die Kaiserin nichts gelten wird, und ich glaube, sie sucht sich mit Philosophie zu wappnen. Der Kaiser hat seine Aufmerksamkeit für Fräulein Worontzow verdoppelt und sie zur Oberhofmeisterin über alle Edelfräulein ernannt.« Der Kaiser geht noch weiter. Er verlangt von allen, daß sie seine Mätresse zuvorkommender als seine Gattin behandeln. Eines Abends, als er mit der Worontzow soupiert, läßt er den Grafen Hordt rufen, wissend, daß sich der schwedische Edelmann gerade bei Katharina befindet; Hordt, wohlerzogen und mutig, lehnt die Einladung ab. Wenige Minuten später erscheint Peter persönlich, hochrot vor Zorn, und sagt: »Sie werden bei der Gräfin Worontzow erwartet, ich ersuche Sie, diese Dame nicht warten zu lassen!« Er spricht jetzt offen und oft von seiner Absicht, sich Katharinas bald zu entledigen, sie in ein Kloster zu sperren oder nach Deutschland zurückzuschicken.

Dies alles wäre zur Not mit seiner wachsenden Leidenschaft für Elisabeth Worontzow zu erklären. Wenn er aber dem Juwelier Ponzié verbietet, die Aufträge Katharinas auszuführen oder wenn er sich sogar die Mühe nimmt, dem Gärtner zu untersagen, der Kaiserin ihre Lieblingsfrüchte zu liefern, so hat dieser kleinliche, tückische Haß offenbar andere Ursachen. Dieser Haß ist viel älter als seine Liebe für die Worontzow; er hat vor beinahe zwanzig Jahren begonnen, damals, als er nach seiner Pockenerkrankung von Katharina wegen seiner Häßlichkeit gedemütigt wurde. Tausende neuer Kränkungen sind im Laufe der Jahre hinzugekommen, und die meisten waren auf das Konto von Katharinas Überlegenheit zu buchen. Er hat immer gewußt, daß sie die Klügere, die Stärkere ist, aber während er früher ihrer Überlegenheit oftmals bedurft hatte, glaubt er jetzt, endlich mächtig genug zu sein, um ihr alle die unzähligen Niederlagen seines Selbstgefühls heimzahlen zu können. Trotzdem hört er nicht auf, sie zu fürchten. Er hat die Macht, sie brutal niederzuhalten – er ist nicht stark genug, die Macht mit ihr zu teilen. Instinktiv fühlt er, daß Katharina, würde er erst einmal damit beginnen, sie um Rat und Meinung zu fragen, sofort die Führung aller Geschäfte in die Hand bekäme. Im Bodensatz seines Machtrausches wohnt die Angst des Schwächlings vor dem wirklich Starken, das schlechte Gewissen der Unfähigkeit vor der Kapazität. Innere Schwäche und äußere Macht kennzeichnen den Tyrannen. Deshalb ist Peter, an sich kein schlechter Mensch, gerade seiner Frau gegenüber tyrannisch, boshaft und grausam. Deshalb, und nicht bloß aus Leidenschaft für die Worontzow, wird der Wunsch, Katharina zu demütigen, zu erniedrigen, sie aus dem Wege zu räumen, zu seiner fixen Idee. Er muß sie seine Macht fühlen lassen, und er möchte sie beiseite schaffen, denn dies ist die einzige Möglichkeit für ihn, mit dem unerträglichen Problem fertig zu werden: daß er zwar allmächtiger Zar, daß aber seine Frau klüger ist als er.

Katharina nimmt alle seine Beleidigungen schweigend hin. Seit dem Tode Elisabeths ist sie bloß zweimal in der Öffentlichkeit erschienen, und sie hat sich bisher noch mit keinem Wort zu den Taten ihres Gatten geäußert. »Die Kaiserin«, schreibt Breteuil, »wird mit ausgesuchter Verachtung behandelt, und sie antwortet darauf mit höchster Ehrfurcht und mit Tränen. Das Volk teilt ihren Schmerz und läßt es an guten, aber ohnmächtigen Wünschen nicht fehlen.« Und ein anderes Mal: »Die Kaiserin befindet sich in einer grausamen Lage. Sie erträgt die Beleidigungen des Kaisers und den Hochmut des Fräulein Worontzow mit großer Geduld – aber ich kann mir nicht denken, daß die Kaiserin, deren Mut und Heftigkeit ich kenne, nicht eines Tages zu den äußersten Mitteln greifen wird. Sie hat Freunde, die sie zu beruhigen versuchen, die aber bereit sind, alles für sie zu wagen, wenn sie es verlangen sollte.« Breteuil sieht richtig: Katharinas Geduld ist nur eine scheinbare, durch ihren körperlichen Zustand aufgezwungene. Wenn die Daschkow, wenn Panin oder andere nach Mitteln suchen, um ihre Lage zu verbessern, so kann sie nichts anderes tun, als ihnen raten, mit ihr zusammen Geduld zu haben und der Vorsehung Zeit zu lassen. Für sie selbst ist diese Zeit begrenzt; sie muß die Last ihres hohen Leibes los sein, ehe sie an irgendwelche Maßnahmen denken kann. Aber gerade die erzwungene Passivität, die würdevolle Demut, die sanfte Duldsamkeit werben ihr viele Freunde. Peters Beleidigungen fallen stets auf ihn selbst zurück. »Peters Unwürdigkeit gab ihr nur desto größeren Glanz«, schreibt Katharina später in der dritten Person. »Er wirkte wie ein schwarzes Pflästerchen auf einem schönen Gesicht.« Ende März bezieht der Hof das soeben fertiggestellte neue Winterpalais. Peter nimmt den Haupttrakt für sich selbst in Anspruch, quartiert die Worontzow in die Zimmer neben den seinen ein und weist der Kaiserin ein Appartement am äußersten Ende des Palastes an. Auch diese neue Zurücksetzung nimmt Katharina ohne Widerspruch hin: sie kommt ihr recht gelegen. Als sich der Tag ihrer Entbindung nähert, erscheint sie sogar, um jedem Verdacht zu begegnen, bei einigen von Peters Abendgesellschaften, sie erduldet den Gestank der Pfeifen, den Lärm der Trinkenden, das hämische Lächeln der Worontzow und die unsinnigen Reden ihres Gemahls. Einer unverbürgten Überlieferung zufolge soll Peter trotzdem, und zwar gerade im gefährlichsten Augenblick, Wind von der Sache bekommen und geschworen haben, »die Teufelin auf der Stelle zu töten«. Aber auf dem Weg zu den Gemächern Katharinas sei er durch großen Feueralarm abgelenkt worden, er sei mitsamt seinem Gefolge an die Brandstätte geeilt, und als er schließlich zurückkam, wäre Katharinas kritische Stunde vorüber gewesen: völlig angekleidet, geschminkt und frisiert habe sie ihn empfangen und seinen tollen Verdacht, der nun durch nichts mehr zu beweisen war, mit Entrüstung entkräftet. Den Brand aber habe ihr treuester Diener Schkurin im entscheidenden Augenblick in seinem eigenen Hause gelegt.

Jedenfalls wird Orlows Sohn – der spätere Herr von Bobrinsky – am 11. April geboren, ohne daß es zu irgendeinem Skandal kommt. Die Frau des Schkurin nimmt ihn sofort in Pflege. Zehn Tage später – an ihrem dreiunddreißigsten Geburtstag – empfängt Katharina zahlreiche Gratulanten. Und jetzt geschieht es zum ersten Mal, seit sie Kaiserin ist, daß sie sich öffentlich äußert: sie sagt dem österreichischen Gesandten, dem Grafen Mercy, daß sie »das neue Bündnis mit dem Erbfeind von Herzen verabscheue«. Die Bedeutung dieser Worte ist vollkommen klar. Katharina desavouiert die gesamte Politik ihres Gatten, bekennt sich zum offenen Widerspruch gegen den Kaiser und wirbt um ihre natürlichen Bundesgenossen. Es sind bloß ein paar Worte, die ein heiter lächelndes Geburtstagskind mit einem Gratulanten plaudert, aber noch am selben Tag kennt sie der ganze Hof, Kuriere berichten sie nach Wien und Paris, diplomatische Vermutungen, Hoffnungen, Kombinationen sind geweckt. Katharina ist ihre Last los. Der Kampf hat begonnen.

In Rußland – wie auch sonstwo – braucht man zu allem Geld, und Katharina hat keines. Sie bittet den Grafen Breteuil, ihr eine Anleihe von hunderttausend Rubeln zu verschaffen, aber der französische Gesandte, obwohl er Katharina allen Erfolg wünscht, glaubt an diesen Erfolg nicht so sehr, daß er die Gelegenheit ergriffe, die künftige Kaiserin auf diese Weise den französischen Interessen zu gewinnen. Es ist ein englischer Kaufmann namens Weldten, der Katharina den gewünschten Betrag zur Verfügung stellt. Aber es ist ein verhältnismäßig kleiner Betrag. Zu einer groß angelegten Revolte braucht man nicht bloß Offiziere und Adelige, die man bei ihrer Ehre, bei ihrem Patriotismus packen kann, man braucht auch einfache Soldaten, und die Orlows kennen die russischen Soldaten: Wein hält sie besser zusammen als Brunnenwasser. Man braucht das Katharina nicht lange zu erklären, sie kennt ihr Adoptivland und die Allmacht des Trinkgeldes. Als sie hört, daß die Stelle eines Zahlmeisters für den Artillerie-Etat freigeworden ist, gibt sie dem General Villebois einen Wink, und der siebenundzwanzigjährige Grigorij Orlow wird mit diesem verantwortungsvollen Posten betraut. Nun schmieren die Gelder der Artilleriekasse den Soldaten die Kehlen. Bei dem freimütig gespendeten Wein lösen sich ihre Zungen und ergehen sich in all den aufgehäuften Klagen gegen den Kaiser, in Lobeserhebungen für die Kaiserin. Wer vermag bei einer volkstümlichen Propaganda das Echte vom Unechten, das Gemachte vom Natürlichen zu unterscheiden? Es muß Pulver da sein, damit man es entzünden kann – mehr läßt sich nicht dar-

über sagen. Peter hatte das Pulver geliefert, die Orlows die Zünd-
schnur.

Die Daschkow arbeitet in anderen Kreisen und auf andere Art.
Sie setzt ihre Besuche am Hofe fort, sie sagt Peter kindliche
Unarten, die er der kleinen Schwester seiner Geliebten gutmütig
hingehen läßt, und bleibt auf diese Weise im Kontakt mit den
augenblicklichen Würdenträgern. Sie wirbt unter den Freunden
und Kameraden ihres Mannes, sie spricht mit den Leutnants
Passek und Bredichin von den Preobrashensken und mit den
Brüdern Rosslosslew vom Ismailowschen Regiment. Sie bemüht
sich um den Hetman Kyril Rasumofsky – den Bruder des einstigen Günstlings Elisabeths –, weil sie weiß, daß dieser Hetman
von der Armee geliebt wird und weil sie weiß, daß er Katharina
liebt. Aber weder ihr noch Orlow gelingt es, dem schlauen, alten
Kleinrussen ein Wort des Einverständnisses zu entlocken. Auf
die spitzfindigsten Fragen erwidert der Hetman,»das könne nur
ein Klügerer als er entscheiden«. Später wird sich zeigen, daß er
ein zuverlässiger Mitverschwörer war, aber er hat nur einen einzigen Komplizen – Katharina selbst. Mehr Glück hat die kleine
Daschkow beim Erzbischof von Nowgorod. Dieser Mann, den
die gesamte russische Geistlichkeit aufs höchste verehrt, zeigt
sich offen entschlossen, zu segnen, was Gott gefallen möge, bald
geschehen zu lassen. Vorsichtig, wie es seiner Stellung, mehr
noch seinem kühlen, phlegmatischen Charakter entspricht, um-
schleicht Panin die Mitglieder des Senates, abtastend, zuhörend,
registrierend. Merkwürdigerweise ist dieser bequeme, wohlbe-
leibte, auf nichts so sehr wie auf seine Ruhe bedachte Mann, der
niemals im Leben eine Uniform auf dem Leibe trug und der alles
Militärische aus tiefster Seele verabscheut, in jüngster Zeit vom
Kaiser zum – General der Infanterie ernannt worden. Das war
kein Akt der Bosheit gewesen, Peter hatte ihm wirklich eine
Freude machen, er hatte sich diesen klugen Mann verpflichten
wollen und war der Meinung gewesen, daß jeder mit einer neuen,
glänzenden Uniform so glücklich sein müsse wie er selbst. Als
Panin durch den Adjutanten des Kaisers von seiner Ernennung
erfuhr, sagte er ruhig, wenn es kein anderes Mittel gäbe, diese
unverdiente Ehre abzuwenden, so bliebe ihm nichts übrig, als

nach Schweden auszuwandern. Peter war darüber wütend geworden:»Man hat mir immer gesagt, dieser Panin sei ein Mann von Verstand. Das laßt mich nie wieder hören.« Aber Ernennung ist Ernennung – Panin bleibt General, wenn auch General im »Ruhestand«. Er braucht seine trägen Glieder nicht zu strapazieren und bezieht bloß die Zivileinkünfte seines neuen Ranges. Diese unverdiente Sinekure aber vermehrt bloß den Ärger des alten Mannes gegen die unbeschränkte, sinnlos angewandte Macht des selbstherrlichen Kaisers. Ohne jemals aus seiner Reserve herauszutreten, gewinnt er doch Kontakt mit den anderen Unzufriedenen, sie kennen seine Gesinnung und zählen auf seinen klugen Kopf für die entscheidende Stunde.

Manchmal spricht Panin mit der Fürstin Daschkow. Sie läßt ihn glauben, daß sie dasselbe wünscht wie er, nämlich den Sturz Peters und die legitime Thronfolge des Zarewitsch. Manchmal spricht die Daschkow mit den Brüdern Orlow. Sie hält die groben, ungebildeten Männer, die kaum lesen und schreiben können, für irgendwelche subalternen Offiziere, die von ihr Befehle empfangen und submissest ausführen: die Verschworenen mißtrauen und belügen einander, sie haben verschiedene Grundanschauungen, verschiedene Pläne, verschiedene Endziele. Alle ihre Vorbereitungen sind umständlich und auf ziemlich lange Zeitläufe berechnet. Den Senat und die Synode gewinnen, das Volk mit Hilfe der Geistlichkeit, die Soldaten durch Propaganda von Mund zu Mund aufwiegeln – lauter Dinge, die Jahre intensiver und gefahrvoller Arbeit verlangen. Das wissen auch alle Mitverschworenen, und sie sind überzeugt, daß sie noch lange Zeit auf die Stunde des Erfolges werden warten müssen. Sie vergessen ihren wesentlichsten Helfer. Die Daschkow, die Orlows, die Gardeoffiziere, die Metropoliten arbeiten gut – besser als sie alle zusammen arbeitet Peter an seinem Untergang.

Drei Monate nach seiner Thronbesteigung ist keine Rede mehr von ernster Regierungsarbeit. Die wenigen nüchternen Stunden des Tages vergehen mit kleinlichen soldatischen Beschäftigungen, mit Exerzierübungen, Paradeabnehmen und mit Vorbereitungen für den Feldzug gegen Dänemark. Seit seine beiden

Onkel aus Holstein gekommen sind, um an seiner Macht zu schmarotzen, ist er wiederum ausschließlich mit Holstein beschäftigt, seine vernünftigen russischen Ratgeber haben jeden Einfluß auf ihn verloren – ja, er läßt ihnen beim geringsten Widerspruch die schimpflichste Behandlung zuteil werden: Wolkow, Naryschkin und Melgunow sind öffentlich von ihm geschlagen worden. Am 3. Juni unterbreitet ihm der Senat ein Memorandum, aus dem hervorgeht, daß der Staat ein Defizit von einem Zehntel seiner Gesamteinnahmen habe und »daß dieses Defizit sich aus dem Unterhalt der ausländischen Truppen erkläre«. Peter läßt die ausländischen Truppen in Schlesien zur Verfügung Friedrichs II. und sammelt weitere Truppen in Livland für den Feldzug gegen Dänemark.

Am 8. Juni berichtet das Kollegium der auswärtigen Angelegenheiten, daß der Chan der Krim »mit unermeßlicher Heeresmacht« die russischen Grenzen überschritten habe. Peter kümmert sich nicht um die russischen Grenzen, er gibt Auftrag, in allen Stationen Pferde bereitzuhalten für seine Fahrt nach Dänemark. Es wird ihm gemeldet, daß im Astrachanschen Gouvernement ernste Unruhen ausgebrochen sind, daß die Bauern in den Fabriken und auf den Gütern aufrührerische Reden führen. Peter schickt ein einziges Regiment in das Innere des Landes, alle übrigen Soldaten braucht er für seinen Krieg gegen Dänemark, für diesen sinnlosen, allen in tiefster Seele verhaßten, überflüssigen Krieg um ein bedeutungsloses Stück holsteinischer Erde, an dem kein einziges Herz im Lande hängt – außer seinem eigenen.

Alle, die nicht unempfindlich für die öffentliche Meinung und nicht ohne Gefühl für die Bedeutung der öffentlichen Meinung sind, ermessen die Gefahr. Ein unpopulärer Kaiser will sich gleich zu Beginn seiner Regierung, nach fünf blutigen, erschöpfenden Kriegsjahren, in einen neuen, durchaus unpopulären Krieg stürzen! Und Peter ist noch nicht einmal gekrönt, er will seine Soldaten für sich kämpfen und sterben lassen, noch ehe er die göttliche Weihe empfangen hat, auf die noch kein russischer Souverän zu verzichten gewagt hat. Aber Peter will nichts von einer Krönung wissen: sein Abgott, der König von Preußen, hat sich auch niemals feierlich krönen lassen; sein Abgott ist bald nach seinem Regierungsantritt in den glorreichen Krieg gegen Österreich gezogen. Peter wird es genauso machen, er wird sich zunächst seine Lorbeeren in Dänemark holen.

Baron Goltz schreibt an Friedrich II.: »Niemand sonst auf der Welt, außer Ew. Majestät, kann den Kaiser überreden, von diesem verhängnisvollen Feldzug abzustehen.« Und Friedrich schreibt wirklich einen langen, ausführlichen Brief an Peter. Der begreifliche Wunsch, diesen ergebensten Bundesgenossen auf dem russischen Thron zu erhalten, diktiert ihm warme menschliche Töne. »Ich habe kein Recht, mich in die Angelegenheiten Ew. Majestät einzumischen«, schreibt er, »und meine Nase überall hineinzustecken. Aber ich spreche als Privatmann und Freund, der vor dem Freunde keinen seiner Gedanken verbergen darf. Ich gestehe, daß ich sehr dringend wünschte, Ew. Majestät hätte sich bereits krönen lassen, weil eine solche Feierlichkeit einem Volke imponiert, das gewohnt ist, seine Souveräne gekrönt zu sehen… Erinnern sich Ew. Majestät, was während der ersten Abwesenheit Peters I. geschah, als dessen eigene Schwester sich gegen ihn verschwor? Stelle sich Ew. Majestät vor, daß irgendein Unglücklicher, ein unruhiger Kopf, während Ihrer Abwesenheit Ränke schmieden wollte, um Iwan auf den Thron zu bringen, daß Iwan mit Hilfe fremden Geldes aus dem Gefängnis entkäme, Truppen um sich versammelte, – müßte dann Ew. Majestät selbst bei glücklichstem Verlaufe des Krieges nicht eilends heimwärts kehren, um das Feuer im eigenen Hause zu löschen?« Friedrich sieht die Gefahr mit aller Dringlichkeit. Wahrscheinlich täuscht er sich auch in Wirklichkeit nicht über die Richtung, aus der sie droht. Aber da er wünscht, daß Peter sich mit seiner klugen Frau vertragen möge, kann er in diesem Punkt nicht deutlicher werden, als er es mit seiner Anspielung auf »Peters I. eigene Schwester« ohnedies wird.

Aber Peter ist wiederum taub für die Worte seines großen Freundes. Er mache sich überflüssige Sorgen, antwortet er Friedrich, »wer die Russen zu nehmen weiß, braucht sie nicht zu fürchten«. Nicht an seiner Verehrung für den Preußenkönig – an der

Äußerlichkeit dieser Verehrung geht Peter zugrunde.»Er ist mein Gott«, sagt er gelegentlich. Aber er gehorcht diesem Gotte nicht, er versucht, ihm seine Gottähnlichkeit nachzumachen. Am 10. Juni wird ihm gemeldet, daß sich die Flotte in schlechtem Zustand zur Einschiffung der Truppen nach Dänemark befinde, weil gerade eine große Anzahl von Matrosen von einer epidemischen Krankheit ergriffen ist. Zum Entsetzen seiner Umgebung erläßt Peter – es ist nicht festzustellen, ob in nüchternem oder trunkenem Zustand – einen Ukas, welcher den kranken Matrosen befiehlt,»sofort gesund zu werden«.

An dem gleichen Tag beginnt die große Friedensfeier zu Ehren der russisch-englisch-preußischen Allianz. Für diese Feier waren aus Belgien Skulpturen bestellt worden, Friedensgöttinnen darstellend; der Hofpoet hatte ein Drama verfaßt,»La Pace degli Eroi«, der Hofmusiker hatte es vertont. Blumengirlanden verbinden die goldenen Namensschilder Friedrichs, Georgs und Peters, ein gigantisches Feuerwerk wird abgebrannt, und beim Toast auf die ewige Dauer dieses Friedens sollen die Kanonen abgefeuert werden.

Dieses gigantische Friedensfest beginnt mit jenem berühmten Mahl, dem es bestimmt war, so durchaus unfriedlich zu verlaufen und dadurch zum psychologischen Ausgangspunkt des großen Dramas zu werden. Es ist ein Mahl von fünfhundert Gedecken. Alle hohen russischen Würdenträger, alle ausländischen Diplomaten, die Spitzen des Adels, des Militärs sind dabei zugegen. Katharina sitzt an der Mitte der Tafel, Peter am Ende, neben dem preußischen Gesandten. Er hat drei Toaste vorgeschlagen: »Auf die Gesundheit der kaiserlichen Familie«,»auf die ewige Dauer des Bündnisses zwischen Rußland, England und Preußen« und»auf die Gesundheit des Königs von Preußen«. Nachdem auf die Gesundheit der kaiserlichen Familie getrunken worden war, schickt Peter seinen Adjutanten, den Grafen Godowitsch, zu Katharina, damit er sie frage, warum sie bei diesem Toast nicht aufgestanden sei. Katharina läßt erwidern: da die kaiserliche Familie nur aus ihr, ihrem Gatten und ihrem Sohne bestünde, hätte sie geglaubt, nicht aufstehen zu müssen. Godowitsch richtet diese Erklärung aus, worauf der Kaiser ihn sogleich zurückschickt, um seiner Gemahlin zu sagen, sie sei eine »dumme Gans« (dura), sonst wüßte sie wohl, daß auch die beiden Herzöge von Holstein zur kaiserlichen Familie gehören. Und da Peter fürchtet, Godowitsch würde diesen Auftrag vielleicht nicht in seiner ganzen Grobheit ausrichten, brüllt er mehrmals über den Tisch seiner Gattin zu: »Dura! Dura!«

Im Augenblick ist es mäuschenstill in dem großen Saal. Alle Anwesenden haben begriffen, daß etwas Unerhörtes, nie wieder Gutzumachendes geschehen ist. Alle Augen sind auf Katharina gerichtet: sie ist totenblaß geworden, und ihre Augen haben sich mit Tränen gefüllt. Dann aber ist sie die erste, die sich wieder gefaßt hat. Sie bittet den diensthabenden Kammerherrn, den Grafen Stroganoff, der hinter ihrem Stuhle steht, ihr schnell etwas Lustiges zu erzählen, um sie auf andere Gedanken zu bringen. Stroganoff besitzt wirklich die Geistesgegenwart, irgendein harmloses Gespräch zu beginnen und wird dafür noch am selben Abend auf seine Güter verbannt.

Fünfhundert Personen waren Zeugen dieser abscheulichen Szene. Fünfhundert Personen empfanden Empörung über die Zuchtlosigkeit des Kaisers, Mitleid mit der Kaiserin und gleich darauf Bewunderung für ihre großartige Haltung. Alle Vorwürfe, die Katharina bis dahin auf sich geladen hat, alle Gedanken an Saltykow oder Poniatowsky, zergehen in nichts vor diesem Akt zügelloser, unbeherrschter Brutalität. In einer einzigen Sekunde sind alle schwankenden Sympathien für Katharina entschieden. Es ist ihre persönliche Note, daß sie an Demütigungen wachsen, an Demütigungen groß werden sollte – und es ist ganz und gar in der Konsequenz ihres Schicksals gelegen, daß diese tiefste Demütigung, die sie jemals erlitten hat, den Auftakt zu ihrem entscheidenden Kampf um die Macht bilden soll. Als Kaiserin vor dem gesamten Hof, als Frau vor der Mätresse ihres Gatten beleidigt, hat sie das allerkostbarste Geschenk erhalten: das innere und äußere Recht auf Selbstbehauptung.

Sie hat später gesagt, daß sie erst seit diesem Abend den Feinden des Kaisers ihr Ohr geliehen habe. Das ist nicht wahr. Wahr aber ist, daß sie bis zu diesem Abend geschwankt, gezögert und abgewartet hat. Zum Unterschied von Peter hat sie eine gewisse Ehrfurcht vor den Gesetzen – oder besser gesagt, sie achtet die Ehrfurcht der Menschen vor den Gesetzen und hütet sich, jenes Gefühl zu verletzen, auf das allein gestützt ein Monarch friedlich regieren kann. Erst in dem Augenblick, da Peter sich offen und öffentlich ihr gegenüber ins Unrecht gesetzt hat, glaubt sie an die Möglichkeit, ihn zu beseitigen. Jetzt nehmen die Gespräche mit Orlow festere Formen an. Der Plan taucht auf, Peter in seinem Zimmer zu verhaften, wie seinerzeit Elisabeth den winzigen Zaren Iwan verhaftet hat. Aber Elisabeth war die Tochter Peters des Großen, sie war durch das Testament ihrer Mutter zur Regierung bestimmt gewesen – und Katharina hat weder durch ihr Blut noch durch irgendeinen legalen Akt Anspruch auf den Thron. Auch ist Peter schließlich kein Säugling. Zwei Tage vergehen, während derer unablässig gefeiert wird – dann begibt sich Peter nach Oranienbaum. Dort hat er fünfzehnhundert bewaffnete Holsteiner bei sich. Der schöne Grigorij, dieser Hasardeur, der gewohnt ist, alles auf eine Karte zu setzen, drängt mit Ungestüm zum Beginn der großen Partie. Er ist überzeugt, daß die Garden schon alles machen, daß sie mit den Holsteinern fertig und alle übrigen Regimenter mitreißen werden. Er ist überzeugt, daß Katharina bloß ein Zeichen zu geben brauche, damit ganz Rußland sich gegen den verhaßten Kaiser erhebe.…

Aber Katharina will dieses Zeichen nicht geben, sie will ein Zeichen bekommen. Sie ist nicht abergläubisch, wie es Elisabeth gewesen war, sie wartet auch nicht auf ein Zeichen von oben; was sie erwartet, ist die eindeutige Zwangssituation, die sie vor den Augen der Welt rechtfertigt. Sie will an einer Sache, deren Ausgang ungewiß ist und deren Scheitern Blut und Jammer im Gefolge haben müßte, nicht willkürlich Schuld tragen. Sie weiß, daß Hunderte, deren Sympathie sie als gekränkte, hilflose Frau besitzt, von ihr abfallen würden, sobald sie mit Waffen gegen den eigenen Gatten, gegen den erbeingesetzten Kaiser zu Felde ziehen wollte. Und wenn sie diese Hunderte auch zum Staatsstreich nicht braucht – sie denkt über den Staatsstreich hinaus, an ihre künftige Regierung als Usurpatorin, deren einziger Thronanspruch in der allgemeinen Sympathie bestehen könnte… Dies alles sind vernünftige Erwägungen. Tiefer sitzt der Instinkt, die unveränderliche Struktur ihrer Persönlichkeit. Katharina ist kein Mannweib; sie ist eine Frau mit einem männlichen Leitideal, aber durch und durch eine Frau. Sie verhält sich dem Schicksal wie einem Geliebten gegenüber: mit leidenschaftlicher, herausfordernder Passivität. Sie will das Schicksal nicht zwingen, sie will – dies aber mit der Vollkraft eines überdimensionalen Willens – vom Schicksal gezwungen werden.

Vier Tage lang – vom 12. bis zum 16. Juni – bleibt Katharina allein in Petersburg, ehe sie nach Peterhof übersiedelt. Es gibt keine einzige Nachricht über das, was sie während dieser vier Tage gemacht hat, mit wem sie zusammenkam; weder sie selbst noch einer ihrer Mitverschworenen hat irgendeine Aufzeichnung darüber hinterlassen. Es läßt sich mit großer Sicherheit annehmen, daß sie in diesen Tagen das Manifest verfaßte, das im Augenblick des Staatsstreiches unter das Volk verteilt werden sollte, und daß sie dem Grafen Kyril Rasumofsky auf irgendeine Weise das Konzept zukommen ließ: denn dort wird es sich in der geeigneten Stunde befinden. Sehr wahrscheinlich ist es, daß sie sich dabei nicht Gregors, sondern Alexej Orlows bediente, denn Gregor Orlow wird seit einiger Zeit von Spionen der Staatspolizei bespitzelt – allerdings so ungeschickt, daß Gregor seinen Aufpasser, den Leutnant Perfilew, durchschaut und wohin er will spazieren führt. Gewiß ist nur eines: daß die Aufrührer für ihr Vorhaben mit dem dänischen Feldzug rechnen, mit Peters Abwesenheit und mit der allgemeinen Unordnung und Unzufriedenheit, in der er das Land zurücklassen wird.

Aber wiederum ist es Peter, der sein Schicksal in unerwarteter Weise beschleunigt. Nachdem er sich in so öffentlicher Weise gegen seine Gattin ins Unrecht gesetzt hat, gibt es für ihn kein Halten mehr. Die Beschimpfung Katharinas ist auf ihn selbst zurückgefallen, er hat nicht sie, sondern sich unmöglich gemacht, er spürt das und haßt sie dafür nur noch mehr; ihre Existenz, ihr Anblick sind ihm unerträglich. Schon hat er sie aus seiner Nähe verbannt; er hat ihr befohlen, in Peterhof zu bleiben, während er mit seiner Mätresse in Oranienbaum residiert, umgeben von seinen Militärs und einem Stab schöner Hofdamen. Wie gewöhnlich löst ihm der Burgunder die Zunge, und er verspricht, sobald er erst einmal seine lästige Gattin los sei, auch alle anderen Ehen am Hofe zu lösen und den Damen zu gestatten, nach freiem Belieben neue Männer zu wählen. Die schönen Damen, deren Sittsamkeit das kaiserliche Beispiel und der tägliche Weingenuß bedenklich gelockert haben, hören solche Worte gern. Aber der Weg von Oranienbaum nach Petersburg ist kurz; was dort am Abend gesprochen wird, weiß man hier am nächsten Morgen, und die Gatten der Damen, die sich auf verschiedenen verantwortungsvollen Posten befinden, ballen die Fäuste. Zu den wahren Gerüchten treten falsche. Peter hat für seine holsteinischen Offiziere eine protestantische Kapelle in Oranienbaum errichtet – in Petersburg heißt es, der Kaiser selbst habe nach evangelischem Ritus das Abendmahl genommen. Von Petersburg nach Astrachan ist der Weg weiter, und die Gerüchte haben Zeit, zu wachsen: in Astrachan heißt es, der Kaiser habe dem König von Preußen das russische Heer verkauft unter der Bedingung, daß es nicht wieder nach Rußland zurückkehre. All dies, während der Senat damit beschäftigt ist, die letzten Vorbereitungen für den Ausmarsch und für die Verpflegung der Truppen gegen Dänemark zu treffen.

Am 21. Juni findet ein großes Fest in Oranienbaum statt, zu dem auch Katharina erscheinen muß. Bald nach ihrem Eintreffen stößt sie auf den Juwelier Ponzié und bittet ihn, ihren Katharinenorden mitzunehmen, da etwas daran zerbrochen sei. Ponzié erwidert: die Kaiserin möge doch in ihrem eigenen Interesse diesen Auftrag unterlassen, denn er sei soeben nach Oranienbaum gekommen, um einen Katharinenorden für die Worontzow zu liefern, und der Kaiser würde es gewiß als Provokation empfinden, wenn die Kaiserin es verschmähen würde, an diesem Tag ihren Orden zu tragen.

Den Orden der heiligen Katharina dürfen nur Mitglieder der kaiserlichen Familie tragen. Es ist vollkommen klar, daß der Kaiser mit der Verleihung dieses Ordens an seine Geliebte ihre nahe bevorstehende Aufnahme in die kaiserliche Familie, – daß er damit seine baldige Vermählung mit der Worontzow ankündigen will. Katharina nimmt es schweigend hin. Schweigend wohnt sie den Festlichkeiten bei, dem Manövrieren einer winzigen Flotte auf dem Teich des Parkes, schweigend, »mit gelangweiltem Gesicht«, sieht sie einer Liebhaberaufführung zu, bei der Peter im Orchester die Geige spielt. Schweigend sieht sie zu, wie Peter der Worontzow den Katharinenorden persönlich anlegt. Aber Peter erträgt ihr Schweigen, ihre Duldsamkeit nicht. Gibt es denn nichts, was diese Frau um ihre fürchterliche Ruhe bringt, mit der sie ihn immer wieder ins Unrecht setzt? Nichts, was ihr einen wütenden Ausbruch, ein häßliches Wort entlockt, nichts, was sie aus dieser grauenvollen, imponierenden Passivität aufschreckt? Gegen Abend, als er wieder getrunken hat, befiehlt er seinem Adjutanten Barjatynski, die Kaiserin zu verhaften. Barjatynski, der weder zu gehorchen noch sich zu widersetzen wagt, wendet sich an des Kaisers Onkel, den Prinzen Georg von Holstein. Nur mit Mühe gelingt es dem alten Mann, den sinnlos Betrunkenen, vor Haß Rasenden von seinem Vorhaben abzubringen. Katharina fährt unbehelligt nach Peterhof zurück.

Aber es ist zu spät. Peter hat das entscheidende Wort ausgesprochen. Die Nachricht, daß der Kaiser beabsichtigt habe, Katharina zu verhaften, dringt in die Hauptstadt, zu Katharinas Getreuen, zu den Garden, zu den Soldaten. Niemand zweifelt, daß Peter bald durchführen werde, was er für diesmal noch mit knapper Not unterlassen hat. Die Unruhe wächst und verbindet sich mit der Unzufriedenheit über den bevorstehenden Krieg. In allen Straßen bilden sich Gruppen von aufgeregten Menschen, die an der Regierung, am Kaiser Kritik üben; die Polizei hat große Mühe, die empörerischen Reden nicht zu hören und die Empörten ohne besonderes Aufsehen auseinanderzutreiben; hier, da, dort rotten sich Bürger zusammen und schimpfen. In den Kasernen ist es noch schlimmer. Den General Ismailow fragt ein einfacher Dragoner ganz naiv, warum man denn den Kaiser nicht entthrone. Ismailow schickt ihn zum Teufel. Aber die Unruhe wächst, die aufgeputschten Garden fordern ungestüm von ihren Vorgesetzten irgendwelche Maßnahmen zum Schutze der Kaiserin. Die Verschworenen fürchten ein zu frühes Losbrechen der Revolte und suchen die erregten Gemüter zu beruhigen. Dabei geschieht es, daß der Leutnant Passek in etwas angeheitertem Zustand selbst »empörerische Reden gegen den Kaiser führt« und dabei von einem Spitzel belauscht wird. Am 30. Juni soll Peter an der Spitze seiner Truppen in den Krieg gegen Dänemark ziehen. Den Vorabend seines Namenstages, den Abend des 28. Juni, will er in Peterhof feiern. Aber am Abend des 27. Juni wird der Leutnant Passek verhaftet.

»Ihre Verschwörung«, schreibt der unerbittliche Richter Friedrich II., »war ein Wahnsinn und schlecht angezettelt.« Er hat nicht unrecht. Katharinas Verschwörung hat wirklich so viele Fehler, daß – bei nüchterner Betrachtung – die Hoffnung auf ein glückliches Gelingen beinahe als Wahnsinn erscheint: die einzelnen Mitverschworenen sind kaum in Kontakt, sie mißtrauen, bespitzeln, belügen einander, sie haben verschiedene Zukunftspläne und keinerlei gemeinsamen Aktionsplan. Bevor noch die Taktik der revolutionären Bewegung im entferntesten festgelegt ist, gibt es bereits unzählige Beteiligte – die gemeinen Soldaten miteingerechnet, sind es an die zehntausend Personen. Man bedenke: ein umstürzlerisches, gegen die Staatsgewalt, gegen den regierenden Kaiser gerichtetes Komplott, um das zehntausend Leute wissen! Wirklich, diese Bewegung hat sämtliche Fehler, die eine illegale, revolutionäre Bewegung überhaupt haben kann – aber sie hat einen entscheidenden Vorzug: sie ist echt.

Einer echten, im Volksgefühl verankerten, vom Volksgefühl getragenen Bewegung nützen sogar ihre Fehler. Die außerordentliche Verschiedenartigkeit ihrer Hauptträdelsführer kamen ihr bloß zugute. Auf diese Weise erreichte sie die verschiedenartigsten Kreise der Bevölkerung; das gegenseitige Mißtrauen ersetzte einen komplizierten Femeapparat, und schließlich ist es die Auswirkung eines Fehlers, der allem Zweifel und Zaudern ein Ende macht und die Aktion gerade im richtigsten Augenblick zum Einsetzen zwingt. Die Verhaftung des betrunkenen Leutnants Passek wegen »beleidigender und aufhetzerischer Reden gegen seine Majestät den Kaiser« ist ein Unfall, der bei einer so großen Anzahl undisziplinierter Mitwisser eines Tages passieren *mußte*. Die

Verwirrung und Verzweiflung unter den Verschworenen ist denn auch im ersten Augenblick groß genug. Grigorij Orlow stürzt mit der vernichtenden Nachricht zu der Daschkow, bei der sich gerade Graf Panin befindet: jede persönliche Geringschätzung, alle Uneinigkeit über künftige Fragen verstummen angesichts der unmittelbaren Gefahr. Passek ist verhaftet, morgen kann alles verraten, übermorgen alles verloren sein. Man wird zweifellos Mittel finden, um Passek geständig zu machen, aber wahrscheinlich bedarf es solcher Mittel gar nicht mehr, wahrscheinlich wissen die Kaiserlichen ohnedies genug, um ihrerseits einen Vorstoß gegen die Verschwörer zu machen. Morgen wird man beginnen, sie alle der Reihe nach zu verhaften, zu köpfen, nach Sibirien zu schikken. Sie aber, um deretwillen alles geschehen ist, das Herz, der Kopf der ganzen Verschwörung, sie ist die erste, die an ihr zugrunde gehen muß. Peter hat seit Monaten nach einem Weg gesucht, sich Katharinas zu entledigen: jetzt hat er ihn gefunden. Später werden Panin und die Daschkow in langen, ausführlichen Darlegungen um die Ehre streiten, wer von ihnen den erleuchtenden Gedanken hatte, die Kaiserin sofort, noch in derselben Nacht, aus Peterhof holen zu lassen. Uns ist das gleichgültig. Sicher ist, daß in diesem Gespräch zu dritt begriffen wird, daß sie alle nur noch wenige Stunden lang mit ihrer Freiheit rechnen dürfen und daß in diesen wenigen Stunden Katharina gerettet werden muß. Die leidenschaftliche Daschkow möchte natürlich mit glühendem Eifer ihr Leben aufs Spiel setzen und selbst nach Peterhof um die angebetete Freundin fahren – aber ihr Unglück will, daß die Männerkleidung, die sie auf alle Fälle für den großen Tag der Revolte bestellt hatte, noch nicht fertig ist. Bei einer Fahrt, die so unauffällig wie nur möglich vonstatten gehen muß, ist aber eine weite Weiberkrinoline eine Gefahr mehr. Grigorijs jüngster Bruder, Alexej Orlow, und ein zweiter Leutnant, Wassilij Bibikow, begeben sich knapp nach Mitternacht in einer einfachen, schäbigen Kalesche auf die Fahrt nach Peterhof.

Während die Kalesche sehr langsam – um die Pferde für die Rückfahrt zu schonen – durch die silbrig helle nordische Sommernacht nach Peterhof fährt, gehen die Verschworenen unauffällig auseinander: die Daschkow bleibt betrübt, aufgeregt und enttäuscht über ihre passive Rolle zu Hause. Panin begibt sich in das Sommerpalais, wo sich der Zarewitsch befindet, legt sich zu Bett und schläft fest und tief, bis ihn der Trubel der entfesselten Revolte weckt. Orlow geht zum Hetman Rasumofsky und teilt ihm mit, daß Passek verhaftet und daß Alexej um die Kaiserin nach Peterhof gefahren sei. Rasumofsky hört ihn schweigend an, sagt kein Wort – kaum aber ist Orlow gegangen, so läßt er seinen Adjutanten Taubert zu sich kommen und befiehlt ihm, sogleich, noch in dieser Nacht, in einem unterirdischen Gewölbe das Manifest über die Staatsumwälzung drucken zu lassen. Taubert bittet, von diesem gefährlichen Auftrag entbunden zu werden. »Sie wissen bereits zuviel«, sagt Rasumofsky, »jetzt geht es auch um Ihren Kopf. Tun Sie, was ich Ihnen befohlen habe.« Unterdes ist Gregor Orlow in die Kaserne des Ismailowschen Regimentes gegangen. Diese Kaserne liegt an der Peripherie der Stadt, sie ist die erste, der Katharina auf der Fahrt von Peterhof begegnen muß. Hier findet Orlow seinen wohlbekannten Spitzel Perfilew vor. Sofort setzt er sich mit ihm an den Kartentisch und verliert dreitausend Rubel, spart nicht mit Schnaps und schickt endlich gegen vier Uhr morgens seinen vollkommen betrunkenen Aufpasser zu Bett. Jetzt erst kann er einige Vorbereitungen zum Empfang Katharinas treffen. Diese Vorbereitungen sind primitiver als die primitivste Vorstellung: sie bestehen in der Zusicherung eines Fasses Branntwein an ein paar Dutzend Soldaten und in einem Gespräch mit dem Popen des Regimentes, dem Väterchen Alexej. Aber darauf kommt es jetzt nicht an.

Denn jetzt ist alles so, wie Katharina es haben wollte. Sie liegt im tiefsten Schlaf, als gegen fünf Uhr morgens das Schicksal selbst in der Gestalt Alexej Orlows an ihre Türe klopft. Das winzige Schlößchen Montplaisir, das Katharina in Peterhof bewohnt, wird nicht bewacht; ihr ergebenes Kammerfräulein Schargorodsky öffnet dem wohlbekannten Offizier und läßt ihn ohne weitere Umstände ein. Im Toilettezimmer liegt das große Paradegewand, das Katharina zur Feier des Vorabends von Peters Namenstag anziehen sollte.

Alexej Orlow ist nur halb so schön wie seine schönen Brüder, das heißt, seine rechte Seite, sein rechtes Profil ist ebenso engelhaft schön, aber sein linkes gleicht einer Teufelsfratze: er hat in einem Duell einen Säbelhieb über die linke Gesichtshälfte bekommen, die Schramme ist schlecht verheilt, die Oberlippe ist zu einem ewigen teuflischen Grinsen aufwärts gezogen. Aber diese Entstellung, weit davon entfernt, ihn zu entmutigen, stachelt ihn bloß auf, alle seine Brüder, alle anderen Soldaten an Mut, Verwegenheit und Unbedenklichkeit zu überbieten.

Er tritt ohne Umstände an das Bett der schlafenden Kaiserin und weckt sie:»Es ist Zeit, daß Sie sich erheben«, sagt er,»die Equipage ist bereit, und auch in der Stadt ist alles vorbereitet.«

Katharina fragt, was denn geschehen sei.

»Passek ist verhaftet.«

Jetzt ist alles so, wie sie es wollte. Ihre Freunde haben gehandelt, unaufgefordert, ungebeten, aber in ihren Intentionen haben sie unumstößliche Tatsachen geschaffen, einer von ihnen ist verhaftet, alle sind in Gefahr. Jetzt gilt es nicht mehr, einen willkürlichen Beschluß zu fassen, als Aufrührerin gegen den eigenen Gemahl, gegen den erbeingesetzten Kaiser aufzutreten – jetzt heißt es: sich selbst, alle ihre Getreuen, alle russischen Patrioten dem sicheren Untergang preisgeben oder kämpfen. Jetzt ist sie im Zustand unmittelbarer, dringender Notwehr. Jetzt kann sie sich, in ihrer Freiheit, in ihrem Leben gefährdet, als hilfesuchende Frau an das russische Volk wenden – in solcher Situation hat sie Mut, Entschlossenheit und Klugheit für zehn Männer im Leib.

In wenigen Minuten ist sie angezogen. Sie nimmt ihr einfachstes schwarzes Trauerkleid. Da ihr Friseur erst gegen sieben Uhr nach Peterhof kommt, steckt sie die Haare bloß mit ein paar Nadeln auf. Im Garten ist es still, noch ist niemand wach; sie geht, von keinem Auge gesehen, über den morgenfeuchten Kies des Parkes zur Equipage. Bloß die beiden jungen Offiziere und die Schargorodsky sind mit ihr. Orlow setzt sich neben den Kutscher und zwingt ihn, das letzte aus den erschöpften Pferden herauszuholen; die Peitsche knallt, und in scharfem Trab fegt die elende Kalesche über die Landstraße. Die silbrige Helle der russischen Nacht ist der goldenen Helle eines strahlenden Sommermorgens gewichen. Vereinzelte Fahrzeuge kommen ihnen entgegen, niemand erkennt in dieser einfach gekleideten, von schlechten Pferden gezogenen Frau die Kaiserin. Ihr Wagen ist noch viel elender als jener, mit dem sie, zwanzig Jahre zuvor, durch Preußen und Pommern nach Rußland gekommen war; ihr Gefolge, ihr Gepäck ist noch geringer; sie hat nichts mit sich als das Kleid, das sie auf dem Leibe trägt. Wenn ihr Streich mißlingt, kann sie allerbestenfalls als Bettlerin nach Schweden flüchten.

Einige Kilometer vor Petersburg kommt ihnen Gregor Orlow entgegen, und Katharina steigt in seine Equipage, um mit frischeren Pferden schneller vorwärts zu kommen. Gegen acht Uhr morgens erreicht man das Weichbild der Stadt, die Kaserne des Ismailowschen Regiments. Hier wird angehalten. Orlow steigt ab und begibt sich in die Wachstube. Katharina wartet in ihrem Wagen. Der Trommler schlägt einen Wirbel. Gleich darauf kommen ein paar Dutzend Soldaten, ein paar Offiziere auf die Straße, die Soldaten noch ungekämmt, nur halb bekleidet. Katharina steigt aus dem Wagen, tritt mitten unter den ungeordneten Haufen und sagt:

»Ich bin gekommen, um bei euch Schutz zu suchen. Der Kaiser hat Auftrag gegeben, mich zu verhaften, er will mich und meinen Sohn töten lassen.«

Die Soldaten haben Katharina bisher immer nur von ferne gesehen. Von ihrer Persönlichkeit haben sie ein Bild, wie es die einfache Soldatenphantasie der Orlows für ihre einfachen Soldatenherzen erfunden hat. Es ist das Bild der Matuschka, des Mütterchens, der Frau, die auf der Höhe des Thrones ein Herz für jeden einfachen Soldaten hat und eine ganz besondere Vorliebe für die russischesten aller Soldaten, für die Garden. Viele von diesen Soldaten haben in Fällen der Not aus den Händen der Orlows Unterstützungen im Namen Katharinas empfangen – und alle sind durch Peters Vorliebe für die ausländischen Regimenter in ihrer Ehre gekränkt worden. Nun steht diese Frau, dieses Mütterchen, mitten unter ihnen, in ihrem einfachen schwarzen Kleid, die Haare bloß flüchtig geordnet, aber schön genug, um den Männern zu gefallen, edel und gefaßt, obwohl sie die Mörder auf ihren Fersen wähnt, eine verfolgte, schutzlose Frau, aber durchaus königlich in ihrer Haltung, eine Frau, vom Scheitel bis zur Sohle dazu geschaffen, von einfachen Leuten geliebt und verehrt zu werden. Liebe für Katharina, Haß gegen Peter, männliche Ritterlichkeit und soldatische Rauflust wirken zusammen: »Hurrah!« schreit der Haufen begeistert. »Es lebe unser Mütterchen Katharina!«

Der Funke hat gezündet. Es sind bloß ein paar Dutzend Soldaten, aber sie toben vor Begeisterung. Sie küssen Katharina die Hände, sie küssen ihre Füße, küssen den Saum ihres Kleides. Und während sie schwören, mit ihrem Leib, mit ihrem Blut Katharina gegen jeden Feind, auch gegen den Kaiser, zu verteidigen, erscheint plötzlich mitten unter ihnen Väterchen Alexej mit erhobenem Kruzifix und begleitet vom Obersten des Regiments, Kyril Rasumofsky. Es ist das Werk einer Sekunde: hier, unter freiem Himmel, auf dem sandigen Boden des Kasernenhofes, wird Katharina von ein paar Dutzend ungekämmter, mangelhaft bekleideter Soldaten zur »Selbstherrscherin von Rußland« proklamiert. Soweit waren die planvollen Vorbereitungen der Orlows gegangen. Was weiter geschieht, wird zwei wesentlich mächtigeren Faktoren überlassen: dem Volkswillen und dem Zufall.

Jenseits der Fontanka liegt die Kaserne des Semjonowschen Garderegiments. Dort hofft man, auf die gleiche Stimmung und auf eine größere Anzahl von Kompanien zu stoßen. Katharina setzt sich wiederum in ihre elende Kalesche, Rasumofsky und Orlow reiten ihr zur Seite, Vater Alexej mit dem Kreuz geht voran, ein wilder Haufen aufgeregter, unordentlich bekleideter Soldaten folgt ihr. Es ist noch immer kein sehr stattlicher Aufzug, aber er ist groß genug, um Aufsehen zu erregen. Ein paar Offiziere sind vorangeritten und haben die Semjonowschen vom Einzug Katharinas verständigt. Ehe die Kaiserin die Fontanka erreicht, kommen ihr in hellen Scharen die Semjonowschen entgegen, ebenfalls zum Teil im Hemd, ohne Kappe, aber alle bis an die Zähne bewaffnet und tobend, jubelnd vor Begeisterung. Sie werden an Ort und Stelle – also mitten auf der Straße – auf die neue Herrscherin vereidigt und schließen sich den Ismailowschen an. An der Spitze beider Regimenter, durch ein dichtes Spalier Neugieriger, die den seltsamen Aufzug bestaunen, ohne ihn zu verstehen, sehr langsam, fährt Katharina durch die Gartenstraße nach dem Newsky-Prospekt.

Im Preobraschenskyschen Regiment gibt es eine gewisse Verwirrung. Als gegen acht Uhr morgens die Nachricht von Katharinas Einzug hierherkommt, versuchen einige Offiziere, die Ordnung aufrechtzuerhalten. Peter hat immer eine gewisse Vorliebe für dieses Regiment gehabt, besonders für die Grenadiere, die übrigens vom Bruder seiner Favoritin, vom jungen Grafen Worontzow, befehligt werden. Worontzow und Major Woijokow halten Ansprachen an die Soldaten und erinnern sie an ihren Eid, den sie dem Kaiser geleistet haben. In geschlossenen Reihen marschieren die Preobraschenskyschen den aufständischen Regimentern entgegen. Auf dem Newsky-Prospekt stoßen die beiden Züge aufeinander. Es ist der entscheidende Augenblick der Revolte. Wenn es zu einem Kampf kommt, so ist der Ausgang ungewiß, und auch wenn Katharina diesen Kampf gewinnt, so ist um ihretwillen Blut geflossen, und die Begeisterung wäre durch Leid und Jammer gedämpft. Aber ehe die erste Kugel aus dem Lauf ist, schreit einer in den Reihen der Preobraschenskyschen – es ist der Fürst Menschikow –:»Hurrah! Unser Mütterchen, die Kaiserin von Rußland!« Und wie aus einem Munde wiederholt das ganze Regiment diesen Ruf, setzt seine Offiziere gefangen und bittet die Kaiserin um Vergebung, weil es sich nicht sogleich ihr angeschlossen habe.

Nun ist bereits die ganze Stadt auf den Beinen. Die Menschen stürzen aus den Häusern auf die Straße, um das einzigartige Schauspiel zu sehen, sie mischen sich unter die Soldaten, sie sind begeistert oder werden durch die allgemeine Begeisterung angesteckt. Der Zug kommt nur langsam durch die angestauten Massen vorwärts, aber die Kunde von diesem Zug läuft schnell durch alle Gassen, läuft von Mund zu Mund, von Haus zu Haus; aus den entlegensten Teilen der Stadt eilen laufend Neugierige herbei, Männer, Frauen und Kinder, flüchtig gekleidet; viele wissen kaum oder gar nicht, um was es sich handelt, aber sie hören schreien und sie schreien mit, sie hören jubeln und sie jubeln mit, der Zug wird immer größer, immer dichter, immer exaltierter. Der angesammelte Unmut der letzten Monate, die drückende Atmosphäre der letzten Tage, da irgendeine Entscheidung in der Luft lag, das Bedürfnis des Volkes, zu lieben und sich in gemeinsamer Liebe zu berauschen – alles das entspannt sich in einem Taumel entfesselter Begeisterung, der seinen Höhepunkt erreicht, als die berittene Garde, in voller Bewaffnung und voller Ordnung, geführt von ihren Kommandeuren, heransprengt und mit ihrem Fanatismus alle anderen Regimenter übertrifft.

Seltsamerweise ist es gerade das Regiment Gregor Orlows – die Gardeartillerie –, die seiner Aufforderung nicht sogleich nachkommt: die Soldaten wollen wissen, was ihr General Villebois ihnen zu tun befiehlt. Aus Gründen, die uns nicht bekannt sind – verschiedene Autoren behaupten, aus Eifersucht –, hatte es Orlow unterlassen, Villebois ins Vertrauen zu ziehen. Katharina, vor der Kaserne wartend, läßt ihn rufen. Er kommt und beginnt, ihr die außerordentlichen Gefahren des begonnenen Unternehmens auseinanderzusetzen.

»Ich habe Sie nicht rufen lassen, um Ihre Ratschläge zu hören«, sagt Katharina, »sondern um zu wissen, was Sie zu tun gedenken.«

»Ihnen folgen«, erwidert Villebois und beugt das Knie. Dann leistet er den Eid und liefert Katharina die Schlüssel der Arsenale aus.

Endlich – gegen neun Uhr – ist der Zug bei der Kasanschen Kirche angelangt. Die Kirche ist bereits dicht gefüllt. Hierher kommt auch Panin mit dem kleinen Paul Petrowitsch. In der Eile hat man vergessen, dem Kinde sein Nachtmützchen abzunehmen. Der Geistliche tritt Katharina entgegen, segnet sie mit dem Kreuze, und Katharina leistet ihren Eid als *Kaiserin und Selbstherrscherin Rußlands.* Weder der kleine, verschlafene Großfürst noch sein Erzieher Panin können etwas dagegen unternehmen: es ist eine vollzogene Tatsache.

Von der Kasanschen Kirche geht nun der Zug ins Winterpalais. Knapp eine Stunde zuvor war Katharina, eine flüchtende, gefährdete Frau in einer elenden Kalesche, bloß von einer Kammerfrau und zwei Offizieren begleitet, nach Petersburg gekommen: jetzt sitzt sie zwar noch immer in derselben Kalesche, auf deren beiden Trittbrettern Gregor Orlow und der General Villebois stehen, aber Geistliche in vollem Ornat gehen ihr voran, und Tausende von Soldaten, Tausende Männer und Frauen folgen ihr. Alle

Glocken läuten. Man kommt nur im langsamsten Schritt vorwärts, denn alle Welt will in den Wagen sehen, will die Kaiserin sehen, ihr Glück wünschen, ein Lächeln, einen Gruß von ihr erhaschen. Es wird zehn Uhr, ehe man im Winterpalais ankommt, wo bereits der gesamte Senat versammelt ist.

Als Katharina den Wagen verläßt, um in den Palast zu gehen, kommt gerade die Daschkow an. Sie hat eine gute Strecke zu Fuß gehen und sich mit aller Mühe ihren Weg durch die Menge bahnen müssen; aber im letzten Augenblick hat sie die Genugtuung, von einigen Offizieren erkannt zu werden, sie wird in die Höhe gehoben, über alle Köpfe hinweg von einem Arm in den anderen gelegt, bis sie glücklich an den Stufen des Palastes Katharina gegenübersteht und mit den Worten: »Der Himmel sei gelobt!« der Freundin um den Hals fallen darf. Nach dem ihrigen muß Katharina unzählige weitere Glückwünsche über sich ergehen lassen. Der Palast ist für jedermann geöffnet, alle dürfen kommen und das »Mütterchen Katharina« begrüßen, so wie sie kommen durften, um von dem Mütterchen Elisabeth Abschied zu nehmen. Gleichzeitig wird das in der Nacht gedruckte Manifest unter das Volk verteilt. Es lautet folgendermaßen:

»Wir, von Gottes Gnaden Katharina II., Kaiserin und Selbstherrscherin aller Russen etc...

Alle rechten Söhne des russischen Vaterlandes haben deutlich die Gefahr erkannt, welche dem russischen Reiche drohte. Unsere alte rechtgläubige griechische Kirche wurde durch die Abschaffung der kirchlichen Überlieferungen erschüttert, so daß die Gefahr bestand, daß unsere rechtgläubige Kirche das Gesetz eines anderen Bekenntnisses würde annehmen müssen. Zweitens wurde das ruhmreiche Rußland um den Preis seiner mit großen Blutverlusten erkämpften Siege betrogen und in einem schmählichen Frieden unter das Joch seines Erbfeindes gestellt. Gleichzeitig lag die innere Ordnung, von welcher die Einheit und Wohlfahrt Unseres Vaterlandes abhängt, völlig darnieder. Weil Wir aus diesen Gründen von der Gefahr aller Unserer treuen Untertanen überzeugt sind, haben Wir Uns genötigt gesehen, mit Hilfe Gottes und seiner Gerechtigkeit, gestützt auf den deutlichen, ungeheuchelten Wunsch Unserer Untertanen, den Thron als Selbstherrscherin aller Russen zu besteigen, worauf hin alle Unsere getreuen Untertanen den feierlichen Eid geleistet haben.«

Katharina.

Dieses Manifest war vorbereitet und ist zweifellos von Katharina selbst oder mit ihrem Einverständnis so und nicht anders abgefaßt worden. So kurz und knapp es gehalten ist, enthält es doch, an Stelle der üblichen Phrasen, ein sehr deutliches und weitgehendes Programm. Es wendet sich gegen die beiden entscheidenden Punkte, in denen Peter die religiösen und nationalen Gefühle der Russen beleidigt hat, es beruhigt die Geistlichkeit, schmeichelt dem Heer, erweckt in den Vertretern der ehemaligen Verbündeten neue Hoffnungen und macht die Usurpatorin zum dankbaren Geschöpf des Volkswillens. Es ist die lapidare Schlußformel zwanzigjähriger Bemühungen: Katharina hat es verstanden, die Russen dahin zu bringen, in ihr – einer reinblütigen Deutschen – die einzige Vertreterin ihrer nationalen Interessen zu sehen, während zu diesem Zeitpunkt nicht weniger als drei männliche Abkömmlinge des Hauses Romanow in Rußland leben: Peter, Iwan und der Zarewitsch Paul.

Gegen Mittag stoßen die ersten Armee-Regimenter zu den Garden. Es sind jetzt mehr als zehntausend Soldaten, die den weiten Platz vor dem Palast und alle Zufahrtstraßen in ein ungeheures Heerlager verwandeln. Die ganze Stadt ist auf den Beinen, um der neuen Herrscherin zu huldigen. Man hat in einer Seitengasse einen Leichenwagen gesehen, und das Gerücht hat sich herumgesprochen, daß Peter III. tot sei. Es gibt deshalb viele, die glauben, es handle sich gar nicht um einen Staatsstreich, sondern um einen legitimen Thronwechsel. Niemand hat je ergründen können, ob jener Leichenwagen wirklich irgendeinen toten armen Teufel geborgen hat oder ob er eine Erfindung der Orlows war.

Es ist ein drückend heißer Tag – aber von der unübersehbaren Menschenmasse vor dem Palast weicht kein einziger von seinem Platze. Es gibt immer etwas Neues zu sehen, neuen Grund zur Begeisterung. Um zwölf Uhr erscheinen die Oberhäupter der russischen Geistlichkeit, durchaus ehrwürdige, silberhaarige Greise in vollem Kirchenornat, und tragen die Insignien der Herrschaft, die Krone, das Szepter und die heiligen Bücher, zur

Kaiserin. Still und majestätisch schreiten sie mitten durch das Heer, das ihnen ehrfürchtig Platz macht. Ganz anders wirkt der Einfall des obersten Fouragemeisters: ohne Auftrag erhalten zu haben, läßt er aus dem Zeughaus die alten russischen Uniformen in riesigen Wagen herbeischaffen und an die Soldaten verteilen. Unter ungeheurem Jubelgeschrei reißen sich alle in derselben Minute die verhaßten preußischen Uniformen vom Leib, treten die preußischen Kappen mit ihren Füßen und schlüpfen in die alten nationalen einfarbigen Röcke.

Gegen ein Uhr mittags werden die Pforten des Palastes für Neugierige geschlossen. Katharina und der Senat beginnen zu beraten. Das brennende Problem heißt: Peter. Noch weiß niemand, was Peter tun wird, was er tun kann, was mit ihm geschehen soll. Die letzte Frage ist am leichtesten zu beantworten; man muß Peter zur Abdankung zwingen und ihn bis auf weiteres internieren. Gleich nach ihrem Einzug ins Winterpalais, mitten im größten Trubel, hat Katharina den überaus wichtigen Befehl gegeben, die Kalinka-Brücke zu sperren und von hier aus niemanden aus der Stadt zu lassen. Über die Kalinka-Brücke führt nämlich der einzige Weg von Petersburg nach Oranienbaum, und die Absperrung hatte den Zweck, Peter so lange wie möglich ohne Nachrichten aus der Hauptstadt zu lassen. Im Laufe des Nachmittags aber würde Peter, wie es verabredet war, zur Feier seines Namenstages nach Peterhof kommen, er würde Peterhof leer finden und auf diese Weise zum Bewußtsein des Geschehenen kommen müssen. Was wird er tun? Er kann sich nach Livland begeben, wo sich der größte Teil des russischen Heeres befindet, zum Abmarsch gegen Dänemark bereit, also bis an die Zähne bewaffnet. Diese in Livland befindlichen Truppen, die Katharina noch nicht gehuldigt haben, bedeuten eine ernste Gefahr für die neue Regierung. Eine ebenso große Gefahr droht der Hauptstadt von der Seeseite her, für den Fall, daß Peter sich nach Kronstadt begeben und von hier aus zu Schiff über die Newa gegen Petersburg vorstoßen wollte.

Entsprechend diesen beiden Gefahren werden Vorkehrungen getroffen. Um drei Uhr geht ein Kurier an den Generalgouverneur von Riga ab – an jenen General Braun, der zwanzig Jahre zuvor die kleine Prinzessin von Zerbst an der russischen Grenze empfing und über die Verhältnisse am Hof informierte. Nun erhält er das Manifest über Katharinas Thronbesteigung, die Liste mit der neuen Eidesformel und einen Ukas, durch den er gehalten wird, »von niemandem, ohne Ansehen der Person, einen Befehl entgegenzunehmen, der nicht von Katharina unterschrieben ist.« Katharina fügt noch eigenhändig hinzu, daß »der gewesene Kaiser, sofern er in Livland erscheinen sollte, auf ihren Befehl zu verhaften und tot oder lebend nach Petersburg zu bringen sei«.

Nach Kronstadt aber geht der Admiral Talysin mit einem Billet an den Kommandanten Nummers:

»Der Herr Admiral Talysin geht, von Uns bevollmächtigt, nach Kronstadt. Was er befiehlt, ist auszuführen.«   Katharina.

Währenddes dauert der Zustrom von Soldaten immer noch an. Berittene Gardeoffiziere sind zu den Armeeregimentern gesprengt, die in der weiteren Umgebung von Petersburg stationiert sind, und gewinnen sie für die neue Regierung. Es wird immer lauter, immer bewegter in den Straßen der Stadt; bald mischt sich in die patriotische Begeisterung die Ausgelassenheit des Rausches, denn die Orlows haben den Soldaten Branntwein versprochen, und dieses Versprechen wird gehalten; die Schenken sind offen, die Krone zahlt, und mancher trinkt mehr Schnaps auf des »Mütterchens« Gesundheit, als seiner eigenen zuträglich ist. Die Vertreter Österreichs und Frankreichs haben ganze Fässer Branntwein gekauft und bewirten alle Leute, die an ihren Häusern vorbeigehen, um das alte Sympathiebündnis gegen Preußen anzufeuern. Trotzdem kommt es bloß zu einer einzigen Ausschreitung: der Prinz Georg Ludwig von Holstein wird gefangengenommen, und sein Haus wird geplündert.

Um sechs Uhr abends kommt der erste Abgesandte Peters: es ist der Großkanzler Worontzow. Er fragt Katharina, warum sie Peterhof verlassen habe, er macht ihr Vorwürfe wegen ihres Handstreiches. Katharina führt ihn ans Fenster, und auf die ungeheure, begeisterte Menge weisend, sagt sie:

»Sie sehen, nicht ich handle, ich unterwerfe mich nur dem Willen des Volkes!«

Darauf fragt sie den Kanzler, ob er bereit sei, ihr den Treueid zu leisten. Worontzows Antwort ist überraschend klug und geistesgegenwärtig:

»Da ich Ew. Majestät im Augenblick bei Ihrer militärischen Unternehmung nicht dienen kann, und weil ich Ihnen durch die soeben gemachten Vorstellungen verdächtig sein muß, andererseits aber nichts gegen Ew. Majestät unternehmen will, bitte ich Sie, mich arretieren und durch Ihre verläßlichsten Leute bewachen zu lassen.« Auf diese Weise sichert sich der Kanzler gegen jeden Ausgang des Unternehmens.

Bald darauf kommen Fürst Trubetzkoj und Graf Schuwalow, die von Peter abgesandt waren, um die Garden zur Vernunft zu bringen und Katharina im Notfall zu töten: angesichts der waffenstarrenden, einmütig begeisterten Hauptstadt ziehen sie es vor, der Kaiserin zu huldigen.

Nie hat eine planvoll und sorgsam vorbereitete Revolte so schnell, so leicht, so umfassend gesiegt wie diese dilettantisch, gleichsam aus dem Stegreif begonnene, in der trotzdem, wie von einem unsichtbaren Regisseur geleitet, ein jeder auf seinem Posten war und seine Rolle mit dem eigenen Feuer erfüllte. Dieser ganze Tag war wie das stetige, immer mächtigere Anschwellen eines großartigen Akkordes ohne den leisesten Mißton gewesen. Katharina, obwohl sie in keinem Augenblick die Fassung verliert und selbst im größten Trubel die kleinsten Anordnungen nicht vergißt, für jeden zu sprechen ist, für jeden ein freundliches Wort, einen Dank, eine Anerkennung hat – Katharina ist von der Hingerissenheit eines ganzen Volkes für ihre Person selbst hingerissen; sie ist nun auf der vollen Mittagshöhe ihrer Größe, im Zenit ihres Lebens. Eine Kleinigkeit fehlt noch, damit dieses riesige, geliebte Rußland vor aller Welt ihr eigen ist – die Absetzung Peters. Aber dieser leuchtende, glühende, lebendurchflutete Sommertag soll nicht mit einem kalten Ukas enden, sondern mit einem Schauspiel, noch größer, noch heroischer als ihr morgendlicher Einzug in die Stadt.

Um zehn Uhr abends schreibt sie ein Billet an den Senat:

»Herren Senatoren!

Ich ziehe jetzt mit dem Heere aus, um dem Thron Ruhe und Sicherheit zu geben. In vollem Vertrauen lasse ich in der Obhut des Senats als meiner höchsten administrativen Gewalt das

Vaterland, das Volk und meinen Sohn zurück.«   Katharina.
Hierauf kleidet sie sich in die Uniform des Fürsten Galytzin – es
ist die nationale Uniform der alten Preobraschenskyschen Garde
– und reitet zunächst um alle ihre Truppen herum, zum Zeichen,
daß sie den Oberbefehl übernehme. »Personen, die Katharina an
diesem Abend sahen, berichten, sie niemals schöner gesehen zu
haben«, schreibt ein Apologet Peters III. »Es wird überhaupt
allgemein gesagt, daß diese Fürstin in der damaligen Zeit, also
schon in reiferen Jahren, ungleich reizender gewesen sei als in
der Jugend, dem gewöhnlichen Alter der Schönheit. Als sie nun
einen weißgrauen Hengst mit Tigerflecken bestieg und im Reiten
Sicherheit mit Eleganz verband, erhielt ihr ganzes Wesen den
Anstrich einer unübertrefflichen Grazie.« So schreibt ein Feind
Katharinas – wie muß ihr Anblick auf die ohnedies fanatisierten,
leidenschaftlich erregten Soldaten gewirkt haben!
Bei dieser nächtlichen Heerschau ereignet sich eine winzige Episode, die später ungeheure Bedeutung gewinnen soll: Katharina
bemerkt plötzlich, daß sie ihr Portepee vergessen hat, und
sofort sprengt aus der Masse ein junger Offizier herbei und reicht
ihr das seine. Ein paar Sekunden lang sieht sie vor ihren glühenden Augen ein glühendes, junges, schönes Männergesicht, sie
hört auf ihre Frage einen fremden, unbekannten Namen – im
nächsten Augenblick hat sich der verwegene Jüngling wieder in
seine Kompanie eingereiht. Aber Katharina wird diesen kleinen
Dienst nicht vergessen, viele Jahre später wird sie sich jenes Namens erinnern, der im Augenblick ihres höchsten Glückes zum
ersten Mal an ihr Ohr geklungen ist, um ihn für immer mit ihrer
Geschichte und der Geschichte Rußlands zu verknüpfen: es ist
der Name Gregor Potiomkin.
Um elf Uhr nachts verlassen vierzehntausend Soldaten die Stadt
und ziehen nach Peterhof, dem Kaiser entgegen. Katharina reitet
voran. Um ihre Soldatenmütze ist frisches Eichenlaub gewunden,
und ihre langen schwarzen Haare flattern lose im leichten Som-
merwind. Neben ihr reitet die Daschkow, ebenfalls in Uniform,
schmal und schlank wie ein fünfzehnjähriger Knabe.
Traum und Wahrheit, Vergangenheit und Gegenwart, Mythos
und Geschichte durchweben einander in der grau-geheimnis-

vollen Helle dieser nordischen Nacht. Aus der unbewußten Tiefe ihrer frühesten Kindheit weht ein ahnendes Erinnern, und was sie erlebt, ist Symbol ihrer ersten Wunschträume: nun sitzt sie wie ein Mann zu Pferde und ist mehr als irgendein Mann im Land und zieht mutig dem Feindlich-Männlichen entgegen, dem Manne, der durch Geburt und Geschlecht, nicht durch Verdienst zu ihrem legitimen Herrn eingesetzt ist, und ihr zur Seite, ihr zu Gebote ist die kraftvolle, wehrhafte Blüte der Männlichkeit. Aus der unbewußten Tiefe der frühesten Kindheit des Menschengeschlechtes weht ein ahnendes Erinnern über alle diese Männer, die trunken von Begeisterung und vom Weine dieser großen, kühnen Frau folgen, ihrem Mütterchen, der großen Mutter; keiner von ihnen könnte es in Worte fassen, aber sie alle eint das Bild und verknüpft diese Männer, die im Begriffe stehen, die Geschichte ihrer Zeit zu machen, mit der heilig-heidnischen Überlieferung ihrer Vorfahren.

Während der entscheidenden Morgenstunden, in denen er vom Thron gestürzt worden war, hatte Peter geschlafen. Kaum ein paar Wegstunden vom Herde der staatsumwälzenden Revolte entfernt, hatte der ganze Hof, den Großkanzler Worontzow miteingeschlossen, keine Ahnung von den Ereignissen in der Hauptstadt. In Oranienbaum ist es an diesem 28. Juni ganz genauso wie an allen anderen Tagen. Peter verläßt das Bett ziemlich spät, weil er am Abend zuvor getrunken hat, nimmt seinen Holsteinern gegen elf die Parade ab, setzt sich zu Tisch, und etwas vor zwei Uhr begibt sich der Hof auf die Fahrt nach Peterhof. Der preußische Gesandte Goltz befindet sich in des Kaisers Suite, der greise General Münnich, Worontzow, Schuwalow, Trubetzkoj, an die zwanzig Damen, an ihrer Spitze die dicke Favoritin Elisabeth. Man benützt für die kurze Fahrt eine sogenannte Linega, das ist ein sehr großer Wagen, in dem viele Leute Platz haben, und zwar dos à dos sitzend. Es ist eine lärmende und heitere Fahrt. Der Kaiser trägt seine preußische Uniform, die Damen sind in großer Galatoilette und schützen ihre zarte Haut mit kleinen Schirmchen gegen die pralle Junisonne.
Der Flügeladjutant Gudowitsch sprengt der Linega voran. In

Peterhof angelangt, erblickt er bleiche, verwirrte Diener, verstörte Hofdamen und – keinerlei Vorbereitung für den Empfang Seiner Majestät.

»Was ist geschehen?«

»Die Kaiserin ist seit dem frühesten Morgen verschwunden.«

»Wohin?« – Davon hat niemand eine Ahnung.

Gudowitsch reitet zurück und erreicht den kaiserlichen Wagen im Walde, etwa zweihundert Meter vor dem Schloß. Die Nachricht wirkt auf die fröhliche Gesellschaft wie auf einen Bauern das Erscheinen einer Hagelwolke am Horizont. Der Kaiser will zunächst nicht an das Verschwinden seiner Gattin glauben. Er bittet die Damen, abzusteigen, fährt so schnell wie möglich ins Schloß, läuft von einem Zimmer ins andere, öffnet alle Schränke, sieht unter alle Betten, sogar unter die Matratzen, und schreit nach Katharina. Als er endlich von dieser vergeblichen Suche abläßt, kommen gerade die Damen zu Fuß durch den Park.

»Habe ich es Ihnen nicht immer gesagt«, ruft er seiner Mätresse zu, »diese Frau ist zu allem imstande.«

Wenige Minuten später erreicht ein keuchender, schwitzender Mann das Schloß: es ist ein als Bauer verkleideter Holsteiner, der gegen zehn Uhr früh die Hauptstadt verlassen hatte, um seinen Kaiser von den Unruhen zu verständigen; er hat die Kalinka-Brücke passiert, wenige Minuten ehe sie abgesperrt worden war.

»Nun seht ihr«, sagt Peter, »wie recht ich gehabt habe. Sie ist zu allem imstande.« Niemand macht ihm diesen Triumph des Rechtbehaltens im Augenblick seiner Niederlage streitig; die Damen schreien und weinen und empören sich gegen die verräterische Gattin, die Herren beraten, was zu tun sei: Unruhen, Aufstände der unzufriedenen Garden, ein Handstreich der unzufriedenen Katharina – beunruhigende, bestürzende Nachrichten gewiß, aber schließlich kein Grund für einen Kaiser, an seiner Herrschaft zu zweifeln. Es schwirrt im schönen, sonst so stillen Park von Meinungen, Ratschlägen, Vorschlägen.

»Begeben Sie sich an der Spitze einer auserwählten Suite nach Petersburg«, rät General Münnich, »und zeigen Sie sich selbst den Garden. Ermahnen Sie die Pflichtvergessenen an ihren Eid, versprechen Sie den Unzufriedenen Genugtuung. Niemand wird es wagen, die heilige Person Eurer Majestät anzugreifen. Erinnern Sie sich, daß auch Peter der Große in ähnlicher Situation durch sein persönliches Auftreten seine Krone gerettet hat.« Aber Peter III. ist kein Peter der Große. Münnichs Rat mißfällt ihm ganz und gar. Er hat nicht das mindeste Vertrauen zu der suggestiven Wirkung seiner Persönlichkeit. Jetzt, in der ersten Sekunde, da er sich bewähren müßte, kommt es zum Vorschein, daß er nur durch den Zufall seiner Geburt, aber durch keinerlei innere Berufung zur Herrschaft über ein Volk ausersehen war. Der falsche Übermut der letzten rauschhaften Monate ist von ihm gewichen, und die geheime, tiefe Angst vor diesem fremden Volk, die tiefe Angst vor seiner Stellung, der er sich niemals wirklich gewachsen fühlte, kommt zum Vorschein. »Ich traue der Kaiserin nicht«, sagt er, »sie würde es zulassen, daß man mich beleidigt.«

Seine Umgebung fühlt, daß er selbst seine Sache innerlich aufgegeben hat. Die Flinksten suchen schickliche Vorwände, um ihn zu verlassen. Worontzow begibt sich nach Petersburg, um »Katharina ins Gewissen zu reden«. Schuwalow will »die Garden zur Vernunft bringen«, Trubetzkoj, wenn es not tut, »Katharina töten lassen«. Da Peter nicht in der Lage ist, einen ernsthaften Entschluß zu fassen, faßt er hundert sinnlose Entschlüsse. Er schickt Ordonnanzen nach allen Himmelsrichtungen, um genauere Nachrichten aus der Hauptstadt zu bekommen, er schickt Eilboten an verschiedene Regimenter, um sie nach Peterhof zu kommandieren. Er schickt nach Kronstadt und befiehlt dem Kommandanten Nummers, dreitausend Soldaten zu Schiff nach Peterhof zu befördern. Vier Schreiber sind damit beschäftigt, auf dem eisernen Geländer einer Schleuse alle die Ukasse niederzuschreiben, die Peter im Laufe einer Stunde erläßt. Die meisten davon sind Manifeste gegen Katharina, strotzend von Schimpfwörtern. Unterdes sind Wächter an den Straßen postiert und warten auf Botschaften aus der Hauptstadt. Aber es kommen keine Botschaften. Die Nervosität wächst: wäre der Aufstand niedergeschlagen worden, so hätte man den Kaiser gewiß sofort benachrichtigt.

Wiederum ergreift der alte Münnich das Wort: Peter möge sich unverzüglich nach Kronstadt begeben, wo er ganz gewiß Schutz und Sicherheit, vor allem aber Zeit gewinnen würde. Hätte Peter diesen Rat befolgt, sein eigenes Geschick und die russische Geschichte hätten vielleicht eine andere Wendung genommen. Wäre er in diesem Augenblick – es ist vier Uhr nachmittags – nach Kronstadt gefahren, so wäre er dem Admiral Talysin zuvorgekommen, er wäre als Kaiser in Kronstadt empfangen worden, er hätte die gesamte Flotte in Händen gehabt, er hätte die in Livland befindliche Armee erreichen und sowohl zu Land wie zu Schiff mit überlegener Heeresmacht gegen das aufständische Petersburg vorrücken können. Aber Peter zaudert. Er kann keinen entscheidenden Entschluß fassen. Er will Zeit gewinnen, um einem Entschluß auszuweichen, und verliert damit die entscheidende Zeit für seine Rettung. Er sendet zwei Kavaliere, Deviers und Barjatinski, nach Kronstadt, widerruft seinen Befehl bezüglich der dreitausend Soldaten und läßt bei Nummers anfragen, ob die Stadt zu seinem Empfang bereit sei. Gleichzeitig läßt er aus Oranienbaum seine Holsteiner kommen und ihnen befehlen, auch die Kanonen mitzubringen. Mit diesen beiden Befehlen wird bloß eines erreicht: sie liefern eine Ausrede, um ein paar weitere Stunden untätig zu warten.

Im Park von Peterhof macht sich die strahlende Junisonne nicht so unangenehm fühlbar wie in der Stadt: es ist ein herrlicher, angenehmer Tag. Da man ohnedies warten muß, geht man im Schatten der großen, alten Bäume spazieren, man scherzt mit den Damen, und als es Abend wird, läßt man das Essen im Garten servieren und trinkt, wie gewöhnlich, etwas mehr, als man verträgt. Man wird durch keine neuen beunruhigenden Nachrichten aus Petersburg gestört. Es kommen keine neuen Nachrichten. Von allen ausgesandten Boten kommt kein einziger zurück.

Gerade als das Mahl abgetragen wird, erscheinen die Holsteiner. In tadellosen Uniformen, mit wundervoll geputzten Knöpfen, im besten preußischen Stechschritt marschieren sie ein und erfüllen das Herz Peters mit der alten, gewohnten Begeisterung. Noch einmal darf er das liebste seiner Spiele spielen und darüber vergessen, daß es Ernst geworden ist. Er verteilt die Soldaten im Park, er begibt sich auf die umliegenden Anhöhen und erwägt die besten Plätze für die Kanonen. Lange Zeit wagt es niemand, dem

Kaiser zu sagen, daß die schönen Holsteiner keine Kugeln in ihren Gewehren und keine Kartätschen in ihren Kanonen haben und daß sich ein Monarch unmöglich in einem seiner Lustschlösser gegen die Belagerung durch sein eigenes Volk verschanzen kann. Gegen zehn Uhr nachts kommt Barjatinski aus Kronstadt zurück und meldet, daß die Hafenstadt zum Empfang Seiner Majestät bereit sei. Die Herren in Peters Umgebung, die längst begriffen haben, daß hier in Peterhof jeder Widerstand sinnlos ist und die sich bereits verloren gegeben haben, umringen den Kaiser und versichern ihm einmütig, daß er keine Wahl habe: Kronstadt ist die einzige und letzte Möglichkeit der Rettung. Eine Galeere und eine Yacht werden gelichtet und gehen um elf Uhr nachts nach Kronstadt ab. Noch immer wird reichlich Zeit vertan: es dauert eine geraume Weile, bis alle Damen in ihren großen Paradetoiletten auf die Galeere übergesetzt, bis Küche und Keller auf die Yacht gebracht sind. Aber es ist in Wirklichkeit schon einerlei. Denn knapp nachdem Barjatinski mit der tröstlichen Zusicherung Kronstadt verlassen hatte, war Admiral Talysin dort angekommen, hatte das Schreiben Katharinas vorgewiesen und in dem Kommandanten Nummers einen alten Feind der Holsteiner gefunden. Trotz der vorgerückten Stunde war die gesamte Festungsgarnison zusammengerufen und auf die neue Kaiserin vereidigt worden, desgleichen die Bemannung der umliegenden Schiffe. Darauf war die Hafenkette herabgelassen und der Hafen für sämtliche Fahrzeuge gesperrt worden.
Es ist ein Uhr nachts, als die kaiserliche Galeere Kronstadt erreicht und etwa zwanzig Meter vor der Hafenmauer Anker wirft. Die Wache auf der Bastion schreit: »Wer da?«
Von der Galeere wird eine Schaluppe herabgelassen, die sich der Bastion auf Rufweite nähert und verlangt, der Hafen möge geöffnet werden. Die Wache verweigert es »unter Drohungen«. Auf der Galeere hat man keine Ahnung von den Ereignissen in Kronstadt seit Barjatinskis Abfahrt und glaubt, die Hafensperre sei zum Schutz des Kaisers und gegen die Aufständischen angeordnet. Also schreit Peter hinüber:
»Ich bin es selbst – der Kaiser!«
»Es gibt keinen Kaiser mehr! Fort da oder es wird geschossen!«

Im gleichen Augenblick wird in der Festung Alarm geschlagen. Es ist kein Zweifel mehr möglich, man muß so schnell wie möglich aus der Schußweite der Hafenkanonen kommen. Die Matrosen rudern aus Leibeskräften, die Yacht zerhaut in der Eile die Ankerkette, und während man flieht, ohne noch zu ahnen, wohin man eigentlich fliehen soll, ertönt von der Festung der tausendstimmige Schrei:

»Es lebe Katharina die Zweite!«

Nun ist es nur mehr Münnich, ein Mann von zweiundachtzig Jahren, der Würde bewahrt und der vom Kaiser will, daß er, allen Widrigkeiten zum Trotz, mit kaiserlicher Würde seinem Schicksal die Stirn biete. Münnich hat ein bewegtes Leben hinter sich, er war oft oben und oft ganz unten, er hat den Wankelmut der Menschen am eigenen Leib erfahren, er weiß, daß auf Tage des Rausches Tage der Ernüchterung folgen und auf Tage der Verheißungen Tage der bitteren Enttäuschung. Er begreift Katharinas Sieg in seinem vollen Umfang, aber er weiß, daß von den Tausenden, die heute von der allgemeinen Begeisterung fortgerissen wurden, morgen, übermorgen die Hälfte unzufrieden sein wird – und daß der größte Teil aller Menschen stets dorthin läuft, wo die Macht ist. Er rät dem Kaiser, er fleht ihn an, sich nach Reval zu begeben, zu seinem Heer, und sagt: »Ich bürge Ihnen mit meinem alten Kopf, daß in längstens sechs Wochen ganz Rußland wieder friedlich zu Ihren Füßen liegt.«

Aber Peter, der gestern noch um jeden Preis hatte nach Dänemark ziehen wollen, um einen geringfügigen Fetzen holsteinischen Landes zu erobern, Peter ist außerstande, einen Kampf um sein ganzes eigenes Reich, einen Kampf um das riesige Rußland zu führen. Er hat sein ganzes Leben lang mit Soldaten gespielt, er hat sich und allen anderen vorspielen wollen, daß er ein rechter Mann, ein Held und ein Krieger sei. Jetzt hat ihn das Schicksal aus seinen Spielereien aufgeschreckt, hat ihn grausam und roh mitten in einen wirklichen Krieg gestellt: und noch ehe er einen einzigen bewaffneten Feind gesehen hat, ist er zusammengebrochen. Er hat Angst, er möchte fliehen, er möchte nach Hause. Man solle nach Oranienbaum fahren und mit der Kaiserin verhandeln. Erstaunt fragt ihn Münnich, ob er denn nicht als ein

Mann und Herrscher an der Spitze seiner Truppen zu sterben wisse. Aber Peter hört ihn nicht mehr. Im untersten Kajütenraum hat er den Kopf in den Schoß seiner Geliebten gelegt und ist in einen tiefen, bleiernen Schlaf gefallen.

Die Galeere nimmt Richtung auf Oranienbaum. Die Nacht auf dem Wasser ist kühl, die Höflinge und die Frauen haben sich fröstelnd in die Kajüten begeben. Nur der alte Münnich bleibt auf Deck und betrachtet gelassen die Sterne. Erst wenige Monate ist es her, daß er nach zwanzigjähriger Verbannung aus Sibirien zurückgekehrt ist; es war ein später und kurzer Traum von neuem Glück und neuer Größe. Wahrscheinlich wird ihn morgen schon die neue Kaiserin wieder gefangensetzen, zur Strafe für alle die Ratschläge, die er seinem jungen Herrn heute gegeben hat. Sie waren vergebens gegeben. Peter ist nicht der Mann, diese Ratschläge zu befolgen – wäre er es, er hätte sie niemals nötig gehabt, er hätte um seine Krone nicht kämpfen müssen, denn er wäre nicht in Gefahr gekommen, sie zu verlieren. Es ist ein eherner Kreislauf zwischen Ursache und Wirkung, ewig und unentrinnbar wie der Gang der Gestirne über dem weißen, ehrwürdigen Haupt des alten Generals.

Unter unbeschreiblichem Jubel waren die Soldaten mit Katharina an der Spitze aus der Stadt gezogen. Aber ein paar Stunden später zeigt sich die allgemeine Ermüdung. Die Männer, die seit den frühen Morgenstunden nicht aus den Kleidern gekommen, die Pferde, die den ganzen glühheißen Tag über auf den Beinen gewesen waren – alle sind bis aufs äußerste abgespannt und der Ruhe bedürftig. Um zwei Uhr nachts wird bei einer elenden Herberge, in Krasnij-Kabak, Halt gemacht; die Soldaten kampieren auf freiem Feld und kochen auf Lagerfeuern eine dünne Suppe, die Pferde werden abgeschirrt und, soweit es möglich ist, gefüttert und getränkt – Katharina und die Daschkow finden ein winziges Zimmerchen, mit einem einzigen schmalen Bett, auf das sie sich vollkommen angekleidet zur Ruhe legen. Aber sie finden keinen Schlaf und beschäftigen sich mit der Abfassung der nächsten Manifeste.

Bloß die Avant-Garde unter Führung des Alexej Orlow ist vorausgeritten und erreicht Peterhof um fünf Uhr früh, findet es leer und reitet ohne abzusitzen weiter nach Oranienbaum. Auf dem Wege dorthin begegnet ihnen ein starker Trupp Holsteiner, die – ohne Ahnung von der vollzogenen Veränderung – mit hölzernen Musketen ihre allmorgendlichen Exerzierübungen verrichten. In wenigen Minuten haben die Orlowschen Husaren die Holsteiner überrannt, ihre hölzernen Waffen zerbrochen und die Soldaten in Scheunen und Schuppen gefangengesetzt. Dann reiten sie weiter, kommen etwas nach sechs in Oranienbaum an und besetzen kampflos alle Posten und Eingänge: Peter, in Angst um sein Leben, hat gleich nach seiner Ankunft in Oranienbaum den Befehl gegeben, keinerlei militärischen Widerstand zu leisten und alles, was den Charakter einer Befestigung hatte, zu schleifen.

Er hat auch bereits einen Brief an Katharina geschrieben und den Vizekanzler Galitzin damit der heranrückenden Kaiserin entgegengeschickt. In diesem Brief hat er um Vergebung für alle seine vielen Fehltaten gebeten, hat Besserung gelobt und Katharina angeboten, sich mit ihm in die Regierung zu teilen. Galitzin begegnet der Kaiserin ungefähr um die Zeit, da Alexej Orlow in Oranienbaum eintrifft: sie war bereits um fünf Uhr früh wieder im Sattel gewesen. Peters Brief würdigt sie keiner Antwort, sie läßt Galitzin auf der Stelle vereidigen und nimmt ihn mit sich. Um zehn Uhr ist sie mit dem gesamten Heer in Peterhof. Seit ihrer heimlichen Abfahrt von hier in der schlechten Mietskarosse sind knapp sechsunddreißig Stunden vergangen. Der Einzug der Orlowschen Husaren in Oranienbaum hat Peters Angst verdoppelt. Gegen zehn Uhr begreift er, daß Galitzin nicht wiederkommen würde und daß Katharina seinen Antrag offenbar abgelehnt hat. Nun sendet er den General Ismailow mit einem zweiten Brief, in dem er seinem Anspruch auf den Thron entsagt und bittet, mit seiner Geliebten nach Holstein zurückkehren zu dürfen.

Es ist ein sehr bescheidener und es ist zweifellos auch ein ehrlicher Wunsch. Katharina kennt ihren Gatten viel zu gut, um nicht zu wissen, daß er im Grunde genommen froh wäre, seine Tage als Herzog von Holstein mit friedlichen Kasernenhofparaden ausfüllen zu dürfen. Katharina ist weder rachsüchtig noch bösartig, noch grausam – das hat sie in vielen, psychologisch weit schwierigeren Lagen bewiesen. Als Gattin, als Frau würde sie dem entthronten Peter ein ruhiges Lebensende in Holstein von Herzen gönnen, aber als Kaiserin von Rußland wagt sie nicht, den gewesenen Zaren dem unbekannten zukünftigen Spiel der politischen Kräfte zu überlassen. Schon Elisabeth hatte es zwanzig Jahre zuvor nicht gewagt, die braunschweigische Familie in ihre Heimat zurückzuschicken – und Elisabeth war die Tochter Peters des Großen gewesen! Auch Katharina glaubt, ihrem Thron nur durch Peters sicheren Gewahrsam im Innern des Landes Ruhe und Stetigkeit geben zu können.

Aber um Peter in sicheren Gewahrsam zu bringen, müßte man ihn erst haben! Er ist immerhin von fünfzehnhundert Holsteinern umgeben, einer Truppe, die zwar gewiß ohne besondere Mühe, aber doch auch wieder nicht ohne jedes Blutvergießen zu überwältigen wäre, und Katharina wünscht, ihre Revolution ohne ein einziges Menschenopfer durchzuführen. Dies sagt sie dem General Ismailow.

»Majestät – halten Sie mich für einen ehrlichen Mann?« fragt der Bote Peters. Katharina bejaht. »Nun, dann verspreche ich Ihnen auf mein Wort: wenn Sie mich entlassen, werde ich ganz allein Ihnen den Kaiser hierherbringen, er wird unterschreiben, was Sie wünschen, und ich werde auf diese Weise meinem Land einen Bürgerkrieg ersparen.«

Ein ganz ehrlicher Mann ist Ismailow jedenfalls nicht: er verspricht zwar nicht mehr, als er leisten kann, aber er schlägt diese Leistung höher an, als sie, seinem genauen Wissen nach, wert ist. Er weiß, daß die Holsteiner keine Munition in ihren Waffen haben, daß Peter selbst den Widerstand verboten hat und sich in einem Zustand befindet, der ihn zu jeder Nachgiebigkeit bereit macht. Katharina überschätzt ihn nicht: sie ist sofort davon überzeugt, daß der General wirklich »ehrlich« bereit ist, seinen Kaiser zu verraten und überträgt ihm die erwünschte Mission. Sie gibt ihm bloß Gregor Orlow mit. Und damit der verworrene Peter keine Mühe mit der Abfassung der »freiwilligen Thronentsagung« hat, entwirft Katharina ein Konzept, das der Kaiser dann auch wirklich ohne den leisesten Widerspruch abschreibt und unterzeichnet. Es lautet:

»Während der kurzen Zeit meiner selbstherrlichen Regierung habe ich deren ganze Last und Bürde empfunden. Meine Kräfte waren zu schwach, um Rußland zu regieren. Ich fühlte, daß es im Innern des Landes gärte und daß es bald zu Zwischenfällen gekommen wäre, die mich auf ewig mit Schmach bedeckt hätten. Dieses erwägend, erkläre ich hiermit feierlich, vor Rußland und vor der ganzen Welt, daß ich freiwillig und ohne Zwang für die ganze Zeit meines Lebens der Regierung des Russischen Reiches entsage. Ich wünsche weder unumschränkt noch in irgendeiner anderen Weise dieses Land zu regieren und werde niemals selbst oder durch fremde Hilfe danach trachten. Das beschwöre ich aufrichtig und ehrlich, vor Gott und vor der Welt. Diese ganze Thronentsagung ist von meiner eigenen Hand geschrieben und unterzeichnet.   Peter.«

Nachdem er diese entwürdigende Erklärung abgeschrieben und unterzeichnet hat, läßt sich Peter ebenso widerspruchslos in einen Wagen setzen und nach Peterhof führen. Er hat seinen Adjutanten Gudowitsch und Elisabeth Worontzow bei sich. Die Straße von Oranienbaum nach Peterhof ist dicht bestanden mit einem doppelten Spalier von Soldaten. Jetzt zeigt die edle, feurige Begeisterung vom Vortag ihre abscheuliche Kehrseite. Der unglückliche, gestürzte und vollkommen hilflose Kaiser wird mit einem Hagel von Schmährufen überschüttet, und als er vor dem Peterhofer Schloß den Wagen verläßt, gellt es ihm von allen Seiten in die Ohren: »Es lebe Katharina die Zweite!« Wortlos überreicht Peter dem diensthabenden Offizier seinen Degen. Er wird in jene Zimmer gebracht, die er als Großfürst zu bewohnen pflegte. Hier wird ihm der Andreasorden abgenommen, vor grinsenden, spottenden Soldaten muß er sich seiner Uniform entledigen; ehe er Zeit hat, die vorbereitete Zivilkleidung anzulegen, kühlt der niedrige, rachsüchtige Hohn der entfesselten Plebejer sein Mütchen an dem aller Würdenzeichen beraubten Kaiser. Bald darauf erscheint Panin, um alles Nötige mit ihm zu besprechen. »Ich halte es für das größte Unglück meines Lebens«, schreibt der anständige Panin mehrere Jahre später, »daß ich damals durch die Umstände gezwungen war, Peter zu sehen.« Der gewesene Kaiser fällt vor dem Erzieher seines Sohnes in die Knie, er versucht, seine Hände zu küssen und weint wie ein Kind. Auch Elisabeth Worontzow hat sich zu Boden geworfen und fleht, daß man sie bei ihrem Geliebten lassen möge. Mit diesem Wunsch, das Los des Unglücklichen zu teilen, macht sie viele verflossene Sünden wieder gut und straft alle jene Lügen, die behauptet hatten, daß ihre Neigung für Peter nichts als purer Ehrgeiz gewesen sei. Aber ihre Bitte wird nicht erfüllt. »Peter hat mich nur um seine Mätresse, seinen Hund, seinen Neger und seine Violine gebeten«, schreibt Katharina einige Wochen später an Poniatowsky, »aber um einen Skandal zu vermeiden und um die Erregung seiner Bewachung nicht zu vergrößern, habe ich ihm bloß die drei letzten Dinge bewilligt.« Die Motivierung ist fadenscheinig, und die Frage, warum die siegreiche Katharina den bescheidenen und begreiflichen Herzenswunsch ihres un- glücklichen Gemahls nach der Gesellschaft seiner Geliebten unerfüllt gelassen hat, ist gefährlich: sie streift bereits das düstere Problem von Peters blutigem Ende.

Gegen fünf Uhr nachmittags verläßt eine Kalesche mit herab- gelassenen Vorhängen das Schloß. Grenadiere in voller Bewaff- nung stehen neben dem Wagenschlag, auf dem hinteren Tritt- brett und beim Kutscher. In der Kalesche befindet sich Peter in Begleitung von vier Offizieren. Einer von ihnen ist Alexej Orlow. Die Fahrt geht nach Ropscha, einem kleinen Landgut in der Um- gebung von Petersburg, wo Peter einige Tage verbringen soll, ehe in der Schlüsselburg ein entsprechendes Appartement für ihn eingerichtet ist.

»Er hat sich entthronen lassen wie ein Kind, das man zu Bett schickt«, resümiert der Mann, den Peter wie einen Gott ver- ehrte: Friedrich II.

Der Zweck des Marsches nach Peterhof ist erreicht, die Staats- umwälzung ist vollzogen. Zum ersten Mal seit zwei anstrengen- den Tagen kann Katharina eine richtige Mahlzeit zu sich nehmen. In ihrem Privatgemach ist ein kleiner Tisch für drei Personen gedeckt: für sie, die Fürstin Daschkow und Gregor Orlow. Aber dieses Mahl zwischen der Heldin des Tages und ihren beiden Hauptverschworenen wird keineswegs gemütlich. Die kleine Daschkow ist aufs tiefste verstimmt. Wenige Minuten, ehe die Kaiserin erschienen war, hat sie einen erregten Wortwechsel mit Orlow gehabt. Sie hat ihn der Länge nach auf ein Sofa hinge-lümmelt gefunden, damit beschäftigt, einen dicken Stoß Brief-schaften zu öffnen, den die Nichte des Kanzlers sogleich als Staatspapiere erkannt hatte.

»Wie können Sie es wagen, diese Papiere zu öffnen«, hatte sie empört gefragt. »Diese Briefe müssen verschlossen bleiben, bis die Kaiserin jene Personen ernannt hat, die befähigt sind, die Staatsangelegenheiten zu führen.«

Ohne sich zu erheben, ohne seine Tätigkeit zu unterbrechen, hatte Orlow erwidert: »Die Kaiserin hat mich gebeten, diese Briefe zu öffnen.« Und während die Daschkow noch in unglä-biger Empörung verharrte, war Katharina eingetreten. Weit davon entfernt, über das Vorgehen Orlows, über seine unpassen-de Stellung in Zorn zu geraten, hatte sie vielmehr befohlen, den kleinen Tisch mit den drei Gedecken an das Sofa zu tragen, da-mit der junge Leutnant liegen bleiben könne. Diese zarte Rück-sicht wurde damit begründet, daß Orlow sich das Bein ver-staucht habe.

»In diesem Augenblick«, schreibt die Daschkow in ihren Me-moiren, »kam ich zu der unsäglich schmerzlichen und demütigen-den Erkenntnis, daß ein Verhältnis zwischen den beiden be-stand.« Das klingt überaus naiv, beinahe komisch, und ist trotz-dem verlogen. Denn nicht die menschliche Schwäche der ange-beteten Freundin, nicht die Erkenntnis, daß dieser rohe unge-bildete Lackel von einem Soldaten der Geliebte Katharinas ist, verursacht der Fürstin diese bittere Enttäuschung, sondern die Einsicht, daß er als Katharinas Geliebter offenbar eine ganz an-dere und wesentlichere Rolle in der Revolte gespielt hat, als man für gut gefunden hatte, die kleine Daschkow wissen zu lassen. Gestern war sie die glücklichste Frau in Rußland gewesen, weil sie geglaubt hatte, daß Rußland ihr vor allen anderen das Glück seiner neuen Regierung verdanke, jetzt ist sie die erste Ent-täuschte dieser neuen Regierung.

Katharina spürt das ganz gut. Sie tut, was sie kann, um die Verstimmte aufzuheitern; sie sagt ihr die schmeichelhaftesten und dankbarsten Dinge; gleichzeitig ist sie bemüht, ihren großen, anspruchsvollen Geliebten bei guter Laune zu erhalten, und dabei ist sie selbst nervös und moralisch belastet von ihrem notwendigen, aber furchtbaren Vorgehen gegen ihren Gemahl. Peter hat geweint, als Panin zu ihm kam, er hat ihm die Hände geküßt! Das ist häßlich, unmännlich, aber es ist auch erschütternd, fürchterlich und eine Last für die Seele. Aber das darf man nicht zeigen; man muß heiter und glücklich sein und diese beiden so glücklich wie möglich machen, denn man ist ihnen Dank schuldig. Es ist ein ehernes Gesetz, daß alles, was wir empfangen, zurückgefordert wird: der Leib von der Erde, die Seele von Gott, und die Macht – die Macht wird stückweise zurückgefordert von allen den großen und kleinen Mächten, denen man sie verdankt. Katharina hat im Augenblick keine Zeit, um philosophische Betrachtungen anzustellen. Aber sie spürt es, in einer unwägbaren Depression, in einem flauen Nachlassen ihrer Nerven: sie hat den Zenit ihres Lebens überschritten. Gestern, als sie an der Spitze der begeisterten Truppen, mit Eichenlaub im Haar durch die helle nordische Nacht geritten war – das war der Höhepunkt gewesen. Heute ist der Kaiser abgesetzt, der Feind gefangen, sie ist Herrin über unzählige Männer, der entscheidende, alles verändernde Schritt vom Wunsch zur Erfüllung ist getan. Träume, Pläne, die unsägliche Spannung des Auftriebs: die Jugend, all das liegt hinter ihr. Vor ihr liegt die unendlich schwierigere Aufgabe der Erfüllung. Die Verstimmung der kleinen Daschkow ist nur ein unbedeutendes Symptom, aber sie ist ein Symptom. Vierzig Millionen unzufriedener Russen und ihr eigenes, hochgestecktes Persönlichkeitsideal verlangen, daß sie nun erfülle, was sie sich und den anderen versprochen hat, daß sie in dem spröden, harten Material der Wirklichkeit erfülle, was die unbeschwerten, mühelos hochschwingenden Träume so gern und überschwenglich versprachen. Voltaire und Montesquieu haben es leicht: in der dünnen Atmosphäre der Gedanken leben die Ideale ungefährdet ihr eigenes geistiges Leben. Aber die Kaiserin wird auf Schritt und Tritt dem zähen Widerstand der Materie, dem robusten Egoismus jedes einzelnen ihrer Untertanen begegnen. Die Daschkow weiß das noch nicht, sie wird es niemals verstehen. Katharina aber fühlt es bereits bei diesem ersten mißlaunigen Siegesmahl mit dem Freund und der Freundin: Stück für Stück werden jene, auf die ihre Macht sich gründet, die Macht für sich selbst in Anspruch nehmen, Stück für Stück werden ihre beseligenden Ideale den täglichen Notwendigkeiten der Realität weichen müssen.

»Der kleinste Gardist sagt sich bei meinem Anblick: das ist das Werk meiner Hände«, schreibt sie wenige Tage später an Poniatowsky. Ihr Einzug nach Petersburg am 30. Juni (nachdem sie wiederum beinahe die ganze Nacht hindurch im Sattel gesessen hatte) war großartig gewesen. Es war ein Sonntag, und die ganze Stadt war zu ihrem Empfang auf den Beinen; alle Menschen waren festlich gekleidet und trugen Eichenzweige in den Händen, alle Regimenter zogen mit Musik durch die Straßen, und in allen Kirchen läuteten die Festglocken. Nach den ungeheuren Strapazen der beiden letzten Tage war den Soldaten ausgiebig Branntwein gespendet worden, sie hatten das geliebte Naß in Mützen und Bechern nach Hause getragen, und am Abend war die ganze Stadt betrunken gewesen. Und gegen elf, als Katharina sich gerade zu Bett gelegt hatte, war sie vom Leutnant Passek geweckt worden, weil die Ismailowschen Garden vor das Palais gezogen waren und stürmisch begehrten, die Kaiserin noch einmal zu sehen: ein betrunkener Husar hatte von dreißigtausend Preußen gefaselt, die heranrücken sollten, um Katharina zu entthronen, und nun wollten sie ihr Mütterchen sehen, mit dem sturen, stumpfen Eigensinn Betrunkener, und weder Passek noch die Orlows vermochten sie zu beruhigen. Es war Katharina nichts anderes übriggeblieben, als sich noch einmal anzukleiden und im Wagen zu den Ismailowschen zu fahren, um ihnen zu sagen, daß sie sich vollkommen wohl befinde, aber dringend des Schlafes bedürfe. »Und in Zukunft wünsche ich, daß ihr euren Offizieren folgt.« Die Soldaten baten um Verzeihung, man hätte ihnen solche Angst um Katharina gemacht: »Wir sind alle bereit, für dich zu sterben, Mütterchen.«»Schön, ich danke euch, jetzt aber geht schlafen und laßt mich schlafen.«

Auch diese Episode ist symptomatisch. Auch die Liebe, auch die Begeisterung werden zurückgefordert, und die Kaiserin, die den Volkswillen gewollt hat, um zu herrschen, ist in Gefahr, die Sklavin des Volkes zu werden. Der gemeinsame Rausch der beiden letzten Tage hat die Grenzen verwischt, hat Katharina wirklich zu einer Art Geliebten des ganzen Volkes gemacht. Um es regieren zu können, muß sie das Volk wieder vergessen lassen, daß sie ihm die Regierung verdankt. Auf den Sonntag muß ein Montag folgen, auf Feiertage Tage der Arbeit, an Stelle des gemeinsamen Rausches muß Distanz treten, an Stelle der fordernden Liebe – Respekt. Am Montag werden sämtliche Schankstuben der Stadt polizeilich gesperrt, einige werden von den immer noch tobenden, fanatisierten Horden gestürmt und geplündert; es kommt zu vereinzelten Ausschreitungen, zu Arretierungen, und mancher besonders leidenschaftliche Patriot muß den Rausch, den er sich »auf das Wohl des Mütterchens« angetrunken hat, im Kotter ausschlafen.

Nicht alle Verheißungen können erfüllt werden. Die Vertreter Frankreichs und Österreichs haben allen Grund, mit dem Wiedererwachen des alten aktiven Bündnisses zu rechnen: von allen persönlichen Versprechungen abgesehen, war noch im Manifest der Thronbesteigung von »dem schmählichen Frieden mit dem Erbfeind« die Rede gewesen. Für den ersten Empfang am 1. Juli sind sämtliche auswärtigen Gesandten an den Hof geladen; der preußische Gesandte, Baron Goltz, läßt sich entschuldigen, weil er »kein passendes Hofkostüm besitze«. Inzwischen reiten bereits Katharinas Kuriere an alle europäischen Höfe mit der Nachricht von der vollzogenen Staatsumwälzung und mit der Versicherung, daß die neue Kaiserin von Rußland mit allen – ausnahmslos mit allen – Mächten in Frieden zu leben wünsche. In dem Schreiben an den Vertreter in Berlin heißt es:»Was den in letzter Zeit mit Seiner Majestät dem König von Preußen geschlossenen Frieden betrifft, so befehlen Wir Ihnen, Seiner Majestät feierlich zu erklären, daß Wir denselben heilig halten werden, solange Uns Seine Majestät keine Veranlassung gibt, ihn zu brechen.« Das einzige, was Katharina fordert, ist der freie, ungehinderte Rückzug aller noch im Kriegsgebiet befindlichen russischen Soldaten. Sie sollen weder für noch gegen Friedrich, weder für noch gegen Maria Theresia kämpfen. Sie sollen nach Hause kommen. Der »schmähliche Friede mit dem Erbfeind« hat in jenem Manifest seine Wirkung getan, jetzt aber kann sich die Kaiserin der Einsicht nicht verschließen, daß ihr Land den Frieden – ehrenvollen oder schmählichen Frieden – aufs dringendste benötigt. Die Staatskassen sind leer, die Soldaten haben seit acht Monaten keinen Sold bekommen. Katharina hat keine besondere Sympathie für Friedrich, aber sie läßt sich auch durch ihre Antipathie nicht beeinflussen, ebensowenig wie durch gewisse moralische Verpflichtungen gegen Frankreich und Österreich: sie hat Rußland, und nichts als Rußland im Auge. Am 2. Juli spielt sie bereits mit dem Baron Goltz Karten.

Nicht alle Verheißungen können erfüllt werden. Katharina erweist sich in großzügigster Weise dankbar gegen alle, die ihr geholfen, drei Tage lang regnet es Auszeichnungen, Orden, Geldgeschenke – und trotzdem gibt es beinahe ebensoviel Unzufriedene wie Belohnte. Denn jeder schreibt sich den Löwenanteil an ihrem Erfolg zu, jeder findet den Lohn, wie groß er auch sei, zu gering. Am vierten Tag nach ihrem Regierungsantritt läßt sich der alte Betzky melden, dem tags zuvor für seine Verdienste – er hatte im Auftrag der Orlows Geld an Soldaten verteilt – der Alexanderorden und dreitausend Rubel geschenkt worden waren. Er fällt vor der Kaiserin auf die Knie und fleht sie an, vor Zeugen zu sagen, wem sie ihre Krone verdanke.

»Gott und dem Willen des Volkes«, erwidert Katharina. Worauf sich Betzky den schönen neuen Orden vom Halse reißt und mit Tränen in der Stimme ausruft: »Ich bin der unglücklichste aller Menschen, denn meine Dienste werden von der Kaiserin verkannt. Ich will diesen Orden nicht tragen, wenn Ihre Majestät nicht glaubt, daß ich der einzige Handlanger Ihrer Größe gewesen bin.«

Katharinas Geistesgegenwart rettet ihr einen treuen Freund und Betzky den Verstand. »Ich gebe zu, daß ich Ihnen meine Krone verdanke«, sagt sie, »und deshalb will ich sie auch nur aus Ihren

Händen empfangen. Ich beauftrage Sie hiermit, sich um die Verfertigung dieser Krone zu kümmern und stelle Ihnen die Juweliere des Reiches zur Verfügung.« Betzky nimmt den Scherz für Ernst und entfernt sich sehr zufrieden. Aber auch Betzky ist nur ein Symptom.

Weitaus großartiger als in der Großzügigkeit gegen ihre Freunde ist Katharina in der Großmut gegen ihre Feinde; es gibt bis auf den heutigen Tag kein zweites Beispiel in der Geschichte für einen so vollkommenen Verzicht auf jederlei Genugtuung des Siegers über den Besiegten. Kein einziger ihrer ehemaligen Widersacher wird verbannt oder in irgendeiner Form bestraft. Die Holsteiner werden ausnahmslos in ihre Heimat entlassen, dem Prinzen Georg von Holstein werden die Verluste, die er durch die Ausschreitungen am Staatsumwälzungstage erlitten hat, mit hundertfünfzigtausend Rubeln vergütet. Nach wenigen Tagen werden die Wachen von dem Hause des Kanzlers Worontzow entfernt, und trotz eines Entlassungsgesuchs verbleibt er zunächst im Amte. Der greise General Münnich, der Peter so feurig geraten hatte, mit Waffengewalt gegen Katharina vorzugehen, wird von ihr empfangen und darf aus ihrem Munde hören, daß er »nichts anderes als seine Pflicht getan habe«. Und Elisabeth Worontzow, Peters Mätresse, die Katharina hundert Demütigungen zugefügt, die ihr nach Thron und Leben getrachtet hatte, selbst ihr wird kein Haar gekrümmt. Sie kommt in das Haus ihres Vaters, heiratet später einen Fürsten Pallianski, und ihre erste Tochter hebt Katharina persönlich aus der Taufe. Darin, wie in nichts anderem, drückt sich Katharinas wirkliche, echte, tiefinnerliche Souveränität aus.

Wir müssen diesen Charakterzug fest im Auge behalten, wenn wir uns jetzt dem dunkelsten Kapitel ihres Lebens nähern: Katharina ist groß, sie ist frei von Rachsucht, frei von Grausamkeit, frei von persönlichen, kleinlichen Haßgefühlen. Sie ist ehrgeizig, gewiß, aber auch ihr Ehrgeiz ist groß, weil er überpersönlich ist; längst hat sie sich mit Rußland identifiziert; vom ersten Tage an, da sie russischen Boden betreten hat, sind ihre Liebe zu Rußland und ihr Ehrgeiz untrennbar eins geworden. Rußlands Größe ist ihre Größe, Rußlands Glück ist ihr Glück, Rußlands Ruhe ist ihre

Ruhe. Sie hat – entgegen ihren Beteuerungen – bewußt nach der Krone gestrebt, aber sie war und ist dabei getragen von der inneren Gewißheit, daß nur sie, im weitesten Umkreis nur sie allein, imstande ist, diese Krone zum Heile Rußlands zu tragen und zu verwalten. Es sind nicht bloß die Ehren – es sind vor allem die Aufgaben der Krone, nach denen sie gestrebt hat, in dem berauschenden, aber auch verpflichtenden Bewußtsein, daß nur sie allein dieser Aufgabe gewachsen ist.

Ihre Ruhe ist Rußlands Ruhe..., aber kann ihre Ruhe gesichert werden, solange es noch einen Peter gibt? Heute hat Peter kaum einen einzigen Anhänger im Lande, die Erinnerung an seine Unsinnigkeiten sind noch frisch, und alle Hoffnungen sind auf die neue Kaiserin gerichtet. Aber alle diese Hoffnungen wird sie nicht erfüllen können. Sie weiß, daß man zwar ein Volk beglücken kann, aber unmöglich alle Menschen, die einem Volk angehören. Die weiseste Maßnahme, mag sie auch Hunderttausenden nützen, muß notwendig die Interessen anderer verletzen. Wenn sie die Dinge beim alten läßt, werden jene murren, die von Reformen eine Verbesserung ihrer Lebensbedingungen erwarten, und wenn sie die Dinge ändert, jene, die aus den alten Mißständen ihren Vorteil ziehen. Wie immer sie es macht, sie wird Unzufriedene schaffen, wie jeder, auch der weiseste und vollkommenste Regent Unzufriedene schafft, denn die Menschen sind töricht und unvollkommen. Gerade weil alles mit so hochgespannter Erwartung ihrer Tätigkeit entgegensieht, wird man ihr wenig Zeit lassen, sich zu bewähren. Nach ein paar Jahren, nach ein paar Monaten vielleicht schon, werden jene, deren Hoffnungen unerfüllt geblieben sind, ihr die Schuld geben, sie werden sich daran erinnern, daß sie keinen legitimen Anspruch auf den Thron hat, sie werden beginnen, wieder an Peter zu denken.
Peter auf dem Thron war eine lächerliche Figur. Peter in der Schlüsselburg, der gefangene Peter, ist ein Unglücklicher, ein Erbarmungswürdiger. Wie lange wird es dauern, und er wird statt Hohn und Schimpf Mitleid erwecken? Wie lange wird das schlechte Gedächtnis der Menschen brauchen, um aus Mitleid und Unzufriedenheit eine Gloriole zu weben, eine fromme Le-

gende – wie lange wird es dauern, damit der Märtyrer zum Heros und neuen Hort der unerfüllten Hoffnungen wird? Das sind die Sorgen, die Katharinas, die Rußlands Ruhe bedrohen. Sie werden nicht ausgesprochen. Es wird bloß von der schlechten Lage der Schlüsselburg gesprochen, die der Hauptstadt bedenklich nahe ist und die dem Ansturm einer verhältnismäßig geringen Anzahl Bewaffneter kaum standhalten kann. Es wird von der absurden Seltsamkeit gesprochen, daß in ein und derselben Festung zwei russische Kaiser gefangengehalten werden sollen – denn der inzwischen zum Mann herangereifte Iwan befindet sich immer noch dort –, während den Thron eine blutsfremde deutsche Prinzessin innehat. Es wird wohl auch von der »besten aller Lösungen« gesprochen, von Peters baldigem natürlichen Ende. Dieses Gespräch liegt nahe, denn am 3. Juli erkrankt Peter an Kopfschmerzen und heftigen Koliken. Peter war niemals ein Riese, die Aufregungen der letzten Tage haben ihm gewaltig zugesetzt, auf der Fahrt von Kronstadt nach Oranienbaum und während seines kurzen Aufenthaltes in Peterhof war er mehrmals in Ohnmacht gefallen – ist es nicht denkbar, daß sein schwacher, von Alkoholexzessen geschädigter Organismus der Angst, der Kränkung unterliegt? Er hat seinen holsteinischen Arzt Lüders verlangt, und Lüders wird zu ihm gerufen. Aber der Holsteiner hat keine Lust, das Gefängnis mit seinem gestürzten Herrn auf unabsehbare Zeit zu teilen; er erklärt die Krankheitssymptome für durchaus harmlos und verschreibt Peter ein Abführmittel: Katharinas Stern, der bisher mit einer unwahrscheinlichen Serie von Glücksfällen ihren Aufstieg begünstigt hatte, verweigert die »beste aller Lösungen«.

Sie ist nicht die einzige, die eine solche Lösung wünschen muß. Jene, die mit ihr emporgekommen sind, die mit ihr stehen und fallen – also in erster Linie die Brüder Orlow –, müssen sie ebenso heiß und noch heißer ersehnen. Die Orlows haben sich niemals mit Philosophie und mit Menschenrechten beschäftigt, sie sind Soldaten und haben die Moral von Soldaten. Ein Mensch ist nicht mehr wert, als er dem Vaterlande nützt, und augenblicklich sind Katharina und das Vaterland ein und dasselbe. Die Orlows haben ein sehr unkompliziertes, sehr intimes Verhältnis zum Tode.

Sie fürchten ihn nicht, er ist ihnen immer gegenwärtig, sie messen ihm keine große Wichtigkeit zu. Heute du, morgen ich. Darüber sind nicht viele Worte zu verlieren.

Am 8. Juli gegen sechs Uhr abends kommt keuchend ein Bote aus Ropscha und übergibt der Kaiserin, die sich zum Glück gerade bloß in der Gesellschaft des Hetmans Rasumofsky und Panins befindet, zwei Briefe von Alexej Orlow. Sie sind mit der ungelenken Handschrift des Soldaten, außerdem aber allem Anschein nach in betrunkenem Zustand auf zwei graue, unsaubere Bogen geschrieben. Der erste Brief lautet:

»Unser Mütterchen, gnädige Kaiserin, ich weiß nicht, was ich jetzt anfangen soll, denn ich fürchte den Zorn Eurer Majestät, daß Sie etwas Furchtbares über uns zu denken geruhen, und daß wir nicht die Ursache sein des Todes Ihres Bösewichts, aber jetzt ist auch der ihm zur Bedienung gegebene Lakai Maslow krank geworden, und er selbst ist jetzt so krank, daß ich nicht glaube, daß er bis zum Abend leben wird, und ist schon fast ganz besinnungslos, wovon schon das hiesige Kommando weiß und Gott bittet, daß wir ihn möglichst bald los werden, und dieser Maslow und der abgesandte Offizier kann Eurer Majestät melden, in welchem Zustand er jetzt ist, wenn Sie an mir zweifeln. Dies schrieb Ihr getreuer Knecht...« Die Unterschrift ist abgerissen. In dieser ersten Niederschrift hat der betrunkene Alexej Orlow offenbar versucht, die Wahrheit zu verschleiern, dann aber hatte er sich doch entschlossen, sie zu bekennen.

Der zweite Brief lautet:

»Mütterchen, gnädige Kaiserin! Wie soll ich erklären, was geschehen ist? Nicht wirst du deinem treuen Knecht glauben, aber wie vor Gott werde ich die Wahrheit sagen. Mütterchen! Ich bin bereit zum Tode, aber ich weiß nicht, wie das Unheil geschehen ist. Wir sind verloren, wenn du nicht Gnade für uns hast. Mütterchen! Er weilt nicht mehr auf der Welt. Aber niemand hat das gedacht, und wie sollten wir auf den Gedanken kommen, die Hände gegen den Kaiser zu erheben? Aber Kaiserin, das Unheil ist geschehen! Er kam bei Tisch mit Fürst Fedor in Streit: wir konnten sie nicht mehr auseinanderbringen und schon war er nicht mehr. Wir erinnern uns selbst nicht, was wir getan haben, aber wir alle bis zum letzten sind schuldig und haben den Tod verdient. Habe Gnade mit uns und sei es nur um meines Bruders willen! Ich habe mein Geständnis abgelegt und zu untersuchen ist nichts. Verzeih oder befiehl, rasch ein Ende zu machen! Ich mag das Licht nicht sehen: wir haben dich erzürnt und unsere Seele ewig ins Verderben gestürzt.«

An der Echtheit dieser beiden Briefe ist nicht zu zweifeln. Nur ein Dostojewskij wäre imstande gewesen, mit so wenigen düsteren Strichen die seelische Verwirrung eines betrunkenen Bösewichtes, diese urrussische Mischung aus tierischer Roheit und metaphysischer Angst, diesen elementaren Ausbruch eines gepeinigten, sündigen Herzens darzustellen. Die Briefe sind zweifellos echt, und Alexej Orlows Furcht vor dem Zorn der Kaiserin ist echt – also hat sie den Mord an Peter nicht veranlaßt, nicht einmal andeutungsweise. Vor jedem weltlichen Gericht wären diese beiden schmutzigen grauen Bogen ein vollgültiges Entlastungsdokument. Mehr als dreißig Jahre später, nach ihrem Tode, wird ihr Sohn Paul diese beiden Briefe unter ihren Papieren finden und ausrufen:»Gottlob, endlich sind meine letzten Zweifel fort: meine Mutter war nicht die Mörderin meines Vaters!«

Sie hat Peters Tod nicht veranlaßt – aber sie hat ihn gewollt, mußte ihn aus ihrer Situation heraus gewollt haben. Den Tod, den natürlichen Tod, die »beste aller Lösungen« – aber den Mord? Wenn sie auch mit keinem Wort, mit keinem Blick einen gefälligen Arm zur Vollstreckung ihrer verborgenen Wünsche geworben hat, hat sie nicht doch vielleicht der Vorsehung ein wenig in die Hände gespielt, hat ihr Gelegenheit gegeben, ihre unerforschlichen Absichten auszuführen? Sie hat Peter von seiner Geliebten, von dem einzigen ihm aufrichtig ergebenen Menschen getrennt. Das ist das eine. Das zweite aber ist die Tatsache, daß Peter über acht Tage lang in Ropscha gelassen wurde, obwohl bereits am 29. Juni, also noch während der Staatsumwälzung, ein Kurier nach der Schlüsselburg geschickt worden war, um die Zimmer für den gewesenen Kaiser instandsetzen zu lassen. Am 30. Juni war diesem Kurier expreß ein zweiter nachgeschickt worden, um wegen des Ameublements dieser Zimmer Anordnungen zu treffen, und am 1. Juli waren wirklich einige

Möbelstücke für Peter in die Schlüsselburg eingeliefert worden. Dann aber vergingen sechs Tage, an denen nichts, aber auch gar nichts in dieser Angelegenheit veranlaßt worden war. In keinem einzigen Archiv findet sich eine Zeile darüber, die nach dem 1. Juli datiert wäre. Es ist kein schlüssiger Beweis: in diesen sechs Tagen war Katharina durch Konferenzen, Empfänge, Festlichkeiten so unablässig in Anspruch genommen, daß es durchaus denkbar scheint, sie habe im Trubel all der unmittelbar notwendigen Erlässe, Manifeste, Ukasse etc. die Frage von Peters Internierung auf einen späteren, ruhigeren Zeitpunkt verschoben. Das ist denkbar, obwohl man es in den ersten Tagen mit der Sache so überaus eilig hatte. Sicher aber ist, daß die »unerforschliche Vorsehung« in dem abgelegenen Ropscha eine bessere Gelegenheit hatte, sich zu erfüllen, als in der wohlbewachten Festung Schlüsselburg.

Wie immer dem gewesen sei: auch wenn Katharina bis zu dem Augenblick, da sie den schrecklichen Brief Alexej Orlows erhielt, vollkommen ahnungslos und unschuldig war – in diesem Augenblick macht sie sich mitschuldig, indem sie den Mord verheimlicht, ableugnet und ungesühnt läßt. Könnte sie anders? Der Mörder ist der Bruder ihres Geliebten. Das allein würde genügen, um sie als Frau in die unheilvollste seelische Verwirrung zu verstricken. Diesem Mörder und seinen Brüdern dankt sie zum großen Teil ihre Krone. Das allein müßte ihr die größten menschlichen Schwierigkeiten schaffen. Aber darüber, über alles Privat-Persönliche hinaus, sind die Orlows die populärsten Vertreter der vollzogenen Revolte, die ganze Propaganda der neuen Regierung ist mit dem Namen der Orlows untrennbar verknüpft.

Alexej Orlow anzuklagen und zu bestrafen, hieße Zweifel an der Herrlichkeit der Revolutionshelden, Zweifel an der Revolution und an Katharina selbst erwecken, hieße eine unabsehbare Flut von Unordnung, Unsicherheit, Verwirrung heraufbeschwören. Stehen und fallen die Orlows mit Katharina, so steht und fällt, in diesem Augenblick, acht Tage nach der Staatsumwälzung, auch Katharina mit dem unantastbaren Ansehen, mit der Popularität, mit der Glorifizierung der Orlows. Katharina kann aus politischen Gründen Alexej Orlow nicht bestrafen, auch wenn sie gar keine persönlichen Hemmungen hätte. Katharina braucht sehr kurze Zeit, um sich zu dieser Erkenntnis durchzuringen. Das wirft einen tiefen Schatten auf ihr moralisches Gewissen und ein helles Licht auf ihre geistesgegenwärtige Klugheit. Eine halbe Stunde, nachdem sie den fürchterlichen Brief erhalten hat, ist er bereits im geheimsten Fach ihres Schreibtisches verschwunden, um erst nach ihrem Tode wieder zum Vorschein zu kommen. Sie weiß ganz genau, daß böse Zungen ihr die Schuld an Peters Tod geben werden. Trotzdem läßt sie das einzige Dokument, das sie entlasten kann, verschwinden, um Alexej zu schonen; sie opfert die Reinheit ihres Rufes den Erfordernissen der Situation, der Ruhe des Landes. Eine Stunde später erscheint sie beim offiziellen Empfang, strahlend heiter, liebenswürdig gegen alle, ohne den leisesten Schatten auf der hellen, leuchtenden Stirn: sie ist großartig und fürchterlich an diesem Abend, und ihre Fähigkeit der heuchlerischen Verstellung erweckt gleichermaßen Bewunderung und Grauen. Erst am nächsten Tag, als das offizielle Manifest von Peters Tod dem Senat bekanntgegeben wird, gibt sie sich ihrer Niedergeschlagenheit hin. »Mein Abscheu bei diesem Tod ist unaussprechlich«, weint sie an der Schulter der Fürstin Daschkow, »es ist ein Schlag, der mich zu Boden wirft.« Dem Volk wird bekanntgegeben, daß »am 7. Tage Unserer Regierung, zu Unserer Herzensbetrübnis und großen Bestürzung, es Gottes Wille gewesen ist, dem Leben des gewesenen Kaisers Peter III. durch eine schwere Hämorrhoidal-Kolik ein Ende zu machen. Wir haben Befehl gegeben, seine sterbliche Hülle in das Newskysche Kloster zu überführen, um sie daselbst zu beerdigen. Alle Unsere getreuen Untertanen fordern wir auf, ohne Groll für das Vergangene von seiner sterblichen Hülle Abschied zu nehmen und für die Rettung seiner Seele andächtige Gebete zu verrichten.« Genauso geschieht es: die Leiche wird ins Newsky-Kloster überführt und öffentlich ausgestellt. Aufmerksame, mißtrauische Augenzeugen berichten, daß Peters Gesicht schwarz angelaufen war, wie bei einem Apoplektiker; es fällt ihnen auf, daß seine über der Brust gekreuzten Hände in großen Stulpenhandschuhen stecken und daß um seinen Hals eine breite Binde geschlungen ist. Dem einfachen Volk fallen diese Einzelheiten nicht in die Augen. Es glaubt an die mütterlichen Worte seiner Kaiserin und an die unerforschlichen Wege der Vorsehung.

Es ist am besten so, ohne Zweifel. Für die Welt der Realität, für die politische Welt, für die Welt der praktischen Lebensfragen eines Volkes ist es am besten, wenn es seinem Herrscher vertraut, wenn es unbeschwert und in Frieden seinen Geschäften nachgeht, seine Äcker bestellt und seine Familien betreut. Selbst von einem humanen Standpunkt aus muß man zugeben, daß der Tod, ja, auch der Mord an Peter eine günstige Lösung darstellt, die dem Land einen späteren Bürgerkrieg erspart, indem sie ein einziges Menschenleben für hunderte opfert. Alexej Orlows Bestrafung hätte Peters Leiche nicht zum Leben erwecken, aber sie hätte Katharinas Regierung von allem Anfang an in Mißkredit bringen, ihre Arbeitskraft lähmen, ihren großen und guten Willen zerbrechen können. Für Katharina und für Rußland ist es am besten so. Aber –

Aber es gibt neben der praktischen Welt auch eine geistige, eine Welt des ehernen, unantastbaren Rechtes. Und in dieser Welt ist Katharina schuldig. Was an Peter geschehen ist, war ein Mord – mehr als das: ein feiger, häßlicher, hinterhältiger Mord an einem wehrlosen, entrechteten Gefangenen. Und dieser Mord bleibt nicht nur ungesühnt, der Mörder wird sogar zusammen mit seinen Brüdern in den Grafenstand erhoben und mit Auszeichnungen aller Art überhäuft. Indem sie solcherart mit dem Mörder ihres Gatten verfährt, nimmt Katharina den Mord, ob sie ihn nun gewollt hat oder nicht, im nachhinein auf ihr eigenes Gewissen. Er belastet ihr Gewissen nicht. Niemals spukt das mahnende Gespenst des Toten durch ihre Träume, legt sich niemals als Alp auf ihre Brust, niemals bereut sie, niemals umschattet die Qual der Schuld ihre Seele. Bis zum Tode bleibt sie überzeugt, daß Rußland durch Peters Tod erlöst und durch ihre eigene Regierung beglückt wurde. Gregor Orlow, dieser rohe, brutale Soldat, wird einige Jahre später in der Nacht des Wahnsinns vor seinen erstarrten Augen die blutende Leiche Peters sehen, den sein Bruder, wahrscheinlich in seinem Auftrag, getötet hat, und er wird in Verzweiflung mit dem eigenen Kot sein Gesicht beschmieren. Katharina aber wird dreißig Jahre später lachend sterben. Nichts Böseres, nichts Größeres kann ihr nachgesagt werden: sie hat die abscheulichste Blutschuld auf ihre Seele genommen – und ihre Seele war stark genug, sie bis ans Ende zu tragen.

II. Teil

I.

Die Herrin

Katharina ist zur Herrschaft geboren. Und zwar gerade zur Herrschaft über das Rußland des XVIII. Jahrhunderts, über dieses seltsame Riesenreich voll unendlicher, in Entwicklung begriffener, unorganisierter Kräfte. »Ich liebe unkultivierte Länder«, schreibt sie, »ich habe es tausend Mal gesagt: ich gehöre nach Rußland.« Aber sie liebt auch Europa in der Blüte seiner Kultur, in der zeitgenössischen Philosophie. Fünfzig Jahre zuvor hat Peter »das Fenster nach dem Westen« aufgerissen, und über die naturnahen, hordenhaften, herdenhaften Völker der russischen Steppen wehte der erste Windstoß westlichen Geistes, brachte Gutes und Schlechtes, Anregung und Zersetzung, Zivilisation und Zweifel, Ansporn und Verwirrung. Seither ist Rußland ein Hexenkessel, in dem sich europäische und asiatische Kräfte brodelnd mischen und meiden, befruchten und befehden; dem könnte weder Friedrichs eisernes Organisationsgenie noch Maria Theresias ehrsame Hausfrauensorgfalt beikommen. Katharina aber, deren Natur weit ist wie das russische Land, die selbst eine Mischung in Entwicklung begriffener Naturkräfte ist, gebändigt von einem klaren Verstand und einem ehernen Willen – Katharina ist geboren, dieses Land zu beherrschen, ohne es zu vergewaltigen. Durch einen viel tieferen Akt als den der zufälligen Geburt auf einem bestimmten Fleckchen Erde ist ihre Art der russischen verwandt geworden: durch den Akt der Liebe und der stetigen, bis in die tiefsten Kapillargefäße reichenden Infiltration.

Aber Katharina ist – ihren Taufdokumenten nach – nicht zur Herrschaft über Rußland geboren. Ihr Anrecht auf den Thron entspringt ihrer Persönlichkeit, nicht ihren Personalien. Auch nach dem gewaltsamen Ende Peters III. gibt es zwei berechtigte

Prätendenten: den Großfürsten Paul und den gefangenen Iwan in der Schlüsselburg. Paul ist ein Kind, und Katharina ist zunächst die natürliche Regentin für die Zeit seiner Minderjährigkeit. Aber Iwan ist eine Gefahr. »Ich habe Sorgen um meine Katharina«, schreibt Voltaire im September 1762, »und fürchte, daß Iwan unsere Wohltäterin entthronen könne.« Auch Mercy berichtet nach Wien, daß die neue Regierung sich kaum lange werde halten können. Bei nüchterner Betrachtung war das hinreißende Geschehnis vom 28. Juni weder ein Gottesurteil noch ein Volksaufstand. Es war ein gelungener Staatsstreich, weiter nichts, und Katharina ist und bleibt eine Usurpatorin.

Sie fühlt sich zur Herrschaft geboren, und das gibt ihr jene natürliche Sicherheit, mit der sie vom ersten Augenblick an ihre gesamte Umgebung verblüfft. Die Sicherheit, auf ihrem Platz zu sein und ihren Platz auszufüllen, läßt alle kostbaren Eigenschaften ihrer Natur zur vollen Entfaltung reifen. Ihre Arbeitslust erwacht mit jedem frühen Morgengrauen und wird während fünfzehn Stunden nicht müde; ihr umsichtiger, wirklichkeitsnaher Verstand ergreift mit Feuer jede Materie und findet mit erstaunlicher Schnelligkeit in jeder Materie das Wesentliche, den Kern, den Angelpunkt für das Handeln; die ursprüngliche warme Heiterkeit ihrer Natur beseelt und beschwingt ihre auf Bezauberung abgestimmte Liebenswürdigkeit. Sie ist, im großen und ganzen, gut und nachsichtig, großmütig und gerecht – eine Herrin im wahren Sinne des Wortes und also himmelweit entfernt von Herrschsucht und mutwilliger Tyrannei. Aber dieses innere Anrecht auf Herrschaft ändert nichts an der Tatsache, daß sie den Fakten und Akten zufolge zu Unrecht auf dem Thron sitzt, und das gibt ihr jene Unsicherheit, die sie zu einer ganzen Reihe sehr trauriger Taten der Selbstbehauptung zwingt. Es ist schon einmal so, daß auch dem Begnadetsten nicht alles mitgegeben wird; es bleibt immer ein Teil, den man bezahlen, und zwar mit dem vollen Preis bezahlen muß. Es wird zehn volle Jahre dauern, ehe an Stelle des fehlenden Erbrechtes ein Gewohnheitsrecht getreten ist, und in diesen zehn Jahren wird Katharina, um an der Macht zu bleiben und tun zu können, was sie für gut hält, gezwungen sein, hundert Dinge zu tun, die sie und alle gutwilligen Menschen für schlecht halten müssen. Und wenn sie endlich nach Ablauf dieser zehn Jahre das Szepter fest genug in Händen halten wird, um die Ideale ihrer Jugend verwirklichen zu können, dann wird sie selbst längst eine andere geworden sein, und alles das, was sie im Namen des Guten gesündigt hat, wird seine unauslöschliche Spur in ihrem Wesen und in ihren Anschauungen zurückgelassen haben.

Aber sie beginnt im Namen des Guten. Sie beginnt im feurigen Glauben an Güte und Gerechtigkeit und Vernunft. Und sie beginnt wie jemand, der sich jahrzehntelang auf seine Aufgabe vorbereitet hat – und der trotzdem bereit ist, an jedem Tag dazuzulernen, umzulernen und, wenn es nötig ist, alles Gedachte dem Erfordernis des Augenblicks zu opfern. Darin liegt ihr geheimer Mangel und das Geheimnis ihres Erfolges. Sie hat keine einzige ureigene, elementare Idee, mit der sie an die Wirklichkeit herantritt, die Wirklichkeit zwingt und ihr den Stempel ihrer Persönlichkeit aufdrückt; ihre Ideen sind ausnahmslos aus zweiter Hand. Aber im Widerstreit zwischen diesen Ideen und der Wirklichkeit erwachsen ihr hundert Einfälle, die alle praktisch, lebensnah und brauchbar sind. Ihre Ideen stammen aus dem Westen; ihre Einfälle kommen aus der russischen Wirklichkeit. Und hier ist sie so selbständig, wie es nie zuvor eine Frau auf dem Thron gewesen ist.

Sie hat, als sie die Regierung antritt, zwei kluge und verläßliche Männer neben sich: Panin und Bestushew. Beiden ist sie zu Dank verpflichtet, beiden vertraut sie, beide fragt sie oft und ausführlich um Rat. Aber sie befolgt nur die Ratschläge, die ihr passen. Keinem von beiden gelingt es, sie in entscheidenden Fragen zu beeinflussen.

Ehe er ihr half, Peter III. zu stürzen, hatte Panin mit Katharina gerne von den Segnungen einer Konstitution geschwärmt. Die neue Kaiserin gibt ihm feierlich den Auftrag, eine Verfassung für Rußland auszuarbeiten. Der schwerfällige Panin ist verblüffend schnell mit einem Plan bei der Hand: er war offenbar längst vorbereitet. Dieser Plan gipfelte in der Ernennung von acht »obersten kaiserlichen Räten«, die unabsetzbar und selbst im

Falle schwerer krimineller Verfehlungen nur durch ein Gericht ebenbürtiger Pairs abzuurteilen sein sollen. Um Katharina dieses Projekt schmackhafter zu machen, mischt Panin den Namen Gregor Orlow in die Liste für besagte oberste Räte. Katharina prüft den ganzen Plan mit scheinheiliger Aufmerksamkeit, sie gibt ihn mit einigen Verbesserungsvorschlägen an Panin zur weiteren Durcharbeitung zurück – und es ist nie wieder die Rede davon. Er findet für ewige Zeiten ein ehrenvolles Grab in Panins Schreibtischlade, wo er auch hingehört.

Denn dieser »Verfassungsplan« hat mit einem wirklichen Parlament, mit einer echten Volksvertretung nicht das mindeste zu tun. Panin war einzig darauf bedacht, Katharinas Macht dem kleineren Adel gegenüber zu beschränken und ihr eine ausgewählte Oligarchie ebenbürtig zur Seite zu stellen. Katharina braucht gar nicht das Gefühl zu haben, ihre früheren Ideen, ihre oftmals geäußerte »republikanische Gesinnung« zu verleugnen, wenn sie nunmehr der Ansicht ist, daß sie selbst, als absolute Monarchin, die dem Volkswillen ihre Macht verdankt und die den Volkswillen zu fürchten hat, weit eher geeignet ist, die Interessen des Volkes wahrzunehmen als ein Klüngel unabsetzbarer, ehrgeiziger und eigennütziger Adliger.

Sie betritt den Senat als absolute Monarchin. Sie faßt ihre Entschlüsse allein, sie unterwirft sich keiner Kontrolle, sie diktiert ihren Willen. Aber dieser Wille ist getragen von dem damals noch frischen, unverdorbenen Atem der Humanität. Zum ersten Mal in der Geschichte Rußlands macht sich ein Herrscher Gedanken über das »Volk«, betrachtet ein Herrscher den kleinen Mann nicht als ein Objekt der Ausnutzung. Katharinas erste Maßnahmen richten sich gegen die Privilegierten: sie schafft den größten Teil der Monopole ab, die Verpachtung der Zölle, sie gibt einige wichtige Artikel dem allgemeinen Handel frei und verbietet andererseits die Ausfuhr von Getreide, um den hohen Brotpreis im Inland zu senken. Sie hat ihren Montesquieu noch nicht vergessen. Sein Geist weht durch das große – wenngleich praktisch wirkungslose – Manifest gegen die Bestechlichkeit der Beamten und den Schacher mit Justizfunktionen. Sie sagt: »Ich mache keinen Unterschied zwischen meinem Eigentum und dem des

Staates.« Das bedeutet im Augenblick, daß sie die zurückgeleg-
ten Kammergelder – sie machen drei Zehntel des Gesamtbudgets
aus – dem notleidenden Staat zur Verfügung stellt. Später wird
sie das Budget mit weit höheren Zuwendungen an ihre Favoriten
belasten: in beiden Fällen macht sie keinen Unterschied zwischen
ihrem Eigentum und dem des Staates. Aber was immer später
geschieht – im Augenblick, da sie diese Worte ausspricht, entspringen sie einem echten und durchaus neuen herrscherlichen
Verantwortungsgefühl. Sie klingen wie eine Fanfare über das
schläfrige Europa; das französische Orchester nimmt sie mit
Begeisterung auf.»Diderot, d'Alembert und ich«, schreibt Voltaire an Katharina,»wir sind unser drei, um Ihnen einen Altar
zu errichten!« Seltsame Farce der Weltgeschichte: der dicke
Ludwig ist taub für die neue Musik, die in seinem eigenen Lande
ertönt, und die Maulwürfe seines Thrones werden die Barden der
russischen Selbstherrscherin. Doppelte Farce: das religiöse Oberhaupt des gläubigsten Volkes der Erde wird zum Ideal der Auf-
klärungsliteratur.

Katharina wird von diesem Zwiespalt niemals gequält; darin ist
sie ganz und gar ein Kind des achtzehnten Jahrhunderts. Vor der
großen Revolution bedeutete »Aufklärung« keine elementare
seelische Erschütterung, sie war mehr eine Ermüdungsform des
Glaubens, ein verwegenes Spiel überlegener Geister. Für Katharina, die im frömmsten Protestantismus erzogen war, die mit vierzehn Jahren aus Opportunismus ihren Glauben gewechselt hatte,
bedeutete dieses Spiel eine innere Rechtfertigung. Dies aber
blieb ihre Privatangelegenheit. Als politischer Kopf hat sie die
Bedeutung der Religion niemals unterschätzt, die Geistlichkeit
bleibt stets eine Macht, mit der sie rechnet, und die Frömmigkeit der Masse ein unschätzbarer Vorteil, den sie zu nutzen versteht. Unserer heutigen Zeit, die so sehr geneigt ist, Gesinnung
höher zu werten als Geist, mag das als unverzeihliche Frivolität
erscheinen; damals aber verstand sich niemand besser als ein
wohlerzogener Philosoph mit einem gebildeten Kleriker. Wenn
man Voltaire fragte, wie er, als Gottesleugner, die heilige Kom-
munion nehmen könne, pflegte er zu antworten,»er frühstücke
eben nach der Sitte seines Landes«. Katharina ist der Ansicht,

daß solche Sitten einem Lande nützen und dem Herrscher sein Metier erleichtern. Ihr Regierungsmanifest war ein Bekenntnis zur Glaubenstreue, eine ihrer ersten Regierungshandlungen die Erschließung der von Peter versiegelten Hauskapellen, und ihre nächste Sorge ist die feierliche Krönung im Kreml von Moskau. Von diesem Tage an schließen Millionen gläubiger Seelen ihr neues geistliches Oberhaupt in ihre täglichen Gebete ein. Auf diesen frommen und naiven Gebeten ruht die kaiserliche Macht am sichersten. Katharina wird sich hüten, an dieses Fundament zu rühren. Die Geistlichkeit hat in Katharina einen verläßlichen Bundesgenossen im Kampf um die Herrschaft über die Geister; sie betet und fastet, wie die »allerfrömmste Zarin Elisabeth« gebetet und gefastet hat. Aber was bei Elisabeth echt war, ist bei Katharina nur eine äußerliche Propaganda. Kein Priester hat Einfluß auf ihr Gemüt, und die Komplizin der Kirche verwandelt sich in ihre Prozeßgegnerin, sowie es sich um weltliche Machtfragen handelt. Während Katharina ins Troitzky-Kloster wallfahrtet, wohin Elisabeth so gern gewallfahrtet war, bearbeitet eine von ihr eingesetzte »selbständige« Kommission die leidige Frage der Säkularisierung des Kirchenbesitzes. In diesem einen einzigen Punkt kann Katharina ihren toten Gemahl nicht dauernd ins Unrecht setzen: die Säkularisierung ist eine unausweichliche Staatsnotwendigkeit. Je deutlicher diese Notwendigkeit in Erscheinung tritt, desto heftiger bezeugt Katharina ihre demütige Frömmigkeit.

»Adam Wassilijewitsch!« schreibt sie am 28. Februar 1763 an den Direktor des Kabinetts. »Da ich die Herrschsucht und Tollheit des Erzbischofs von Rostow kenne, so fürchte ich, daß er den Heiligenschrein Dimitrijs ohne mich aufstellt. Benachrichtigen Sie mich, auf welche Weise Sie denselben abgeschickt, was für Befehle Sie erteilt, und unter wessen Aufsicht er sich befindet.« Der Erzbischof von Rostow, Arssenij Mazeiwitsch, ist der einzige Kirchenfürst, der es wagt, mit offenem Wort sowohl von der Kanzel als auch mit der Feder gegen Katharina und den geplanten »Kirchenraub« aufzutreten. Polnischer Edelmann von Geburt, ausgerüstet mit einem umfassenden theologischen Wissen, feurig, unerschrocken und bis ins tiefste von der gerechten Sache der

Geistlichkeit überzeugt, scheint er ganz und gar der Mann, die Kirche in diesem entscheidenden Streit gegen die kaiserliche Macht zu führen. Die Kirche müßte bloß offen und geschlossen hinter ihm stehen. Aber das tut sie nicht. Sie wartet ab. Sie wartet die Begegnung zwischen Arssenij und Katharina ab, denn Katharina hat beschlossen, zu Fuß nach Rostow zu wallfahren, um dort die Gebeine des heiligen Dimitrij persönlich einzuweihen. Dieser neue Heilige war Arssenijs Vorgänger in der Eparchie von Rostow gewesen, er hatte unter Peter dem Großen die gleiche Rolle gespielt, die jetzt Arssenij Katharina gegenüber spielt: als einziger und mutigster Kleriker war er der Enteignung des Kirchenbesitzes entgegengetreten. Weit davon entfernt, sie zu schrecken, ist es offenbar gerade diese Parallele, die Katharina anzieht. Wie immer ihre Begegnung mit dem »tollen Erzbischof« ausfallen wird – der einfache Mann wird nichts zu sehen bekommen als die fromme Pilgerung der Kaiserin über die staubigen Landstraßen.

Aber Arssenij kommt Katharina zuvor. Ehe sie noch von Moskau abkommen kann, richtet er eine Eingabe an den Synod, »vom ersten bis zum letzten Wort eine einzige Majestätsbeleidigung«. Der Sekretär des Konsistoriums weigert sich, diese Eingabe abzuschreiben und einzutragen. Arssenij schreibt sie selbst und schickt sie in seinem eigenen Namen ab; damit nicht genug, verhängt er in vollbesetzter Kirche, in Anwesenheit des gesamten Rostower Klerus, das feierliche Anathema über »alle Feinde der Kirche, die ihre Hände nach dem ausstrecken, was Gott gegeben ist«. Das Maß ist voll. Katharina schickt die Eingabe, in der sie mit Julian dem Abtrünnigen verglichen wird, an den Synod zurück und befiehlt dieser obersten geistlichen Behörde, über den eigenen Amtsbruder zu urteilen. Es scheint ein waghalsiges Unternehmen. Arssenij hat nichts anderes ausgesprochen, als was die übrigen Erzpriester denken und fühlen. Aber werden diese, die bisher feige geschwiegen haben, jetzt wagen, offen gegen die kaiserliche Macht aufzutreten? Sie wagen es nicht; Arssenij wird verhaftet, nach Moskau gebracht und in Anwesenheit der Kaiserin verhört. In diesem Augenblick muß der starrsinnige Mann bereits wissen, daß seine priesterlichen Brüder ihn preiszugeben bereit sind. Trotzdem weicht er nicht von seinen Ansichten und verteidigt sie mit so unerschrockener Offenheit, daß Katharina sich die Ohren zuhält. Der Synod, der in seiner Nachgiebigkeit gegen die Kaiserin bereits so weit gegangen ist, kann daraufhin nichts anderes tun, als seinen allzukühnen Streiter zu verurteilen. Er tut es. Arssenij wird seiner Bischofswürde entkleidet, in ein entferntes Kloster verbannt, wo er – aller Schreibmittel beraubt, damit er außerstande sei, schwache Menschen mit seinen »Lügen« zu demoralisieren – die niedersten Dienste tun muß. Sein Name wird getilgt, er heißt fortan »Andrej Wal«, zu deutsch: der Lügner.

Der gefügige Synod glaubt, die Kaiserin zu Dank verpflichtet zu haben, aber er hat ihr noch einen ganz anderen Dienst erwiesen als den, sie von einem gefährlichen Feind zu befreien: er hat ihr über seine eigene Kraft und über die ihrige die Augen geöffnet. Wenn sie bisher geglaubt hatte, als Usurpatorin, als gebürtige Protestantin, diesen Erzpriestern der griechischen Kirche gegenüber vorsichtig sein zu müssen, jetzt weiß sie, daß dies überflüssig ist. Sie hat es mit knechtischen Seelen zu tun. Einen Monat nach der Verurteilung Arssenijs erscheint sie im Synod, und in einer beispiellos hochfahrenden, unheimlich überlegenen Rede zieht sie das Fazit: »Sie sind Nachfolger der Apostel, denen Gott befohlen hat, den Menschen Verachtung für den Reichtum beizubringen und die selbst sehr arm waren. Ihr Reich war nicht von dieser Welt. – Verstehen Sie mich? Ich habe diese Wahrheiten sehr oft aus Ihrem eigenen Mund gehört. Wie können Sie, wie erdreisten Sie sich, ohne gegen Ihr eigenes Gewissen zu handeln, so große Reichtümer, so ungemessene Ländereien zu besitzen?... Wenn Sie den Gesetzen Ihrer eigenen Lehre gehorchen, wenn Sie meine getreuesten Untertanen sein wollen, dann zögern Sie nicht, dem Staate zurückzugeben, was Sie in unrechter Weise besitzen.« Kein zweiter Arssenij steht auf, um auf diese vernichtende Rede zu antworten. Am gleichen Tag ergeht das Gesetz betreffs der Säkularisierung der Kirchengüter. Und am nächsten Tag begibt sich Katharina zu Fuß auf die Wallfahrt nach Rostow, um unter der gerührten Anteilnahme des einfachen Volkes den silbernen Schrein mit den wundertätigen Knochen des heiligen Dimitrij aufzustellen. In scheinheiliger Demut betet sie am Grabe des Mannes, der genau das gleiche getan hat, wofür Arssenij so schwer bestraft worden war. Aber das ist nur eine äußerliche Geste. Man darf ruhig sagen, daß Katharina durchaus im Sinne der Aufklärung gehandelt hat.

Die Säkularisierung der Kirchengüter vollendet nicht nur Peters des Großen Werk, indem sie die Geistlichkeit ihrer Eigenmacht entkleidet und zu bezahlten Beamten des Staates macht, sie gibt auch über einer Million Bauern die Freiheit. Wenn Katharina im Geist Montesquieus ihre Regierung beginnt, dann muß sie in der Überwindung der Leibeigenschaft das zentrale Problem sehen: das Problem der persönlichen Freiheit, in seiner gröbsten, primitivsten Form. Das ist, über das soziale Problem hinaus, ein geistiges, also eines, das keinen Kompromiß duldet. Es handelt sich nicht darum, das Los der Leibeigenen zu verbessern oder ihre Zahl auf die Hälfte, auf ein Viertel hinabzudrücken – es darf, wenn Katharina wirklich, gestützt auf den Volkswillen, regieren will, in ihrem Lande keinen einzigen Sklaven geben. Der russische Sprachgebrauch nennt die Leibeigenen mit ungewollter Ironie »Seelen«, und der Durchschnittspreis für eine »Seele« beträgt zur Zeit dreißig Rubel. Was immer Katharina zur Wohlfahrt ihres Landes, zu seiner Größe, zu seinem Ruhm, seiner Zivilisation, seiner Bildung unternimmt, es ist – immer im Sinne der Humanität gesprochen – Tünche, eitles Blendwerk, Fassade, solange es in diesem Lande Menschen gibt, die wie Tiere gekauft werden, Seelen, die nicht über ihren Körper verfügen können. »Freiheit, du die Seele aller Dinge, ohne dich ist alles tot«, schreibt Katharina. Wenn die Freiheit wertvoller ist als alle andern Dinge dieser Welt, dann ist es leicht, den Wert alles dessen zu errechnen, was Katharina, gestützt auf die Sklaverei ihrer Untertanen, erreicht: keine dreißig Rubel...

Aber gerade in diesem allerbrennendsten Problem erlebt Katharina den härtesten Zusammenstoß mit der Wirklichkeit. Er fällt in die ersten Wochen ihrer Regierung, und es ist bezeichnend, daß sie niemals dieser entscheidenden Episode Erwähnung tut und lieber alle Vorwürfe der Inkonsequenz auf sich nimmt, als daß sie die Niederlage ihres optimistischen Menschheitsglaubens bekennt. Wohl schreibt sie 1789 als alte Frau an Grimm:»Mein Wunsch und meine Freude wäre es gewesen, alle glücklich zu machen. Vielleicht war ich zu kühn, wenn ich glaubte, daß die Menschen vernünftig, gerecht und glücklich werden können...« Aber das ist eine allgemeine Betrachtung, verstreut zwischen hundert andere, heitere, vergnügte, selbstbewußte Betrachtungen. Viel früher schon hat sie an Grimm geschrieben:»Durch meine Lage bin ich gezwungen, unbedingt zu wollen, was ich will« – viel früher schon hat sie gelernt, daß man weder mit Philosophie noch mit Idealismus, noch mit gutem Willen der organischen Entwicklung eines Landes vorgreifen kann.

Das Leid der leibeigenen Bauern hat verschiedene Grade. Auf dem flachen Lande, unter vernünftigen Gutsherren, die wissen, daß sie im eigenen Interesse »ihre Milchkuh schonen und füttern müssen«, ist ihr Schicksal nicht wesentlich schlimmer, in gewissem Sinn sogar ruhiger als das des übrigen europäischen Landproletariats. Aber in den Fabriks- und Bergwerksdistrikten ist es eine wahre Hölle. Die gekauften Bauern sind billiger als jedes andere Arbeitsmaterial und werden entsprechend weniger geschont, ihre Arbeitszeit ist unbegrenzt, ihre Kost minimal, körperliche Züchtigungen sind an der Tagesordnung. Hygienische oder prophylaktische Einrichtungen gibt es nicht, die Arbeit in den Bergwerken ist nicht nur teuflisch, sie ist auch lebensgefährlich. Schon unter Elisabeths Regierung war es wiederholt zu Unruhen unter diesem Elendsproletariat gekommen, in welchen Fällen immer das nächstgelegene Militärkommando verständigt worden und die Empörer mit einer entsprechenden Zahl von Knutenhieben zur Vernunft gebracht worden waren. Am 8. August 1762 – also in der sechsten Woche ihrer Regierung – erläßt Katharina ein Manifest, mit dem sie glaubt, das Übel an der Wurzel zu packen. Sie verbietet den Fabriks- und Bergwerksbesitzern den Ankauf von Seelen und verlangt, daß sie sich mit frei gemieteten, mit Pässen versehenen Arbeitern gegen kontraktmäßige Bezahlung zufriedengeben sollen. Ein zweiter Ukas, der die obligatorische Arbeit überhaupt abschaffen soll, wird von ihr vorbereitet. Niemals wird sie ihn erlassen. Denn es kommt alles ganz, ganz anders als sie denkt. Katharina kennt das Volk nur aus der französischen Literatur, und sie hat eine ebenso idealisierte Vorstellung davon, wie die französischen Literaten sie hatten, ehe die von ihnen aus dem Schlaf Gerissenen erwachten, um ihren Erweckern zu beweisen, daß sie Träumer waren. Katharina machte ihre enttäuschende Erfahrung um drei Jahrzehnte früher als Mirabeau und Beaumarchais: kaum ist der Ukas, der aus käuflichen Sklaven freie Menschen schaffen will, in die verschiedenen Provinzen gelangt, da legen die Bauern zum allergrößten Teil die Arbeit einfach nieder, sie ziehen in die Nachbardistrikte und wiegeln ihre Kameraden auf, sie sammeln Unterschriften für eine allgemeine Arbeitseinstellung, sie prügeln diejenigen, die trotzdem weiter in die Bergwerke einfahren, und verwüsten ihre Häuser, sie verbreiten gefälschte Manifeste. Die befreiten Sklaven sind, anstatt zu dankbaren Untertanen, zu wilden, gefährlichen Aufrührern geworden. Warum hat Katharinas wohlgemeinter Ukas diese unvorhergesehene Wirkung? Der russische Muschik des XVIII. Jahrhunderts ist durch seinen völligen Mangel an jeglicher Erziehung faul und durchaus bedürfnislos. Er braucht ein Stück trockenes Brot und den Trost der Religion, sonst nichts. Um dieser geringen Lebensansprüche willen würde er gewiß keine nennenswerte Arbeit verrichten. Bloß unter dem Zwang der Leibeigenschaft, unter der Knute seines Herrn, arbeitet er tagein tagaus im Schweiße seines Angesichts und bereichert damit seinen Herrn und begründet damit den Wohlstand des Landes. Natürlich ist er mit diesem Zustand unzufrieden und am unzufriedensten dort, wo die verhaßte Arbeit am härtesten ist: in den Bergwerken und Fabriken. Schon seit Jahrzehnten wehrt sich sein träger Organismus gegen die unerträgliche Fron, und seit Jahrzehnten kuscht er unter der Angst vor Prügeln. Da kommt eines Tages dieser Ukas und weht ihm einen heißen Hauch der Freiheit ins Gesicht – und der lange angesammelte Haß gegen die Herren, gegen den Zwang, gegen die Gewalt, gegen die Arbeit bricht mit einem Mal in ihm hervor und macht ihn blind gegen die Geste der Güte und taub gegen die Stimme der Vernunft. Es ist eine kochende, entfesselte, chaotische Masse. Da ist niemand, der sie über die Absichten der Regierung belehren könnte, es gibt keine Zeitung, durch die sie zu beeinflussen wäre – gäbe es sie, wer von ihnen könnte sie lesen? –, sie haben keine Partei, keine Organisation, keinen Führer aus ihren eigenen Reihen, der sie auf die Gefahren ihres Betragens aufmerksam machen könnte. Sie handeln im wilden Instinkt des Hasses, sie sehen nicht bis zu der Monarchin, die ihnen helfen wollte, sie sehen nur ihre unmittelbaren Herren und Peiniger, denen sie – endlich! – Arbeit und Gehorsam verweigern können. Und sie verweigern Arbeit und Gehorsam.

Es ist eine Revolte mit unabsehbarem Ausgang. Es handelt sich nicht bloß um die Schädigung der Fabrikanten und Bergwerksbesitzer, es handelt sich um die Ordnung des ganzen Staates, die durch die umherziehenden Scharen untätiger, erwerbsloser, propagandierender Bauern gefährdet wird. Sie müssen zur Vernunft, sie müssen an ihre Arbeitsstätten zurückgebracht werden. Später, so tröstet sich Katharina, später wird sie dem Übel noch tiefer auf den Grund gehen, später wird sie die Menschen erziehen und für die Freiheit reif machen. Im Augenblick aber bleibt ihr nichts anderes übrig, als zu tun, was ihre Vorgänger getan haben: sie schickt ein paar Regimenter unter dem Oberbefehl des Fürsten Wjasemsky gegen die Rebellen. Bei den früheren, versprengten Aufständen haben die Knuten genügt. Wjasemsky muß Kanonen auffahren lassen.

Später wird die Lage der Bergwerksarbeiter einigermaßen verbessert. Unter Katharinas Regierung kauft die Krone den größten Teil der Bergwerke auf, und die Krone geht schonungsvoller mit den Bauern um, als die privaten Kapitalisten es taten. Aber das ist nur eine kleine praktische Reform. Sie hat nichts mit der Idee der Freiheit zu tun. Die ist für Katharina zu einem fernen, religiösen Wort geworden, das sie zeitlebens im Munde führt, wie andere Leute Gott im Munde führen, wenn sie den lebendigen Glauben längst verloren haben. Katharina hatte, als sie die Befreiung der Leibeigenen ins Auge faßte, mit Widerständen gerechnet: mit den begreiflichen und selbstverständlichen Widerständen der Privilegierten, der Gutsherren und Kapitalisten. Ob sie die Kraft besessen hätte, diese Widerstände zu brechen, muß eine offene Frage bleiben. Sicher aber ist, daß ihre beste Kraft, ihr naiver, Rousseauscher Glaube an die Gutmütigkeit und angeborene Gerechtigkeit des Volkes, gebrochen war, als sie bei ihrem ersten Experiment die entfesselte Bestie zu sehen bekam.

Zwei Jahre nach ihrem Regierungsantritt betraut sie eben jenen Wjasemsky, der, mit Kanonen ausgerüstet, die Bergarbeiter zur Besinnung gebracht hat, mit dem verantwortungsvollen Posten des General-Prokurators. In einem eigenhändigen Schreiben teilt sie ihm ihre Ansichten über Rußland mit. Das Ergebnis ihrer zweijährigen Erfahrung beginnt mit den Worten: »Das russische Reich ist so groß, daß eine jede andere Regierungsform als die eines selbstherrschenden Kaisers nachteilig wäre, denn jede andere Form ist langsamer in der Ausführung und enthält Leidenschaften, welche die Kräfte zersplittern.« Von einer Verfassung, von einer Volksvertretung ist keine Rede mehr. Aber Katharinas Überzeugung von der Notwendigkeit eines absolutistischen Regimes ist ehrlich und weit von bewußter Herrschsucht entfernt. Der lange Brief an Wjasemsky schließt mit den Worten: »Ich liebe die Wahrheit, Sie können sie jederzeit furchtlos aussprechen. Sie können auch ohne jede Angst mit mir streiten, wenn es dem Wohle der Sache dient. Ich liebe Schmeicheleien nicht und erwarte keine von Ihnen – wohl aber Aufrichtigkeit mir gegenüber und Festigkeit in Ihrem Amte.«

So wenig wie Panin befolgt Katharina das Grundprogramm Bestushews. Am 29. Juni, am Tage nach ihrem Regierungsantritt, beruft sie den Mann, der ihr als erster die russische Krone zugedacht, der für sie konspiriert, geschwiegen und vier Jahre lang gelitten hatte, nach Petersburg zurück. Sie schickt ihm den Grafen Gregor Orlow in seiner neuen Funktion als erster Kammerherr dreißig Werst weit entgegen, sie empfängt ihn mit ausgebreiteten Armen, wie einen geliebten Vater, sie gibt ihm eine Wohnung im Sommerpalais und läßt ihn aus ihrer eigenen Küche verpflegen. Trotzdem ist es eine beiderseitige schwere Enttäuschung. Bestushew ist alt geworden, nicht weil er um vier Jahre älter geworden, sondern weil er in diesen vier Jahren, fern von den wechselvollen Ereignissen, derselbe geblieben ist. Noch immer blitzen seine kleinen klugen Augen in dem mageren, schmallippigen Gesicht, noch immer trägt er den Rücken steif und gerade, ein Mann, der ebenso Höfling wie Starrkopf ist, aber noch immer glaubt er an sein altes System, an die alleinseligmachende Politik der europäischen Bündnisse. Katharina aber hat längst begriffen, daß das riesige, autarke und gerade in seiner Halbbarbarei uneinnehmbare Rußland bei jedem Bündnis nur verlieren kann und alles Heil in einer Stellung suchen muß, die mit sämtlichen europäischen Mächten Frieden hält und gleichzeitig sämtlichen Mächten imponiert.

»Ich sage Ihnen gerade heraus«, schreibt sie an ihren Gesandten in Warschau, »ich will mit allen Mächten freundschaftlich verbunden sein, sogar bis zur Defensive, damit ich mich immer auf die bedrängteste Seite schlagen und so der Schiedsrichter Europas sein kann.«

Der Schiedsrichter Europas? Vor einem Jahrhundert war Rußland noch ein asiatischer Staat. Peter der Große hatte sein Leben daran gesetzt, im europäischen Orchester mitspielen zu dürfen, und Katharina, wenige Wochen erst auf dem Thron, will der Kapellmeister sein! Es ist ihr nicht genug, das größte Reich der Welt, sie will als dessen Herrin die ganze Welt regieren. Mehr als ein Mann, mehr als alle Männer – das alte Leitmotiv ihres Lebens ist bewußt, es ist ein Programm geworden. Und diesem Programm bleibt sie zeitlebens treu, es kommt nicht aus dem Verstand, sondern aus der Urtiefe ihrer Natur. Sie ist eine Eroberin, sie bleibt es bis zu ihrer Todesstunde. Hier gibt es keine Widersprüche und keine Inkonsequenz. Mit einer untrüglichen Instinktsicherheit beginnt sie am ersten Tag ihrer Regierung, unauffällig zwar, unkriegerisch, unprahlerisch, aber auch unbeirrbar, zielsicher und von einem fast unheimlichen Glücksstern begleitet, an der Erweiterung ihrer Macht zu arbeiten.

Peter der Große hatte davon geträumt, Rußland zur Herrin des Baltischen Meeres zu machen, das heißt, Kurland mit Rußland zu vereinigen. Katharina führt Peters Traum im Jahre 1795 aus, knapp vor ihrem Tod. Aber bereits am fünften Tag ihrer Regierung bereitet sie diese Tat vor.

Als Anna Iwanowna, die Kurländerin, Zarin von Rußland war, machte sie ihren Günstling, den gebürtigen Stallknecht Biron, zum Herzog von Kurland. Er hatte wenig Gelegenheit, sich in seinem Herzogtum umzutun, da ihn der Liebesdienst in Rußland festhielt, aber vielleicht gerade deswegen war er den Kurländern in angenehmer Erinnerung. Als Elisabeth den russischen Thron bestieg, schickte sie Biron nach Sibirien in die Verbannung, aber sie nannte ihn weiter den »Herzog von Kurland«, behauptete bloß, er »könne Rußland für einige Zeit nicht verlassen«, so daß es in Kurland eigentlich überhaupt keine Regierung gab und das Herzogtum in jeder Beziehung von Rußland abhängig wurde. Im Jahre 1758 unterstützte sie die Thronkandidatur Karls von Sachsen, des jüngeren Sohnes des Polenkönigs, worüber sich Katharina als Großfürstin äußerte, »dies sei das seltene Musterbeispiel einer durchaus uneigennützigen Ungerechtigkeit«. Karl von Sachsen mißfiel den protestantischen Kurländern, vornehmlich deshalb, weil er Katholik war, sie verlangten von ihm einen Garantiepakt, der ihre ungestörte Religionsfreiheit sichern sollte, und da er diesen Pakt nicht unterschrieb, verweigerten ihm seine »Untertanen« den Eid der Treue. So verblieben die kurländischen Angelegenheiten bis zur Thronbesteigung Peters III., der Biron zwar aus Sibirien zurückkommen ließ, nicht aber, um ihm sein Herzogtum wiederzugeben, sondern um ihn zu bewegen, es freiwillig an Georg von Holstein abzutreten. Nach beinahe zwanzigjähriger Verbannung tat Biron, was man von ihm verlangte; er verzichtete zugunsten Georgs, und Gudowitsch wurde nach Mitau geschickt, um dort für den Holsteiner zu agitieren. Peter versicherte die Kurländer seines Schutzes, wenn sie seinen Kandidaten annehmen wollten, und stellte diesen Schutz unter die »Garantie des Königs von Preußen«.

Als Katharina den Thron besteigt, hat Friedrich der Große, angeregt durch seinen Sklaven Peter III., bereits ein begehrliches Auge auf Kurland geworfen. Außerdem aber wohnt Karl von Sachsen noch immer im herzoglichen Palais in Mitau. Am fünften Tag ihrer Regierung legt ihr das Kollegium der auswärtigen Angelegenheiten ein Reskript vor, in dem um Direktiven für den kurländischen Minister Simolin gebeten wird. Katharina schreibt an den Rand: »Simolin soll von seinen bisherigen Weisungen absehen und die Partei Birons unter der Hand vor allen anderen begünstigen.« Am 4. August übergibt sie Biron die Schenkungs-

und Abtretungsakte, in der sie verspricht, ihm bei der Wiedereinsetzung in sein Herzogtum behilflich zu sein, wogegen er sich verpflichtet, die Ausübung der griechischen Religion in Mitau zu beschützen, den russischen Kaufleuten alle erdenklichen Erleichterungen zu gewähren, die russische Post über Riga und Mitau wiederherzustellen, die Aufstellung von Magazinen für russisches Korn zu gestatten, anderen Mächten aber solche Begünstigungen zu verweigern, dem russischen Heer Durchmarsch und, wenn nötig, auch Quartier zu gewähren und allen russischen Schiffen das Einlaufen in kurländische Häfen zu gestatten. Jetzt handelt es sich bloß noch darum, Karl von Sachsen aus Mitau zu vertreiben. Dies geschieht auf eine durchaus unblutige und einfache Weise: er wird systematisch ausgehungert. Simolin legt Sequester auf alle Einnahmen des Herzogs Karl, die Landgüter seiner Anhänger erhalten militärische Einquartierung, sogar die Zufuhr des Proviantes für den bisherigen Herzog wird abgeschnitten. Nach einigen Monaten ist er gezwungen, Mitau zu verlassen. Sein Vater, der König von Polen, beruft den Landtag ein, um gegen Katharinas Vorgehen zu protestieren, aber Katharina befiehlt der russischen Partei in Polen, »den Landtag auf jeden Fall zu sprengen«, und er wird gesprengt. Im März 1763 zieht Biron als allgemein anerkannter Herzog in Kurland ein. »Es liegt in unserem Interesse, in so naher Nachbarschaft von Rußland einen Herzog zu haben, der weder sehr vornehm noch mit großen Höfen verwandt, sondern seiner ganzen Stellung nach von unserem Lande abhängig ist.« Dieses Interesse ist erreicht: auf dem kurländischen Thron sitzt ein Schattenherzog von Katharinas Gnaden.

Bald sitzt auch auf dem polnischen Thron ein Schattenkönig von Katharinas Gnaden.

»Ich sende Ihnen den Grafen Kaiserling als meinen Gesandten in Polen, um Sie nach dem Ableben Augusts III. zum König zu machen«, schreibt Katharina am 2. August 1762 an ihren einstigen Geliebten, den Fürsten Poniatowsky. Sie hat nie aufgehört, mit ihm Briefe zu wechseln – Liebesbriefe. Poniatowsky hat allen Grund, sich für Katharinas heimlichen Verlobten zu halten. Da sie den Thron besteigt, da ihr Gatte stirbt, zählt er die Tage, da sie ihn endlich, allen ihren Versprechungen gemäß, wieder zu sich berufen wird. Er weiß nichts von Orlow, oder er hält es zumindest für unmöglich, daß dieser rohe, ungebildete Soldat für Katharina mehr bedeutet als einen vorübergehenden Sinnenrausch. Und Katharina wagt immer noch nicht, ihm die volle Wahrheit einzugestehen. Diese Feigheit ehrt sie, die doch in allen anderen Dingen mutig ist bis zur Todesverachtung: es ist die Feigheit eines weichen Herzens, dem es allzuschwer fällt, wehe zu tun. Sie fleht Poniatowsky an, ihre exponierte und noch keineswegs gefestigte Stellung zu schonen, sie vertröstet ihn auf spätere Zeiten – und sogleich zeigt sie ihm, wie einem eigensinnigen Kind, das man von seinem Trotz ablenken will, ein neues bestechendes Spielzeug: die Krone von Polen.

Poniatowsky hat niemals an diese Krone gedacht. Er hat nicht das Zeug zu einem König, er kann Polen nicht ausstehen, sein Ehrgeiz und Ideal war es immer, an einem angenehmeren Hof eine glänzende Rolle zu spielen. Zunächst lockt ihn das neue Spielzeug nicht.»Ich wäre tausendmal lieber Gesandter in Ihrer unmittelbaren Nähe, als hier König», schreibt er an Katharina. Sie aber bleibt taub für diese Schmeichelei und beharrt auf ihrem Wunsch. Sie hat drei gute Gründe dafür: sie will Poniatowsky dauernd aus ihrer Nähe entfernt wissen; sie will ihn für den Verlust ihrer Person großzügig entschädigen und schließlich will sie durch ihn das Nachbarland beherrschen. Ihre Briefe an den einstigen Geliebten werden kühler und politischer. Nach ihrer Thronbesteigung macht Katharina kein Geheimnis mehr aus ihrer Verbindung mit Orlow, schließlich muß auch Poniatowsky erfahren, daß die Zimmer des»ersten Kammerherrn« unmittelbar an die Privatgemächer der Kaiserin anschließen. Aber noch immer glaubt er, seine persönliche Anwesenheit würde vermögen, sie umzustimmen, noch immer fleht er, für einige Monate, für einige Wochen wenigstens zu ihr kommen zu dürfen. Katharina antwortet mit großer Geduld und eiserner Ablehnung. Sie interessiert sich nicht mehr für Poniatowsky, aber sie interessiert sich von Tag zu Tag immer mehr für ihren polnischen Thronprätendenten.

Polen, das damalige Polen, ist ein in der Geschichte einzig daste-

hendes politisches Gebilde: es ist eine Republik mit einem ge-
wählten König an der Spitze. Gewählt wird dieser König vom
Landtag, das ist die Vereinigung aller privilegierten Familien; es
sind ihrer ungefähr tausend, die untereinander durchaus gleich-
berechtigt sind, so daß die Königswahl einstimmig erfolgen muß.
Dasselbe gilt von allen anderen wichtigen, den Staat betreffenden
Entscheidungen. Seit hundertfünfzig Jahren hat das »liberum
veto« jede vernünftige Reform in Polen unmöglich gemacht und
den Einflüssen fremder Mächte, der Bestechlichkeit der
Schlachtschitzen Tür und Tor geöffnet.
Katharina hatte schon als Großfürstin notiert, daß Rußland alles
Interesse daran habe, Polen im Zustande seiner »glücklichen
Anarchie« zu belassen; ein zynischer Ausspruch, denn sie war
sich durchaus bewußt, daß die polnische Anarchie nicht für Polen, sondern für Rußland ein Glück war. Auch hier handelt sie
von allem Anfang an mit unheimlicher und unheimlich glücklicher Konsequenz. Sie ist entschlossen, dieses Polen eines Tages
zu schlucken, wie die Katze eine Maus schlucken will. Aber der
Tag ist noch nicht angebrochen, erst muß das Land noch schwä-
cher, noch deroutierter, noch abhängiger werden. Dazu braucht
es einen schwachen, deroutierten, ganz und gar von Katharina
abhängigen König: Poniatowsky.
Im September 1763 stirbt August III. »Lachen Sie mich nicht
aus«, schreibt Katharina an Panin, »daß ich bei dieser Nachricht
vom Stuhle aufsprang; der König von Preußen ist vom Tisch auf-
gesprungen, als er es hörte.« Sofort entwickelt sie eine ungeheure
Aktivität. Um eine »freie Wahl« zu beeinflussen, gibt es zwei
bewährte Mittel: Geld und Gewalt. Katharina entscheidet sich
für beide. Der polnischen Konstitution zufolge muß während des
Interregnums ein Primas regieren. Katharina schreibt an Kaiserling, er müsse sich den Primas auf jede Weise geneigt machen,
»wenn es nicht für weniger möglich ist, kann Er bis zu hunderttausend Dukaten gehen«. Gleichzeitig teilt sie ihm mit, daß acht-
zigtausend russische Soldaten in die Nähe der polnischen Grenze
geschoben werden. Aber sie ist nicht die einzige, die an der Wahl
des Polenkönigs interessiert ist. Um ihren Poniatowsky durchzusetzen, muß sie sich mit Österreich, Frankreich, Preußen und der

Türkei auseinandersetzen. Der österreichische Kandidat – der Kurfürst von Sachsen – ist der gefährlichste, denn die Vereinigung des sächsischen und polnischen Thrones verfügt bereits über eine gewisse Tradition und über eine ansehnliche Partei in Polen selbst. Aber wofür Maria Theresia ist, dagegen ist Friedrich. Friedrich ist also in dieser Sache ihr natürlicher Bundesgenosse. Sie verspricht ihm, den österreichischen Kandidaten zu streichen, wenn er, im Austauschwege, den französischen streichen will. Dieser erste Schritt ist leicht getan, aber unzulänglich. Wie zwingt man ein freies Volk dazu, einen bestimmten Mann zum König zu wählen? Natürlich nur durch Waffengewalt, durch entsprechend eindrucksvolle Drohung mit Waffengewalt. In der Sprache der diplomatischen Noten heißt das:»die freie, unbeeinflußte Wahl garantieren«. Friedrich, der sehr bald begreift, daß Katharina ein größeres Interesse als er am Fortbestand der»glücklichen Anarchie« in Polen hat, bringt gleichzeitig mit seiner Bereitwilligkeit, die polnische Freiheit hochzuhalten, seinen Wunsch nach einem russisch-preußischen Bündnis zum Ausdruck. Das Gegengeschäft kommt Katharina ungelegen: sie hat persönlich nichts gegen Friedrich und nichts gegen ein Bündnis mit Preußen, aber es könnte die Leute an Peter III. erinnern. Zunächst schickt sie ihm anstatt des Bündnisvertrages Wassermelonen aus Astrachan. Friedrich bedankt sich überschwenglich:»Es ist eine große Entfernung zwischen den Melonen aus Astrachan und der Versammlung der Landstände in Polen, aber Sie verstehen es, alles in den Bereich Ihrer Tätigkeit zu ziehen. Dieselbe Hand, die Früchte verschenkt, verteilt Kronen und wahrt den Frieden Europas, wofür ich und alle, die an der polnischen Angelegenheit interessiert sind, Sie segnen werden.«
Im März 1764 rücken die Verhandlungen aus dem Bereich der Höflichkeiten in das der Realität. Ein Defensiv-Vertrag zwischen Preußen und Rußland wird geschlossen, und am selben Tage verpflichten sich beide Parteien,»alle Mittel anzuwenden, im Notfalle auch Waffengewalt, wenn irgend jemand versuchen sollte, die freie Königswahl in Polen zu verhindern oder die bestehende Konstitution dieser Republik anzutasten«. Frankreich hatte sich an der Wahl des Polenkönigs desinteressiert erklärt; es war nicht

desinteressiert. Poniatowsky und sein englandfreundlicher Einfluß auf Katharina sind in Paris noch in zu frischer Erinnerung. Das Interesse Katharinas an Poniatowsky wird mißverstanden, die galanten Franzosen glauben an galante Motive, auch sie halten Orlow für eine vorübergehende Sinnesverwirrung der vereinsamten Braut und den Wunsch der Kaiserin, dem jungen Polen eine Königskrone zu verschaffen, für die Vorbereitung zu einer sehr mißliebigen »mariage«. Aber der Protest wird nicht direkt vorgebracht, sondern auf dem Umweg über die Pforte. Im Juni 1764 reicht der Großvezier eine Note ein, in der die Türkei das russisch-preußische Bündnis anerkennt, die Wahl eines Piasten für den polnischen Thron gutheißt, aber gegen eine einzige Person Einspruch erhebt: gegen Poniatowsky. »Er ist zu jung, unerfahren und – was bei der Pforte als schwerwiegendes Argument gilt – unvermählt. Eine Ehe, die nach seiner Erwählung geschlossen wird, kann als Mittel dienen, die Macht des Königs zum Nachteil der Nachbarstaaten zu vergrößern«.

Die Anspielung läßt an Deutlichkeit nichts zu wünschen übrig. Die Familie Poniatowsky verlangt von ihm, daß er sofort den Grund des Anstoßes aus der Welt schaffe und noch vor dem Wahltag eine polnische Adlige heirate. Er weigert sich standhaft und erklärt, lieber auf die Krone zu verzichten. »Mich beschäftigte damals einzig und allein der Gedanke«, schreibt er in seinen Memoiren, »daß die Kaiserin von Rußland eines früheren oder späteren Tages doch daran denken könne, mich zu heiraten. Ohne sie schien mir die Krone wertlos.« Inmitten all der politischen Schiebungen, Intrigen, Interventionen, Noten und Verträge, die um seine Thronkandidatur herum entstanden sind, bleibt er selbst bis zum letzten Augenblick ein Privatmann, ein blindgläubig Verliebter, der sich die letzte Hoffnung nicht rauben lassen will. Sie wird ihm geraubt. Der russische Hof – also Katharina selbst – läßt ihm mitteilen, daß es sehr erwünscht wäre, wenn er noch vor Eröffnung des Reichstages heirate oder sich zumindest verlobe. War seine Weigerung, eine andere Frau zu heiraten, ein verblümter Antrag an Katharina, so ist ihr Wunsch, daß er es tun möge, ein offener Korb. Schließlich muß Poniatowsky begreifen, daß er die geliebte Frau endgültig verloren hat. Er unter-

schreibt den Wahlvertrag, in dem er sich unter anderem verpflichtet, keine Frau ohne Einwilligung des Senates und jedenfalls nur eine katholische Prinzessin zu heiraten.
Am 16. August tritt der Landtag zusammen. Russisches Militär
flutet über die Grenzen, preußisches Militär steht in Bereitschaft.
Zweihunderttausend Bajonette garantieren die »ungestörte, freie
Wahl des polnischen Königs«. Die Wahl des Stolniks von Litau-
en, Stanislaus Poniatowsky, erfolgt in aller Ruhe und einstimmig.
»Ich gratuliere zu dem neuen König, den Wir gemacht haben«,
schreibt Katharina an Panin. Dem neuen König selbst vergißt sie
sechs Wochen lang zu gratulieren. Die andern Höfe haben es
eiliger. Auch die Höflinge. Schlecht informiert und deshalb mit
ungewollter Taktlosigkeit, schreibt Voltaire:

Trop éloigné de sa personne
Je me borne à former des voeux:
On lui décerne une couronne
Et je voudrais qu'il en eût deux.

Zwei Jahre nach ihrem Regierungsantritt kann Katharina auf ein
schönes Stück erfolgreicher Arbeit zurückblicken. Und doch war
während dieser zwei Jahre kein Tag, an dem sie ihres Thrones
sicher gewesen wäre. Die sorglose Überlegenheit, die sie bei allen
öffentlichen Anlässen, die sie ihren Ministern, die sie dem Ausland gegenüber ostentativ zur Schau trägt, ist ein Werk ihres
Willens. Sie hat Rückschläge erfahren und beängstigende Drohungen vernommen. Der begeisterten Erhebung in Petersburg
war ein mehr als kühler Empfang in Moskau gefolgt: sie tat, als
merke sie es nicht und schrieb nach allen Seiten, daß die Stimmung in der alten Hauptstadt nichts zu wünschen übrig ließe.
Bloß der englische Gesandte sah einmal den Schatten auf ihrer
Stirn, und in einer Sekunde tiefster Niedergeschlagenheit gestand
sie ihm, daß sie »nicht vollkommen glücklich sei«. Das war im
Oktober 1762, in den Tagen, als die Verschwörung der Brüder
Chruschtschow und des Leutnants Gurschew aufgedeckt und im
Keime erstickt worden war. Eine im Grunde genommen belang-
lose Sache: ein paar betrunkene Offiziere hatten im Rausch da-
von gesprochen, daß der Thron rechtmäßigerweise dem gefan-

genen Kaiser Iwan gebühre, und daß es vielleicht bald wieder zu
»Veränderungen« kommen werde. Aber für Katharina waren die
politischen Radamontaden der Angeheiterten ein Symptom.
Wieviele Chruschtschows, wieviele Gurschews gibt es in der Armee? Keine sechs Wochen ist es her, und diese Armee hatte
wie ein Mann hinter ihr gestanden – wieviele haben sich in dieser
kurzen Zeit daran erinnert, daß sie eine Unberechtigte auf den
Thron gehoben haben? Die Gesichter der Menschen sind un-
durchdringlich, niemand kann durch die Waffenröcke hindurch
in die Herzen der Soldaten sehen. Wieviele Herzen hat Katharina
an dieses unbegreifliche Phantom des »rechtmäßigen Kaisers«
verloren? Der Senat verurteilt die Verschwörer zum Tode –
Katharina begnadigt sie. Die Gurschews und ihre Genossen sind
Schwätzer, sie fürchtet die armseligen Schwätzer nicht, sie mögen
ihr armseliges Leben haben. Ein anderer ist es, der als gefährlicher und furchtbarer Widersacher aus der Untersuchung hervorgeht, ein anderer bedroht ihre Ruhe, ein anderer ihren Thron
– ein anderer ist es, den sie in der verborgensten Tiefe ihres Herzens zum Tode verurteilt, obwohl er unschuldig ist wie ein Kind
in der Wiege.
Aber er war als Kind in der Wiege rechtmäßig zum Zaren gekrönt worden.
Die Gurschewsche Verschwörung war durch Gregor Orlow aufgedeckt worden. Ein halbes Jahr später verschwören sich ein paar
Offiziere gegen Gregor Orlow. Es sind seine Kameraden von
einst, ein paar der besten Männer, die mit ihm zusammen – noch
ist es kein volles Jahr her – Katharina auf den Thron geholfen
haben: die Leutnants Chitrowo, Rosslowlew und Lassunski. Und
der Sitz der Verschwörung ist das Ismailowsche Regiment, jenes
Regiment, bei dem Katharina auf jener unvergeßlichen Fahrt
von Peterhof nach Petersburg Schutz und Hilfe gesucht und das
sie als erstes zur Kaiserin proklamiert hatte. Was hat in diesem
knappen Jahr die Ismailowschen Offiziere so sehr gegen den
vergötterten Kameraden von einst verbittert, daß sie ihm nach
dem Leben trachten? Das Motiv liegt auf der Hand: Eifersucht.
Die Offiziere haben für Katharina getan, was Orlow getan hat,
sie haben konspiriert und geworben und ihren Kopf aufs Spiel

gesetzt wie er – und sie haben dafür irgendeinen Orden und ein paar tausend Rubel bekommen; Orlow aber ist in den Grafenstand erhoben worden, er hat ein Gehalt von hundertfünfzigtausend Rubel, er ist der Günstling der Kaiserin, er ist einer der mächtigsten Männer in Rußland. Einer der Mächtigsten? Chitrowo behauptet, er sei auf dem Weg, der Mächtigste zu werden, Katharina sei auf dem Weg mit ihm nach Rostow, um ihn dort zu heiraten. Und eben dieses müsse man im Interesse Rußlands verhindern. Katharina bezeichnet dem Untersuchungsrichter gegenüber Chitrowos Behauptung als ein »böswilliges Gerücht, bloß zu dem Zweck erfunden, ihr in den Augen ihrer Untertanen zu schaden«. Tatsächlich hat ihre Reise nach Rostow nichts mit Orlow zu tun: sie gilt ausschließlich den Gebeinen des heiligen Dimitrij. Sie hat auch wirklich nicht die Absicht, ihren schönen Günstling, sei es jetzt, sei es später, zu ihrem Gatten zu machen. Trotzdem ist Chitrowos Behauptung kein »böswilliges Geschwätz«. Es hat einen durchaus realen, wenn auch etwas verworrenen Hintergrund.

Katharinas Beziehung zu Orlow ist kompliziert, nicht weil Katharina, sondern weil Orlow kompliziert ist. Katharina erhebt sich um fünf Uhr früh und arbeitet fünfzehn Stunden am Tage. Erst nach dem Feierabend der repräsentativen Monarchin, der in die späten Abendstunden fällt, vor dem tiefen Schlaf der Erschöpfung – in dieser kurzen Zeitspanne kann sie, durstig und schnell, den von der Natur ihr zugemessenen Anteil an persönlichem Glück an sich reißen. Ihre Liebe ist einfach, sehr sentimental und sehr hilflos. Sie hat keine Zeit für die kleinen und großen Künste der Koketterie, sie hat keine Zeit zum Träumen und zum Spielen. Deshalb hat sie immer ein schlechtes Gewissen gegen den Mann ihrer Liebe, deshalb überhäuft sie ihn mit phantastischen Geschenken, wie die Großen der Welt ihre Frauen mit Diamanten überhäufen, weil sie spüren, daß alles das, was man im übrigen Leben tut, im Zauberreich der Liebe ein Manko darstellt: denn die Liebe will den ganzen Menschen für sich.
Aber ist es denn Liebe, was Orlow von Katharina will? Sind es nicht bloß jene äußeren Vorteile, mit denen sie ihn und seine

Brüder verschwenderisch wie eine orientalische Göttin tagtäglich überschüttet? Äußerlich betrachtet sieht es so aus, es sieht ganz so aus, als wäre es nichts anderes als maßloser Ehrgeiz und maßlose Eitelkeit, was Orlow an Katharina bindet, wie seinerzeit den »Herrn Pompadour«, den Grafen Schuwalow, nichts anderes an Elisabeth gebunden hatte. Aber Orlow ist keine männliche Kokotte. Er ist ein Mann. Mehr noch: er ist ein Barbar. »Rien de plus compliqué qu'un barbar«, sagt Flaubert. In diesem Grafen Orlow, dem verwöhnten Günstling Katharinas, steckt noch immer derselbe Mann, der mit drei Kugeln im Leib bei seiner Kanone geblieben war und der unter Lebensgefahr die Geliebte seines Vorgesetzten entführt hatte. Ehrgeiz und Eitelkeit mögen mit dabei gewesen sein. Ehrgeiz und Eitelkeit mögen dabei gewesen sein, als er sich in die Großfürstin Katharina verliebte, aber es war auch Gefahr dabei gewesen, und es war sehr viel Gefahr dabei gewesen, gegen den Kaiser zu konspirieren und einen Handstreich für die Kaiserin vorzubereiten. Damals hatten er und Katharina auf gleich gestanden; denn daß er für sie sein Leben wagte, hatte den Standesunterschied ohne weiteres ausgeglichen. Er hatte damals mehr für sie tun können und hatte auch mehr für sie getan als sie für ihn. Damals hatte es auch keine inneren Konflikte zwischen ihnen gegeben.

Kaum aber war Katharina zur Zarin gekrönt, da lag die Sache eben anders. Orlow bemühte sich sehr, sie weiterhin als sein Geschöpf zu betrachten. Im trauten Zusammensein mit dem Hetman Rasumofsky rühmte er sich, nicht länger als vier Wochen zu brauchen, um Katharina wieder von ihrem Thron zu stürzen. »Möglich«, erwiderte ihm der alte Rasumofsky ruhig, »wohl möglich, mein Söhnchen. Aber vierzehn Tage vorher hätten wir dich bereits gehenkt.« Rasumofskys Antwort war witzig und treffend: sie hat Orlow ins Herz getroffen. Er hat begriffen, daß trotz allem, was vorgegangen ist, nunmehr er Katharinas Geschöpf ist, ihr Geliebter, ihr Günstling, ein Mann, der dafür belohnt wird, daß er ihr Lust gibt. Allerdings, er nimmt alle Belohnungen an, er läßt sich in den Grafenstand erheben, er empfängt ein unheimliches Gehalt für geringfügige Amtsleistungen, denn er ist *auch* ehrgeizig und eitel und vor allem maßlos verschwenderisch. Aber der Mann in ihm, der gesunde Barbar in ihm revoltiert gegen diese unnatürliche Situation. Vor der Thronbesteigung haben sie nie gestritten, jetzt streiten sie beinahe täglich, und immer ist es Orlow, der den Streit provoziert, und immer ist es Katharina, die alles Erdenkliche tut, um ihn beizulegen. Denn Katharina ist friedfertig wie alle Menschen, die in der Liebe Glück suchen. Orlow ist weit von Glück entfernt. Er tut, was kein Favorit jemals zu tun gewagt: er betrügt Katharina, und zwar in aller Öffentlichkeit. Das ist nicht die Handlungsweise eines nichts als ehrsüchtigen Menschen. Der würde sich hüten, seine Stellung und alle ihre Vorteile aufs Spiel zu setzen. Orlow betrügt Katharina gerade um der Vorteile willen, die er durch sie genießt, er betrügt sie um aller ihrer Geschenke willen, er betrügt sie, weil er sie, als Mann und als Barbar, für alles das haßt, was sie ihm gibt, und mehr noch für alles das, was er ihr nicht mehr geben kann, weil sie es nicht mehr braucht: seinen Schutz, seine Kraft, seine Todesverachtung. Er betrügt sie, weil er Frauen haben muß, bei denen er der Überlegene, der Stärkere, der Schenkende ist. Er betrügt sie, um sich und ihr und der ganzen Welt zu beweisen, daß er in jedem Augenblick bereit ist, alle Gnaden einer Kaiserin an die Launen seiner Männlichkeit zu wagen. Seine Launen quälen Katharina unsäglich. Sie leidet um ihrer letzten Hofdame willen, wie eine verliebte und sehr eifersüchtige Frau eben leidet, und sie verzeiht immer wieder, wie eine liebende Frau eben dem einzigen Mann verzeiht, dem ihr Blut rettungslos verfallen ist. Denn Orlow ist der Mann, dem ihr Blut verfallen ist, er ist ihre »große Liebe«, trotz der vielen Männer, die ihm nachfolgen sollen, und trotz Potiomkin, der mehr ist als er und der eine bedeutendere Rolle spielen soll. »Der wäre ewig geblieben«, schreibt sie mit Bezug auf Orlow an Potiomkin, »wenn er sich nicht gelangweilt hätte!« Zwischen diesem Bekenntnis und Orlows erstem Treubruch liegen beinahe volle zehn Jahre. Zehn Jahre einer schier unglaublichen Nachsicht und Geduld. Wahrscheinlich hätte Katharina mehr Stolz und mehr Stärke gegen ihren ungetreuen Geliebten, wäre sie nicht die Kaiserin und wäre sie ihm nicht an Verstand und Bildung so turmhoch überlegen. Sie hat das ganz richtige Gefühl, daß sie ihn für all das entschädigen muß. Was seine Treulosigkeit veranlaßt, macht sie gegen seine Treulosigkeit so schwach. Sie hat ihn in der Hand, weil sie die Herrin ist – er aber hat sie in der Hand, weil er sie nach Belieben leiden machen kann.

Sie hatte keine Zeit für das Leiden. Sie hatte gerade noch Zeit für das Glück, eine knappe Stunde am Tag. Leid ist anspruchsvoller. Sie kann sich dem Leid weder hingeben noch kann sie es auf eine menschenwürdige Weise überwinden – so erkauft sie jedesmal ein Pflaster für ihre Wunde, schnell, schnell um jeden Preis. Da hast du ein Schloß, aber verlasse die Frau dieses Senators, ich kann es nicht einen Tag länger mitansehen. Da hast du einen Diamanten, groß genug, mein Porträt zu bedecken, aber hör auf, mit mir zu schmollen, sag, daß du mich liebst, beweise es mir, damit ich ruhig schlafen kann, nur wenige Stunden lang, denn um fünf muß ich mit klarem Kopf am Schreibtisch sitzen und wichtige Entscheidungen treffen. Es ist ein ungleicher Kampf. Orlows Forderungen werden maßlos.

Er will Katharinas gesetzlich angetrauter Gatte werden – vielleicht sogar Kaiser. Wenn schon, denn schon. Wenn er sich schon bezahlen läßt, dann mit dem höchsten Preis. Größe veredelt alles. Für den Kaiser gibt es keine Vorurteile, ein legitimer Gatte ist keine männliche Kurtisane. Fatalerweise verfällt Orlow gerade mit diesem Wunsch in den Tonfall der Kurtisanen, die ja alle geheiratet werden wollen. Katharina wagt es nicht, ihm einfach »Nein« zu sagen: er hat die Ruhe ihres Herzens in der Hand.

Auch ist die Heirat ein Preis, mit dem man winken, um den man viele Pflaster kaufen kann. Trotz ihrer Leidenschaft ist sie nicht blind für Orlows Fehler, sie steigert, sie verklärt, sie vergöttert ihn und weiß doch genau, was er wert ist; sie kann hundertmal an Frau Bielke in Hamburg und an Madame Geoffrin in Paris schreiben, daß die Schönheit seines Gesichts nur durch die Größe seines Charakters überboten wird, sie weiß doch, daß er unfähig für das ernste Geschäft des Regierens ist und daß sie selbst ihm zwar ihr Herz, ihren Leib, alle Schätze der Erde, aber auf keinen Fall die Macht schenken kann. Denn der Macht, der schrankenlosen Macht der Selbstherrin, ist sie noch tiefer verfallen als ihrem Blut. Sie sagt nicht »Nein«. Sie winkt mit dem Preis. Man werde sehen, wie es Elisabeth seinerzeit mit Rasumofsky gemacht hat. Eines Nachts schickt sie den Kanzler Worontzow zu dem alten Weißrussen. Rasumofsky sitzt gerade beim offenen Kaminfeuer und liest in der Bibel. Schweigend hört er den nächtlichen Besucher an, schweigend erhebt er sich, öffnet ein kostbares elfenbeinernes Schränkchen, entnimmt ihm eine Pergamentrolle, die in alten, blaßrosa Atlas gebunden ist – all dies mit langsamen, feierlichen Bewegungen. Den rosa Atlas legt er zurück in die kleine Truhe, das Pergament drückt er mehrmals heftig an die Lippen, er bekreuzt sich mit Tränen im Auge vor dem Heiligenschrein, dann wirft er das Pergament in die Flammen des Kamins.

»Sagen Sie Ihrer Majestät, daß ich niemals etwas anderes war als der demütige Sklave der verstorbenen Kaiserin Elisabeth Petrowna«, sagt er.

Als Worontzow mit dieser Nachricht zu Katharina kommt, sieht sie ihn fest und durchdringend an. »Wir verstehen einander«, sagt sie, »es hat keine heimliche Ehe zwischen Elisabeth und Rasumofsky gegeben. Ich habe diesem Gerede niemals Glauben geschenkt.« Damit ist der Präzedenzfall aus der Welt geschafft. Hat Rasumofsky aus eigenem Antrieb oder im Auftrag Katharinas gehandelt? Wir wissen es nicht. Sie hat ihm jedenfalls bis zu seinem Tode das größte Wohlwollen bewahrt.

Aber Orlow läßt so schnell nicht locker. Rasumofsky war schließlich nie etwas anderes als ein schöner Mann – er aber, Grigorij, er und seine Brüder haben Katharina auf den Thron gehoben. Wieder quält er sie mit seinen Launen, und wieder gibt sie scheinbar nach. Plötzlich sammelt Bestushew, der verrostete Politiker, aber immer noch brauchbare Intrigant, Unterschriften beim hohen Adel, bei Mitgliedern des Senats und der Geistlichkeit, um die Kaiserin zu einer zweiten Ehe zu bewegen. Als Grund wird die Sorge für die Thronfolge angegeben, die durch den überaus zarten und anfälligen Zarewitsch nicht genügend gesichert erscheint. Der Wunsch ist ausgesprochen, Katharina möge sich nicht mit einem ausländischen Prinzen, sondern mit einem all-

305

gemein beliebten russischen Adligen verheiraten. Es wird also mit ziemlicher Deutlichkeit auf Gregor Orlow hingewiesen. Ein paar naive Gemüter setzen wirklich ihre Unterschrift unter diese Bittadresse. Schließlich gelangt sie zu Panin, der sofort eine Audienz erbittet und Katharina unter vier Augen fragt, ob sie Bestushew zu diesem Schritt ermächtigt habe. Katharina leugnet es. Sie liest in Panins Augen die Meinung der Hofkreise über eine solche Heirat: sie ist vernichtend.

Vernichtender ist der Ausbruch der Chitrowoschen Verschwörung. Bisher hat Orlow an seine unerschütterliche Beliebtheit bei der Armee geglaubt; nun muß er selbst begreifen, daß diese Beliebtheit dahin ist, daß nicht einmal seine einstigen Kameraden ihm einen weiteren Zuwachs der kaiserlichen Gunst gönnen würden. Chitrowo sagt in der Untersuchung offen und männlich, daß er eine Heirat zwischen Katharina und Orlow für ein nationales Unglück gehalten und daß er lieber alle fünf Brüder Orlow getötet und die Folgen auf sich genommen, als dieses Unglück zugelassen hätte. Die weitere Untersuchung ergibt, daß Chitrowo kein närrischer Einzelgänger ist, sondern daß er die Meinung der Soldaten, die »Volksmeinung« ausdrückt: die Orlows sind zu übermütig geworden, sie haben mehr bekommen, als der Neid ertragen kann.

Aber Chitrowo sagt mehr als das: er sagt auch, daß Katharina vor der Thronbesteigung einen Revers unterschrieben habe, wonach sie bloß bis zur Volljährigkeit des Zarewitsch regieren wolle und daß dieser Revers nach der Thronbesteigung von den Orlows vernichtet worden sei. Und er sagt: »Wenn die Kaiserin ein zweites Mal heiraten will, dann soll sie doch einen Prinzen von Geblüt, am besten einen Bruder des gefangenen Zaren Iwan heiraten, damit dem Recht Genüge geschieht.«

Alle diese Gespräche finden vor ganz geheimen Kommissionen statt. Kein ordentliches Gericht spricht sein Urteil, Chitrowo und seine Komplizen werden – die Kaiserin ist milde gegen Schwätzer – auf administrativem Wege ihrer Posten entsetzt und in entfernte Teile des Reiches verbannt. Trotzdem macht die Sache mehr von sich reden, als Katharina lieb ist. Es wird zu einem Mittel gegriffen, das seit den Zeiten Peters des Großen gelegentlich geübt wird und das, trotz seiner erstaunlichen Primitivität, meist Erfolg hat. An allen öffentlichen Plätzen, in allen größeren Städten des Reiches wird die Trommel gerührt und dem herbeiströmenden Volk wird von einem Herold vorgelesen, »daß ein jeder seinem Amt und seinem Berufe nachgehen solle, sich aber jedes unnützen und dreisten Geschwätzes und jeder Kritik an Regierungshandlungen enthalten möge«.

Und wirklich gehen die Leute ihren Ämtern und ihren Berufen nach, und auch über die Angelegenheit Chitrowo wächst das Gras ebenso schnell, wie es über die Gurschewsche Angelegenheit gewachsen ist. Das Heiratsprojekt ist fallengelassen, dem Volkswillen muß sich sogar der maßlose Orlow beugen – das ist der Vorteil, den Katharina davon hat.

Aber auch in diesem Prozeß ist Katharinas Thronberechtigung bezweifelt, auch in diesem Prozeß ist der Name des gefangenen Iwan genannt worden. Er wird immer wieder genannt, immer häufiger. Bald wird Panin ein anonymer Brief gesandt, in dem es heißt: »Die Kaiserin wird in ihr Vaterland zurückgeschickt, Orlow geviertelt und der gute unschuldige Kaiser Iwan Antonowitsch wird auf den Thron gesetzt.« Bald bekommt Bestushew einen Brief: »Gekränkt haben sie den unschuldigen Kaiser Iwan.« Dann schneit dem französischen, dann dem englischen Gesandten ein solches anonymes Schreiben ins Haus. Im Sommer 1764 rüstet Katharina zu einer Reise in die Ostseeprovinzen. Die Briefe mehren sich, es ist wieder und immer wieder davon die Rede, daß eine Katastrophe unmittelbar bevorstehe. Trotzdem gibt die Kaiserin ihren Reiseplan nicht auf. Es scheint, als habe sie die Absicht, das Schicksal herauszufordern. Am 20. Juni wird auf der Straße ein anonymes Schreiben gefunden, in dem die Kaiserin beschimpft und die Regentschaft Iwans stürmisch verlangt wird. »Das alles ist verachtungswürdig«, sagt Katharina, indem sie diesen Brief an Panin weitergibt. Am 21. Juni reist sie ab.

Zehn Tage später ist Iwan Antonowitsch tot.

II.

Iwan

»Ich glaube, Katharina hat den Stückeschreibern das Sujet für eine große Tragödie geliefert«, schreibt Voltaire, als die erste Kunde von Iwans Ermordung nach Europa kommt. Dieser Ausspruch von beinahe erhabener Herzenskälte angesichts eines Geschehens, das wohl geeignet ist, in höchstem Maße Furcht und Mitleid zu erwecken, ist frei von moralischer Wertung; dennoch enthält er eine Verurteilung Katharinas, die der Schreiber später nicht wahrhaben möchte: wenn Katharina in der Schlüsselburger Tragödie überhaupt eine Rolle spielt, dann ist diese Rolle entsetzlich.

Denn ihr Gegenspieler ist rein und frei von jeder irdischen Sünde. Es war Iwans einzigartiges Schicksal, mit seinem Leben und seinem Tod unablässig anderer Leute Planen und Tun zu sühnen. Er war noch keine sechs Monate alt, da träufelte man ihm das heilige Krönungsöl auf den flaumigen Scheitel – und keine Macht der Welt war mehr imstande, es fortzuwaschen. Er war zwei Jahre alt, als ihn Elisabeth entthronte und mit seiner Familie nach Ranenburg bringen ließ. Er war vier Jahre alt, als in seinem Namen die erste Verschwörung angezettelt, als um seinetwillen der schönen Lapuchina die Zunge herausgerissen, hunderte Knutenhiebe verteilt, der österreichische Gesandte heimgeschickt und Maria Theresia in ihrem Kampf um Schlesien im Stich gelassen wurde. Und weil andere, die er nie gesehen, ihm etwas, was er sich gar nicht vorstellen konnte, hatten geben wollen, wurde er von seinen Eltern getrennt und allein nach Cholmogory gebracht; wie ein Schwerverbrecher wurde das lallende Kind in eine Einzelzelle gesperrt und der Wartung roher Soldaten überlassen. Sein Weinen drang nicht an Elisabeths Ohr, aber seine Existenz hörte nie auf, die mächtige Kaiserin zu beunruhigen. Er war der Alpdruck ihrer Nächte. Daß er trotzdem am Leben blieb, daß kein »tückisches Fieber« ihrer und seiner Qual ein für allemal ein rasches Ende machte, ist ein russisches Wunder: Elisabeth war eben wirklich fromm. Sie sündigte zwar mehr als sieben Mal am Tage, aber sie wagte nicht, auch nur den Wunsch nach dem Tode dieses unschuldigen Kindes zu formen. Was sie tat, war tausendmal grausamer als Mord, aber es verstieß gegen kein kirchliches Gebot. Ohne jemals den Himmel zu sehen, ohne je die freie Luft atmen zu dürfen, ohne Spielkameraden, immer einsam, aber niemals unbewacht, wuchs Iwan heran. Ein mitleidiger Priester lehrte ihn lesen. Er las nur in heiligen Schriften. Zehn Jahre vergingen so.

Rußland ist ein weites Land; aber mit der Zeit überwinden die Gerüchte auch die endlosen sarmatischen Steppen, sie laufen über die längsten Landstraßen, springen von einem Gehöft zum andern, und im Jahre 1756 wußten bereits viel zu viele Menschen, wo der gewesene Kaiser gefangen gehalten wurde. Eines Nachts ließ ihn Elisabeth mit verbundenen Augen aus Cholmogory wegführen und in die Festung Schlüsselburg bringen. Der Kommandant von Cholmogory aber hatte den Auftrag, weiterhin an den Hof allmonatlich Rapporte über Iwan abzuschicken, damit selbst die Beamten der kaiserlichen Kanzlei glauben mußten, er sei noch dort. In die Schlüsselburg aber wurde ein Jüngling ohne Namen eingeliefert, nicht einmal der Kommandant erfuhr mehr über den neuen Arrestanten, als daß er aufs strengste zu bewachen sei und daß ihn bei Todesstrafe niemand nach seinem Alter fragen dürfe, noch ihm verraten, wo er sich befinde. In der inneren Kasematte, die ein breiter Kanal von der äußeren Festung trennte, in einem kleinen Zimmer, dessen einziges Fenster verklebt war, tagsüber in Lumpen gehüllt, damit niemand seine hohe Abkunft errate, nachts auf ein elendes Lager gebettet, so wurde der »Gefangene Nr. 1« untergebracht.

Seine Wartung und Bewachung wurde zwei Offizieren, dem Fähnrich Wlassew und dem Sergeanten Tschekin, übertragen. Außer diesen beiden hatte nur noch der Festungskommandant Zutritt zu dem Arrestanten. Wurde seine Zelle gereinigt, so mußte sich der »Gefangene Nr. 1« hinter einem Wandschirm verborgen halten. Wlassew und Tschekin aber durften die innere Kasematte niemals verlassen, sie durften keine Besuche empfangen und keine Briefe schreiben: sie waren mit dem namenlosen Gefangenen auf unbestimmte Zeit eingesperrt und von jedem Kontakt mit der Außenwelt abgeschlossen. Vielleicht waren sie von Natur aus ganz gutmütige, durchschnittliche Burschen; aber man weiß, daß jahrelanges, erzwungenes Beisammensein in der Einsamkeit selbst edle und hochstehende Menschen vertiert. Mit der Zeit begannen Wlassew und Tschekin ihren Gefangenen zu hassen, zu höhnen, zu quälen. Er wußte sich nicht zu helfen und brauste leicht auf. »Wie wagst du, Schwein, mit mir zu sprechen!«, rief er eines Tages. Das fiel dem Festungskommandanten auf, und er berichtete es an Alexander Schuwalow. Einige Wochen später sandte er folgenden Rapport:

»Auf Befehl Eurer Durchlaucht habe ich den Arrestanten gefragt, wer er sei: er nannte sich einen Prinzen. Ich sagte ihm, er solle doch keinen Unsinn denken und solche Lügen in Zukunft nicht mehr aussprechen. Er ist jetzt offenbar verwirrten Geistes, ich kann mich nicht enthalten, Furcht vor ihm zu haben. Auf meinen Zuspruch sagte er: ›Wage es nicht, mich anzuschreien, ich bin der kaiserliche Prinz von Rußland – ich bin Euer Kaiser!‹«

Darauf kam aus Petersburg eine neue Instruktion: »Wenn der Arrestant die Ordnung nicht einhält oder *unschickliche Reden* führt, so legen Sie ihn an die Kette, bis er gehorcht, und wenn er es auch dann nicht tut, so soll er mit dem Stock oder mit der Peitsche, je nach Ihrem Ermessen, Schläge erhalten.«

Am 18. September meldete der Kommandant: »Der Arrestant ist im Vergleich zu früher etwas ruhiger. Über seine Person lügt er keinen Unsinn mehr. Ich habe die Offiziere oft vermahnt, ihn nicht zu necken.«

Welches unausdenkbare Elend hinter ein paar trockenen Rapporten!

Wenige Wochen, nachdem sie den Thron bestiegen, wenige Tage nach Peters blutigem Ende, begibt sich Katharina heimlich in die Schlüsselburg, um den »rechtmäßigen Kaiser«, den einzigen gefährlichen Rivalen ihrer Macht, von Angesicht zu Angesicht zu sehen.

Iwan ist jetzt vierundzwanzig Jahre alt. Obwohl er niemals an die frische Luft gekommen, obwohl ihm niemals eine andere Bewegung vergönnt gewesen war als das Auf- und Ablaufen des gefangenen Tieres in seinem Käfig, ist er hoch und schlank gewachsen, seine Haut ist hell, sein Haar blond und gelockt, sein Bart ist, wie bei den einfachen Russen, nach Christusart kurz und gerade geschnitten.

Über die Unterredung zwischen Iwan und Katharina ist nichts bekannt: sie wäre der Höhepunkt jener Tragödie, die Voltaire den Dichtern als dankbare Aufgabe anempfiehlt. Niemals in der Geschichte stehen so wie hier zwei Prinzipien von gleicher Größe und gleicher Vollkommenheit einander gegenüber: die Frau, die alle Schönheit, alle Weisheit, alle Verantwortung und alle Verderbtheit der weltlichen Macht darstellt — und der reine, unschuldige Mensch, frei von Sünde wie am Tag seiner Geburt, der nie ein anderes Buch gelesen hat als heilige Schriften, erhaben durch unverdientes, unsägliches Leid. Was empfindet er, der noch niemals ein Weib gesehen hat, angesichts der stolzen, üppigen Frau? Welchen Eindruck macht sein elender Anblick auf die Usurpatorin seines Thrones? Es heißt, daß sie nach diesem Gespräch, von Schluchzen geschüttelt, zusammenbrach. Warum?

Später hat sie erzählt, daß sie bei dem Arrestanten »außer dem Stammeln, das seine Sprache beinahe unverständlich machte, Schwachsinnigkeit und Mangel an menschlichem Verstande gefunden hätte.« Aber dieser Bericht fällt in eine Zeit und in eine Situation, die ihn mehr als unglaubwürdig macht: in die Zeit des großen Prozesses um die Ermordung Iwans, bei dem Katharina in den Augen Europas auf der Anklagebank sitzt. Hätte Katharina wirklich einen stotternden Irren in der Schlüsselburg vorgefunden, sie hätte zweifellos ihr gutes Herz zur Schau gestellt, sie hätte den Unglückseligen befreit und möglichst vielen Leuten Gelegenheit gegeben, sich von der Unmöglichkeit dieses Kaisers zu überzeugen. Sie ist ganz gewiß nur deshalb heimlich in die Schlüsselburg gefahren, um es dann öffentlich bekannt und Iwans Thronanwartschaft für immer ein Ende zu machen. Aber sie ist dann heimlich wieder zurückgekehrt — also war Iwan nicht wahnsinnig. Gewiß, seine geistigen Fähigkeiten sind nicht auf der

Höhe der ihrigen. Wie könnten sie es auch sein? Er hat nichts gelernt, nichts erfahren, nichts erlebt. Er ist nicht imstande, ein Land zu regieren, aber in seiner bewunderungswürdigen Reinheit ist er imstande, ein Land zu verwirren. Er hat sogar Katharina verwirrt: sie, nicht er, ist bei diesem Gespräch zusammengebrochen.

Aber das ist nur eine menschliche Schwäche. Die Kaiserin darf sich ihr nicht hingeben. Iwan in der Schlüsselburg ist ein Märtyrer, ein Heiliger, und man wird niemals, trotz allen Selbstbewußtseins, den Anblick der Unschuld vergessen können, aber bräche einem auch das Herz vor so viel unverschuldetem Leid: Iwan auf dem russischen Thron ist eine Gefahr für alle die guten und nützlichen Dinge, die Katharina begonnen hat, ist eine Gefahr für Rußlands Wohlfahrt und Größe, eine Gefahr für den Fortschritt, für die Aufklärung, für die Philosophie.

Sehr bald nach Katharinas Besuch in der Schlüsselburg ergeht ein Ukas an die Offiziere Wlassew und Tschekin, der ihnen befiehlt: »Wenn wider Erwarten jemand mit einem Kommando oder allein kommt, um den Arrestanten wegzuführen, ohne einen eigenhändigen Befehl Ihrer Majestät der Kaiserin, so ist das ein Betrug und ein feindlicher Angriff, und der Arrestant darf unter keinen Umständen abgegeben werden. Sollte aber die feindliche Macht so stark sein, daß man sich anders nicht retten kann, muß der Arrestant getötet und auf keinen Fall lebend in andere Hände gegeben werden.«

Dieser Ukas ist von Panin unterzeichnet. Panin ist ein ehrenwerter Mann, ein Mann mit Grundsätzen. Um seiner Grundsätze willen hat er Peter III. oftmals widersprochen und mißfallen, er widerspricht auch oftmals Katharina, ohne ihr dafür zu mißfallen. Katharina hat ein sehr sicheres Urteil über alle Männer, in die sie nicht verliebt ist. Sie weiß, wie weit einer verläßlich ist, sie ist nicht mißtrauisch, wie es Elisabeth gewesen war. Als anläßlich der Chitrowoschen Verschwörung eine Komplizenliste zum Vorschein kam, auf der neben Schuwalow und Trubetzkoj auch die Fürstin Daschkow und Panin verzeichnet waren, warf sie die Liste kurzerhand ins Feuer. Sie weiß auch ohne peinliche Verhöre, daß die Fürstin Daschkow und Panin den Grafen Orlow hassen. Aber sie weiß auch, daß trotz diesem Haß der Mentor des künftigen Zaren Paul ein verläßlicher Feind Iwans ist. Im Herbst des Jahres 1763 betraut sie Panin mit den »geheimen Angelegenheiten«. An Panin richten Wlassew und Tschekin einen inständigen Bittbrief: Seit sechs Jahren haben sie die Schlüsselburg nicht verlassen dürfen, man möge sie doch endlich von diesem unerträglichen Dienste befreien. »Erbarme dich, Väterchen«, schreiben sie. Und Panin antwortet ihnen: »Ich weiß, daß Sie in Ihrer Stellung Beschwerden empfinden, aber ich weiß auch, daß Ihnen ein baldiges Ende Ihrer Mission versprochen ist. Gedulden Sie sich noch ein wenig, und seien Sie versichert, daß Sie nicht ohne Belohnung bleiben werden.« Warum wird der mehr als begreiflichen Bitte der beiden Gefängniswärter nicht entsprochen? Wahrscheinlich aus der Erwägung heraus, daß die beiden Offiziere, einmal der Schlüsselburg entronnen, plaudern und mit ihren Plaudereien gefährlich werden könnten. Was aber bedeutet der Hinweis auf das »baldige Ende der Mission«? Iwan kann doch noch jahrzehntelang leben. Nun, es ist wohl nur eine Phrase, um die Ungeduldigen hinzuhalten und zu beruhigen.

Sie lassen sich nicht hinhalten und beruhigen. Im November schreiben sie ein zweites Mal an Panin, noch dringlicher, noch ungeduldiger: »Väterchen, befreie uns um Christi Willen, denn unsere Kräfte sind zu Ende!« Es ist der Schrei des Lebens, der aus der Kasematte der Schlüsselburg zu dem Leiter der geheimen Angelegenheiten dringt. Und Panin schickt jedem von ihnen tausend Rubel in Gold und das Versprechen, »daß die Erledigung ihrer Bitte sich keinesfalls länger als bis zu den ersten Sommermonaten hinziehen könne.«

Diesmal ist ein Termin genannt; zwar kein präziser, aber immerhin ein Termin. Und am 5. Juli ist Iwan tot. Das ist gewiß nur ein unseliges Zusammentreffen. Die Umstände von Iwans Ermordung sind so kompliziert, daß Panin sie unmöglich voraussehen kann; und wenn ihm wirklich diese Art der »Erledigung ihrer Bitte« vorschwebt – es ist wohl ausgeschlossen, daß er den beiden Offizieren Andeutungen darüber macht. Wahrscheinlich sind es wieder nur Verlegenheitsworte, die Panin gedankenlos hinschreibt.

Aber es ist doch möglich, daß im Augenblick, da er sie schreibt, wirklich der Plan besteht, die Mission der Unglücklichen Wlassew und Tschekin bald zu beendigen, das heißt, Iwan nach irgendeiner anderen Festung, in anderen Gewahrsam zu bringen; daß man aber, als der genannte Termin herannaht, es vorzieht, den Arrestanten in der Schlüsselburg und unter seiner bisherigen Aufsicht zu lassen.

Zu Beginn des Sommers rüstet Katharina ihre Reise in die Ostseeprovinzen, trotz aller warnenden Stimmen, trotz aller anonymen Briefe und trotz jener Worte Friedrichs II., die ihr gewiß noch im Gedächtnis sind: »Stellen Ew. Majestät sich einmal vor, daß in Ihrer Abwesenheit irgendein Unglücklicher Ränke schmieden wollte, um Iwan auf den Thron zu bringen...« Damals hatte niemand im Lande von Iwan gesprochen; niemand hatte Peters Thronberechtigung angezweifelt. Ihr aber schwirrt Iwans Name tagtäglich wie eine Hornisse um die Ohren. Trotzdem wagt sie die Reise. Sie vertraut ihrem Stern. Und sie vertraut Wlassew und Tschekin. Diese beiden Gesellen, halb vertiert in der jahrelangen Abgeschlossenheit, lechzend nach Freiheit und rasend vor Haß gegen die unschuldige Ursache ihrer Leiden – diese beiden werden gewiß nicht zögern, die Instruktion vom Herbst 1762 zu befolgen. Wenn einer kommen sollte, »allein oder mit einem Gefolge, um den Arrestanten fortzuführen« – diese beiden werden keine Hemmungen haben, sich ein für allemal von ihrem Quälgeist zu befreien und den reinsten Menschen der Erde kaltblütig niederzumachen. Sie, die ihm hundertmal am Tage den Tod wünschen, werden ihm ganz gewiß den Tod geben, wenn sie Gelegenheit finden, es ungestraft tun zu dürfen.

Aber schon das ist viel mehr, als Katharina später wahrhaben will. Im Prozeß um die Ermordung Iwans verschwindet die Instruktion an die beiden Offiziere. Und niemals bis auf den heutigen Tag ist das leiseste Indiz darüber aufgetaucht, ob Katharina ahnte, daß sich bereits im Augenblick ihrer Abreise in der Schlüsselburg selbst ein Unglücklicher befindet, »der Ränke schmiedet, um Iwan zu befreien und auf den Thron zu heben«. Dieser Unglückliche heißt Mirowitsch.

Was wir über Mirowitsch wissen, wissen wir aus dem offiziellen Prozeß, der ihm gemacht wurde. Seine Gestalt geht aus der sehr gründlichen und sehr sorgfältigen Voruntersuchung in folgender Form in die Geschichtsschreibung über:
Er ist am Tage des Staatsstreiches zweiundzwanzig Jahre alt und Sekondeleutnant im Smolenskischen Regiment. Er stammt aus gutem, altem ukrainischen Adel, aber die Güter seiner Familie waren im Jahre 1709 wegen Teilnahme am Mazeppaschen Aufstand konfisziert worden. Der junge Mirowitsch hat kein Geld und – was schlimmer ist – er hat weniger Geld als seine Kameraden. Er spielt Karten und spielt im Pech. Er hat drückende Schulden und kann sie nicht bezahlen. Er hat drei hungernde Schwestern in Moskau und kann nichts für sie tun. Er strengt einen Prozeß an, um die konfiszierten Güter wieder zurückzuerhalten, aber der Senat weist sein Ansinnen ab. Mirowitsch gibt sich nicht so schnell zufrieden, er liegt Gott und der Welt mit seinem Prozeß in den Ohren. Auf die Rückseite eines Briefes, in dem seine Mutter ihm die Bitte um vierzig Rubel abschlägt, schreibt er: »Möge der heilige Nikolaus mein Gelübde annehmen, von dem Jahr 1763 an bis zu meinem Tod nicht zu rauchen, zu schnupfen und Karten zu spielen.« Auf einem anderen Fetzen Papier gelobt er, von seinem fünfundzwanzigsten Jahr an auch nur mäßig Branntwein zu trinken. Aber der heilige Nikolaus nimmt seine Gelöbnisse nicht an, seine Bittschrift an die Kaiserin wird abschlägig beschieden. Nun versucht er es mit den Großen im Reiche. Er besucht den General Panin, den Fürsten Daschkow und schließlich seinen ukrainischen Landsmann, den Hetman Rasumofsky. Der alte Hetman hört ihn freundlich an und sagt ihm dann: »Tote kehren nicht aus ihrem Grab zurück. Bahne dir selbst deinen Weg, junger Mann. Greife das Glück beim Schopf, wie es andere getan haben.«
Der Hetman hat die Gewohnheit, bei allerlei Gelegenheiten einfache, weise und feierliche Worte zu sprechen. Seine Umgebung ist längst daran gewöhnt. Auf den jungen Mirowitsch aber, dessen Lage so trostlos und dessen Gemüt so erregt ist, machen diese Worte einen ungeheuren Eindruck. Sie gehen ihm beständig im Kopf herum wie eine magische Formel, die man bloß an der rich-

tigen Stelle, im richtigen Augenblick gebrauchen müßte, um alles das zu bekommen, wonach sein Herz verlangt. Beständig über den geheimen Sinn der magischen Worte grübelnd, versieht er seinen untergeordneten Dienst. Er ist Wachoffizier in der Schlüsselburg, allerdings nur in der äußeren Festung, wo niemand weiß und wissen darf, was in der inneren Kasematte vorgeht. Aber eines Tages erfährt es Mirowitsch von einem verabschiedeten Trommler, und im gleichen Augenblick glaubt er, den geheimnisvollen Sinn der magischen Formel verstanden zu haben. Sich selbst den Weg bahnen? Das Glück beim Schopf packen? Zum Teufel! Einen gibt es im Lande, der ein armer, verschuldeter Offizier war wie Mirowitsch, und der heute einer der Mächtigsten und Reichsten ist: Gregor Orlow! Was hat Gregor Orlow getan? Er hat Katharina geholfen, ihren Vorgänger zu stürzen und ist dafür mit Scheffeln Goldes, mit Ehren ohne Zahl belohnt worden. Warum sollte er, Mirowitsch, nicht können, was Orlow gekonnt hatte? Wenn er Iwan hülfe, Katharina zu stürzen, dann würde er von Iwan mit den höchsten Ämtern, mit überschwenglichem Reichtum belohnt werden...

Mirowitsch ist ein leichtsinniger Mensch, ein Trinker, Spieler, Schuldenmacher; aber er ist auch ein sehr frommer, sehr abergläubischer Mensch. Genau wie Orlow ist er ein komplizierter Barbar. Der Gedanke, Iwan zu befreien und auf den Thron zu heben, geboren aus der Sehnsucht des Entbehrenden nach Luxus und Wohlleben, wird gleich darauf zur Mission. Es ist kein Zufall, der ihn in die Schlüsselburg gebracht hat, die Worte des Hetmans waren kein Zufall, das Verplappern des Trommlers war kein Zufall: er, Mirowitsch, ist von Gott ausersehen und berufen, den armen Kaiser zu befreien und Rußland seinen rechtmäßigen Zaren wiederzugeben. Seine Armut, seine Schulden, sein niedriger Rang, sein verlorener Prozeß – eine endlose Kette von Prüfungen, um ihn auf seine Mission vorzubereiten.

In dieser verworrenen und pathetischen Verfassung stößt er auf einen Kameraden namens Uschakow. Von allen Rätseln der Schlüsselburger Angelegenheit ist die Person dieses Uschakow das geheimnisvollste. Schon nach dem ersten kurzen Gespräch weiß Mirowitsch, daß ihm hier von der Vorsehung der einzig mögliche Bundesgenosse geschickt wurde. Und sofort nehmen unter Uschakows Einfluß alle verblasenen Pläne greifbare Formen an. Mit ihm zusammen besichtigt er die ganze Anlage der Festung, mit ihm bespricht er die Strategie des Überfalles auf die Garnison. Uschakow diktiert einen Befehl im Namen Katharinas, der den Soldaten die Auslieferung des namenlosen Gefangenen und im Notfall die Verhaftung des Kommandanten befiehlt; er diktiert auch das Manifest, das der befreite Kaiser unterzeichnen und den Soldaten vorlesen soll. Nach diesen praktischen Maßnahmen kommt die religiöse Weihe: Uschakow führt Mirowitsch in die Kasansche Kirche, wo beide einander und vor Gott geloben, das heilige Werk der Zarenbefreiung spätestens acht Tage nach Katharinas Abreise durchzuführen, keinen Dritten ins Vertrauen zu ziehen, worauf sie zwei Messen für ihre Seelen »wie für bereits Verstorbene« lesen lassen.

Nachdem er Mirowitsch auf jede Weise beraten und vollends in sein wahnwitziges Unternehmen verstrickt hat, verschwindet Uschakow: er wird ganz plötzlich vom Kriegskollegium nach Smolensk geschickt, um dem Chefgeneral Krongelder zu überbringen. Vergebens erwartet Mirowitsch seine Rückkehr: an einem Flusse nahe Smolensk werden Uschakows Hut und Degen aufgefunden, und die Bauern behaupten, sie hätten die angeschwemmte Leiche eines Offiziers an Land getragen und beerdigt. Uschakow ist ertrunken oder auf irgendeine andere Weise verschwunden.

Trotzdem fühlt sich Mirowitsch an seinen Schwur gebunden, trotzdem glaubt er, auch ohne irgendeine Hilfe sein Vorhaben durchführen zu können. Wenige Tage, nachdem Katharina abgereist ist, am ersten Tag, an dem er Wache in der Festung hat, läßt er seine Soldaten, einen nach dem andern, auf die Wachstube kommen, erklärt ihnen, was er vorhat, und fordert sie auf, ihm zu folgen. Jeder Soldat erwidert: »Wenn die anderen beistimmen, so würde ich nicht zurückstehen.« Mit solchen Gesprächen rückt der Abend heran. Mirowitsch beschließt, noch zwei oder drei Tage zu warten und die Soldaten dringlicher zu bearbeiten, aber um ein Uhr nachts erfährt er, daß drei Ruderer die Festung verlassen haben; er hält sich für verraten und sieht nur mehr einen einzigen

Ausweg: sofort, noch in dieser Nacht, zu handeln. Um halb zwei erhebt er sich, ruft die Soldaten zusammen, befiehlt ihnen, ihre Gewehre zu laden und stellt Wachen an die Pforten. Der Kommandant Berednikow läuft, vom Lärm der Kommandorufe geweckt, herbei, erhält einen Kolbenschlag über den Schädel und stürzt besinnungslos zusammen. Mirowitsch rückt mit seinen Soldaten über den Kanal auf die innere Garnison. Jetzt wird es auch dort lebendig, ein paar Minuten später fällt der erste Schuß. Im ganzen werden, hin und her, hundertvierundzwanzig Schüsse abgegeben, aber weder auf der einen noch auf der anderen Seite wird kein einziger Mann auch nur verwundet! Schließlich läßt Mirowitsch von der Bastion eine alte Kanone holen und gegen die Garnison richten, er läuft selbst in den Keller und holt Pulver, er lädt die Kanone, aber noch ehe er sie abfeuert, kommt von drüben die Erklärung, daß nicht mehr geschossen würde.

Nun stürzt Mirowitsch über die Brücke in die Kasematte, das Manifest über Iwans Thronbesteigung trägt er in der Tasche, es ist nichts mehr nötig, als daß Iwan unterschreibt. In der Kasematte ist es stockdunkel, Mirowitsch schreit um Licht, einer läuft um Licht, lange Minuten vergehen, endlich kommt das Licht, und Mirowitsch sieht endlich, zum ersten Mal, den »rechtmäßigen Kaiser«, für den er sein Leben aufs Spiel gesetzt hat.

Auf dem schmutzigen Boden der Kasematte, mitten in einer breiten Blutlache, liegt die Leiche Iwans. Wlassew und Tschekin stehen grinsend daneben. Sie haben ihre Pflicht getan, sie haben ihre Instruktion befolgt. Als die Kanone auf die Kasematte gerichtet war – »wenn die feindliche Macht so stark ist, daß man sich anders nicht helfen kann« –, haben sie, ohne zu zögern, den schlafenden Jüngling überfallen und mit acht Schwertstichen durchbohrt. Nun sind sie frei.

Von seiner unseligen Geburt an hat Iwan leiden müssen für das, was andere mit ihm geplant und vorgehabt hatten. Mit unerbittlicher Konsequenz hat sich sein Schicksal erfüllt: er ist in grauenhafter Weise, wie ein Tier, geschlachtet worden, weil einer, den er niemals gesehen, dessen Absichten, ja dessen Namen er gar nicht kannte, ihn hatte befreien und auf den Thron erheben wollen. Aber während er sein ganzes Leben elender als der elendeste

Bettler verbracht hat, weil er ein Kaiser war, wird er jetzt, da er in seinem Blute liegt, zum ersten Mal als Kaiser geehrt.

Längst sind Ehrgeiz und Geldgier von Mirowitsch abgefallen, längst ist er in seine Rolle des legitimistischen Fanatikers hineingewachsen. Er denkt nicht daran, sein bedrohtes Leben in Sicherheit zu bringen. Tränenüberströmt bricht er neben Iwans Leichnam in die Knie, küßt dem Toten Hände und Füße, läßt ihn auf ein Bett heben und das Bett, gefolgt von allen Soldaten, über den Kanal an die äußere Festungsmauer tragen. Hier läßt er Reveille schlagen und sagt:»Seht, Brüder, dies ist unser Kaiser Iwan Antonowitsch. Jetzt aber sind wir sehr unglücklich, und am unglücklichsten bin ich. Ihr seid unschuldig, weil ihr nicht wußtet, was ich tun wollte. Ich werde alle Qualen allein auf mich nehmen.«
Dann geht er von einem Soldaten zum andern und umarmt jeden. So ist er bereits durch vier Reihen gegangen, als einer der Soldaten sich besinnt und ihm seinen Degen abnimmt.

Katharinas Reise in die Ostseeprovinzen hatte sich zu einem vollen Erfolg gestaltet. In Kronstadt, in Livland, in Estland war sie überall im Triumph empfangen worden; wo immer ihre Karosse vorbeifuhr, waren Blumen auf die Straße gestreut. Die baltischen Adelsfamilien wetteiferten um die Ehre, sie mitsamt ihrem Hofstaat zu empfangen, und eine halbe Tagfahrt legte sie in einer sechssitzigen Karosse zurück, vor die sich, an Stelle der Pferde, freiwillige Schnelläufer gespannt hatten. Die Balten hatten allen Grund, mit der neuen Kaiserin zufrieden zu sein, die trotz ihrer autoritären Gesinnung ein feines Verständnis für die Sonderprivilegien dieser weitaus kultiviertesten Provinzen ihres Reiches hat. In Mitau empfängt sie Biron,»ihr« Herzog von Kurland, auf den Knien. Es ist eine erfrischende Reise für Katharina, die in den letzten Monaten so oft unter Symptomen ihrer Unbeliebtheit gelitten hat. Es ist auch eine nützliche Reise, sie bringt allerlei neue Erfahrungen und fruchtbare Anregungen: die Kaiserin besucht das Hauptlager des Grafen Rumiantzow, sie besichtigt die Flotte und läßt sich vom englischen Gesandten belehren, wie durchaus untauglich diese für den Fall eines Seekrieges ist; sie bespricht mit dem General Braun den Fortgang der hydraulischen Arbeiten an der Dünamündung und bildet sich eine Ansicht über den Ausbau der Handelswege nach dem Westen. Sie ist durchaus in ihrem Element, keinen Augenblick müßig, ganz und gar der Gegenwart hingegeben, tausend Dinge für die Zukunft planend, von Liebe getragen, Liebenswürdigkeit ausströmend, begeistert und begeisternd...

Da kommt die Nachricht vom Aufstand des Mirowitsch und der Ermordung Iwans. Ihr Sekretär Yelagin ist anwesend, als sie die Botschaft Panins durchliest: »Die Vorsehung hat mir einen sichtbaren Beweis ihrer Gnade erwiesen«, ruft sie aus, »daß sie diesem schändlichen Unternehmen ein solches Ende bereitet hat.« Sie hält es nicht für notwendig, ihre Reise zu unterbrechen, sie bleibt noch eine volle Woche lang in Riga. Während dieser Woche erhält sie noch mehrere Depeschen von Panin, und nicht alle sind erfreulich. Es scheint, daß nicht alle Welt so gerne wie sie selbst bereit ist, an Katharinas Stern zu glauben und daß die Gnadenbeweise der Vorsehung an ihren erklärten Liebling gar zu sichtbar sind.

»Ich eile jetzt nach Petersburg«, schreibt Katharina schließlich, »um diese Angelegenheit schnell zu beenden und alle unsinnigen Gerüchte niederzuschlagen.«

Das ist ihr nicht gelungen. Es ist schon viel, daß es ihr trotz aller unsinnigen Gerüchte gelingt, sich auf dem Thron zu behaupten. Es ist sehr viel, daß es ihr gerade in diesen kritischen Tagen gelingt, die polnische Angelegenheit siegreich zu Ende zu führen, denn die Gerüchte toben sich jenseits der russischen Grenze viel freier aus, sie erwecken dort offene Empörung, Abscheu, Verurteilung. Gar zu gelegen ist dieser Mirowitsch mit seiner alten Kanone der bedrängten Usurpatorin gekommen! Gar zu gut hat das Schicksal in der Schlüsselburg Regie geführt! Nicht nur Voltaire, auch das übrige Europa hat die Vision eines blutigen Königsdramas, ohne es mit der leidenschaftslosen Abgeklärtheit des Literaten betrachten zu können. Es regnet Broschüren, Schmähschriften, Pasquille gegen die scheinheilige Mordanstifterin. Auch der Prozeß macht die Sache nicht wesentlich besser. Katharina übergibt Mirowitsch dem ordentlichen Gericht des Senats mit folgender Resolution:»Was die Beleidigung meiner Person betrifft, so verzeihe ich sie dem Angeklagten; aber über den Anschlag auf die allgemeine Ruhe und Wohlfahrt des Landes möge die treuergebene Versammlung ihr Urteil sprechen.« Katharina verzeiht als Christin – die Kaiserin aber verlangt den Kopf des Angeklagten. Die Köpfe Gurschews und Chitrowos, die bloß geschwätzt hatten, haben ihr die Senatoren bereitwillig zur Verfügung gestellt – diesmal wird Katharina von einer Deputation ersucht, über den Angeklagten mit Stimmenmehrheit entscheiden zu dürfen. Ein mehr als bedenkliches Symptom: die »treuergebene Versammlung« fürchtet, über einen Mann, der mit offener Waffengewalt der Kaiserin nach Thron und Leben getrachtet hat, zu keinem einstimmigen Urteil gelangen zu können!

Der Prozeß wird von Generalleutnant Hans von Weymarn mit allem äußeren Gehabe der Unparteilichkeit und Unvoreingenommenheit geleitet. Die Akten sind sehr sorgfältig geführt, genau numeriert und bis auf den heutigen Tag tadellos erhalten. In diesen Akten findet sich kein einziges Wort, das als der leiseste Hinweis auf ein Einverständnis zwischen Katharina und Mirowitsch dienen könnte. Ein einziges Mal hat Katharina in die Prozeßführung eingegriffen: als Tscherkassow verlangt, daß Mirowitsch gefoltert werde, um seine Komplizen anzugeben, erteilt sie den befehlenden Auftrag, die Diskussion abzubrechen und die Folter nicht zuzulassen. Das hat sie auch getan, als es sich um Gurschew und Chitrowo handelte, und das wird sie späterhin immer wieder tun; sie ist eine Gegnerin der Folter, und auf dem Rand einer Denkschrift, die dartun soll, daß in gewissen Fällen die Folter unvermeidlich sei, bemerkt sie:»Das kann man nicht mitanhören. Wenn die Menschheit leidet, gibt es keine Fälle!« – In diesem einen, einzigen Fall aber, im Falle Mirowitsch, macht sie ihre Menschenliebe verdächtig: es handelt sich doch um einen Mann, der vielleicht das Haupt einer weitverzweigten Verschwörung ist. Daß sie so wenig Neugierde nach den Hintermännern des Mirowitsch zeigt, legt den Gedanken nahe, daß sie seine Aussagen fürchtet oder daß sie seine Hintermänner kennt – besser vielleicht, als er selbst sie kannte!

Der Angeklagte wird durch alles verdächtig. Mirowitsch bewahrt große Ruhe und Fassung vor seinen Richtern, offen bekennt er, daß er »einen sinnlosen und verbrecherischen Handstreich« geplant hatte – ein echter Hasardeur, der seine Partie endgültig verspielt hat. Aber für die Mißtrauischen zeugt diese Ruhe gegen Katharina, und sie weiß es. Sie weiß, daß im Ausland gesagt wird, »nur die Sicherheit, seiner Strafe zu entgehen, kann einem Verbrecher solche Ruhe verleihen«; sie weiß, daß die scharfsinnigen Köpfe, die das Metier zu durchschauen glauben, davon überzeugt sind, daß in der russischen Hauptstadt eine groß angelegte Komödie für das leichtgläubige Volk gespielt wird, sie weiß, daß sogar die Gesandten an ihrem eigenen Hof mit einer schließlichen Begnadigung des Mirowitsch rechnen: gerade dies aber kostet ihn das Leben. Zum ersten Mal seit ihrer Thronbesteigung unterzeichnet Katharina ein Todesurteil und läßt es vor tausend neugierigen Augen vollstrecken.

Die an ihr gezweifelt haben, werden auch dadurch nicht von ihrer Unschuld überzeugt. Wer sie für fähig gehalten hatte, den Schlüsselburger Aufstand zu inszenieren, um sich Iwans zu entledigen, hält sie auch für fähig, ihren Helfershelfer nach getanem Dienst aufs Schafott zu schicken, um sich eines gefährlichen Mitwissers zu entledigen. Aber auch das russische Volk ist nicht befriedigt von dem Ausgang des großen Prozesses. Den Staatsverbrecher Mirowitsch sieht es kaltblütig sterben – daß aber der Mord an dem unschuldigen Iwan ungesühnt bleibt, daß Wlassew und Tschekin für ihre »getreue Pflichterfüllung« mit einer Stange Geldes belohnt werden, das will dem einfachen, frommen Russen nicht in den Kopf. Tausende, die »Iwanuschka«, das gekrönte Kind, längst vergessen, die nie gewußt hatten, ob es noch lebte, ob es im Ausland oder gestorben war, beginnen jetzt, heimlich für seine gekränkte Seele zu beten. Es gibt viel mehr Unzufriedene als früher. Aber – es gibt kein Zentrum mehr für die Veränderungswünsche der Unzufriedenen, keinen legitimen Prätendenten – niemand, der Katharina wirklich gefährlich werden könnte. Sie hat an moralischem Ansehen verloren, aber an Macht und Sicherheit tausendfach gewonnen. Die Toten kehren nicht zurück, ganz gleich, auf welche Weise sie starben. Nun ist Iwan tot, und Katharina kann behaupten, daß er irrsinnig war; Mirowitsch ist tot und hat sein Geheimnis mit ins Grab genommen; und Uschakow, über den eine fragliche Spur zwischen Katharinas Wünschen und Mirowitschs Handlungen führt, ist für immer verschwunden. Sie alle deckt das große, undurchdringliche Schweigen der Erde, und nichts ist von ihnen übriggeblieben als ein sauberer Aktenfaszikel, in dem nicht das allerkleinste juristische Indiz zu finden ist. Der Historiker muß sich dem vorhandenen Tatsachenmaterial beugen; es gibt keinen Beweis für Katharinas Mitschuld an Iwans Tod – also wäre es Verleumdung, eine solche Vermutung zu äußern. Der Psychologe darf sich freier aussprechen. Für ihn handelt es sich nicht um die äußere Realität, sondern um die innere Möglichkeit. Er tut der Frau, die den Mord an ihrem Gatten auf ihr Gewissen genommen hat, gewiß nicht unrecht, wenn er meint, daß sie – immer im fanatischen Glauben an das gute Prinzip ihrer eigenen Person – auch fähig gewesen wäre, den Mord an Iwan zuzulassen: daß sie durchaus das Format zu jener Rolle gehabt hat, die sie nach Voltaires Meinung in der Schlüsselburger Tragödie gespielt haben soll.

III.

Die Masken Peters III.

Katharina ist eine aufgeklärte Frau. Sie glaubt nicht an Gespenster. Es kann ihr nicht geschehen, daß sie, wie Macbeth, inmitten eines fröhlichen Banketts den blutenden Schatten ihres ermordeten Gemahls erblickt. Aber in gewissem Sinn geschieht es ihr doch.

Es geschieht während des Banketts zu Ehren der Vermählung des Großfürsten Paul im Jahre 1773. Fast zehn Jahre sind seit Katharinas Regierungsantritt verstrichen, und sie darf auf eine Reihe glänzender äußerer Erfolge zurückblicken. Sie steht vor dem endgültigen Friedensschluß mit der Türkei, und es ist bereits gewiß, daß unter dem Druck der siegreichen russischen Armee alle Wünsche Katharinas durchdringen werden. Sie hat diesen Krieg ursprünglich nicht gewollt, die Türkei hatte ihn mit französischer Unterstützung begonnen, um den russischen Annexionsplänen auf Polen zuvorzukommen; aber als er unvermeidlich geworden war, war niemand darüber zufriedener gewesen als Katharina: »Ich finde, daß man mit einem Friedenstraktat eine Last abschüttelt, welche die Phantasie lähmt«, hatte sie damals geschrieben; und: »Jetzt ist die Katze, welche schlief, geweckt worden, und jetzt wird sie nicht ruhen, ehe sie nicht die Mäuse gefressen hat.« Sie ist eben dabei, die Mäuse zu fressen. Ihre Armeen stehen in der Krim, ihre Flotte hat die türkische bei Tschesme bis auf das letzte Schiff vernichtet, ihre Fahnen wehen über Sparta und über Athen. Dem Zuge Hannibals nach Rom hat Voltaire ihre Unternehmung verglichen. Schon sieht sie das Schwarze Meer für ihre Handelsschiffe offen, sieht den Handelsweg nach Persien und die Karawanenstraße nach China; in fernerer Zukunft sieht sie ein befreites Griechenland unter russischer Oberhoheit. Schon jetzt ist ihr Ansehen in Europa gewaltig und hat ihre westlichen Nachbarn, Preußen und Österreich, lebhaft beunruhigt: aber sie hat sie besänftigt, indem sie beide an der ersten Teilung Polens partizipieren ließ, sie hat Friedrich II. und Maria Theresia mit einem Stück vom »polnischen Kuchen« den Mund gestopft, sie selbst aber hat sechstausend Quadratmeilen Land mit beinahe zwei Millionen Einwohnern verschluckt. Noch ist man in Österreich der orientalischen Frage wegen nicht gut auf sie zu sprechen, noch lebt Maria Theresia, die in bigotter Ehrbarkeit die ehebrecherische Katharina nicht anders als »cette femme« nennt, und schon schreibt der österreichische Minister Kaunitz hinter dem Rücken seiner Kaiserin: »Das politische System der russischen Herrscherin ist in seinem ganzen Umfang ein Meisterstück an Staatsklugheit, in allen Teilen wohldurchdacht und nicht genug zu bewundern.«

Bei solchen glänzenden Erfolgen kann Katharina die Großjährigkeit ihres Sohnes kaum gefährlich werden. Wer wollte wagen, einen so großartigen Aufschwung zu unterbrechen? Eine Regierung abzukürzen, unter der so viele Männer Gelegenheit finden, sich auszuzeichnen, unter der es so außerordentliche Möglichkeiten für schnelle Karrieren gibt: tüchtige Soldaten avancieren zu den höchsten Stellen, tüchtige Kaufleute erwerben ungeahnte Reichtümer, Architekten, Maler, Bildhauer bekommen Aufträge, es regnet Stipendien auf Dichter und Musiker, wer etwas kann und etwas leistet, wird mit offenen Armen empfangen, mit Ehren überhäuft, großzügig und verschwenderisch. Ihr stolzes Mäzenatentum stellt alle anderen europäischen Fürsten in den Schatten und hat selbst den kultiviertesten Hof, den französischen, beschämt: vor zwei Jahren hatte Diderot vor der traurigen Notwendigkeit gestanden, seine kostbare Bibliothek zu verkaufen. Katharina hatte es erfahren und war mit einer Geste zartfühlendster Noblesse dem bedrängten Philosophen zu Hilfe gekommen. Sie hatte sich als Käuferin gemeldet, unter der Bedingung, daß Diderot bis zu seinem Tode die Bibliothek betreue und pflege, für ein jährliches Honorar, hoch genug, ihn aller kleinlichen Sorgen zu entheben. Auch an Grimm, an Voltaire zahlt sie jährliche Pensionen. Sie scheint einen Zauberapparat zu besitzen, um trotz des langen Krieges, trotz der ungeheuren Ausgaben für

Heer und Flotte Geld und immer wieder Geld bei der Hand zu haben und wie eine Göttin verschwenderisch auszustreuen. Sie sieht in ihrer Umgebung nur zufriedene Gesichter. Sie bekommt nur begeisterte, überschwengliche Briefe. Voltaire preist sie als Minerva, als Semiramis des Nordens, als Muttergottes. Der russische Dichter Djerschawin singt in pathetischen Versen von dem paradiesischen Zustand des Reiches unter ihrem Szepter. Sie glaubt, mit glücklicher Hand über ein glückliches Volk zu regieren.

Gleichzeitig mit der kleinen deutschen Prinzessin, die als griechische Konvertitin den Namen Natalie Alexejewna angenommen hat, sind zwei illustre Gäste in Petersburg anwesend: Diderot und Grimm. Es sind herrliche Tage für Katharina. Ihr lebhafter Geist, den ungebildeten Leuten ihrer Umgebung so hoch überlegen, darf sich nun an stundenlangen philosophischen Gesprächen berauschen; sie darf sich an Schmeicheleien erfreuen, die ebenso subtil und ebenso gigantisch sind, wie ihre Eitelkeit subtil und gigantisch ist; sie darf wissen, daß alles, was sie in ihrem Privatkabinett den beiden angenehmen Herren vorplaudert, für Europa und für die Nachwelt geplaudert ist. Und wie sie zu plaudern versteht! Mit der Grazie einer Pariser Salondame, mit dem Temperament einer Südländerin und mit dem Ernst, mit der Logik eines geistig wohlgeschulten Mannes. Einmal hat sie mit Grimm eine Diskussion, die sieben Stunden lang ohne Unterbrechung andauert; alle Geschäfte werden darüber zurückgestellt. Und Diderot vergißt bei diesen Gesprächen so ganz und gar, daß er es mit einer Kaiserin zu tun hat, daß er sie im Feuer seiner Beredsamkeit oft genug auf die Schulter schlägt.

Mit berechtigtem Stolz mag sich die Kaiserin bei diesem Hochzeitsfest des Tages erinnern, an dem sie selbst – dreißig Jahre zuvor – arm wie diese kleine Prinzessin Natalie aus Deutschland gekommen war, um den Großfürsten zu heiraten. Jetzt ist sie eine Frau von vierundvierzig Jahren, immer noch von unverwüstlicher Gesundheit, mit runden, rosigen Wangen und leuchtenden Augen, getragen von ihrem Glück und unbändiger als je in ihren Wünschen und Forderungen. Gottlob, es gibt noch unerfüllte Träume, sonst fühlte man sich alt. Da ist der junge, übermütige

König von Schweden, dem man nach polnischem Muster mit der Adelspartei seines eigenen Landes hatte die Arme binden wollen und der die Adelspartei mit französischem Gelde zersprengt hat. Da ist Voltaires Vorschlag, mit Maria Theresia zusammen »in Konstantinopel zu soupieren«. Mit mitleidiger Sympathie blickt sie auf die kleine Prinzessin Natalie: sie, Katharina, wird eine bessere Schwiegermutter sein, als es Elisabeth gewesen war. Und Natalie ist wohl kaum eine künftige Katharina. Sie braucht auch keine zu sein. Sie braucht nur Kinder zu gebären, Söhne. Katharina wird jedem ihrer Enkel, so viele ihrer auch sein sollten, ein Kaiserreich vermachen. Wer sollte kommen und ihren Siegeszug hemmen?

Inmitten dieses stolzen Festes, auf dem Höhepunkt ihres Glücks, erfährt Katharina, daß im Südosten ihres Reiches, am Rande des Ural, ein Mann aufgetaucht ist, der sich Peter III. nennt und daß viele Tausende diesem Mann begeistert anhängen, daß die örtlichen Behörden gegen ihn machtlos sind und daß sein Zulauf sich täglich gewaltig und beunruhigend vermehrt.

Der Mann ist ein Schwindler, gewiß. Katharina ist eine aufgeklärte Frau. Sie weiß, daß Peter III. tot ist und daß die Toten niemals wiederkehren. Aber die Leute am Ural und an der mittleren Wolga sind nicht aufgeklärt, es ist abergläubisches, leichtgläubiges Volk, Analphabeten, Kosaken, entlaufene Soldaten, entsprungene Verbrecher, Bauern. Sie glauben, daß Peter III. seinen Mördern entkommen, daß er verborgen gehalten worden und nunmehr wiedergekehrt ist, sie glauben jedes Wundermärchen, das man ihnen erzählt, denn – und das ist das Furchtbare – sie sind unglücklich. Ihr Dasein ist so unerträglich und ihre Sehnsucht nach Besserung so groß, daß sie jedem zulaufen, der ihnen Besserung verspricht.

Der Mann, der sich Peter III. nennt, ist ein Schwindler. Aber hinter ihm marschiert der echte Aufruhr. Die Kosaken vom Don, die ihrer alten Freiheit beraubt und in verhaßte Regimenter gesteckt werden, die Geistlichen, die durch die Säkularisierung der Kirchengüter von einem Tag zum andern zu landstreichenden Bettlern geworden sind, die Sektierer, die zwar von der Krone

327

toleriert, aber von geldgierigen Beamten durch unzulässige Abgaben gequält werden, Bauern, denen man ihre Pferde, ihre Schafe, ihre Kühe genommen hat, um die Armee zu verpflegen, Soldaten, die der gewaltsamen Rekrutierung entsprungen sind, Verbrecher und Unschuldige, die man ohne Prozeß verurteilt und in die Katorga geschickt hat, und vor allem ein endloser Zug enttäuschter, bis aufs Blut gepeinigter, ausgemergelter, halbverhungerter Leibeigener. Asiatische Völkerstämme, in das halbzivilisierte Rußland eingesprengt, aber nicht eingeordnet, Baschkiren, Kirgisen, Kalmücken, erwachen zu den alten nomadenhaften Trieben, schütteln das verhaßte Joch der Arbeit an einer ungeliebten Scholle ab und marschieren gegen die unverständliche, feindselige Staatsgewalt. Es ist das Volk, das marschiert und das im Laufe weniger Monate fast die Hälfte des Landes mitreißt. Das Volk, das Katharina so gern im Munde führt und das sie im Laufe ihrer großartigen Eroberungen vergessen hat. Das Volk hat nichts von der glorreichen Vergrößerung des Landes, es blutet unter dem Krieg. Was kümmert es den leibeigenen Bauern, der nicht einmal das russische Alphabet beherrscht, ob russische Fahnen über der Akropolis wehen? Was kümmern ihn, der seine Scholle nicht verlassen darf, die herrlichen Paläste von Petersburg und Moskau, was die wunderbaren Bilder italienischer und holländischer Meister, mit denen die Kaiserin die Eremitage schmückt? Was nützen ihm die Werke der französischen Menschenrechtler, für deren Übersetzung die Kaiserin jährlich Tausende von Rubeln auswirft? Was nützt es ihm, daß ausländische Gelehrte das Land nach allen Richtungen durchstreifen, um Landkarten anzulegen, Höhen- und Temperaturmessungen vorzunehmen? Dem Volke ist es niemals schlechter gegangen. Denn für alle großartigen und pompösen Unternehmungen der Krone zahlt in Wirklichkeit das Volk, wenn es auch nicht weiß, wie: der Zauberapparat, mit dem Katharina Geld und immer wieder Geld herbeischafft, ist die Banknotenpresse. Katharina druckt soviel Rubel, wie sie braucht, und in gleichem Maße wird der Wert des Rubels geringer, das Brot teurer, die Steuern höher, die Rücksichtslosigkeit der Steuerbeamten größer.

Katharina hatte sich immer gerühmt, daß der »Volkswille« Peter III. gestürzt und sie auf den Thron erhoben habe; im Namen des Volkes hat sie geglaubt, auch den Mord an Peter III. rechtfertigen zu können. Sie hat sich mehr Gedanken über das Volk gemacht als alle früheren Herrscher Rußlands zusammengenommen. Drei Jahre lang hat sie an ihren berühmten »Instruktionen« gearbeitet, einem Werk, das der gesetzgebenden Versammlung vom Jahre 1768 Richtlinien geben sollte und das durchweg von den edelsten Ideen allgemeiner Menschenbeglückung getragen ist. Die Deputierten aus allen Teilen des Reiches hatten aus Rührung über diese edlen Ideen Tränen vergossen, aber sie hatten nichts mit ihnen anzufangen gewußt. Die Frage der Leibeigenschaft war gar nicht berührt worden: ein paar Bojaren hatten erklärt, sie würden dem ersten Sprecher zu diesem Thema den Kopf abschlagen. Nicht einmal der Einzelverkauf von Bauern konnte abgeschafft werden, weil Katharina mit Orlow und einigen anderen Menschenfreunden in der Minorität geblieben war. Die Bauern blieben also nicht nur an ihre Scholle gebunden, sie hatten nicht bloß zwangsweise für ihren Herrn zu arbeiten, unterstanden seiner Gerichtsbarkeit und Willkür und hatten keinerlei Vertreter ihrer Interessen – sie konnten auch weiterhin einzeln, Mann, Frau oder Kind, ihrer Familie entrissen und wie ein Stück Vieh verkauft werden. Die Deputierten sprachen viel und faßten wenig Beschlüsse; und auch diese wurden nur zum geringsten Teil durchgeführt; in manchen entfernteren Gegenden wurden sie nicht einmal verlautbart. Der Weg von Katharinas guten Absichten zu dem wirklichen Mann aus dem Volke war zu weit. Unüberwindliche Hindernisse standen dazwischen: die Interessen der Besitzenden, die Bestechlichkeit und Geldgier aller Beamten, die Langsamkeit des Bürokratismus, die Unbildung der Richter, die Habgier der Geistlichkeit; lauter Dinge, gegen die Katharina kämpfte, gegen die sie aber ohnmächtig und für die sie dennoch verantwortlich war. Und nun muß sie erleben, daß dieses Volk, dessen Wille und dessen Glück die Rechtfertigung ihres Gewissens gewesen war, sich um einen Mann schart, der den Namen, die Maske Peters III. angenommen hat. Diese Maske ist furchtbar für sie, wie für Macbeth der blutige Schatten des Banko. Denn aus dieser Maske starrt ihr der Haß, die Feindseligkeit, die offene Rebellion ihres Volkes entgegen. Diese Maske ist das ungeschmeichelte Abbild der Volksmeinung.

Der Mann, der sich für Peter III. ausgibt, heißt in Wirklichkeit Emilian Pugatschew und ist ein ehemaliger Kosak und mehrfach bestrafter Deserteur. Auf seiner ewigen Flucht vor den Militärbehörden hat er Zuflucht bei allen jenen gefunden, die der Regierung feindlich gegenüberstehen: bei anderen Kosaken, bei Bauern und bei Sektierern. Er kennt das Land am Ural und an der unteren Wolga, er kennt die Menschen und die Stimmung, in der sie sich befinden. Er ist eins mit ihnen, er ist ein Verfolgter, ein Unterdrückter wie sie. In ihm lebt der dumpfe Auftrieb der Enterbten, der wilde Haß der Entrechteten gegen das Gesetz, die ungeheure Stoßkraft der allseitig Bedrängten gegen allen Druck. Noch ist diese Kraft eine rein negative, zerstörerische, noch ist sie unorganisiert wie die Massen, die von ihr erfüllt sind, noch ist nicht die Spur einer aufbauenden Idee, eines festumrissenen Zukunftsplanes vorhanden: das Proletariat des achtzehnten Jahrhunderts ist noch nicht zum Bewußtsein seiner selbst gelangt. Diesem mangelnden Selbstbewußtsein entspricht es, daß der Führer so breiter Volksmassen nicht wagt, sich als einer aus dem Volke zu bekennen, sondern daß er, um alle die verschiedenen aufrührerischen Elemente zu binden, um sich das rechte Führeransehen zu verleihen, sich als Kaiser, als Peter III. ausgeben muß. Pugatschew hat nicht die mindeste Ähnlichkeit mit dem schwächlichen, semmelblonden Kaiser von einst. Er ist von hoher, kräftiger Gestalt, dichtes, schwarzes Haar wächst ihm tief in die eigensinnig gefurchte Stirn, ein dichter, schwarzer Bart umrahmt die starken, energischen Kiefer. Zu Beginn seiner Laufbahn trägt er bescheidene, klösterliche Tracht, er ißt nur mäßig und trinkt nie, er lebt asketisch und behauptet, die Macht nicht für sich selbst, sondern für seinen geliebten Sohn Paul erringen zu wollen. Oft sieht man ihn das Bildnis des Zarewitsch unter Tränen und mit Rührung an die Lippen führen. Das ist Komödie. Aber sein Haß gegen allen Gewaltsmißbrauch, seine Liebe zu allen Unterdrückten ist echt, und am Grunde seiner unzähligen grausamen und greulichen Freveltaten lodert die edle Flamme eines empörten Rechtsempfindens. »Wenn Gott mich bis nach Petersburg kommen läßt«, pflegt er zu sagen, »werde ich meine böse Gemahlin Katharina in ein Kloster stecken, ich werde allen Bauern die Freiheit geben und die Adeligen bis auf den letzten Mann ausrotten.«

Pugatschew ist ein Revolutionär, und seine Anhänger sind Revolutionäre. Da sie aber ohne jede Vorbereitung, ohne Zucht, ohne aufbauenden staatlichen Gedanken, bloß in blindwütigem Haß gegen alles Bestehende vorwärtsstürmen, gleichen sie einer Räuberbande von gigantischem Ausmaß. Eine Armee von vielen tausend Mann, die sich alles, was sie braucht – Waffen, Nahrungsmittel, Geld – durch Raub beschaffen muß, überfallen Pugatschews Leute die Dörfer, ziehen Pferde und Fuhrwerke aus den Ställen, verladen alle bewegliche Habe, die sie finden, plündern ganze Städte und stecken sie beim geringsten Widerstand oder aus reiner Zerstörungsfreude in Brand. Da sie zu wenig Waffen haben – die meisten von ihnen sind bloß mit Knütteln oder Dreschflegeln ausgerüstet –, wirken sie durch Terror. Sie stürmen von Hof zu Hof und fordern überall die Bauern auf, ihre Herren zu erschlagen und Haus und Felder zur Vergeltung an sich zu nehmen. »Peter III., der wiedergekehrt ist, läßt Euch sagen, der Reichtum jener Leute war auf Bauernkosten. Jetzt aber ist er gekommen, um Euch zu helfen. Und wer diese Nachricht empfängt, der soll sie zur selben Stunde weitersagen und dem ganzen Menschengeschlecht dieses große Erbarmen verkünden.« Pugatschew kann weder lesen noch schreiben. Seine Manifeste werden von Mund zu Mund weitergegeben, aber dieser Weg ist schnell. Die Bauern erschlagen ihre Herren, wenn die sich nicht rechtzeitig in die Wälder flüchten, und eine Stadt nach der andern öffnet den Aufständischen ihre Tore. Geistliche, Leibeigene und sogar niedere Organe der Behörden eilen den Rebellen mit Brot und Salz entgegen. In den Kupferbergwerken im Ural verlassen die Arbeiter ihre Arbeit, sie strömen zu den Rebellen und kehren mit ihnen zusammen wieder zurück, nehmen alles geförderte Kupfer an sich, gießen daraus Kanonen und

Kugeln und gewinnen dadurch ein technisches Übergewicht über die mangelhaft ausgerüsteten Truppen der Regierung. In Petersburg hat man anfangs die Gefahr des Aufstandes unterschätzt, später war man durch den neuerlichen Ausbruch des Türkenkrieges in allen Aktionen behindert. Festung um Festung fällt Pugatschew in die Hände, durch den fanatischen Widerstand der Rebellen, mehr noch durch Überläufer, werden die Regierungstruppen dezimiert.

Natürlich wird bei solcher Entfesselung aller Instinkte der Raub, der Mord, das Böse schlechthin oft genug Selbstzweck. Ohne jede Verbindung mit Pugatschew entstehen allerorten wirkliche Räuberbanden, die in seinem Namen plündern und brennen, Adelige an die Bäume knüpfen, Frauen verschleppen und die allgemeine Verwirrung vollkommen machen. Wie ein riesiger Heuschreckenschwarm, wie unzählige Heuschreckenschwärme ziehen die verschiedenen Horden über das Land und lassen nichts als Asche, Trümmer und Verwüstung hinter sich zurück. Wie wenig die über Nacht zu Rebellen Gewordenen an die Zukunft, wie wenig sie daran denken, das Land, das sie siegreich erobern, auch wirklich zu beherrschen, ergibt sich daraus, daß sie vergessen, es zu bebauen: in diesem Schreckensjahr 1774 bleibt fast ein Drittel der russischen Erde brach liegen.

So wenig wie seine Anhänger ist Pugatschew selbst den unerwarteten Anforderungen der Macht gewachsen. Sie steigt ihm zu Kopf, sie berauscht ihn wie der schwere Wein, den er nunmehr aus erbeuteten Fässern allabendlich zu reichlichen Mahlzeiten trinkt. Seine einfache, geistliche Kleidung hat er mit einer roten, phantastischen Uniform vertauscht. Sein »Palast« im Hauptquartier von Berda ist zwar bloß ein Bauernhaus, aber im Innern sind alle Wände vom Boden bis zur Decke mit Goldpapier beklebt. Er, der ehemalige Deserteur, den sein Kampf gegen die Militärgewalt zum Rebellen gemacht hat, schmückt seine Leute mit Ordensbändern, die er den gefallenen Offizieren abgenommen hat; der den Adel auszurotten verspricht, gibt seinen Kumpanen adelige Namen. Der Todfeind Katharinas nennt seinen unmittelbaren Mitkämpfer »Graf Orlow«, einen anderen Kosaken »Worontzow« und einen ehemaligen Räuber, dem die Nase abgeschnitten worden war und der deshalb beständig ein Netz über dem Gesicht trägt, »Graf Panin«. Da zu einem richtigen Hofstaat auch Damen gehören, werden ein paar Dutzend unbeholfener Bauernmädchen mit Stockschlägen dazu abgerichtet, tiefe Hofknickse zu machen und sich mit feierlichem Anstand um den »Kaiser« zu bemühen.

Es hat etwas unheimlich Gespenstisches, dieses kindische Spiel inmitten der zahllosen Galgen und der rauchenden Trümmerhaufen. Es ist unfaßbar, daß der zweifellos geniale Pugatschew seinen markanten Kosakenschädel mit der kläglichen Maske Peters III. schändet, daß der Führer einer so gigantischen revolutionären Bewegung seine Tage mit der läppischen Nachäfferei höfischer Äußerlichkeiten vertut. Der furchtbare Pugatschew, von dem es heißt, daß er eigenhändig an die dreißigtausend Menschen enthauptet hat, ist eben gleichzeitig ein naives Kind, das sich mit anderen, ebenfalls kindlichen Gewaltmenschen in einem Märchenland aus Goldpapier vergnügt.

Unter den gefangenen Offizieren befinden sich einige, die sich aufs Schreiben und sogar auf fremde Sprachen verstehen. Pugatschew kann jetzt richtige Manifeste erlassen, gezeichnet mit »Peter III.«, und da hinter diesen Manifesten eine fürchterliche Exekutive steht, werden sie ebenso ernst genommen wie die Manifeste der Kaiserin. Versucht sie, die Leute über den »Räuberhauptmann Pugatschew« aufzuklären, so bekräftigt er seine legitimen Rechte gegenüber seiner meuchelmörderischen Gattin; setzt sie Strafen aus für das Bekenntnis zu dem falschen Peter, verfügt er Galgen und Rad für das Bekenntnis zu der Usurpatorin Katharina. Da das Waffenglück in manchen Gegenden häufig wechselt, kann es geschehen, daß in Samara an einem einzigen Tag morgens im Namen des Kaisers und abends im Namen der Kaiserin Exekutionen stattfinden. Die gequälten Bürger, die oft nicht wissen, ob sie von aufständischen oder von Regierungstruppen verhört werden, antworten auf die Frage, wen sie als thronberechtigt anerkennen: »Denjenigen, für den Ihr seid«.

Im Sommer 1774 ist das Heer der Aufrührer größer, als es jemals ein feindliches Heer im Kampfe gegen Rußland gewesen war. Und dieses Heer steht mitten im Lande. Was nützt es, wenn die

Regierungstruppen da oder dort einen Sieg erringen, eine Festung zurückerobern, ein paar tausend Rebellen gefangennehmen, ein paar Dutzend Kanonen erbeuten können? Das Feuer, an einer Stelle gelöscht, flackert an zehn anderen mit verdoppelter Gewalt wieder auf. Nicht durch die Waffen siegt Pugatschew, er siegt wie eine Krankheit: durch Ansteckung. Noch ist er ein paar tausend Meilen von Moskau entfernt, und schon regen sich in der alten, heiligen Hauptstadt die Herzen von hunderttausend Leibeigenen und schlagen in ungeduldiger Erwartung dem ersehnten Befreier entgegen. Oft hört man nachts in den menschenleeren, stockdunklen Straßen einen Schrei: »Es lebe Peter III.!«
Im Herbst 1773 hatte Katharina 250 Rubel für Pugatschews Kopf ausgesetzt: jetzt bietet sie 100000 Rubel. Nichts könnte den steilen Anstieg der Revolte deutlicher versinnbildlichen.

Katharina hat das Volk niemals wirklich verstanden, und sie kann es unmöglich verstehen. Genau wie ihre Lehrer, die Enzyklopädisten, versteht sie unter »Volk« die gesamte Masse aller Nichtadeligen und Nichtprivilegierten, sie weiß nichts von der sozialen Schichtung innerhalb dieser Masse, und wann immer ihr hinter dem dritten Stand das erst in Formung begriffene Gesicht des vierten Standes begegnet, erscheint es ihr als greuliche Fratze. In ihren Briefen nennt sie den gesamten Anhang Pugatschews, der doch große Distrikte ihres Reiches bedeckt und ganze Völkerstämme umfaßt, ein »Lumpengesindel«. Hier, wo ihre Möglichkeiten, zu helfen, zu ordnen, aufzubauen, versagen, endet auch ihr menschliches Begreifen, und sie verwechselt Ursache und Wirkung. Sie fühlt instinktiv, daß in dieser untersten Schicht, für die es das Wort »Proletariat« noch gar nicht gibt, der friedlichen bürgerlichen Revolution von oben, die sie während ihrer Regierung durchführen möchte, ein feindseliges Element entgegensteht. Und weil sie den Gedanken, das Volk zu beglücken, nicht aufgeben will, müssen jene, die von dieser Beglückung nicht erfaßt werden können, nicht »Volk«, sondern »Lumpen« sein, arbeitsscheue, verbrecherische, böswillige Gesellen, denen eben nicht und durch nichts zu helfen ist.

Und es ist richtig, daß diese »Lumpen« die Volksbeglückung aufhalten, indem sie die Kaiserin zwingen, sich mit dem Adel, mit den Besitzenden gegen ihren Ansturm zu verbünden. Da Pugatschews Macht darin besteht, daß er sich nicht allein auf seine Waffen, sondern auf eine ganze Bevölkerungsschicht stützt, muß ihm eine andere, ebenso entschlossene, ebenso geschlossene Schicht entgegengestellt werden: Peter Panin, der Bruder des Ministers, wird mit ausgedehnten Vollmachten in die aufrührerischen Distrikte entsandt, um alle Adeligen zu vereintem Kampf gegen die Rebellion aufzurufen. Da man sie braucht, werden ihnen alle ihre Privilegien, vor allem aber die Aufrechterhaltung und Befestigung der Leibeigenschaft durch die Krone garantiert. Die Interessengemeinschaft zwischen der Regierung und der besitzenden Klasse ist natürlich und einleuchtend. Peter Panins Mission ist alsbald von Erfolgen begleitet. Der Adel stellt, was er kann, Soldaten, Geld und kriegerischen Bedarf, zur Verfügung. Der Hunger hilft mit: die unbebaute Erde gibt den Aufrührern kein Brot, kein Vieh. Die sympathisierende Bevölkerung wird durch Panins energisches Vorgehen eingeschüchtert – seine Rücksichtslosigkeit steht der gewaltsamen Grausamkeit Pugatschews kaum nach. Auch er spart nicht mit Galgen und Rad. Vergebens bittet Katharina immer wieder um möglichste Milde und Schonung. Panin hat diktatorische Vollmachten, und er benützt sie. Nach ein paar Wochen haben Hunger, Furcht und ein paar entscheidende militärische Niederlagen die Stoßkraft der Rebellion gebrochen.

Pugatschew verteidigt sich bis zuletzt. Vernichtend geschlagen, durchschwimmt er mit einigen wenigen Genossen die Wolga. Aber unter diesen wenigen sind noch einige, denen hunderttausend Rubel mehr bedeuten als Treue: im Schlaf überwältigen sie ihren Führer und liefern ihn gefesselt der Militärgewalt aus. In einem eisernen Käfig, wie ein wildes Tier, wird Pugatschew nach Petersburg gebracht. Katharina befiehlt, von jeder Folterung abzusehen, beim geringsten Geständnis ein Urteil zu sprechen, und als das Urteil auf Vierteilung bei lebendigem Leibe gefällt ist, ändert sie es in einfache Todesstrafe ab.

Nach der Erfahrung dieses bösen Jahres gibt es für Katharina kein Zurück. Nie wird sie dem Volke vergessen, daß es zehn Jahre nach ihrem Regierungsantritt aufstand, um vor Europa und vor der Geschichte gegen sie und für Peter III. zu zeugen; nie wird sie dem »Lumpengesindel« vergessen, daß es sie beinahe um ihren Thron gebracht und daß sie ihn aus den Händen des Adels und der Besitzenden wiederbekommen hat. Ihre ganze künftige Haltung wird dadurch bestimmt. Von »Rechten« des Volkes im Montesquieuschen Sinne ist keine Rede mehr. Die Monarchin bemüht sich, im Interesse der allgemeinen Wohlfahrt des Landes und soweit es sich mit dem Vorteil der Privilegierten verträgt, das Los des Pöbels zu verbessern. Die Leibeigenschaft ist fortan tabu. Aber in ergreifenden Ansprachen werden die Gutsherren ermahnt, die Bauern menschlicher als bisher zu behandeln. Es geschieht viel, um den Richterstand und die Geistlichkeit durch entsprechende Schulen zu heben. Denn die Kaiserin vertritt von nun an den Standpunkt, daß die allgemeine Freiheit nur auf dem Boden der allgemeinen Bildung erblühen kann. Sie macht sich wohl keine Illusionen darüber, daß ein Menschenalter – und auch das einer unverwüstlichen Kaiserin – kaum ausreicht, um einem Volke von Analphabeten das kostbare Gut der »allgemeinen Bildung« zu schenken.

Peter III. hat bloß ein paar Monate regiert. Seine Ehe mit Katharina war keine richtige gewesen. Trotzdem spukt seine Erinnerung jahrzehntelang im russischen Reich, trotzdem hört er niemals auf, Katharina zu beunruhigen und zu beschäftigen. In der Gestalt verschiedener Prätendenten war er immer wieder erschienen, in der Gestalt Pugatschews hat er ihr ein zweites Mal den Thron streitig gemacht, ist er ein zweites Mal von ihr vernichtet worden. Nach diesem elenden Ende wird kein Abenteurer, kein Narr mehr Lust verspüren, sich für den zum Unglück geborenen, in jeder Form und immer wieder zum Unheil wiedergeborenen Fürsten auszugeben. Und trotzdem erscheint er Katharina noch einmal: in ihrem Sohn, dem Zarewitsch Paul.
Nach allen zeitgenössischen Dokumenten, nach Katharinas eigenen Aufzeichnungen, nach allen Aussprüchen Peters ist es

gewiß, daß Peter nicht der Vater des Zarewitsch war. Aber auf unbegreifliche Weise wird dieser von Jahr zu Jahr mit scheinbar untrüglicher Deutlichkeit immer mehr und mehr Peters Sohn. Saltykow, Katharinas Geliebter, war ein blendend schöner Mann gewesen: Paul ist häßlich, wie Peter III. häßlich war. Aber Paul war ein wunderschönes Kind gewesen; erst in seinem zehnten Jahr hatte ihn eine Krankheit befallen, die heftige Konvulsionen des Gesichtes zurückgelassen hatte, und diese Konvulsionen haben im Laufe der Zeit die schönen Züge entstellt. Das ist einfach zu erklären. Wie aber erklärt sich die seltsame Charakterähnlichkeit, die Paul mit dem toten Peter aufweist? Wie erklärt es sich, daß er, genau wie Peter, mißtrauisch und reizbar, großsprecherisch und kleinmütig ist, daß er seine Mutter mit den gleichen Dingen zur Verzweiflung bringt, mit denen Peter Elisabeth geärgert hat, daß er in seinem Sommersitz mit einer Handvoll Soldaten sinnlose militärische Übungen macht, anstatt sich um die Staatsgeschäfte zu bemühen, und daß er, obwohl in Rußland geboren und in der Liebe zu Rußland erzogen, alles Russische verachtet und verhöhnt? Und wie mag sich die entsetzte Katharina, die nicht bloß als Mutter für das fernere Leben ihres Sohnes, die auch als Kaiserin für die Zukunft des Reiches besorgt war, den beginnenden Wahnsinn im Benehmen des Thronfolgers erklären, da doch Saltykow ein gesunder und bis zu seinem Tode vernünftiger Mann gewesen ist? Wäre sie abergläubisch, sie müßte annehmen, daß sich der rachsüchtige Geist Peters III., allen Vererbungsgesetzen zum Trotz, des Körpers dieses Knaben bemächtigt hat, um sie noch einmal zu einem letzten Kampf herauszufordern.

Es hat wirklich etwas Unheimliches, trotz der so naheliegenden psychologischen Erklärung: Paul ist unter den gleichen ungünstigen Bedingungen herangewachsen wie seinerzeit Peter III. Auch seine Jugend ist überschattet vom Despotismus einer allmächtigen Frau. Von einer echten, zärtlichen Liebe zwischen Katharina und ihrem Sohn ist keine Rede, ihr mütterliches Gefühl ist getötet worden, als man ihr diesen Knaben als Säugling von der Brust nahm; als Kaiserin sieht sie in ihm den Thronfolger, wie seinerzeit Elisabeth in Peter nichts als den Thronfolger sah. Und auch dem Thronfolger gegenüber sind ihre Gefühle zwiespältig: sie wünscht ihn groß als ihren Erben, aber unbedeutend, solange sie selbst am Leben ist. Aus diesem Zwiespalt heraus ist er ihr niemals recht; bald ist er ihr zu kindisch, bald zu selbständig, bald beschäftigt er sich zu wenig mit ernsten Geschäften, bald steckt er seine Nase in Dinge, die ihn nichts angehen. Kurz, in diesem einen Fall ist Katharina, die sonst sehr gleichmäßig und gerecht ist, genauso labil und unberechenbar, wie es Elisabeth gewesen war, und Paul steht unter dem gleichen entwicklungsfeindlichen Druck, unter dem Peter stand. Gewiß, er könnte diesem Druck auf tausend andere Arten begegnen, käme nicht etwas zweites entscheidend dazu.

Als Paul zu Besuch in Wien weilt, weigert sich ein berühmter Schauspieler, in seiner Gegenwart den Hamlet zu spielen, »weil sonst zwei Hamlets im Saale wären«. (Er bekommt fünfzig Dukaten von Joseph II. für diesen treffenden Scherz.) Paul hat natürlich sehr früh erfahren, auf welche Weise Peter III. starb. Der Anblick der Orlows am Hofe, das Wissen um die leidenschaftliche Liebe seiner Mutter zu Gregor Orlow haben seine Seele in den empfindlichsten Jahren erschüttert. Später treten andere Männer an Orlows Stelle, Paul sieht Potiomkin allmächtig werden, er muß belanglosen Leuten wie Mamonow, Korsakow, Lanskoi mit Ehrerbietung begegnen, weil sie gerade aus dem Schlafzimmer seiner Mutter kommen. Söhne sind immer die strengsten Tugendrichter ihrer Mütter: Paul verabscheut die seine. Je älter er wird, je klarer er sieht, desto tiefer verabscheut er sie. Und in gleichem Maße hängt er sein junges, einsames Herz, das ganze Verehrungsbedürfnis seiner Jahre, seinen stark entwickelten Gerechtigkeitssinn an das Idol des toten, ermordeten Vaters. Von all den vielen Tratschgeschichten über die schlechte Ehe seiner Eltern, wie der Hof sie an seine jungen Ohren spült, glaubt er nur jene, die zu Ungunsten Katharinas, zu Ehren Peters erzählt oder erfunden sind. In dieser Grundstimmung erscheint ihm alles, was Peter getan hat, gut und verehrungswürdig. Halb in dem Wunsche, diesem Idol zu gleichen, halb in dem Wunsch, Katharina zu ärgern, halb bewußt, halb unbewußt ahmt er Peter nach, wird er ihm im Laufe der Jahre wirklich ähnlich.

Natürlich erfährt er auch die Gerüchte über seine illegitime Geburt. Der Prinz Golovin erzählt, daß Katharina, als sie einen verfänglichen Briefwechsel zwischen Paul und einem Freund aufgefangen, den Sohn zu sich berufen hatte, um ihm glattweg ins Gesicht zu sagen, daß er die Hoffnung auf den Thron einzig und allein ihrer Schweigsamkeit verdanke, »und wenn ich zwischen einem undankbaren Sohn und meinen treuen Untertanen zu wählen habe, werde ich keinen Augenblick schwanken und die Wahrheit allgemein bekannt machen«. Diese Anekdote ist unwahrscheinlich. Aber Paul hätte nicht einmal dem Zeugnis seiner Mutter getraut: sein dynastisches Selbstgefühl verlangt, daß er sie in diesem einen Fall für tugendhaft hält. Um sich als echter Romanow, als legitimer Thronerbe zu fühlen, muß er allen Gerüchten zum Trotz in Peter seinen Vater sehen und verehren. Diese gefährlichen Gerüchte sind für Paul bloß ein Grund mehr, seine Sohnespietät recht auffällig zur Schau zu stellen und die Ähnlichkeit mit Peter in allen Details auszubauen und zu betonen.

Der kleinen Natalie ist es nicht bestimmt, eine künftige Katharina zu werden. Aber es ist weder die Lust an der politischen Intrige noch der Mangel an ehelicher Moral, die ihr dazu fehlen. Ein paar Monate lang verheiratet, unterhält sie bereits ein Liebesverhältnis mit dem jungen Grafen Rasumofsky und bespricht mit ihm die Möglichkeit, Katharina zu stürzen. Paul hält, genau wie dies Peter in ähnlichen Situationen getan hat, den jungen Grafen André für seinen besten Freund. Ein Gerücht besagt, daß Rasumofsky, wenn er keine andere Möglichkeit sah, mit der Großfürstin Natalie allein zu sein, dem Zarewitsch große Mengen Opium in die Speisen gemengt und damit den Grund zu der späteren geistigen Zerrüttung Pauls gelegt hat.

Katharina erfährt sehr bald von der ehebrecherischen Beziehung ihrer Schwiegertochter: die wäre ihr an sich gleichgültig. Aber sie erfährt auch von der kindischen Verschwörung gegen ihre Person, und dies veranlaßt sie, ihrem Sohn über die Person seines Komplizen die Augen zu öffnen. Da Paul seine Gattin mit leidenschaftlicher Liebe liebt, hält er seine Mutter, die er nicht liebt, für eine Lügnerin. Da stirbt Natalie im ersten Kindbett. Verleumderische Zungen setzen auch diesen Tod auf Katharinas Sündenregister. Sie soll dem Arzt gesagt haben: »Wenn ein Unglück passiert, wirst du es mit deinem Kopfe büßen«, was den Arzt veranlaßt habe, im betreffenden Augenblick nicht auffindbar zu sein. Das ist eine böswillige Legende. Katharina ist ehrlich betrübt, weil sie zunächst keinen Enkel bekommt. Aber als sie sieht, wie hemmungslos sich Paul dem Kummer über den Tod der geliebten Gattin hingibt, hält sie es für ein gutes Heilmittel, ihm die intime Korrespondenz zwischen Natalie und dem jungen Rasumofsky in die Hände zu spielen. Es ist wirklich ein gutes Heilmittel; Paul erleidet einen Anfall von tobsüchtiger Wut und ist eine Woche darauf bereit, noch vor Ablauf des Trauerjahres eine württembergische Prinzessin zur zweiten Gemahlin zu nehmen. Die Umstände erfordern, daß er selbst als Brautwerber auftritt. Er ist ein gehorsamer Sohn. Er fährt nach Berlin, um die Frau, die Katharina für ihn ausgesucht hat, heimzuführen. Aber er bringt nicht bloß die Prinzessin Marie mit nach Hause, sondern auch eine glühende, fanatische Verehrung für Friedrich II. Gerade in diesem Augenblick ist die russische Politik um der orientalischen Frage willen bemüht, die Beziehung zum Wiener Hof zu verstärken und die Bande mit Preußen zu lösen. Paul hat kein Verständnis dafür. Sein Fanatismus für den Preußenkönig ist so groß, daß die entsetzte Kaiserin, an die sklavenhafte Abhängigkeit Peters III. erinnert, ausruft: »Ich sehe schon, nach meinem Tod wird Rußland eine Provinz Preußens werden!«

Wie es Peter als Großfürst getan hatte, so beginnt nun auch Paul eine geheime Korrespondenz mit Friedrich II. Es ist keine hochverräterische Korrespondenz, weil Rußland nicht im Kriege mit Preußen liegt, aber sie ist doch geeignet, Katharina in höchstem Maße zu verstimmen, denn sie weiß, daß Friedrich nichts sehnlicher wünscht, als seinen Verehrer Paul an ihrer Stelle auf dem Thron zu sehen, wie er seinerzeit nichts sehnlicher wünschte, als Peter an Stelle Elisabeths regieren zu sehen. Dadurch wird die Beziehung zu ihrem Sohn, bisher kühl, geradezu feindselig. Sie hält den preußisch gestimmten Großfürsten von ihren Geschäften fern, verbirgt ihm ihre Pläne, beargwöhnt ihn und läßt ihn bespitzeln. Sie veranlaßt ihn, mit seiner Frau Reisen nach Paris, nach Wien und nach Italien zu unternehmen. In Wien muß der beschämte Zarewitsch aus dem Munde Josefs II. die Nachricht von dem erfolgten russisch-österreichischen Bündnis empfangen; seine Mutter hatte es nicht für nötig gehalten, ihn darüber zu informieren. Später kauft sie ihm das Gut Gatschina, und dort führt der zur geistigen Untätigkeit Verdammte genau das gleiche Leben, das seinerzeit Peter III. in Oranienbaum geführt hatte: er quält eine Handvoll Soldaten mit militärischem Drill, zerbricht sich den Kopf über neue Uniformen und frondiert in kraftloser Weise gegen seine Mutter.

Mit unheimlicher Konsequenz wiederholen sich gewisse Ereignisse. Als Pauls erster Sohn geboren wird, verliebt sich Katharina, der alle zärtlichen Freuden der Mutterschaft versagt geblieben waren, mit fanatischer Zärtlichkeit in den kleinen Alexander. Zwar nimmt sie das Kind nicht einfach an sich, wie es die hemmungslose Elisabeth getan hatte, aber sie läßt es täglich für einige Stunden zu sich kommen, und wie es ihr gelungen ist, so viele Männer und Frauen zu bezaubern, gelingt es ihr auch, den Knaben zu bezaubern, seine ganze kindliche Liebe auf sich zu konzentrieren und ihn seinen Eltern völlig zu entfremden. Sie ist eine närrische, eine rührende Großmutter, und der kleine Alexander ist sicher derjenige, der die große Katharina von ihrer allerbesten Seite kennengelernt hat. Wenn er zu ihr gebracht wird, unterbricht sie jedes Gespräch, jede ernste Arbeit, sie liegt stundenlang mit ihm auf dem Fußboden und organisiert die schönsten gemeinsamen Spiele, sie lehrt ihn lesen, sie entwirft ein bequemes Kleidungsstück, durch das er in seiner Bewegungsfreiheit nicht gehemmt wird, ihre Briefe an Grimm fließen über von Begeisterungsausbrüchen über die Klugheit dieses kleinen Geschöpfes: »Wenn Sie wüßten, was mein Alexander als Koch, als Kaufmann, als Baumeister leistet, wie er malt, tapeziert, Farben mischt und reibt, Holz hackt, Möbel reinigt, wie er den Stallknecht und den Kutscher spielt, wie er von selbst lesen, zeichnen, rechnen und schreiben erlernt!« Sie schreibt pädagogische Aufsätze zur Richtschnur für Alexanders Lehrer, sie schreibt Märchen und Fabeln für das Kind und ein »Maximen Abc«, das mit dem Grundsatz beginnt: »Alle Menschen, Großfürsten ebenso

wie Bettelkinder, werden als nackte kleine Äffchen geboren.«
Sie pflanzt die alten, edlen, freiheitlichen Ideale, die in ihrer
Brust verwelkt sind, in diese frische, aufnahmefähige Kinder-
seele. Wenn sie in dem kleinen Alexander den Glauben an das
Gute im Menschen erweckt, vergißt sie, daß sie selbst diesen
Glauben verloren hat. – Der zweite Enkel, Konstantin, steht anfangs ihrem Herzen weniger nahe: er ist sehr zart, und sie fürchtet, er werde nicht am Leben bleiben. Aber schließlich vernarrt
sie sich auch in Konstantin und zieht auch diesen Knaben ganz
und gar in ihren Bann.

Die Liebe zwischen Katharina und ihren Enkelkindern wäre
idyllisch, bedeutete sie nicht zugleich ein Komplott gegen die
Zwischengeneration. Immer sehnlicher wünscht Katharina, den
Sohn von der Thronfolge auszuschließen und nach ihrem Tode
ihren wirklichen geistigen Erben Alexander an der Spitze des
Reiches zu sehen. Immer mehr argwöhnt Paul in seinem Sohn
einen gefährlichen Rivalen auf seinen Machtanspruch. Erblickt
Katharina in Paul und seinem ganzen Treiben eine rätselhafte
Wiederkehr des verhaßten Gatten, so erblickt er in seinem heran-
wachsenden Sohn ein Widerspiel der verhaßten Mutter. Er hat
allen Grund, sie zu hassen. Sie hat ihm seinen Thron, sie hat ihm
seine Söhne genommen, hat sie zu seinen Feinden erzogen. Er
hat in Wien gesehen, welch breiten Betätigungsraum eine andere
Mutter, und eine, die rechtens auf dem Throne sitzt – Maria
Theresia –, ihrem Sohne einräumt, und er muß erleben, wie jeder
hübsche Gardeoffizier, der seiner Mutter gefällt, mehr Einfluß
auf die Regierungsgeschäfte hat als er, der rechtmäßige Zar. Es
ist begreiflich, daß dieser Groll, aus beleidigtem Rechtsgefühl
geboren, jahrelang angesammelt und ständig wachsend, ihn
schließlich ungerecht gegen Katharina macht. Er ist nicht imstande, ihre Taten objektiv zu beurteilen, alles, was sie verfügt, erscheint ihm schlecht, was sie unternimmt, verderblich; er mißtraut ihr, er mißtraut ihren Freunden, Ratgebern und Kreaturen,
er mißtraut seinen eigenen Freunden und hält sie für Katharinas
Kreaturen; er sieht überall Feinde, Spitzel, gedungene Mörder;
er mißtraut seinen eigenen Söhnen und glaubt, daß sie seinen Tod
wünschen und eines Tages veranlassen könnten. Oft schickt er

seine Kavaliere vom Dienst oder auch von ihm selbst geladene Gäste einfach fort, aus Angst, sie könnten ihn ermorden. An den Hof geht er überhaupt nicht mehr, nicht einmal an seinem Namenstag oder am Jahrestag der Krönung Katharinas: es ist ein offener und vollkommener Bruch.

Diese Feindseligkeit hat soviel vernünftige Gründe, daß es schwer ist, festzustellen, wann der beginnende Wahnsinn einsetzt, um ihr seinen tragischen Stempel aufzudrücken. »Er ist verrückt«, sagt Katharina, wenn Paul einem ihrer Vertrauten in ihrer Gegenwart ausrichten läßt, er werde ihm, kaum auf den Thron gelangt, sogleich den Kopf abschlagen lassen. Aber, »er ist leider nicht verrückt genug, als daß man Rußland vor seiner Narrheit schützen könnte«.

Sie hat Rußland nicht schützen können. Am Tag nach ihrem Tode tritt dieser Wahnsinn zum ersten Mal deutlich zu Tage: ehe Paul den Thron besteigt, den seine unwürdige Mutter »entweiht« hat, läßt er die Leiche Peters III. ausgraben und die zerfallenen Knochen, die bloß an einem Stiefel agnosziert werden können, in feierlichem Pomp durch die Straßen führen; er zwingt den altersschwachen Alexej Orlow, an der Spitze dieses düsteren Zuges hinter der Leiche seines Opfers einherzugehen und läßt schließlich das Gerippe für eine kurze Weile auf den Thron setzen, um symbolisch die legitime Thronfolge herzustellen.

Die russische Krone auf dem grinsenden Totenschädel – so siegt die ewige Shakespearewelt in einer einzigen Sekunde über die lachenden Kinder des vernünftigen Jahrhunderts.

IV.

Potiomkin
oder die Improvisationen des Zyklopen

Im Winter 1773, als die aufständischen Horden in vollem An-
marsch auf Moskau sind, während gleichzeitig der Krieg gegen
die Türkei aufs neue entbrannt ist, scherzt Katharina in ihren
Briefen an Voltaire über den Sultan, den Großvezier und über
den »Marquis de Pugatschew«. Aber es gibt in diesem hartbe-
drängten Jahr einen Mann, einen einzigen, vor dem sie wirklich
Angst hat: das ist Gregor Orlow. Sie hat ihn fallenlassen und
fürchtet seine Rache.
Er hat endlich das Maß ihrer Geduld erschöpft. Zehn Jahre lang
hat sie ihn geliebt, mit einer Liebe, die ein ewiges Verzeihen unerträglicher Demütigungen war. Jeden Schmerz hat sie ihm mit
einer Wohltat vergolten, es war bekannt, daß seine Mätressen
nichts von ihrem Zorn zu fürchten hatten, im Gegenteil: sie
konnten durch Orlow allerlei Gnaden bei der Kaiserin ertrotzen.
Ein Senator, der gegen seine Frau auf Scheidung klagen wollte,
weil sie ein Liebesverhältnis mit Gregor unterhielt, wurde von
Katharina in geheime Audienz berufen und mit einem schönen
Gut in Livland beschenkt, damit er ihrem Beispiel folge und
schweigend verzeihe. Im Jahre 1767 schrieb Katharina an Madame Geoffrin: »Als Ihr letzter Brief ankam, war gerade Graf
Orlow in meinem Zimmer. Sie schreiben, daß ich bewunderns-
wert sei, weil ich gleichzeitig an dem Gesetzbuch arbeite und
Handarbeiten mache. Er, der ein schrecklicher Faulpelz ist, obwohl er sehr viel Geist und natürliche Fähigkeiten besitzt, rief
dabei aus: ›Ja, das ist wahr!‹ Und das ist das erstemal, daß ich
ein Lob aus seinem Mund zu hören bekam. Und Ihnen, Madame,
verdanke ich es!« – Wie man sieht, hat Orlow seine kaiserliche
Geliebte nicht nur betrogen, er hat sie auch so knapp gehalten,

daß sie bei der kleinsten Anerkennung vor Freude gerührt und ergriffen war.

Trotzdem war seine und seiner Brüder Macht beständig gewachsen. Zwar hatten die Orlows keinen Einfluß auf die Staatsgeschäfte – dies wäre schon an dem entschlossenen Widerstand des unentbehrlichen Panin gescheitert –, aber Katharina hatte immer wieder Gelegenheiten gefunden, bei denen sie sich auszeichnen konnten. Im großen und ganzen hat sie es nicht zu bereuen gehabt. Die Orlows waren zwar keine feinen Köpfe, aber impetuose Naturen, hemmungslose Kraftmenschen, wie gewisse Situationen sie erfordern, und die der Kaiserin immer wieder bewiesen, daß sie im guten wie im bösen zu allem fähig waren.

Alexej Orlow hatte als Generaladmiral die Flotte im türkischen Krieg befehligt, obwohl er bis dahin niemals ein Schiff gesehen hatte. Sein Lehrgeld war teuer, aber es machte sich schließlich bezahlt. Mag der entscheidende Sieg von Tschesme auch der überlegenen Tüchtigkeit zweier Engländer in russischen Diensten – Greigh und Elphingstone – zu danken gewesen sein, dem Oberbefehlshaber gebührte das Verdienst, die richtigen Männer an die richtige Stelle gesetzt zu haben, und so empfing Alexej die höchste militärische Auszeichnung, den St. Georgsorden, nicht zu Unrecht aus den Händen Katharinas. Die Denkmünze, die zu seinen Ehren geschlagen wurde, genügte seinem Ehrgeiz nicht. Ins Mittelmeer zurückgekehrt, bestellte er bei einem italienischen Maler vier große Gemälde, welche die Vernichtung der türkischen Flotte darstellen sollten; als der Maler diese Aufgabe schwierig fand, weil er niemals ein Schiff hatte in die Luft fliegen sehen, zögerte der wilde Alexej nicht, ihm den nötigen Anschauungsunterricht zu erteilen und im Hafen von Livorno ein Schiff verbrennen zu lassen. Hier fand er auch eine zweite Gelegenheit, seine Skrupellosigkeit zu beweisen: eine junge Abenteurerin war aufgetaucht, die sich als Tochter der verstorbenen Kaiserin Elisabeth und Rasumofskys und somit als legitime Prätendentin auf den russischen Thron ausgab. Sie bedeutete keine große Gefahr, aber immerhin eine schwere Belästigung für Katharina, weil es sogar in diplomatischen Kreisen Leichtgläubige gab, die ihr zuhörten, wie sie die abscheulichsten Dinge über die russische

Usurpatorin erzählte. Katharina wünschte ihre Gefangennahme, und Orlow setzte sie durch. Er näherte sich der unglücklichen Abenteurerin, schien in rasender Liebe für sie zu entbrennen und versprach ihr, wenn sie ihn bloß mit ihrer Hand erhören wolle, Katharina zu stürzen und ihr der russischen Thron zu verschaffen. Er umgarnte sie mit soviel Eifer und Erfolg, daß sie ihm wirklich versprach, ihn am Tag rach ihrer Krönung zu heiraten. Als seine offizielle Braut verkehrte sie mit ihm in der besten italienischen Gesellschaft, als seine Braut folgte sie ohne leisesten Argwohn seiner Aufforderung, das im Hafen liegende russische Geschwader zu besichtigen. In einer festlich geschmückten Schaluppe wurde sie hinübergerudert, Musik ertönte vom Deck des ersten russischen Schiffes, eir prächtiger Fauteuil wurde herabgelassen, um sie an Bord zu ziehen – doch kaum war sie dort, wurde sie in Ketten gelegt und, im tiefsten Kielraum verstaut, nach Petersburg gebracht, wo sie zwei Jahre später elend im Gefängnis starb. Dies alles war im Einverständnis mit Katharina und ihr zuliebe geschehen. Aber Katharina hatte allen Grund, vor dem Augenblick zu zittern, da diese hemmungslose Wildheit sich gegen sie kehren konnte.

Gregor, ihren Geliebten, hatte sie nicht in den türkischen Krieg geschickt, weil sie ihn nicht solange entbehren konnte; aber sie hatte eine andere Gelegenheit für ihn gefunden, jene Eigenschaften, die er wirklich besaß, nämlich Mut und Tatkraft, zu beweisen: Im Jahre 1771 war durch Soldaten die Pest von der Front nach Moskau verschleppt worden. Um einer allgemeinen Depression zu steuern, war von seiten der Militärbehörden unsinnigerweise verboten worden, die furchtbare Krankheit bei ihrem Namen zu nennen, sie wurde als ein besonders »hitziges Fieber« bezeichnet; dadurch war von allem Anfang an alles versäumt worden, was einer Verbreitung hätte zuvorkommen können, die Seuche griff mit rasender Schnelligkeit um sich, die Leute, halbirr vor Angst, erschlugen die Ärzte auf den Straßen und strömten, oft mit dem Todeskeim in ihrem Atem, vor das Bild der Muttergottes an den Toren des Kreml, weil sie sich einbildeten, dieses Bild habe die Kraft, von der Krankheit zu heilen. Der Erzbischof von Moskau begriff die Gefahr dieser Ansamn lungen, ließ das Bild entfernen und wurde dafür buchstäblich in Stücke gerissen. In diesem Augenblick erschien Orlow in der verseuchten, entfesselten Stadt. Er hatte weder vor der Pest noch vor dem Pöbel Angst. Er verbot alle Ansammlungen und verhinderte sie mit rücksichtsloser Strenge. Fatalist durch und durch, besuchte er die Kranken und sorgte dafür, daß alles, was sich in der Umgebung der Verstorbenen befunden hatte, ihre Kleider, ihr Hausrat, verbrannt wurde. Ein Stab von tüchtigen Ärzten und der Anbruch des Winters unterstützten ihn. Als er nach Petersburg zurückkehrte, empfing ihn eine Triumphpforte mit den Worten:»Dem, der Moskau von der Pest befreit hat.«

Ein Jahr später sandte ihn Katharina nach Fokschany zum Friedenskongreß mit der Türkei. Sie schrieb noch am Tage seiner Abreise an ihre Freundin, Frau Bjelke, nach Hamburg,»er müsse in seiner großen Schönheit den Türken als ein wahrer Friedensengel erscheinen«. Am nächsten Tag erfuhr sie von einer neuen, besonders demütigenden Untreue Gregors: er hatte sich an seiner dreizehnjährigen Kusine, der kleinen Zinowjew, vergangen. Wie immer, wenn ihr dergleichen zu Ohren kommt, ist Katharina auch diesmal vor Schmerz und Eifersucht außer sich geraten. Aber diesmal war Orlow nicht da, um sie zu versöhnen, um mit ein paar Worten, einem Kuß, die Wunde zu heilen. Andere sind da, die ein Interesse daran haben, den Bruch zu erweitern, endgültig zu machen: Panin und alle, die den Fall der stolzen Orlows wünschen. Sie lenken Katharinas Aufmerksamkeit auf einen schöngewachsenen, blutjungen Offizier, einen gewissen Wassiltschikow.»Es war eine Wahl aufs Geratewohl und aus Verzweiflung«, schreibt Katharina später,»und gerade in dieser Zeit habe ich mich mehr gegrämt als ich sagen kann.« Aber sie hat diese Wahl getroffen, und sie will um keinen Preis zurück in das elende Gefängnis ihrer Leidenschaft. Von einem Tag zum andern wird Wassiltschikow»Generaladjutant«, er bezieht die Gemächer, die durch einen geheimen Gang mit dem Schlafzimmer der Kaiserin verbunden sind, er erhält ein Präsent von hunderttausend Rubeln und eine Monatsrente von zwölftausend Rubeln und hat fortan die Pflicht, die Kaiserin auf allen ihren Ausfahrten zu begleiten und den Abend in der Nähe ihres Kartentisches zuzubringen, um in jedem Augenblick bereit zu sein, ihr den Arm zu reichen, sobald sie ihre letzte Partie beendet hat. Seine Funktionen sind strenger geregelt als die irgendeines anderen höheren Beamten. Er darf den Palast nicht ohne ausdrückliche Erlaubnis verlassen, auch keine Besuche machen oder empfangen. Katharina will nicht mehr leiden, was sie gelitten hat. Sie hat Angst vor dem Weichen, Zärtlichen, vor dem »Weiblichen«, das abhängig macht und versklavt. Das Pendel schlägt nach der anderen Seite und zeigt die ganze Amplitude ihrer zwiespältigen Natur: sie kann auch »wie ein Mann« lieben, männlicher als ein Mann, sie kann den Partner in die weibliche Rolle drängen, sie kann ihn demütigen, ihn nehmen, indem sie sich ihm schenkt.

Als Orlow in Fokschany erfährt, daß ihm Katharina einen offiziellen Nachfolger gegeben hat, läßt er den Kongreß sofort im Stich, wirft sich in einen Schlitten und jagt ohne Aufenthalt nach Zarskoje Selo. Der Beauftragte einer Großmacht läßt die Friedensverhandlungen seines Landes kurzweg auffliegen, um seine Liebesangelegenheit mit dem Staatsoberhaupt in Ordnung zu bringen! Es gelingt ihm nicht. Katharina, die Orlows Temperament kennt und seine vorzeitige Rückkehr erwartet hat, schickt ihm einen Boten entgegen, der ihn kurz vor Petersburg aufhält und ihm befiehlt, sich auf sein Schloß Gatschina zu begeben. Und nun beginnen richtige Verhandlungen, auf die Orlow zunächst nicht eingehen will. Er beharrt auf einem Wiedersehen, es mag kurz, es mag nur für eine Stunde sein. Dies aber ist das einzige, was Katharina ihm nicht gewähren will. Seine Botschaften an die Kaiserin werden immer dringender, immer flehender, schließlich sogar drohend. Katharina hat Angst vor ihm, sie läßt die Wachen vor dem Palais und vor ihren Gemächern verdoppeln. Während eines Maskenballes verbreitet sich das Gerücht, Orlow sei soeben vorgefahren: die Kaiserin rafft ihre Röcke zusammen, stürzt in unwürdiger Hast aus dem Saal und verbirgt sich in Panins Arbeitskabinett. Es ist wohl kaum Orlows Mörderhand, die sie so sehr fürchtet, es ist die Hand, deren Liebkosung sie kennt und deren Liebkosung sie immer noch verlangt, es ist nicht Orlow, es ist ihr eigenes Blut, das sie fürchtet. Sie ist bereit, jeden Preis zu zahlen, um ihr Blut loszukaufen: sie bietet Orlow den Fürstentitel, ein Geschenk von hunderttausend Rubeln, um sich ein Haus in Moskau zu erbauen, alle ihre Lustschlösser als Aufenthalt bis zur Fertigstellung dieses Hauses, ein Jahresgehalt von fünfzehntausend Rubeln, sechstausend Bauern aus jeder beliebigen Krondomäne, dazu noch eine Unzahl kostbarer Geschenke, silbernes Tafelservice, alle Möbel aus den Gemächern, die er in Moskau bewohnt hat – all dies bietet sie ihm für das ritterliche Versprechen, ein Jahr lang nicht am Hofe zu erscheinen. Ihre ganze Seelengröße liegt in dieser Art der Verabschiedung: die gewaltige Kaiserin, die tiefgekränkte Frau hätte alle Macht und auch allen Grund, den Mann, der ihre zärtlichsten Gefühle so oft und so schmerzlich verraten hat, zu strafen, zu verbannen, zu vernichten. Sie aber überhäuft ihn mit Geschenken und bittet ihn beinahe demütig nur um das eine: um ihren Frieden.

Sie hat es ohnedies schwer genug, ihren Frieden wiederzufinden. Wassiltschikow kann ihr nur wenig dabei helfen, er kann ihr bloß durch seine ständige Begleitung, durch die Wohlgefälligkeit seiner Gestalt die Demütigung ersparen, den Anblick einer verlassenen Frau zu bieten. Sie hat es immer gehaßt, Mitleid zu erwecken; lieber soll ganz Europa eine leichtfertige Frau in ihr sehen, die ihren Geliebten satt bekommen und ihm einen jüngeren vorgezogen hat. Gern möchte sie mitsamt der Welt auch sich selbst täuschen, aber das gelingt ihr nicht. »Seine Zärtlichkeit machte mich weinen«, gesteht sie später. Sie ist nicht imstande, auch nur einen Hauch von Leidenschaft für diesen schönen Jüngling zu empfinden. »Ich war nichts als eine Art männliche Kokotte für sie«, berichtet Wassiltschikow, »und sie hat mich auch wie eine solche behandelt. Wenn ich für mich oder sonstwen um eine Gnade bat, antwortete sie mir nicht, aber ich fand am nächsten Tag ein paar Tausendrubelscheine in meiner Tasche. Nie hat sie geruht, die Dinge, die mir am Herzen lagen, mit mir zu besprechen.« So schlecht und kalt hat sie keinen ihrer späteren Liebhaber behandelt. Der arme Wassiltschikow hat die Sünden Orlows zu büßen. Einem anderen erst ist es bestimmt, Orlow zu ersetzen.

Als Orlow, zwei Jahre später, an den Hof zurückkommt, ist dieser andere schon da. Aber Katharina empfängt den einstigen Geliebten mit offenen Armen, als eine zärtliche und mütterliche Freundin, die alles Böse vergessen hat und sich nur der Dienste erinnert, die Gregor und die andern Orlows ihr erwiesen haben. Als Gregor seine Kusine, das Fräulein Zinowjew, heiraten will, was den Gesetzen der griechischen Kirche widerspricht, ist es Katharina, die als Oberhaupt der griechischen Kirche die Ehe ermöglicht und die dem jungen Paar die großartigsten Empfehlungsschreiben für seine Hochzeitsreise ins Ausland mitgibt. Und als Orlow im Jahre 1783 in tiefster Geistesumnachtung stirbt, schreibt Katharina an Grimm: »Obwohl ich seit langem auf dieses traurige Ereignis vorbereitet war, so hat es mich doch auf das Tiefste erschüttert. Man kann mir gut zureden, und ich selbst kann mir alles vorsagen, was man eben bei solchen Gelegenheiten sagt, nur schluchzende Tränen sind meine Antwort. Ich leide unsäglich.«

Eine breite Natur ist imstande, mehrere starke Gefühle nebeneinander zu beherbergen. Während Katharina um Orlows traurigen Endes willen »unsäglich leidet«, gehört ihre Leidenschaft einem anderen Mann. Und zu der Zeit, da sie sich noch um Orlows verschiedener Treulosigkeiten willen grämte, verfolgte sie doch mit großem Interesse die Laufbahn jenes jungen Gardisten, der ihr an dem unvergeßlichen Abend ihrer Thronbesteigung sein Portepee geliehen hatte, der mit ihr durch jene herrliche helle Nacht dem endgültigen Sieg entgegengeritten war und der dann den gestürzten Kaiser auf seiner Fahrt nach Ropscha begleitet hatte. Sie ernannte Potiomkin schon in den allerersten Tagen ihrer Regierung zum Leutnant und bald darauf zum Kammerjunker, und sie empfing ihn oftmals bei den kleineren und intimeren Zusammenkünften in der Eremitage, denn er besaß jene Eigenschaft, die sie am höchsten schätzte: er konnte sie zum Lachen bringen. Er verstand sich darauf, alle Leute in Mimik und Tonfall täuschend nachzuahmen; er kopierte zu Katharinas Belustigung alle ernsten und steifen Würdenträger ihres Hofes und zu ihrem größten Gaudium – sie selbst. Von den übrigen Eigenschaften dieses Mannes, der sie so gut zu amüsieren verstand, hatte sie damals keine Ahnung.

Übrigens mußte sie seine angenehme Gesellschaft bald wieder entbehren, denn es war – angeblich bei einer Billardpartie – zu einem Streit zwischen Alexej Orlow und Potiomkin gekommen, und der wilde Alexej hatte dem jungen Offizier ein Auge ausgeschlagen. Untröstlich über seine Entstellung, glaubt er, den Hof fortan meiden zu müssen. Er begibt sich in den türkischen Krieg, wo er, von Katharina dem Feldmarschall Rumiantzow persönlich unterstellt und empfohlen, sehr bald ohne besondere Verdienste bis zum Generalleutnant avanciert. In dieser Eigenschaft hat er eines Tages der Kaiserin eine dringende Botschaft zu überbringen. Sie empfängt ihn sehr liebenswürdig, mit jener Allerweltsliebenswürdigkeit, die sie für Tausende bereit hat und die Tausenden den Eindruck besonderer Huld vorgaukelt. Im Grunde genommen ist dieser massige Zyklop kein Mann nach ihrem Geschmack. Er wäre kaum schön zu nennen, auch wenn in der linken Augenhöhle ein zweites Auge ebenso geistreich und leidenschaftlich funkelte, wie in der rechten. Sein Gesicht ist birnenförmig, über die breite Stirn triumphieren die breiteren Kiefer, die seltsame, eigenwillig gebuckelte lange Nase ist alles eher als griechisch und kontrastiert mit dem weichen, sinnlichen Mund; sein Körper ist zwar so kolossal und wuchtig, wie sie es an Männern liebt, aber er ist nicht ebenmäßig gebaut, es fehlt ihm die Grazie der Form und der Bewegung, und Potiomkins Hände sind ausgesprochen häßlich: grobe, klotzige Hände, deren Fingernägel fast bis auf die Wurzel abgebissen sind.

Was empfindet Potiomkin, während er seiner Kaiserin Rapport erstattet? Der Haß gegen die Orlows lebt in seinem Herzen. Was Alexej ihm getan hat, ist um Gregors willen ungesühnt geblieben. Er weiß, wo die Orlows am tiefsten getroffen werden können, und jetzt ist der Augenblick da, wo es möglich ist, sie in diesem Punkt zu treffen. Potiomkin sieht, mit dem einen Auge, das ihm geblieben ist, daß die Kaiserin sich mit Wassiltschikow langweilt. Er sieht eine Möglichkeit, und diese Möglichkeit entzündet seine Phantasie. Er stürzt zu Katharinas Freundin, zur Gräfin Bruce, und gesteht ihr, daß er bis zur Raserei in die Kaiserin verliebt sei, er schwört – und er glaubt was er schwört –, daß er sich nach beendetem Feldzug in ein Kloster zurückziehen werde, weil er diese gigantische Leidenschaft anders als durch die völlige Vernichtung seiner weltlichen Person und ohne die Gnade Gottes nicht bezwingen könne.

Potiomkin ist kein Orlow, der vom Zufall hochgetragen wurde. Potiomkin ist ein Genie, wenn es auch schwer ist, seine Genialität auf eine bestimmte Richtung hin festzulegen. Er ist vor allem eine Persönlichkeit, die in Stunden der Entscheidung alle seine vielen Fehler verdeckt und auch klügere, tüchtigere und geeignetere Männer mit der Gewalt ihrer Impetuosität überrennt. Schon als Knabe hatte er gesagt, daß er entweder Erzbischof oder Minister werden müsse. Er war, als Schüler der Theologie, einer der ersten Studenten an der neugegründeten Moskauer Universität und war als deren Zierde und Stolz der Kaiserin Elisabeth vorgestellt worden. Zwei Jahre später hatte man ihn wegen »andauernder Vernachlässigung der Vorlesungen« geschaßt, denn zu Zeiten wechselt sein glühender Tatendrang mit unüberwindlicher Trägheit. Sein Ehrgeiz ist ungeheuer, aber unbeständig und ohne Berechnung, er überkommt ihn wie ein Rausch, erfüllt ihn mit Schwung, Leidenschaft, Mut, tausend großartigen Ideen, um beim leisesten Mißerfolg in tiefste Niedergeschlagenheit und aufrichtige Sehnsucht nach einem mönchisch-asketischen Leben umzuschlagen. Er ist vor allem ein gigantischer Phantast. Seine Phantasien sind so glühend und so lebendig, daß sie nicht nur alle anderen, sondern auch ihn selbst mitreißen.

Es wäre banal, seine Leidenschaft für Katharina analysieren zu wollen: sie ist da und sie ist von so überzeugender Gewalt, daß sie sich ohne weiteres, sogar durch das Medium der Bruce, Katharina mitteilt. Sie tritt in Korrespondenz mit dem wieder an die Front zurückgekehrten Offizier, sie läßt sich von seinen Briefen umwerben. Er macht Gedichte an sie, die von orientalischer Überschwenglichkeit und zugleich volkhafter Einfachheit sind.

Gleichzeitig gelingt es ihm, bei der Erstürmung von Silistria eine vielbemerkte Rolle zu spielen und einen romantischen Zusammenhang zwischen seiner Liebe und seinem Soldatentum herzustellen: er will sterben oder sich die Gunst seiner hohen Geliebten verdienen.

»Wenn Sie diesen Brief lesen«, endet Katharina ihr nächstes Schreiben, »so werden Sie sich vielleicht fragen, wozu er geschrieben wurde. Darauf kann ich Ihnen antworten: weil ich viel an Sie denke und Ihnen immer alles Gute wünsche.«

Wenn eine Kaiserin, inmitten ihrer tausend Geschäfte, einen Brief schreibt, bei dem der Empfänger sich fragen muß, wozu er geschrieben wurde, so kann er sich ruhig eine deutlichere Antwort geben; kaum hat Potiomkin die kostbaren Zeilen erhalten, als er sich eilends nach Petersburg begibt. Aber er läßt Katharina keine Zeit, den Mann zu spielen, der sich eine neue Kokotte nimmt: ehe er sich ihr nähert, bittet er sie in einem leidenschaftlichen Schreiben – so wie man andere, gewöhnliche Frauen um ihre Hand bittet – um den Posten des »Generaladjutanten«. Und gleichen Tages wird Wassiltschikow auf Reisen geschickt, und Potiomkin darf der Kaiserin den Arm reichen, um sie in ihr Schlafgemach zu führen.

»Was werfen Sie mir vor?«, schreibt sie an Grimm, der ein wenig erschrocken über diesen schnellen Wechsel ihrer Liebhaber ist, »daß ich einen gewiß ausgezeichneten, aber sehr langweiligen Bourgeois durch eines der größten, der komischsten und amüsantesten Originale dieses eisernen Jahrhunderts ersetzt habe?« Noch immer ist Potiomkin in ihren Augen vor allem andern »komisch und amüsant«. Man möchte eher glauben, daß sie von einem neuen Hofnarren, als daß sie von ihrem neuen Geliebten spricht, wüßte man nicht, daß Katharina kein höheres Lob kennt als das der Unterhaltsamkeit und daß diese Frau, die so viel Schreckliches erlebt und so viel Schreckliches getan hat, die mehr ernste Arbeit leistet als zehn Männer zusammengenommen, keine tiefere Sehnsucht hat als die nach unbeschwerter Heiterkeit.

Aber Potiomkin kann mehr, als Katharina unterhalten: er betet sie an, wie sie kein Liebhaber jemals angebetet hat. Orlow hat sie nie gelobt – Potiomkin liegt stundenlang vor ihr auf den Knien und bewundert ihre weiße Haut und ihre rosigen Wangen, er dichtet die entschwundene Jugend in ihr Gesicht zurück und zaubert mit den Worten seiner glühenden Einbildungskraft die beginnende Fülle ihrer Formen fort. Er ist beredt wie Voltaire und wild wie Asien. Orlow war karg und herb und rauh gewesen. Potiomkin überströmt von Zärtlichkeit, er überschüttet sie mit einem solchen Schwall ausgesuchter Aufmerksamkeiten, daß sie – zum ersten und einzigen Mal – aus ihrer ewigen Rolle der Gebenden gedrängt und in eine richtige Frau verwandelt wird, die ein richtiger Mann verwöhnt. Auch Orlow hatte das Bedürfnis gehabt, sich nicht bloß beschenken zu lassen, und eines Tages hatte er einem Maharadscha für vierhunderttausend Rubel einen der größten Diamanten der Welt abgekauft und Katharina geschenkt; da er viel zu groß war, als daß selbst eine Kaiserin ihn hätte tragen können, schmückte der berühmte »Orlow« lediglich die kaiserliche Schatzkammer, es war ein sehr kostbares und auch ein sehr phantasieloses Geschenk. Potiomkin versteht es, Geschenke zu geben, deren Wert in Geld nicht ausdrückbar, vielmehr gerade in dem großartigen Mißverhältnis zwischen ihrer Vergänglichkeit und ihrer Kostbarkeit gelegen ist: er schenkt ihr mitten im strengsten Winter Rosen aus Italien, zum neuen Jahr schickt er ihr ein Körbchen mit reifen Kirschen. Ein Offizier namens Bauer ist beständig für ihn unterwegs, um aus allen Weltrichtungen die raren Nichtigkeiten herbeizuschaffen, mit denen dieser phantastische Liebhaber Katharina eine flüchtige Freude bereiten will: einen schönen Sterlet von der Amurmündung, einen Tänzer aus Paris, einen Geiger aus Rom, eine Rebe seltener Trauben von der Krim. Dieser Offizier, der nahezu das ganze Jahr im Wagen verbringt, bittet seine Freunde, ihm für den Fall, daß er bei einer dieser Fahrten den Kragen brechen sollte, folgende Grabschrift setzen zu lassen:

»Hier ruht der arme Bauer –
Vorwärts, Kutscher! Fahr zu!«

Natürlich bezieht Potiomkin die Mittel für seine extravaganten Aufmerksamkeiten von der Kaiserin. Aber seine dichterische Phantasie versteht es, eine Liebeswelt zu schaffen, in der solche nüchternen Tatsachen ohne jeden Belang sind. Sein Mannesstolz hat es nicht nötig, gegen die soziale Überlegenheit seiner Geliebten zu protestieren, er zaubert sie fort, wie er die kleinen Fältchen

354

um Katharinas Augen fortzaubert. Er ist immer und in jeder Beziehung der Mann; er besingt ihre Schönheit, aber er versucht durchaus nicht, ihr zu gefallen. Oft erscheint er bei ihr mit nackten Füßen, ungekämmten Haaren, in einem nicht ganz sauberen Schlafrock. Er beißt in ihrer Gegenwart ungeniert an seinen Fingernägeln. Einmal schenkt sie ihm ein kostbares Sèvresservice mit der Widmung: »Dem größten Nägelbeißer der Welt«.

Aber auch diese große Liebe ist keineswegs idyllisch. Von allem Anfang an gibt es alle paar Tage Streit. Potiomkins Temperament ist nicht heiter und gleichmäßig wie das der Kaiserin. Das kleinste Wort, der leiseste Widerspruch verstimmen ihn bis zu dem Wunsch, Katharina und den Hof zu verlassen. Vor allem ist er eifersüchtig. Er will nicht bloß Katharinas Geliebter sein, er will sie ganz und gar besitzen, er führt einen erbitterten und nicht immer noblen Kampf gegen alle ihre Freunde und Ratgeber, jeder Blick von ihr, auf irgendeinen unbedeutenden Jüngling geworfen, erregt ihn bis zur Weißglut, und er kennt dann keine Hemmungen. Er bekommt einen roten Schädel, zertrümmert, was ihm gerade unter die Hände kommt, er wirft Katharina die derbsten Beleidigungen ins Gesicht, läuft mitten im Gespräch davon und schmettert die Tür hinter sich ins Schloß. Anfangs gerät Katharina über solche Ausbrüche in Verzweiflung, sie schickt dem zornigen Freund zwei oder drei Billette auf sein Zimmer, sie schwört, nur ihn und ihn bis an ihr Lebensende zu lieben. Manche dieser Billette bestehen fast ausschließlich aus Kosenamen: »Mein kleiner Grischifitschenska, mein Täubchen, mein Goldfasan, Herz meines Herzens...« oder aus ebenso zärtlichen Schimpfnamen: »Kosak, Barbar, Giaur, Tatar...« Nicht immer läßt sich der Zürnende leicht versöhnen, er schmollt manchmal hartnäckig, tagelang. Er läßt Katharina warten, sie läuft zu ihm, findet seine Tür versperrt. Sie kündigt ihm ihren Besuch an, er bestellt irgendeinen Possenreißer zu sich und hält ihn solange zurück, bis sie todmüde, indigniert gegen Mitternacht fortgeht. Er schickt ihr ein leeres Blatt Papier als Antwort auf einen Versöhnungsbrief. »Wir sind nicht am ersten April, daß Du mir ein leeres Papier schickst«, schreibt sie ihm, unentwegt bereit, den Streit beizulegen. »Vielleicht hast Du was Böses geträumt oder

Du hast es getan, um mich nicht allzusehr zu verwöhnen. Aber da ich Deine Launen nicht verstehe, weiß ich auch nicht, was Dein Schweigen bedeutet. Trotzdem bin ich voller Zärtlichkeit für Dich, Du Moskowiter, Du Kosak, Du Pugatschew, Du Kater, Du Pfau, Du wilder Löwe!« Niemals ist sie ernstlich beleidigt: auch in der Heftigkeit seines Zornes, in der Ungerechtigkeit seiner Eifersucht erblickt sie Zeichen seiner übermäßigen Liebe. »Wenn wir uns weniger liebten, wären wir viel gescheiter und auch glücklicher.« Trotzdem verursachen ihr die ewigen Streitereien bittere Stunden, denn sie kann den Gedanken, mit ihrem Geliebten »böse« zu sein, einfach nicht eine Nacht lang ertragen; sie braucht Frieden und gelassene Heiterkeit. »Sei doch heiter«, schreibt sie ihm immer wieder. Aber wenn sie sich anfangs bemüht hat, die verschiedenen Anlässe seiner Verstimmung zu erforschen und ihm alle Mißverständnisse aufzuklären, so kommt sie doch mit der Zeit zu der Erkenntnis, daß die Anlässe gleichgültig sind, weil es sich um eine unabänderliche Charaktereigentümlichkeit Potiomkins handelt. »Du willst doch einfach streiten«, schreibt sie ihm, »Du predigst mir, daß wir in schönster Harmonie leben und keine Geheimnisse voreinander haben sollen, und im gleichen Augenblick findest Du einen neuen Anlaß zur Unruhe, denn Ruhe ist eben ein unerträglicher Gemütszustand für Dich.« Manchmal – sehr selten – sieht Potiomkin sein Unrecht ein und macht den ersten Schritt zur Versöhnung: »Gestatte, Teuerste, daß ich Dir sage, wie unser Streit vermutlich enden wird. Wundere Dich nicht, daß ich um unsere Liebe besorgt bin. Du hast mich zu all den Wohltaten, mit denen Du mich überhäufst, auch in Dein Herz geschlossen. Ich will immer allein darin sein und über allen Vorgängern stehen, weil niemand Dich so liebt, wie ich Dich liebe.« Katharina hat an den Rand dieses Briefes geschrieben: »Erlaube, daß die Gedanken sich beruhigen und daß die Gefühle ihre Freiheit wieder erlangen. Sie sind zärtlich und werden schon selbst den besten Weg finden. Ende des Streites, Amen.«

Potiomkins Verhältnis zu Katharina ist ganz anders als es Orlows Verhältnis gewesen war. Potiomkin ist es, der mit Unruhe liebt, und Katharina liebt wahrscheinlich seine leidenschaftliche Liebe mehr als ihn selbst. Aber sehr bald ist es etwas ganz anderes als gewöhnliche Leidenschaft, was diese Beziehung erfüllt und ihr eine Breite gibt, die nicht nur alle anderen Beziehungen Katharinas übertrifft, sondern überhaupt einzig in der Geschichte aller Zeiten dasteht. »Sie müssen einander sehr lieben«, sagt der Senator Jellagin zu einem vornehmen Reisenden, »denn sie sind einander vollkommen ähnlich.« Das ist ein seltsamer Blick in die Tiefe, denn welche äußere Ähnlichkeit können diese beiden zeigen? Die aufgeklärte, freigeistige Kaiserin, Pünktlichkeit und Ordnung in Person, so mäßig, daß ihre Gäste halbhungrig von ihrer Tafel aufstehen, die niemals einen Schluck Alkohol zu sich nimmt und deren Tagewerk so präzise abschnurrt wie das Räderwerk einer Uhr, und dieser Halbasiate Potiomkin, der tagelang auf seinem Diwan lungert und nächtelang säuft, dessen Gefräßigkeit und Gourmandise noch heute in Rußland sprichwörtlich sind, und der die wildesten Ausschweifungen mit einem reuevollen, inbrünstigen Gebet abschließt? Man braucht bloß Katharinas weiße, feingliedrige, gepflegte Hand mit der derben Pfote Potiomkins und ihren abgebissenen Nägeln zu vergleichen, um alle Verschiedenheiten der beiden zu erkennen. Aber in den Linien dieser beiden Hände würde vielleicht ein guter Chiromant das gleiche geheimnisvolle Zeichen entdecken, das nur die Welteroberer tragen.

Im Jahre 1774 – also sehr bald nach dem Beginn ihrer Liebesbeziehung – schickt Katharina ihren Freund nach Kutschuk-Kainardsche, um den endgültigen Frieden mit den Türken abzuschließen. »Ach, was hat der Mann für einen guten Kopf!« schreibt sie bei dieser Gelegenheit an Grimm. »Kein anderer hat sich soviel wie er um diesen Friedensschluß verdient gemacht. Und dabei ist dieser gute Kopf amüsant wie der Teufel!« Es ist das letztemal, daß von Potiomkins Unterhaltungsgabe als von einer hervorstechenden Eigenschaft die Rede ist: denn jetzt fängt Katharina endlich an, seine wesentlichsten Eigenschaften kennenzulernen.

Wie in der Liebe, so will Potiomkin auch in seinem Ehrgeiz alles, und alles ganz haben. Die üblichen Gunstbezeigungen, die

Orden, Auszeichnungen, Geldgeschenke und einträglichen Ämter, die mit dem Amt eines Generaladjutanten verbunden sind, genügen ihm keineswegs. Er will wirkliche Macht und ein wirkliches, breites Betätigungsfeld. Er verschafft sich Eintritt in Katharinas Konseil, er wird Vizekriegsminister und, fast über Nacht, wirklicher Kriegsminister. Es ist keine verliebte Schwäche von seiten Katharinas, die ihm alle diese Posten verschafft, sie ist ehrlich davon überzeugt, in Potiomkin ein noch nie dagewesenes Genie entdeckt und dem Vaterland dienstbar gemacht zu haben. Und in gewissem Sinn ist das richtig. Sie unterliegt dem Eindruck einer Persönlichkeit, die sich dann auch, aller mangelnden Vorbildung zum Trotz, in jedem Amt auswirkt. Potiomkin macht viele Fehler, und diese werden von seinen Feinden lebhaft und immer wieder herausgestrichen. Andere hätten an seiner Stelle wahrscheinlich weniger Fehler gemacht, weil sie überhaupt weniger gemacht hätten. Von Potiomkins unzähligen Unternehmungen schlagen viele fehl, stiften manche Schaden, bleiben viele unvollendet, aber im großen und ganzen ist er eine alles belebende, alles aufpeitschende, in Schwung bringende und dem langsamen, trägen Rußland förderliche Elementarkraft.

Es ist schwer, sich die Katharina der zweiten Regierungsperiode ohne Potiomkin vorzustellen. Mit dem Pugatschewschen Aufstand, mit dem endgültigen Debakel ihrer aufklärerischen, freiheitlichen Jugendideale hat sie die innere Linie, den begeisterten Elan ihrer Politik verloren. Vor ihr scheint nichts mehr zu liegen als die Aufgabe, mit Hilfe des Adels einen Polizeistaat zu organisieren, der alle aufrührerischen Regungen im Volke gewaltsam unterdrückt; daneben kann sie versuchen, die eine oder die andere kleinere menschenfreundliche Reform durchzusetzen, sie kann Spitäler und Findelhäuser erbauen, kann die Zahl der Fabriken vermehren, den Handel beleben – ein sehr ersprießliches, aber keineswegs begeisterndes Programm.

Es liegt im Wesen der Liebe, daß sie sich in einem Dritten erfüllt. Die bürgerliche Liebe erfüllt sich im Kind; die Liebe dieser beiden Menschen, deren Gemeinsamkeit das Unmaß ist, erfüllt sich im Traum von der Beherrschung der Welt. Sie mögen um irgendwelcher Nichtigkeiten willen streiten: wenn sie von Konstantinopel sprechen, sind sie eins. Wenn sie der Krim ihren alten Namen Taurien geben, sprechen sie dieselbe Sprache. Wenn sie von Rußlands Vormachtstellung in ganz Europa und in ganz Asien träumen, dann kann nichts diesen Traum stören, nicht einmal die Eifersucht. Sie entbrennen beide von Tag zu Tag heftiger in einer gemeinsamen Machtekstase, und in gleichem Maße werden die Zufälligkeiten des Alkovens nebensächlich. Als Katharinas Geliebter hätte Potiomkin niemals wirklich große Taten vollbringen können. Dazu sind beide viel zu anspruchsvoll in ihren Liebesforderungen. Solange er die Zimmer des Generaladjutanten bewohnt, führt Potiomkin trotz all seiner Ämter im Grunde ein recht müßiges Leben, dessen vielumneideter Glanz diesen unruhigsten und hochfahrendsten Geist auf die Dauer unbefriedigt lassen muß. Niemand in der Umgebung des Paares kann eine Abkühlung ihrer Leidenschaft bemerken, und doch nimmt sie über Nacht eine ganz andere, die denkbar bizarrste Form an. Ohne in Ungnade gefallen zu sein, entfernt sich Potiomkin eines Tages vom Hofe und begibt sich in Geschäften nach dem Süden des Reiches. Er verzichtet auf Katharinas Zärtlichkeit, um ihre Seele, diese unersättliche, nach übermenschlicher Größe hungernde Seele für ewig zu bewahren. »Der große Mann, der Katharina heißt«, hatte Voltaire einmal geschrieben; mit diesem »großen Mann Katharina« schließt Potiomkin einen unerschütterlichen Komplizenbund gegen die ganze Welt. Aber weil er auch die schwache Frau Katharina kennt und weil er sie nicht dem Zufall und den Intrigen Panins überlassen will, setzt er selbst den jüngsten Sekretär Katharinas, Peter Zawadowsky, in die intimste Stellung ein, auf die er selbst zwar für alle Zukunft verzichtet, die zu beherrschen er aber niemals aufhört. Er bleibt in ständigem Briefwechsel mit der Kaiserin, und der Ton dieser Briefe ist zärtlich, als ob es weit und breit keinen Zawadowsky gäbe. Und als Potiomkin ein Jahr später an den Hof zurückkehrt, veranlaßt er Katharina, ihren Generaladjutanten zu verabschieden und an seiner Stelle einen gewissen Zoritsch zu nehmen, aus keinem anderen Grund, als weil er sich beweisen muß, daß Zawadowsky niemand und er, Potiomkin, immer noch alles ist. Katharina willigt ohne weiteres in den Tausch. Das Experiment ist gelungen, die Spaltung vollzogen. Potiomkin ist der Herr, er wird seiner Herrin alles zu Füßen legen, was sie wünscht und was er will: Festungen oder Blumen, Provinzen oder schöne junge Männer. Mögen andere mit ihr schlafen – er aber ist der Meister ihrer Träume.

Erst mit dieser Abspaltung von der Sentimentalität bekommt Katharinas Sinnlichkeit jenen abnormen und überdimensionalen Zug, der ganz Europa skandalisiert und ihr den fatalen Ruf einer Messalina eingetragen hat. Ihre früheren Beziehungen waren Herzensangelegenheiten gewesen, die bei einer gesunden, temperamentvollen und vorurteilsfreien Frau verständlich und bei sehr vielen hochstehenden Frauen des achtzehnten Jahrhunderts durchaus nicht ungewöhnlich sind. Saltykow und Poniatowsky, Orlow und Potiomkin hat sie geliebt, mit jedem hat sie eine Menge sehr verschiedenartiger Interessen verbunden, keinen von ihnen hat sie ohne Schmerz aus ihrem Leben scheiden sehen. Auch den »aus Verzweiflung genommenen« Wassiltschikow kann man, mit ihren eigenen Worten, kaum »dem Leichtsinn zur Last legen«, zu dem sie »gar keinen Hang« zu haben behauptet. Ihre Behauptung ist richtig. Und gerade weil ihr zum rechten Leichtsinn vor allem die Leichtigkeit fehlt, gewinnt die rasche Aufeinanderfolge von sechs Männern, die nunmehr, teils mit seiner Billigung, teils auf sein Geheiß, die von Potiomkin geschaffene Vakanz ausfüllen, etwas Befremdendes. Es ist eine peinlich organisierte, pedantisch geregelte Lasterhaftigkeit, der jede versöhnende Grazie fehlt. In ihren philosophischen Briefen, in ihrem Umgang mit Politikern, Generälen und gekrönten Häuptern bewahrt Katharina bis an ihr Lebensende ein erstaunliches Maß von weiblicher Anmut, aber in ihrem Liebesleben tritt der bereits bekannte Zug übertriebener Männlichkeit immer mehr und mehr hervor.

Sie ist nicht mehr jung, als diese Periode der Ausschweifung beginnt; sie ist sechsundvierzig, und zwanzig Jahre später wird sie am Morgen nach einer Liebesnacht sterben. In dieser Zeit wird ihre Figur immer stärker und schließlich plump und unförmig; die breiten, massigen Hüften drücken auf die schlanken Fesseln und lassen sie anschwellen, der ehemals so behende und leichtfüßige Gang wird schwerfällig. Das Gesicht behält immer Spuren von Schönheit; wenn Katharina spricht, dann funkeln ihre Augen im alten Glanz, und wenn sie lächelt, triumphiert ihre bezaubernde Liebenswürdigkeit über ihre Jahre. Aber in der Ruhe ist dieses Gesicht streng und verrät immer mehr das wahre Wesen der Kaiserin; es wird von dem energischen Kinn dominiert, und zwei tiefe, senkrechte Falten über der schmalen Nasenwurzel erzählen von unzähligen angestrengten Arbeitstagen. Der Mund, von dem Poniatowsky geschrieben hatte, er »scheine nach Küssen zu schmachten«, wird ganz schmal. Das Gesicht eines Feldherrn auf dem Körper einer Matrone, so sieht diese unersättliche Amouröse aus.

Die Männer ihrer Wahl sind durchwegs schön und wohlgebaut und vor allem – jung. Zawadowsky ist um zwanzig Jahre, ihr letzter Liebhaber, Platon Zubow, ist um mehr als vierzig Jahre jünger als sie. Katharina ist eitel, aber sie ist nicht dumm. Sie hat Potiomkin glauben können, daß er um ihretwillen ins Kloster gehen wollte, sie kann unmöglich an die Leidenschaften all der jungen Offiziere glauben, die sich allabendlich in die Nähe ihres Kartentisches drängen, um ihre Aufmerksamkeit auf sich zu ziehen. Sie kennt genau den Wert der Vorteile, die sie zu vergeben hat, und den Wert dessen, was man dafür eintauschen kann. Darüber läßt die Art, in der ein neuer Günstling gewählt wird, keinen Zweifel offen. Er wird ohne Angabe von Gründen an den Hof gerufen, um von dem schottischen Leibarzt Rogerson eingehend untersucht zu werden. Dann wird er einige Tage lang von den Freundinnen Katharinas, der Gräfin Bruce und dem Fräulein Protassow, für seine neue Stellung abgerichtet, was den beiden Damen den ominösen Spitznamen »les éprouveuses« einträgt. Der Arzt mag eine unvermeidliche Vorsichtsmaßnahme sein, das eingehende Ausprobieren auf eine bestimmte Funktion hin spricht nicht bloß von Verachtung, sondern von dem Wunsch, diese Verachtung auch zu zeigen, den Mann der Wahl zum bloßen Männchen, zum Lustobjekt zu erniedrigen. Und die gleiche Geste liegt auch in der Art, in der ein unliebsam gewordener Günstling verabschiedet wird: er bekommt aus heiterem Himmel den Befehl, zu reisen, und hat diesem Befehl noch am gleichen Tage Folge zu leisten, ohne der Kaiserin noch einmal vor die Augen zu treten. Das Ziel seiner Reise kann er frei bestimmen. Auf der nächsten Poststation findet er einen ansehnlichen Geldbetrag und eine Menge anderer wertvoller Geschenke.

Trotzdem ist der Posten des Generaladjutanten heiß umstritten und bleibt es bis in Katharinas letzte Lebensjahre. Dutzende von schönen jungen Männern drängen sich in die Leibgarde, der die Wache im inneren Palast anvertraut ist, so daß Katharina auf dem Weg von ihrem Arbeitszimmer in die Festsäle und abends auf dem Weg in ihr Schlafzimmer durch ein doppeltes Spalier erlesener männlicher Schönheit schreitet. Und die Leibgarde besteht durchwegs aus Adeligen, wenn auch aus niederen Adeligen. Wenn ein Günstling in Ungnade fällt, kommt es zu wahren Weichselzöpfen von Intrigen, zu richtigen Schlachten um die Chance, der Kaiserin persönlich irgend eine Nachricht, eine Bittschrift überreichen und damit ihren Blick auf sich lenken zu können. Dann sind die Minister, die Diplomaten, die auswärtigen Geschäftsträger, die Kavaliere, dann ist der ganze Hof einzig und allein damit beschäftigt, den kommenden Mann zu erraten oder ihn zu »machen«; dann steht das große Räderwerk der Regierung ein paar Tage oder ein paar Wochen lang still, alle Entschließungen werden aufgeschoben, alle Augen folgen den Augen der Kaiserin. Wen wird sie wählen? Die Kaiserin selbst ist müde, abgespannt und unlustig zu jeder Tätigkeit. Es ist, als ob ihrem unverwüstlichen, unermüdlichen Organismus der entscheidende Schwung, das »Pneuma« fehle; sie klagt über allerlei Leiden, ihre Briefe sind deprimiert, sie fühlt sich alt, verbraucht, verraucht, bis ganz plötzlich irgend ein junges glattes Gesicht die geheimnisvolle Stichflamme entzündet und die ganze Maschine wieder in Tätigkeit setzt.

Das alles ist in Wirklichkeit die letzte Konsequenz einer fünfzigjährigen Weiberherrschaft. Seit dem Tode Peters des Großen im Jahre 1726 haben, mit Ausnahme weniger Monate, ausschließlich Frauen in Rußland regiert. Die männliche Gesellschaftsordnung des Reiches, die patriarchalische Familie als Grundlage des Staates war dadurch nicht erschüttert worden. Dem Hofe selbst aber, dem privaten Zirkel der Monarchinnen, hat das Frauenregiment seinen unverkennbaren Stempel aufgedrückt. Katharinas Vorgängerinnen waren ebensowenig tugendhaft gewesen wie sie, alle hatten ihre erklärten Günstlinge und daneben noch vorübergehende Verhältnisse gehabt, für welche die russische Sprache das Wort »Wremientschik« – d. h. »Mann des Augenblicks« – geprägt hat. Es ist nicht schlimmer als anderswo, aber mit vertauschten Geschlechtsrollen. Die russischen Zarinnen haben ihre Wremientschiks wie die französischen Könige ihre Mätressen haben, beides sind Auswirkungen der schrankenlosen Macht und der aufgelockerten Moral des achtzehnten Jahrhunderts. Aber es ist interessant, am Beispiel dieser beiden Höfe die Nichtigkeit jeder landläufigen Geschlechterpsychologie zu beobachten: nicht bloß, daß Katharina mit ihrer steigenden Macht und Selbständigkeit immer männlicher in ihrem Liebesleben wird, immer kühner und ohne Rücksicht auf ihr Alter die Männer ihres Wohlgefallens wählt, bezahlt und wieder entläßt, um sie herum wächst eine Generation von Jünglingen heran, deren höchster Ehrgeiz es ist, der Monarchin durch körperliche Vorzüge in die Augen zu stechen und durch geheuchelte Zärtlichkeiten Vorteile zu erlangen, wie sie allerdings durch kein anderes Verdienst erlangt werden können. Das sind keine Potiomkins, den seine Phantasie in eine wirkliche Leidenschaft gestürzt hat, das ist eine Generation von männlichen Kurtisanen, mit allem Zauber, aller Schamlosigkeit, aller berechnenden Kälte und aller kleinlichen Eitelkeit dieses Metiers. Es ist kein Zufall, daß allen Reisenden in Rußland um jene Zeit die seltsame Tatsache in die Augen sticht, daß die Frauen der hohen Stände kultivierter und gebildeter sind als die Männer und daß die Männer dafür weit größere Sorgfalt auf ihre Toilette verwenden, daß ihre Gewänder prächtiger, bunter, phantasievoller und meist so geschnitten sind, daß alle Details der Figur, vor allem die Schönheit der Beine, herausfordernd sichtbar werden. Es ist eine verweichlichte, verweiblichte Generation, die keine großen Taten des Geistes oder des Mutes im Kopfe hat, sondern irgendeine schnelle, mühelose Karriere, eine reiche Heirat oder – höchste Chance: die Stellung als Generaladjutant der Kaiserin. Keine Spur mehr von den männlichen

Skrupeln, die einen Orlow noch quälten. Die neuen Favoriten Katharinas sind stolz darauf, daß ihnen Geld und Schmuck, Häuser und Güter zuteil werden, für nichts anderes als für die fragwürdige Fähigkeit, einer korpulenten Greisin beim Einschlafen behilflich sein zu können. Wenn sie sich in die öffentlichen Angelegenheiten mischen, dann tun sie es genau so wie die französischen Königsliebchen: nicht aus wirklichem Tatendrang, nicht aus höherem Ehrgeiz, sondern getrieben von Verwandten und Freunden, denen sie einträgliche Posten verschaffen und die dann später, wenn die kaiserliche Laune vorüber ist, ihnen einen dauernden Rückhalt bieten sollen. Und Katharina ist schwach gegen alle ihre Lieblinge. Sie, die mit ihrem Koch um eine hohe Mehlrechnung streitet, verschwendet Millionen, wenn es sich darum handelt, den extravagantesten Wunsch eines übermütigen Jünglings zu erfüllen.

Denn in der Zeit zwischen der entwürdigenden Assentierung eines neuen Günstlings und seiner entwürdigenden Verabschiedung triumphiert jedesmal ihre unbändige Einbildungskraft, ihre überreiche Natur über den Wunsch, ihr Herz fest in der Hand zu behalten: sie hat sich schließlich doch in jeden ihrer Favoriten verliebt, hat an jedem Anteil genommen, war auf jeden eifersüchtig, hat sich von jedem einreden lassen, daß er ihr persönlich ergeben sei. Immer war neben ihrer Sinnlichkeit etwas Warmes, Mütterliches in ihrer Neigung oder auch etwas von der Art antiker Liebender: sie hat ihre Günstlinge verhätschelt, bewundert, verklärt, und hat gleichzeitig versucht, sie zu erziehen. Über Rimsky-Korsakow, der sich eines Tages aus reiner Eitelkeit eine große Bibliothek bauen ließ und auf die Frage des Buchhändlers, welche Bücher man hineinstellen sollte, antwortete: »Na, das wissen Sie doch! Große Bücher unten und kleinere oben«, schreibt sie an Grimm: »Sie fragen, ob ich in ihn verliebt bin? Was für ein Wort, wenn man von ›Pyrrhus, dem König von Epirus‹ spricht! Das ist Bewunderung, Begeisterung, was dieses Meisterwerk der Schöpfung einflößt! Er ist die Verzweiflung der Maler, die Klippe der Bildhauer. Er macht keine Geste, keine Bewegung, die nicht anmutig und edel wäre. Er strahlt wie die Sonne, er verbreitet Glanz, er ist ganz Harmonie; die Wirkung

der köstlichen Gaben, die die Natur in ihrer Verschwendungs-
sucht auf ein einziges Menschenexemplar gehäuft hat…« Aber
Korsakow wird von Potiomkin gestürzt, wie Zawadowsky und
Zoritsch gestürzt worden waren, und an seine Stelle tritt Lanskoi.
Er bleibt vier Jahre im Amt, es sind Katharinas beste Jahre.
Zu Lanskoi hat sie die wärmste, die mütterlichste Beziehung.
Man würde allerdings noch besser sagen: die väterlichste, denn,
wie gewöhnlich, ist sie auch hier der Mann von den beiden. Aber
Lanskoi ist weiblich im guten Sinne: er ist sanft, anhänglich und
treu, ohne anmaßenden Ehrgeiz, ohne arrogante Eitelkeit. Zu-
fällig fallen diese vier freundlichen Jahre mit der ruhigsten Zeit
ihrer Regierung zusammen, und die zufriedene Katharina kann
in ihrem Palast die ganze Fülle ihrer Gaben entfalten, ihre natürliche, überquellende Heiterkeit, ihre ehrliche Liebe für alle geistigen Dinge. Sie schreibt ein halbes Dutzend Komödien, die
zwar keine unsterblichen Kunstwerke sind, aber flotte, handfeste
Theaterstücke voll guter Laune und amüsanter Einfälle. Die
Komödien werden in der Eremitage aufgeführt, und gelegentlich spielt Katharina mit. »Der Betrogene« und »Der Betrüger«,
zwei auf Cagliostro gemünzte satirische Lustspiele, werden auch
im großen Theater von Moskau unter einem Pseudonym gespielt
und bringen – wenn man Katharinas Berichten an Grimm glauben darf – dem Unternehmer ein schönes Stück Geld ein. In diese
freundliche Zeit fällt auch Katharinas Mitarbeit am »Organ der
Freunde der russischen Sprache«, das die Fürstin Daschkow
herausgibt. Die Daschkow hat lange gebraucht, um alle Ent-
täuschungen zu überwinden, die ihr Katharina als Freundin und
Regentin verursacht hat. Aber schließlich hat sie sich mit der
Stelle einer Leiterin der Akademie der Wissenschaften zufriedengegeben. Nach jahrelangem Schmollen gibt es wieder einen
herzlichen Gedankenaustausch zwischen den beiden Frauen.
Katharina benutzt die neue Zeitschrift, um in einer Reihe satiri-
scher Aufsätze unter allerlei Pseudonymen mißliebige Persönlichkeiten lächerlich zu machen oder um gegen Angriffe auf ihre
Regierungsmaßnahmen zu polemisieren. Aber diese eifrige und
anmutige Tätigkeit wird plötzlich unterbrochen: Lanskoi stirbt,
sechsundzwanzig Jahre alt, wahrscheinlich an den Folgen eines

allzu starken Aphrodisiakums. Katharina ist vor Verzweiflung
außer sich. Sie, die während der schrecklichsten Katastrophen
immer den Mut und die Laune findet, humoristische Briefe ins
Ausland zu schicken, schreibt an Grimm: »Mich hat ein tiefer
Schmerz betroffen, und mein ganzes Glück ist dahin. Ich glaubte
selbst sterben zu müssen, aus Gram über den Verlust meines
besten Freundes. Ich habe diesen jungen Mann erzogen, er war
sanft, gelehrig, dankbar, und ich hoffte, er würde die Stütze meines Alters werden... Ich bin ein todtrauriges, einsilbiges Geschöpf geworden... Alles betrübt mich...« Tatsächlich bewahrt
sie dem toten Lanskoi beinahe ein volles Jahr lang die Treue.
Aber diese larmoyante Witwenschaft ist nicht nach Potiomkins
Geschmack: er braucht Katharina lebensfroh, optimistisch, allen
neuen Plänen und Ideen zugänglich. Schließlich gelingt es ihm,
sie durch den schönen Jermolow aufzuheitern. Ein Jahr später
ärgert ihn der neue Favorit, er schwört, er werde diesen »weißen
Neger« vertreiben, und er vertreibt ihn. An seine Stelle tritt
Mamonow, und nach wenigen Wochen ist Katharina so verrückt
mit ihrem neuen Liebling, daß sie vor Zorn und Eifersucht explo-
diert, weil ihre Schwiegertochter es wagt, ihn zum Diner einzuladen. Ein anderes Mal gibt der französische Gesandte ihm zu
Ehren ein Essen, und Katharina kann dem Gefangenen ihrer
Leidenschaft die Erlaubnis, diese Einladung anzunehmen, nicht
gut versagen; aber sie verbringt den ganzen Abend in ihrem Wagen, den sie im Schritt vor der französischen Gesandtschaft auf
und ab fahren läßt. Trotz aller Aufmerksamkeit braucht sie sehr
lange, ehe sie Mamonows Neigung für eine ihrer Hofdamen
bemerkt; und sofort bezwingt sie alle schmerzlichen Empfindungen und beweist, daß der Großmut ihres Herzens ebenso unver-
wüstlich ist wie sein Bedürfnis, »auch nicht eine Stunde lang ohne
Liebe zu sein«. Sie gestattet den beiden die Heirat, läßt die Braut
in ihrem Zimmer zur Hochzeit schmücken und entläßt sie reich
beladen mit Geschenken. »Ich habe eine bittere Lektion erhalten«, schreibt die Sechzigjährige. »Aber Gott mit ihnen. Mögen
sie glücklich sein.«

Auch von diesen »Wremientschiks« hat Katharina keinen einzigen aus Überdruß oder aus Abwechslungsbedürfnis entlassen. Die meisten hatte Potiomkin davongejagt, einer war gestorben, einer hatte sie im Stich gelassen.

Sie hat wirklich keinen Hang zum Leichtsinn, sie ist bloß unfähig, allein zu sein, und sie hat bis ins Greisenalter, bis zum letzten Atemzug die seltene Gabe, sich aufs neue und immer wieder aufs neue zu verlieben.

Aber alle diese Verliebtheiten, alle diese Räusche eines unersättlichen Blutes, eines unersättlichen Begeisterungsbedürfnisses, sind im Grunde genommen nichts als seltsame Arabesken ihrer großen, unveränderlichen Beziehung zu Potiomkin. Sie mag in den höchsten Ausdrücken von den erlesenen Vorzügen ihrer Lieblinge schwärmen, sie mag ihnen zu Gefallen die Staatskassen plündern, sich in Eifersucht verzehren, in fürsorglicher Liebe vergehen – vor Potiomkins Launen sind sie alle nicht mehr als Spreu vor dem Wind. Nie kommt es zu einem Streit zwischen ihr und Potiomkin um der Entlassung eines Günstlings willen, immer genügt seine bloße Anwesenheit, sein Wille, ein paar spöttische Worte aus seinem Munde, um die Illusion zu zerstören, die er selbst geschaffen hat. Denn alles in allem waren die jungen Männer, die Potiomkin ersetzten, während er ruhelos von einer Unternehmung zur andern eilte, nichts als eine der vielen Improvisationen, mit denen er seine Kaiserin zerstreute. Und sie waren, wie alle seine Improvisationen, von kurzer Dauer, aber großzügig und kostspielig. Die sechs Günstlinge, die er Katharina im Laufe von fünfzehn Jahren zugeführt hatte, kosteten den Staat nach einem beiläufigen Überschlag vierzehn Millionen Rubel, von denen ein Teil in Potiomkins Tasche floß, denn er ließ sich sein Wohlwollen von jedem neuen Mann mit zweihunderttausend Rubeln bezahlen. Es ist nur ein verschwindender Bruchteil dessen, was er selbst aus Katharinas Händen oder auch direkt aus den Staatskassen bezieht: im ganzen sind es an die fünfzig Millionen Rubel.

Das ist viel Geld. Man darf ruhig sagen, daß Potiomkins faktische Verdienste um das Reich mit diesem Betrag überzahlt sind und daß es auf alle Fälle ein grober Mißstand ist, wenn ein einziger Mann sich im Laufe zweier Jahrzehnte in solchem Maße bereichern kann. Aber so wie die spätere Katharina ohne Potiomkin undenkbar ist, so wenig ist Potiomkin denkbar ohne die unumschränkte Verfügungsgewalt, die seiner Großzügigkeit in allen Dingen eingeräumt war. Er führt das Leben eines unabhängigen Fürsten. Er hat seinen eigenen Hof, seine eigenen Garden, Kavaliere, Sekretäre und Schmarotzer. Seine Paläste sind prächtiger als die der Zarin, mit wilderem, barbarischem Luxus eingerichtet, und seine Feste übertreffen die ihren, denn er ist nicht an die steifen französischen Vorbilder gebunden, er wagt es, seinem orientalischen, überschwenglichen Geschmack die Zügel schießen zu lassen. Er ist ein fanatischer Genießer mit allen Sinnen, ein Schwelger von ungeheurem Format; aus kostbarstem Marmor sind seine Paläste, in die weichsten Teppiche treten seine Füße, die besten Musiker umschmeicheln sein Ohr. Der beste Koch der Welt sorgt für seinen Gaumen, und seine Sterletsuppe ist ebenso berühmt wie seine Taten. Er liest viel und am liebsten Plutarch. Aber in seiner Bibliothek gibt es auch Folianten, die aus in Schweinsleder gebundenen Tausendrubelnoten bestehen. Er verbringt den größten Teil seines Lebens im Schlafrock, mit Pantoffeln an den nackten Beinen, aber bei seinen Festen erscheint er in den phantastischsten Gewändern, und zu jedem dieser Gewänder hat er eine Schmuckgarnitur in der entsprechenden Farbe. Er ist der Abgott der Frauen und verbraucht deren unzählige. Die altadligen Stutzer mögen über den barbarischen Asiaten spotten, die Frauen spüren die Elementargewalt dieses einäugigen Riesen. Oft entfaltet er seine ganze Macht, um einer Frau zu gefallen, oft mißbraucht er seine Macht, um einer Frau gefällig zu sein. Es kommt vor, daß angesehene Männer ihm ihre eigenen Frauen anbieten, wenn sie etwas durch ihn erreichen wollen oder wenn sie etwas auf dem Gewissen haben, und es hängt bloß von dem Eindruck ab, den die Dame auf ihn macht, ob er auf den Handel eingeht oder nicht.

Aber wie alles, so haben auch die Frauen nur vorübergehende Bedeutung für Potiomkin. Oft entbrennt er in Leidenschaft für eine vornehme Dame, überschüttet sie mit glutvollen Briefen und kostbaren Geschenken; was er will, muß er haben, was er will, bekommt er, was er hat, langweilt ihn, und wenige Tage später treibt er sich bereits in den dunkelsten Vierteln der Stadt bei einem anrüchigen Frauenzimmer herum oder er wirft sich in seine Kibitka und fährt ohne Aufenthalt nach dem Süden, um in der Gesellschaft von Tataren und Kosaken in Scheunen zu schlafen und rohe Rüben und Zwiebeln zu essen. Die prächtigen Paläste, die er sich bauen läßt und deren Ausschmückung er selbst ausdenkt und beaufsichtigt, öden ihn an, kaum daß sie fertig sind, er verkauft sie weit unter dem Herstellungspreis und beginnt mit dem Bau eines neuen Lustschlosses.

Den Tagen der üppigsten Feste folgen Tage tiefster Niedergeschlagenheit, der wollüstige Pascha von gestern liegt halbnackt und ungekämmt auf dem ungeordneten Bett und träumt davon, dem weltlichen Getümmel den Rücken zu zeigen und sich als namenloser Mönch in irgendein Kloster zurückzuziehen. An solchen Tagen ist es niemandem möglich, mit ihm zu sprechen, auf seinem Arbeitstisch häufen sich Papiere, Bittschriften, Denkschriften, eilige Depeschen; alle Besucher, selbst Minister und ausländische Gesandte, werden abgewiesen. Trotz all seiner ungeheuren Erfolge ist er ein unglücklicher Mensch, unstet und ruhelos, nichts kann er entbehren, nichts kann ihn befriedigen, nach allem muß er greifen, nichts kann er halten. Er ist ein Stück Natur, schöpferisch und zerstörerisch zugleich. Alle seine Unternehmungen tragen diesen Charakter: tausenderlei wird begonnen und wieder im Stich gelassen, was lebensfähig ist, erhält sich, das andere geht unbeachtet wieder zugrunde.

Zwei Frauen ist dieser seltsame Mann sein Leben lang treu geblieben: die eine ist seine Nichte, eine Gräfin Branicka, ein demütiges, unterwürfiges Geschöpf, das ihn auf allen seinen Reisen kreuz und quer durch Rußland begleitet, treu und schweigsam wie ein Hund. Sie quält ihn nicht mit Eifersucht in den Tagen der überströmenden Vitalität, sie quält ihn nicht mit aufdringlichem Mitleid in den Tagen seiner Verzweiflung, sie ist bloß immer da, eine stille, menschliche Wärme, weiter nichts. Die zweite Frau ist Katharina. Und nichts ist für Potiomkin und für sein Leben zwischen Extremen bezeichnender als seine dauernde Bindung an diese beiden Frauen: an die schwächste und an die stärkste, an die demütigste und an die stolzeste, an die Sklavin und an die Kaiserin.

Die Kaiserin steht über allem, was er tut, nie hört er auf, ihr Diener zu sein, dieser Mann, dessen Ehrgeiz, dessen Machthunger und dessen Geldgier unersättlich sind. Schließlich ist es doch immer Katharina, für die er alles unternimmt. Er kann keinen Menschen zwischen ihr und sich ertragen, aber immer sieht er sie über sich, immer ordnet er sich ihrem Willen unter, niemals vergißt er den schuldigen Respekt des ersten Untertanen, immer bleibt ihr Lob das höchste Ziel seines Strebens. Und das weiß Katharina. Niemals wird sie von der Angst geplagt, daß dieser Mann, dessen Vollmachten nahezu unbeschränkt sind, ihr eines Tages über den Kopf wachsen könnte, wie Menschikow der ersten Katharina oder wie Biron Anna Iwanowna über den Kopf gewachsen waren. Sie läßt ihm – besonders im Süden – vollkommen freie Hand: aber immer ist es ihre Hand, mit der er regiert. Es ist eine beseelte, eine schöpferische, eine zaubernde Hand. Und was sie zaubert – es mag dauerhaft oder vergänglich sein – zaubert sie für Katharina.

Von dem Augenblick an, da er sich aus ihrer erschlaffenden Umarmung gerissen hat, steht über Potiomkins Leben der »gigantische Plan, würdig eines Alexander oder eines Cäsar«, den er seiner Herrin von den Augen abgelesen hat: die Türkei zu zerschmettern, Konstantinopel zu erobern, die Muselmanen aus Europa zu vertreiben, das Schwarze Meer und vom Schwarzen Meer aus den ganzen Südosten Europas zu beherrschen, ein neues Griechenland unter russischer Oberherrschaft zu erschaffen. Der Plan ist in Katharinas Kopf entstanden, wahrscheinlich schon vor Beginn ihrer Regierung – aber nur Potiomkin hat ihn begriffen. Als er sich zum ersten Mal, im Jahre 1774, als Gouverneur von Weißrußland nach dem Süden begibt, nimmt er diesen Plan mit sich. Und nun ist er es, der den Ausbau einer Festung nahe der türkischen Grenze verlangt und der Cherson dafür in Vorschlag bringt; er spricht von der Notwendigkeit, Otschakow, die Grenzfeste der Türken, zu erobern, er faßt den Hafen von Sebastopol, bis dahin eine friedliche Bucht, als künftigen Stützpunkt der russischen Schlachtschiffe ins Auge. In Petersburg ist Panin, immer noch erster Minister, diesen Plänen durchaus abgeneigt und macht sich durch diese Abneigung verdächtig: Katharina erblickt dahinter die Eifersucht Friedrichs II. und das Einverständnis Panins mit Friedrich und mit dem Großfürsten Paul. Gestützt auf Potiomkin regiert sie gegen ihr eigenes Ministerium. Im Sommer 1776 läßt sie eine Anzahl von Handelsschiffen, die in Wirklichkeit Kriegsschiffe sind, die Durchfahrt durch die Dardanellen versuchen. Es ist eine Provokation der Türkei und hat den gewünschten Erfolg: nach einem scharfen Notenwechsel kommt ein neues Übereinkommen mit der ohnmächtigen Pforte zustande, durch das Rußland freie Durchfahrt aller seiner Schiffe gestattet wird. Es ist ein unblutiger, aber ein ungenügender Sieg. In Wirklichkeit will Katharina den Krieg. Wenige Wochen nach dem neuen Vertragsschluß wird ihr zweiter Enkel geboren, und sie gibt ihm den Namen Konstantin. Damit die politische Anspielung recht unmißverständlich sei, läßt sie eine Denkmünze prägen, deren eine Seite die Sophienkirche von Konstantinopel, deren andere das Schwarze Meer zeigt, über dem ein Stern aufgeht. Der kleine Konstantin bekommt eine griechische Amme, bei einem Fest, das Potiomkin zu Ehren seiner Geburt veranstaltet, regnet es griechische Verse, griechische Knaben werden dem jungen Prinzen zu Spielgefährten gegeben, kurz, es unterbleibt nichts, was die Pforte und Europa über Katharinas Expansionsabsichten im unklaren lassen könnte.

Zu Potiomkins besten Freunden am russischen Hofe zählt der österreichische Gesandte, Graf Cobenzl. Maria Theresia sieht dahin, und ihr Sohn, Joseph II., ist nicht weniger eroberungslustig als Katharina. Er war es gewesen, der seine fromme Mutter gezwungen hatte, das saftige Stück vom »polnischen Kuchen« herunterzuwürgen. Er hat auch nichts dagegen, die Türkei zu zerteilen, den alten Erbfeind der habsburgischen Monarchie, er ist bereit, Katharina die Krim, den Archipelagus und selbst Konstantinopel zu gönnen, wenn er dafür Serbien, Bosnien und die Herzegowina zu seinem Reiche schlagen kann. Eine schöne Formel ist bald gefunden: er ist als Römischer Kaiser das weltliche Oberhaupt der abendländischen, Katharina ist das Haupt der morgenländischen Kirche – unter dieser Devise treffen sich die beiden Häupter der Christenheit in Mohilew. Katharina gibt sich alle Mühe, den Sohn der »alten Betschwester« zu bezaubern, und Joseph gibt sich den Anschein, als gelänge ihr das vollkommen. Er geht auf ihren leichten Plauderton ein. Nie ist Katharina so ganz und gar geistreiche und charmante Dame, als wenn es sich um Gespräche von höchster politischer Tragweite handelt. Dann gefällt sie sich in einer lustspielhaften, graziösen Pose, scherzt über hundert kleine, nebensächliche Dinge und wirft die Angelegenheit, um die es geht, wie eine drollige Minauderie zwischendurch in die Unterhaltung. So wirft sie in Mohilew leicht und luftig die Frage hin, wann der Papst wohl dem Kaiser die Schlüssel von Rom übergeben würde? Und Joseph antwortet ihr in gleichem Tone, er glaube, daß sie wohl früher *ihr* Rom (d.h. Konstantinopel) bekommen werde. Die Frucht der Entrevue ist ein Bündnis, zwar kein ganz formelles, weil man sich über die Reihenfolge der Unterschriften nicht einigen kann, aber doch ein faktisches: es handelt sich bloß noch darum, sich über die Teilung der Beute zu einigen. Dies aber erweist sich als unmöglich. In den Jahren 1782 und 1783, während ganz Europa den Krieg der beiden Verbündeten gegen die Türkei für unvermeidlich hält, wird der Briefwechsel zwischen Joseph und Katharina immer gereizter und droht schließlich zu einem offenen Bruch zu führen. Nur der Geschicklichkeit des Grafen Kaunitz gelingt es, die beiden Jäger davon abzuhalten, sich im Streit um die Haut des noch nicht erlegten Bären gegenseitig zu zerfleischen. Auch Katharina beruhigt sich darüber, daß sie, so nahe dem Ziel, dem »gigantischen Plan« zunächst entsagen muß: sie hat immerhin, während sie Joseph zum Bundesgenossen gegen die »schändlichen Übergriffe der Pforte« anrief, stillschweigend die Krim annektiert.

Es war Katharinas Idee, aber Potiomkins Werk gewesen. Bereits im Friedensschluß von Kutschuk-Kainardsche war die Krim für unabhängig erklärt und Schangagarei zum Khan eingesetzt worden. Es ist Katharinas altes Kunststück von Kurland und Polen. Der »unabhängige« Khan ist in Wahrheit ein von Rußland abhängiger Popanz und muß ein ums andere Mal die Russen um Schutz ersuchen gegen die Unruhen, die mit russischem Geld in seinem Land angezettelt werden. Schließlich ist er, aus Angst um sein nacktes Leben, bereit, die Krim gegen ein Jahresgehalt von hunderttausend Rubeln an Katharina auszuliefern. Potiomkin zieht mit der Armee ein, schlägt alle Aufstände nieder und bekommt dafür den Titel »Fürst von Taurien«. Und Katharina schreibt ihm, im Hinblick auf Josephs Kleinmut: »Ich bin fest entschlossen, mit niemandem zu rechnen und einzig und allein meiner Kraft zu vertrauen. Ist der Kuchen erst einmal gebacken, werden schon alle Appetit bekommen.«

An Potiomkin ist es nun, »den Kuchen zu backen«. Er hat unbeschränkte Vollmachten, er verfügt über unbeschränkte Mittel. Er ist zugleich Statthalter der neuerworbenen Provinzen, Feldmarschall und Generalinspektor über sämtliche russischen Streitkräfte. Seine Aufgabe ist es, aus dem wüsten, wilden Taurien ein kultiviertes Land und eine Basis für weitere Angriffe auf die Türkei zu machen.

Es ist eine Aufgabe ganz nach seinem Geschmack und seiner Phantasie. Er liebt das Land, das ihm anvertraut ist, empfindet es nicht als fremd, wirkt nicht als Fremder. Schon als Gouverneur von Weißrußland hat er sich gerne mit den Häuptlingen der asiatischen Völkerstämme unterhalten, er hat Kirgisen, Baschkiren und Kalmücken in seinen persönlichen Dienst genommen, er hatte sie – wahrscheinlich schon aus Freude an dem farbenprächtigen Bild – in ihren bunten nationalen Trachten belassen und sogar mitsamt ihren nationalen Trachten, was bis dahin undenkbar gewesen wäre, in die Garde gebracht. Damit hatte er mehr für die Beruhigung des aufständischen Südens getan als mit der geheimen Wiedereinführung der politischen Polizei. Die Fremdstämmigen, denen es bei strenger Strafe verboten war, Bittschriften oder Beschwerden an die Regierung zu richten, waren von Potiomkin immer kameradschaftlich und als gleichwertig behandelt worden. Den Einmarsch in die Krim, die Niederwerfung der Aufstände hat er wahrscheinlich schonungsloser betrieben, als es irgendein anderer General an seiner Stelle getan hätte, denn er ist mit Menschenleben ebenso verschwenderisch und großzügig wie mit Geld – aber wo er nun da ist und mit den Häuptern der Tataren Fühlung nimmt, spüren sie in seiner Natur etwas Kongeniales, das wohltuend gegen den westlerischen Dünkel der übrigen russischen Hofleute absticht. Er ist ein Asiate, vielleicht seiner Abstammung, jedenfalls seinen Neigungen und Gewohnheiten nach, und er nimmt das alte, verfallene Reich der großen Khane als deren geistiger Erbe in Besitz. Was ihm dazu fehlt, um daraus ein Märchenland zu machen, wie es ihm vorschwebt, ist bloß eine Kleinigkeit: ein Jahrhundert. Aber seine Phantasie überspringt ohne Mühe den Zeitraum, der notwendig wäre, um alles das zu schaffen, was geschaffen werden muß. In wenigen Monaten ist alles in seinem Kopfe fertig, in einem knappen Lustrum glaubt er, alles getan zu haben. Er beginnt hundert Dinge zugleich: den Ausbau der Festung Cherson, die Anlage des Kriegshafens von Sebastopol. Er befiehlt die Fertigstellung von Handelsschiffen und Kriegsschiffen, die das Schwarze Meer beleben und beherrschen sollen; er bestellt Samen für Melonen und Gemüse, Seidenraupen aus China und Maulbeerbäume aus Italien, er läßt Wälder und Weinberge anlegen, er gründet zwölf große Fabriken, er legt Straßen an, er füllt die Infanterieregimenter auf, läßt Kanonen gießen, um den Artilleriepark zu vergrößern, und legt an den Ufern des Dnjepr eine Stadt an, der es bestimmt sein soll, die südliche Metropole des Reiches zu werden, das Gegenstück von Petersburg. Ihr Name ist ebenso programmatisch wie es der Name von Petersburg ist: Jekaterinoslaw – »Ruhm der Katharina« – nennt Potiomkin dieses Glanzstück seiner Phantasie. Noch ist kein Handwerker zur Stelle, noch ist der erste Stein für das erste Haus nicht gelegt, aber schon ist die Universität von Jekaterinoslaw gegründet, schon sind namhafte Gelehrte aus der ganzen Welt eingeladen, hier ihre Vorlesungen zu halten, schon wird im Reiche und im Ausland um Hörer geworben; oft rast Potiomkin in seiner Kibitka für wenige Tage nach Petersburg, um Katharina von den Wundern dieser Stadt zu erzählen, die gleichsam über Nacht, wie in jenem orientalischen Märchen, aus dem Nichts geschaffen werden soll. Katharina glaubt sie vor sich zu sehen, mit dem Palast des Gouverneurs Potiomkin im Mittelpunkt, mit ihren breiten, hellen Straßen, ihren großen, schattigen Parkanlagen, ihrer Musikakademie, ihrer Kadettenschule, ihrem Hospital. Und sie glaubt an alle anderen Wunder, von denen ihr Potiomkin erzählt, an die wogenden Ährenfelder und saftigen

Weiden, an die Dörfer voll zufriedener, wohlhabender Bauern – sie glaubt wirklich, daß Potiomkin in drei Jahren aus einem elenden Steppenland die fruchtbarste und glücklichste ihrer Provinzen gemacht hat. Sie beschließt, dieses Land zu bereisen. Sie will Potiomkins Wunderwerke sehen, und sie will diese Wunderwerke allen Lästerern zeigen, die es wagen, das einmalige Genie ihres großen Freundes anzuzweifeln. Sie hat diesen Mann entdeckt, sie hat ihn aus ihren Armen entlassen, damit er dem Reiche diene – nun will sie die Genugtuung erleben, alles das zu schauen, was er zu ihrem Ruhm geleistet hat. Viele andere Pläne verbindet sie mit dieser großen Reise: sie will ihren jüngeren Enkel Konstantin an die Grenze seines künftigen griechischen Reiches führen. Sie will die Türkei mit ihrer Nähe beunruhigen und provozieren. Sie lädt Joseph II. ein, sie in Cherson zu treffen, weil sie hofft, er werde angesichts des »gebackenen Kuchens« neue Lust zum gemeinsamen Krieg gegen den Islam empfinden. Der Gedanke an diese Reise berauscht sie wie neuer Wein, sie ist durch keine politischen Bedenken davon abzubringen. Sie ist jetzt achtundfünfzig Jahre alt, aber ihre Unternehmungslust, ihre Vitalität, ihre Begeisterungsfähigkeit waren niemals heftiger. Und außerdem drängt Potiomkin auf ihren Besuch.

Es war ihm nicht gelungen, in vier Jahren aus Wüsten Gärten, aus Steppen Wälder und aus Elend Reichtum zu machen. Aber es gelingt ihm in wenigen Wochen, für Katharina die Illusion all dessen hervorzuzaubern. Die Straßen, die Städte, die Marktflekken stehen bloß in den Landkarten, die Fabriken, die Regimenter und Kanonen stehen bloß auf dem Papier. Die Steppen sind so leer und trostlos wie seit je, die Dörfer verfallen und schmutzig – aber das tut nichts. Potiomkin ist zwar kein Zauberer, aber er ist ein großartiger Regisseur, und die Inszenierung von Katharinas Reise in die Krim ist die größte Regieleistung aller Jahrhunderte, sie ist einzigartig, überwältigend und durchaus würdig, den hängenden Gärten der Semiramis und den übrigen Weltwundern ebenbürtig an die Seite gestellt zu werden.

Katharina beginnt ihre große Reise im Februar. Eine Armee von vierzigtausend Mann ist aufgeboten, die Sicherheit des kaiserlichen Zuges zu garantieren. Ihr Schlitten ist so groß wie ein kleines Haus, er hat drei Fensterchen an jeder Seite und wird von acht Pferden gezogen. An jeder Poststation warten fünfhundert frische Pferde. Riesige Scheiterhaufen, in kurzen Abständen voneinander aufgestellt, beleuchten während der Nacht die Straße. Auf diese Weise dauert die Reise bis Kiew bloß vierzehn Tage. Potiomkin war vorausgefahren, um die nötigen »Vorbereitungen« zu treffen. In den Städten waren alle Hausbesitzer veranlaßt worden, ihre altersgrauen Häuser frisch zu streichen – sie hatten allerdings zumeist bloß die der Straße zugekehrte Fassade gestrichen –, in den Dörfern hatte man vor häßliche, verfallene Winkel künstliche Baumgruppen gestellt, schadhafte Dächer zwar nicht repariert, wohl aber mit bemalter Pappe zugedeckt, und die Bevölkerung war mit großem Nachdruck dazu angehalten worden, sich so gut wie möglich zu kleiden, die Mädchen hatten sich die Haare zu kämmen und mit Blumen zu schmücken, sie hatten Blumen auf den Weg zu streuen, alte, kranke und zerlumpte Leute waren in ihre Häuser verbannt, das Betteln und Überreichen von Bittschriften war bei strengster Strafe verboten und alles sollte »durch Mienen und heitere Gebärden seiner Freude Ausdruck geben«.

Vor mehr als vierzig Jahren war Katharina das erste Mal diese Straße gefahren; damals hatten sich zerlumpte, halbnackte Gestalten an ihren Wagen gedrängt, in ausgemergelten, haßerfüllten Gesichtern hatte sie das Elend, den Hunger – die Wahrheit gesehen. Ihr Herz war davon ergriffen, ihr Geist zu edlen Entschlüssen angespornt worden. Es ist nichts aus diesen edlen Entschlüssen geworden, die Bauern darben und hungern, wie sie unter Elisabeth gedarbt und gehungert haben – aber die Kaiserin erfährt es nicht. Potiomkins mächtige, künstlerische Hand hat den holden Schleier der Illusion um ihre Augen gelegt und der alten Katharina das köstliche Glück einer erfüllten Lebenslüge geschenkt. Sie hat den Bauern ihre Freiheit, den Sklaven ihre Rechte nicht zu geben vermocht, aber sie glaubt, angesichts dieser sauberen Straßenzüge, dieser geschmückten Menschen, dieser heiteren Pantomimen, daß sie trotzdem ihren Untertanen das Glück und den Wohlstand gegeben hat. »Finden Sie meinen kleinen Haushalt nicht ganz hübsch möbliert?« fragt sie den französischen Gesandten Ségur,»finden Sie ihn nicht nett und ordentlich gehalten?«

In heiterster, gehobenster Laune kommt sie in Kiew an, wo man für mehrere Wochen Aufenthalt nimmt, denn die Weiterreise soll zu Schiff erfolgen, und man muß das Auftauen des Dnjepr abwarten. Die alte Stadt ist aufs beste für den Empfang der hohen Reisegesellschaft vorbereitet. Alle Palais sind instandgesetzt, die Magazine aufgefüllt, die Kaufleute haben die schönste Gelegenheit, gute Geschäfte zu machen, und die kleinen Leute haben alle Tage was zu sehen. Die mächtigen Adligen aus dem Süden des Reiches, die Spitzen der polnischen Schlachta, einige französische Generäle kommen, die russische Souveränin zu begrüßen, und als Vorläufer Josephs II. der geistreiche Prince de Ligne. Sie alle sind für die Dauer ihres Aufenthaltes Katharinas Gäste, und jeder Gast erhält ein vollständig eingerichtetes Haus mit Köchen, Dienern, Equipagen. Das Tischzeug wird bei jeder Mahlzeit gewechselt und sofort verschenkt. Wie eine aufmerksame Hausfrau ist Katharina unablässig bemüht, jeden zufriedenzustellen, jedem etwas Angenehmes zu sagen, alle zu bezaubern, alle zu erheitern. Sie hat jede höfische Etikette und alle politischen Gespräche verboten, und im Rausche ihrer ungestümen Freude schlägt sie eine allgemeine Verbrüderung vor:»Alle sollen einander Du sagen! Ich wollte, ganz Europa duzte mich!« Dieser Aufforderung ist schwer nachzukommen, und bloß der Prince de Ligne bringt es über die Lippen, ihr»Ta Majestée« zu sagen. Noch weniger wird das Verbot der politischen Gespräche eingehalten. Am Vormittag trifft sich alles beim österreichischen Gesandten, dem Grafen Cobenzl; es ist ein»europäisches Café«, und sicher wird in keinem anderen Café so viel und so bedeutungsvoll politisiert. Übrigens übertritt Katharina selbst ihr Verbot, wenn es sich um ihren Haß gegen die Türken handelt. Dann sagt sie zu Ségur:
»Was würde dein König sagen, wenn er einen Nachbarn hätte, der ihm alljährlich zwanzigtausend Mann erschlägt, die Pest und den Aufruhr über die Grenzen schickt, was würde er sagen, wenn ich diesen Nachbarn protegieren wollte, wie er die Türken pro-

tegiert?« Aber das sind Entgleisungen. Im allgemeinen spricht sie über allerlei anderes, bunt und durcheinander, wie es ihrem lebhaften, für hundert Dinge interessierten, von hundert Dingen begeisterten Temperament entspricht, von Literatur und Literaten, von Philosophie und Philosophen; sie rezitiert Verse, erzählt Anekdoten, und während sich ihr verfetteter, plumper Körper nur schwer vom Platze bewegt, huscht ihr Geist mit der alten Anmut leichtflüssig über alle Probleme, über Landwirtschaft, Kindererziehung, Straßenbau, Architektur. Abends gibt es Feste über Feste, denen Katharina allerdings die gewohnte Kartenpartie vorzuziehen pflegt. Gegen zehn zieht sie sich zurück. In ihrem Schlafzimmer befindet sich neben dem Bett eine Spiegelwand, die auf geheimen Federdruck verschwindet und ein zweites, das Bett des augenblicklichen Günstlings Mamonow sichtbar werden läßt: eine von Potiomkins unzähligen Aufmerksamkeiten. Auf ihrer ganzen Reise, in jedem improvisierten Palais wird die Kaiserin die gleiche Vorrichtung in ihrem Schlafzimmer wiederfinden.

Potiomkin selbst aber, der eigentliche Held und Initiator der ganzen Unternehmung, wohnt in einem alten Kloster. Er liebt den Umgang mit Mönchen und hat stundenlange Gespräche mit ihnen, während draußen all die lauten Festlichkeiten toben, die er arrangiert hat. Auch setzt er seinen Stolz darein, alle die Herren, die in seiner Abwesenheit gegen ihn intrigieren und die in seiner Gegenwart vor ihm im Staube liegen, seine Verachtung fühlen zu lassen. Wenn er sie überhaupt empfängt, geschieht es in einem Pelz, den er um seinen nackten Körper geworfen hat, mit Pantoffeln an den bloßen Beinen, scheinbar so völlig in eine Schachpartie vertieft, daß er darüber zu grüßen vergißt. Bloß der gewandte Ségur versteht es, den launischen Despoten zu behandeln: er nimmt ihn einfach beim Kopfe und küßt ihn auf beide Wangen.

Endlich ist es Mai geworden, der Dnjepr ist eisfrei, man hat alle gefährlichen Klippen fortgesprengt, und die Gesellschaft kann die Galeeren besteigen. Jetzt erst beginnt die Reise in Potiomkins Märchenwelt. Es ist alles wie ein Traum, aber wie der Traum eines Magiers, dem die Fähigkeit verliehen ist, seine Vorstellun-

378

gen sichtbar werden zu lassen. Sieben schwimmende Paläste, gefolgt von achtzig starken Schiffen, nehmen insgesamt dreitausend Personen auf. Die Galeeren der Kaiserin und ihrer Gäste sind innen ganz und gar mit kostbarem Brokat ausgeschlagen, Gold schimmert an den Wänden, Gold an den Kostümen der Bediensteten, golden ist das Tafelservice. Unzählige kleine Schaluppen flitzen zwischen den Schiffen hin und her, bringen die Besucher von einem zum andern, bringen Wein und Speisen und Musikanten zu den Diners, Bällen und Konzerten, die diese schwimmende Stadt voll hochgestimmter Gäste unterhalten. Tagsüber liegt die Kaiserin, von einem seidenen Teppich gegen die Sonne geschützt, auf Deck und sieht mit Entzücken zu beiden Seiten des Stromes Dörfer und Städte vorübergleiten, geschmückt mit riesigen Triumphbögen und üppigen Blumengirlanden, sieht grasende Herden auf den Weiden oder exerzierende Regimenter und sieht, wenn es Abend wird, Bauern und Bäuerinnen in bunten Gewändern anmutige Tänze zu heiteren Weisen tanzen. Und als ob die Natur dem mächtigen Hexenmeister zu Hilfe kommen wollte, beschenkt sie dieses kühne Theater mit ihren schönsten Lichteffekten und vergoldet auch die frechste Kulisse mit ihrem echtesten Maiensonnenschein. Angesichts dieses täglich sich erneuernden Zaubers müssen selbst Potiomkins erbittertste Neider verstummen, und Katharina gerät von einem Entzücken ins andere. Sie und ihre Umgebung haben die Wirklichkeit verlassen, glückselig gleiten sie durch das Traumreich der wiedererstandenen Antike, nennen den Dnjepr Borystenes, das Land, in dem sie sich befinden, Taurien, sprechen von Iphigenie und von den alten Göttern, und Katharina ist Alexander der Große und Kleopatra zugleich.

Sie weiß nicht, daß diese liebliche Märchenwelt versinkt, sobald ihr Schiff an ihr vorbeigeglitten ist; daß die Häuser hinter den riesigen Triumphbögen keine Dächer, keine Türen und keine Fenster haben, daß hinter den Häusern keine Straßen, in den Dörfern keine Einwohner sind, daß die Viehherden hergebracht wurden, bloß um vor ihren Augen zu weiden, und daß die tanzenden Bauern und Bäuerinnen in Wirklichkeit elende Sklaven sind, die auf Potiomkins Geheiß zusammengetrommelt, in phantastische Kostüme gesteckt und mit vieler Mühe und manchen Stockschlägen zu ihren anmutigen Reigentänzen abgerichtet worden waren. Kaum daß die Sonne untergegangen ist, werden sie, wie eine Theatertruppe, auf elende Karren verladen und über holprige Straßen, über glühende Steppen weiterverfrachtet, um am nächsten Abend, an anderem Ort, der Kaiserin aufs neue die Illusion eines heiteren Feierabends vorzuspielen.

Dreimal – in Kanew, in Kermanschug und in Kadak – werfen die Galeeren Anker. Überall findet Katharina ein neuerbautes, herrliches Palais mit künstlichen Wasserläufen und großen schattigen Parkanlagen. Potiomkin kann alles: an der einen Stelle hat er den wildesten Urwald zu einem englischen Garten kultiviert, an einer anderen Bäume aus weiter Ferne herbeigeschafft und in die sandige Erde gepflanzt, damit sie einige Tage lang grünen, um dann für immer einzugehen. Überall sind um den kaiserlichen Palast herum hastige Holzbauten für die übrige Gesellschaft aufgeführt, die zwar nicht für die Dauer bestimmt sind, aber doch alles enthalten, was den verwöhntesten Bedürfnissen entspricht. Überall sind Soldaten, prächtige, ausgezeichnet equipierte Soldaten in neuen, praktischen Uniformen.

In Jekaterinoslaw trifft sie mit Joseph II. zusammen und legt mit ihm auf einer reizenden Anhöhe den Grundstein zu der künftigen Kathedrale. Die Pläne zu dieser Kathedrale liegen vor: sie sind gigantisch. Mit diesem Projekt verglichen ist die Peterskirche in Rom eine armselige Dorfpfarre. Joseph ist eben erst angekommen und noch nicht von der Magie der Zauberwelt erfaßt. Er schreibt an den Feldmarschall Lascy: »Heute habe ich ein großes Werk vollbracht. Die Kaiserin hat den ersten Stein zu einer neuen Kirche gelegt, ich – den letzten.« Er hat recht behalten. Die Kathedrale von Jekaterinoslaw soll nie gebaut werden. Aber bald verläßt auch den klugen Kaiser seine Skepsis. Man fährt im Wagen weiter gegen Cherson. Man fährt durch Ortschaften, in denen es von Arbeitern aller Art wimmelt, von Maurern, Dachdeckern, Straßenbauern, man begegnet Märkten, übervoll mit Waren, man sieht Menschen und pulsierendes Leben und lebhaften Verkehr und kann nicht wissen, daß alle diese Orte tot und öde sind und daß Potiomkin nicht weniger als zwanzig Völkerschaften ihrer

Scholle entrissen hat, um seine Provinzen vorübergehend mit ihnen zu beleben. In Cherson kommt die Wirklichkeit seiner Regie zu Hilfe. Die Zusammenkunft der beiden Monarchen hat unzählige Neugierige in die Festungsstadt gelockt, unzählige Kaufleute, Armenier, Juden, Tataren sind zusammengeströmt, um ihre Waren anzubieten, um Geschäfte zu machen – Cherson ist in diesen Tagen wirklich eine belebte Stadt, und alles was man besichtigt ist außerordentlich: die Arsenale sind mit Kanonen gefüllt, im Hafen liegt eine stattliche Anzahl neuer Schiffe. Drei Schiffe werden in Katharinas Anwesenheit vom Stapel gelassen. Eine Spazierfahrt führt sie und ihren erlauchten Gast ins Innere des Landes, und plötzlich sehen sie vor sich einen Wegweiser mit der einfachen Inschrift:»Hier geht die Straße nach Byzanz«.

Jenseits des Dnjepr beginnt die Nogaiersteppe, eine trostlose Einöde, aber auch ihr kann ein genialer Regisseur wirkungsvolle Effekte abgewinnen: Zeltlager, ganze Städte von bunten, prächtigen Zelten, innen mit den kostbarsten Teppichen ausgeschlagen, nehmen die Gäste auf; endlose Karawanen mit hochbepackten Kamelen ziehen an ihren Augen vorüber und erwecken den Eindruck eines schwunghaften, wenn auch primitiven Handels zwischen dem russischen Mutterland und der neuerworbenen Provinz. Dreitausend Donkosaken tummeln sich auf ihren kleinen, flinken Pferden bald hier, bald dort, und je tiefer man ins Land eindringt, desto weiter läßt man Europa und seine Zeit zurück, die Kulissenszenerie wird immer seltsamer, immer bizarrer, immer orientalischer und zeitloser. An der Grenze Tauriens empfangen die vornehmsten Myrzas die neue Herrscherin, kaukasische Fürsten, schön wie die Träume griechischer Bildhauer, mit Pfeil und Bogen bewaffnet, reiten ihr entgegen, auf weißen ungesattelten Pferden sprengen tscherkessische Truppen herbei, in silberne Gewänder gekleidet, eine weiße, schimmernde Wolke. Endlich erscheinen die schlanken Minaretts der Hauptstadt Baschtasarai am Horizont, und wenige Stunden später ist man inmitten der alten arabischen Stadt, umgeben von Männern in langen, goldverzierten Gewändern, von verschleierten Frauen, man betritt das alte Kalifenschloß mit seinen kühlen Springbrunnen in marmornen Nischen, und Katharina besteigt den Thron der großen Khane. Die verwöhnten Reisenden finden jeden gewohnten Komfort, obwohl Potiomkin dem Geist des Ortes keinerlei Gewalt angetan und nirgends versucht hat, den asiatischen Charakter des Palastes mit dem französischen Zeitgeschmack zu verändern. Während der ganzen Nacht speit ein künstlicher Vulkan Feuer und beleuchtet die verschwiegene Schönheit der maurischen Gärten.

Potiomkin ist hier in seiner Atmosphäre. Er hat den rauhen Moskowiter mit Pelz und Pantoffeln in Kiew zurückgelassen, er ist jetzt zugleich verschwenderisch gastlicher Scheich und Vasall seiner Kaiserin, Späße- und großer Projektemacher; er findet zu den alten Scherzen zurück, die Katharina seinerzeit so sehr erheitert haben – »wir glaubten oft vor Lachen sterben zu müssen, so lustig war der Fürst«, berichtet de Ligne, um gleich darauf Potiomkins tiefen philosophischen Kopf zu bewundern. Beinahe fasziniert ihn dieser Russe mehr noch als Katharina, und zwar durch die unvereinbaren Widersprüche in seinem Charakter. Wer könnte auch seine unwahrscheinliche Aktivität mit seiner Faulheit, seinen grenzenlosen Ehrgeiz mit seiner Gleichgültigkeit, seine Heiterkeit mit seiner tiefen Melancholie in Einklang bringen? »Er gleicht dem riesigen russischen Reich«, schreibt de Ligne, »er hat Wüsteneien und Goldminen. Er scheint faul und arbeitet unablässig, er liegt immer auf dem Diwan und schläft nie, er ist vergnügungssüchtig und inmitten der Vergnügungen traurig, ein genialer Politiker, aber unbeständig und launenhaft wie ein kleines Kind...« Ebenso wie er, erkennt auch der weitaus skeptischere Ségur in Potiomkin eine »der seltsamsten und grandiosesten Gestalten des Jahrhunderts«.

Unter allerlei Scherzen und Belustigungen, aber immer an neuen und ausgezeichnet ausgerüsteten Regimentern vorbei, bringt Potiomkin seine dreitausendköpfige Gesellschaft schließlich bis Sebastopol. Hier kommt man gegen Abend an, und hier, bei einem Diner von achtzig Gedecken, zu dem hundertzwanzig Musiker aufspielen, spricht Katharina zum ersten Male wieder mit Joseph von ihren türkischen Plänen. Sie macht ihm den Eindruck, im Fieber zu sein, sie hört nicht auf seine Einwände, sie

behauptet, auch ohne seine Hilfe mit den Türken fertig werden zu können. »Hunderttausend Mann«, sagt Potiomkin, »warten bloß darauf, daß ich sage: ›Los‹!« Und wie er das sagt, springen mit einem Schlag alle Fenster des Saales zu gleicher Zeit auf, und Katharinas trunkener Blick sieht über die dichtgedrängten tatarischen Regimenter hinweg in der weiten Bucht die neue, in zwei Jahren gebaute Schwarze-Meer-Flotte liegen. Kanonendonner ertönt von allen Schiffen zugleich und Rufe: »Vivat die Kaiserin des Pontus Euxinus!« Noch am gleichen Abend besichtigt man mit Barkassen die größten Schiffe und die neuerbaute Stadt mit ihren Kasernen, Arsenalen, Hospitälern, Verwaltungsgebäuden. Und vor dem Schlafengehen schreibt Joseph an den Feldmarschall Laszy: »Wäre ich so nahe von Berlin und wären die Preußen solche Tölpel wie die Türken – ich glaube kaum, daß ich dem Kitzel widerstehen könnte, sie zu vernichten.«
Es war ein hinreißendes Schauspiel gewesen. Wenige Tage darauf, als Abschluß und Krönung der Reise, folgt ein zweites: in Poltawa liefern zwei ganze Armeen einander ein Scheingefecht, das der entscheidenden, unter Peter dem Großen an diesem Ort geschlagenen Schlacht nachgebildet ist. Ein heroischer Geist, ein wahres Fieber nach Ruhm, Krieg und Eroberung hat alle ergriffen, eine trunkene Siegesgewißheit, ein gemeinsamer Rausch, dem sich keiner zu entziehen vermag. Joseph schließt endlich das ersehnte geheime Traktat mit Katharina ab, er sieht Belgrad wieder in seinem Besitz und die Donau bis in die Walachei durch österreichisches Land fließen. Es ist ihm nicht ganz wohl dabei zumute. Er hat Angst vor seiner Bundesgenossin. Denn ebenso wie der noch besorgtere Ségur erblickt er in Katharina die stärkste Macht der Welt, den reichsten, den unabhängigsten, den souveränsten Monarchen Europas.

Mehr als ein Mann, mehr als alle Männer, mehr als alle Könige der Erde! Es ist der zweite Höhepunkt in Katharinas Leben. Ein Vierteljahrhundert ist vergangen, seit sie, umbraust vom Jubel des Volkes, den Thron bestiegen hatte. Es ist alles anders gekommen als sie gedacht hatte, aber wie es gekommen ist, scheint es gut zu sein. Sie hat wenig von dem verwirklichen können, was sie damals zu ihrem Programm gemacht hat, aber andere, eklatantere, wirksamere Erfolge waren ihr beschieden gewesen. Sie hat dem Sklaven nicht das Stückchen Erde schenken können, das er im Schweiße seines Angesichts bebaut – aber ihr Land, ihr großes, herrliches Rußland, hat sie noch größer und noch herrlicher gemacht. Allen ihren sozialen Plänen hat das Schicksal ein unerbittliches »Nein« entgegengehalten, aber ein phantastischer, ein eigensinniger Glücksstern hat alle ihre ehrgeizigen Unternehmungen begleitet. Was sie als denkender Mensch von anderen gelernt, was sie gutwillig gewollt hat, das hat sie im Laufe der Zeit wieder vergessen, verloren und schließlich abgeleugnet, aber was aus den Tiefen ihres eigenen Blutes, aus dem elementaren Urtrieb ihrer Natur, aus den kaum bewußten Träumen ihrer bedrängten Kindheit stammt, das hat sich sieghaft durchgesetzt, hat Realität und äußere Gestalt gewonnen und prägt ihrer Regierung das wahre Gesicht ihres Wesens auf: das Gesicht des unersättlichen Eroberers.

Ihr Glück ist im Augenblick vollkommen, und diese Vollkommenheit ihres Glücks dankt sie Potiomkin. Vielleicht wäre es besser für die Zukunft, wenn sie die Mängel seiner Verwaltung, die geheimen Fehler aller seiner Schöpfungen kennen würde. Wenn sie wüßte, daß die Festung Cherson aus nacktem Sand gebaut ist und, ferne davon, einen Kanonenschuß auszuhalten, beim ersten starken Gewitter beschädigt werden wird; daß die Schiffe samt und sonders aus schlechtem Material gebaut und viel zu früh vom Stapel gelassen worden sind, daß in den Arsenalen zwar Kanonen, aber keine Munition und keine Bagagewagen vorhanden sind, daß die Hälfte der hunderttausend Soldaten bloß in Potiomkins Phantasie und in den Equipierungsverrechnungen existieren und daß die Tataren, die ihr so ergeben huldigen, insgeheim mit den Türken konspirieren. Vielleicht würde das ihre Kriegslust herabsetzen, ihren Ton der Türkei gegenüber mäßigen und ihre Begeisterung für Potiomkin dämpfen. Rumiantzow, Repnin und Sievers, Generäle, Diplomaten und Verwaltungsbeamte, Konkurrenten Potiomkins und Kenner der Wirklichkeit haben alle Ursache, das Ergebnis der großen Reise sehr nüchtern und pessimistisch zu beurteilen: sie hat sieben Millionen Rubel und einen ungeheuren Aufwand an Menschenkraft gekostet, ohne den kleinsten dauernden Wert zurückzulassen; sie hat eigentlich keinen Zweck und keinen anderen Erfolg gehabt, als die Kaiserin darüber hinwegzutäuschen, daß auch die weitaus größeren Beträge, die Potiomkin als Kolonisator des Südens und Reorganisator der Armee ausgegeben hat, zum großen Teil nutzlos vergeudet worden sind. Mit einem Wort: daß nichts erreicht wurde, als Potiomkins Ansehen in Katharinas Augen ins Ungemessene zu steigern. Dies aber war wirklich erreicht worden. Die Reise war nicht nur ein Höhepunkt ihres Lebens, sie war auch ein Höhepunkt in ihrer Beziehung zu Potiomkin gewesen. Obwohl sie in jeder Station mit ihrem schönen jungen Mamonow zu Bett gegangen war, obwohl Potiomkin bald die eine, bald die andere Dame geliebt oder sich der Fürsorge seiner Nichte Branicka überlassen hatte, waren ihre beiden großen, glühenden Seelen unablässig in einer einzigen gemeinsamen Ekstase vereint gewesen. Wäre Potiomkin nichts als ehrgeizig gewesen, er hätte längst versucht, sich zum unabhängigen Khan des Südens zu machen; dies lag durchaus im Bereich des Möglichen, war ihm wiederholt nahegelegt worden und wurde von vielen seiner Widersacher als sein geheimer Plan gemutmaßt. Er hat es nie versucht und nie gewollt, sein Ehrgeiz war von seiner Liebe nicht zu trennen und blieb immer nur darauf gerichtet, Katharinas »großer Mann« zu sein. Von diesem Gesichtspunkt aus, der gewiß unsozial ist, war die Krimreise, die Improvisation eines glücklichen, reichen, wehrhaften Landes, eine der genialsten Liebestaten der Geschichte.

Potiomkins und Katharinas gemeinsamer Traum verwirklicht sich ein wenig zu früh. Die französische Diplomatie, besser informiert als die russische Kaiserin, drängt die Pforte in die Offensive, und der Krieg bricht aus, ehe Potiomkin mit seinen Vorbereitungen fertig ist. Nun zeigt sich sofort, was alles fehlt: es fehlt an Soldaten, den Soldaten fehlt es an Nahrung, es fehlt an Straßen für die Herbeischaffung der Nahrung, es fehlt an Holz für die Brücken, an Pulver für die Kanonen, an Tuch für die Uniformen, und vor allem fehlt es an Geld.

»Siegen die Türken«, schreibt ein zeitgenössischer Publizist, »so werden sie nicht daran denken, nach Moskau oder Petersburg zu gehen. Aber die Russen brauchen bloß zwei Schlachten zu gewinnen, um in Konstantinopel einzumarschieren.« Zwei Schlachten – man muß die Festung Otschakow nehmen und mit der Flotte die türkische Hauptstadt bedrängen, dann können die russischen und die österreichischen Armeen einander entgegenmarschieren.

Der Prince de Ligne, obwohl in österreichischen Diensten, hat gebeten, den Krieg auf russischer Seite mitkämpfen zu dürfen und war Hals über Kopf an die Front gereist, aus Angst, die Erstürmung Otschakows zu versäumen. Welche Enttäuschung erwartet ihn im Hauptquartier von Jassy! Otschakow steht zwar noch, aber niemand scheint daran zu denken, es erstürmen zu wollen. Wo ist der Hexenmeister, der Riese, der Feuerkopf aus der Krim? Umgeben von siebenhundert Dienern, einem halben Dutzend Mätressen, gepflegt von der kleinen Branicka, verbringt ein niedergeschlagener, mißmutiger Mann seine Tage mit leeren Vergnügungen, die ihn selbst langweilen. Auch der Prince de Ligne langweilt ihn. Was ist denn zu wollen, wenn man kein Holz hat und wenn in dieser verdammten Gegend keine Bäume wachsen? Potiomkin hat Holz aus seinen Wäldern in Polen bestellt, er hat Pulver aus Holland bestellt – das ist alles. Warten, man muß eben warten, so gut es geht. Den Feind hinhalten. Wenn der Gast aus Österreich gar zu lästig wird, läßt Potiomkin einen Kurier atemlos herbeisprengen, der von einem nie stattgefundenen Sieg im Ural berichtet. Im übrigen – Weiber, Kartenspiel, Alkohol. Schließlich kommt das Holz aus Polen und das Pulver aus Holland. Aber Potiomkin zögert noch immer. Es handelt sich nicht bloß um Otschakow, Otschakow ist ja nur eine Station auf dem großen Alexanderzug, den er Katharina versprochen hat. De Ligne erhält von Woche zu Woche immer dringendere Depeschen von Joseph II., der seinerseits mit der Erstürmung Belgrads wartet, bis die Türken durch die russische Offensive in Anspruch genommen sind. »Was ist mit Otschakow?« fragt Joseph den Prinzen, fragt der Prinz den Feldherrn. Im Sommer hat es geheißen, daß man keine acht Tage brauchen würde, um die alte, morsche Festung zu nehmen.»Was ist mit Otschakow?« fragt Katharina in jedem Schreiben. Potiomkin weicht de Ligne aus und läßt die Briefe der Kaiserin unbeantwortet.

»So lange ohne Nachricht von Dir, sterbe ich tausend Tode«, schreibt sie ihm.»Aus allen Gouvernements des Reiches erhalte ich allwöchentlich Nachricht, nur nicht aus jenem, auf das alle meine Wünsche und Gedanken gerichtet sind. Um Gottes und meinetwillen, schone Dich! Nichts macht mich unglücklicher, als zu fürchten, Du seiest krank...« Katharinas Befürchtungen sind richtig. Potiomkin ist längst kein gesunder Mensch; seine unregelmäßige Lebensweise, seine wiederholten Freßorgien haben den riesigen Körper verwüstet. Aber nicht das ist es, was ihn lähmt, sondern die Angst. Er fürchtet die Niederlage. Zu schnell ist er emporgestiegen, um sie ertragen zu können. Er gleicht einem Touristen, den unmittelbar vor der Bezwingung des höchsten Gipfels ein Schwindel packt und der sich an einen Felsblock klammert, weil er sich nicht weiter vorwärts wagt und weil ihm der Rückweg abgeschnitten ist. Er fürchtet auch den Tod. Er ist kein kaltblütiger Soldat, wie es Orlow gewesen war, er hat, wie alle phantasievollen Menschen, ein höchst kompliziertes Verhältnis zum Tod. Er ist fromm. Unter seinem Waffenrock trägt er ein Heiligenbild um den Hals, und in seinem Schlafzimmer hängen Heiligenbilder, vor denen er morgens und abends betet. Er hat ein sündiges Leben geführt, er führt es noch, aber er hat nie aufgehört zu hoffen, daß ihm einige Jahre bleiben werden, um in der Abgeschiedenheit eines Klosters den rechten Weg und die rechte Gnade zu finden. Er will nicht in diesem Feldzug sterben.

In dieser durchaus mutlosen und deprimierten Stimmung muß ihn der erste wirkliche Schlag vollends niederwerfen: die neue Schwarze-Meer-Flotte, seine Lieblingsschöpfung, wird bei der Ausfahrt aus dem Hafen von Narva durch einen Orkan zum größten Teil zerstört. Da gibt er denn nicht nur alle Träume von Byzanz verloren, er schreibt sogar an Katharina, man werde die Krim, die, ein Herd ewigen Aufruhrs, einen Teil der Truppen in Anspruch nimmt, räumen müssen.

»Das hast Du wohl in der ersten Erregung geschrieben«, antwortet sie ihm, »als Du dachtest, daß die ganze Flotte zerstört sei. Der Sturm wird wohl nicht bloß gegen uns gewütet haben. Wo sollen wir denn den Rest der Flotte hintun, wenn wir Sebastopol aufgeben? Und wie sollen wir auf so große, in Krieg und Frieden gewonnene Vorteile freiwillig verzichten? Um Gottes willen, denke nicht mehr daran! Sitzt jemand auf einem Pferd, so wird er doch nicht heruntersteigen, um sich am Schwanz festzuhalten! Besser wäre es, die schädliche Defensive aufzugeben und gegen Otschakow zu marschieren...«

Otschakow und immer wieder Otschakow! Potiomkin ist weniger denn je imstande, einen kraftvollen Angriff ins Auge zu fassen. Immer mehr sehnt er sich nach Ruhe, nach Verantwortungslosigkeit. Er bittet Katharina, ihm den Oberbefehl abzunehmen und ihm zu gestatten, sich in ein Kloster zurückzuziehen. Jetzt scheint ihm die Niederlage schon gewiß und Flucht die einzige Möglichkeit, sich ihr zu entziehen.

Aber Katharina ist aus anderem, härterem Holz als er. Sie hat in guten Tagen mit ihm in berauschenden Träumen geschwelgt, sie hat sich wie er von einem glühenden, phantastischen Optimismus hinreißen lassen – aber sie kann auch einen Rückschlag ertragen. Ihr Glaube an ihren Stern und ihr Glaube an Potiomkin sind unerschütterlich. »Beraube mich und das Reich nicht des allernötigsten, fähigsten, treuesten Mannes und bedenke, daß ein tapferer Sinn auch ein augenblickliches Mißgeschick verbessern kann. Du bist mein Freund und mein liebster Schüler und oft weißt Du besser Rat als ich. Aber Du bist ungeduldig wie ein fünfjähriges Kind, während Deine Geschäfte Geduld, durch nichts zu erschütternde Geduld verlangen.« Und sie schreibt weiter: »Glaube nicht, daß irgend etwas auf der Welt mein Vertrauen zu Dir vermindern kann.« Und sie schließt mit den Worten: »Es gibt nichts Zärtliches, was ich Dir nicht sagen möchte.« Es ist unmöglich, feiner, weiser, pädagogischer zu schreiben. Die Wandlungsfähigkeit dieser Liebe ist unglaublich. Vor einem Jahr war Potiomkin ein allmächtiger Gott, zu dem sie bewundernd aufblickte, und nun, da der Gott zusammengebrochen ist, zeigt sie keine Spur von Enttäuschung, sondern sie ist im nächsten Augenblick eine zärtliche Mutter, die ihr verstörtes, verzagtes Kind tröstet und ermutigt. Und Gott weiß, wieviel Mut sie selbst in diesen Tagen nötig hat. Der Prince de Ligne nennt sie mit Recht »die Unerschütterliche«. Die Mißgeschicke häufen sich so schnell, daß eine Katastrophe unabwendbar scheint. Bald nach Beginn des Türkenkrieges drohte die alte Feindschaft mit Schweden aufzuleben. Gustav III. ließ seine Flotte in der Ostsee kreuzen. »Hätte ich Dich hier«, schrieb Katharina an Potiomkin, »so wüßte ich in fünf Minuten, ob ich diese Demonstration dulden soll oder nicht.« Sie hatte sich schließlich dazu entschlossen, sie zu dulden, weil die Schwarze-Meer-Flotte vernichtet war und weil sie die baltische Flotte nach dem Süden schicken will. Dies stößt auf den vereinigten Widerstand Frankreichs und Englands. Katharina verhandelt mit beiden Mächten, verspricht Frankreich Vorteile in Ägypten, England Vorteile im Archipelagus – aber während sie noch verhandelt und ihren Zorn gegen die scheinheiligen Christen unterdrückt, die ihren Kampf gegen den Islam nicht unterstützen wollen, wird alles hinfällig. Gustav überschreitet ohne Kriegserklärung ihre Grenzen, die baltische Flotte ist unabkömmlich und Katharina ist ganz und gar von der Sorge in Anspruch genommen, ihre exponierte Hauptstadt gegen die heranmarschierenden Schweden zu schützen. Dazu müssen die bisher immer geschonten Garderegimenter herangezogen werden. Die Adligen schicken schnell ausgerüstete und abgerichtete Truppen von Leibeigenen, die ältesten verabschiedeten Generäle werden mit Kommandos betraut. »Unter dem Kanonendonner, der ihre Fenster erzittern macht, schreibt Ihnen die Unerschütterliche«, beginnt ein Brief an den Prince de Ligne. Die Lage ist schlimm und wird von Monat zu Monat schlimmer. Josephs Truppen werden entscheidend geschlagen, mit Mühe entgeht er selbst dem Tod. Die Türken überfluten das neu kolonisierte, blühende Banat. »Die Schande kann nur empfunden, nicht beschrieben werden«, sagt Joseph. Die Preußen sind drauf und dran, ihrerseits gegen die Österreicher vorzugehen, es hat den Anschein, als ob ganz Europa sich in einer mächtigen Koalition gegen »den souveränsten Monarchen« verbünden wolle. »Nimm Otschakow«, schreibt Katharina im November 1788 an Potiomkin, »und schließe mit den Türken Frieden. Dann wirst

Du sehen, wie sie alle kleinlaut werden wie der Schnee bei Tauwetter.«

Katharinas Bedrängnisse sind eine psychologische Entlastung für Potiomkin; die gigantische Aufgabe, als ein zweiter Alexander den ganzen Osten zu erobern, ist von seinen Schultern genommen, es handelt sich wirklich nur mehr um Otschakow. Das reißt Potiomkin aus seiner Lethargie, und nach einer faulen Belagerung von mehr als einem Jahr nimmt er Otschakow in wenigen Tagen. Wenn ein Mann, der die Todesfurcht kennt, die Todesfurcht überwindet, wird er tausendmal draufgängerischer als einer, dem der Mut selbstverständlich ist. Potiomkin schont weder Freund noch Feind bei diesem Sturm, er selbst steht mitten im Kugelregen, er führt seine Truppen ohne genügende Artillerievorbereitung über die feindlichen Wälle, zwanzigtausend Russen müssen dabei ihr Leben lassen, und die überlebenden Eroberer, abgehetzt, halb irrsinnig von den ausgestandenen Mühen und Ängsten, rächen sich mit einem fürchterlichen Blutbad in der eroberten Festung. Aber es ist ein Sieg. Endlich ein Sieg.

»Ich nehme Dich bei beiden Ohren und küsse Dich in Gedanken, Du mein Herzensfreund Grischenka!« schreibt Katharina.

Die Eroberung Otschakows bedeutet einen großen strategischen und einen noch größeren moralischen Gewinn. Vor allem ist Potiomkin seinem Kleinmut völlig entrissen; anstatt den Oberbefehl an Rumiantzow abzugeben, übernimmt er auch die von diesem General bisher befehligten Armeen und erobert die starke Festung Bender. Aber auch an allen anderen Fronten zeigt sich von diesem Augenblick an eine entscheidende Wendung zum Besseren. Der schwedische Adel, von Gustav entrechtet und von Katharina bestochen, meutert gegen seinen König, der alte Admiral Greigh besiegt die schwedische Flotte, der österreichische General Laudon nimmt die Festung Belgrad, und mit ihm vereint erringt der russische General Suwarow – das größte Feldherrntalent in diesem Kriege – den entscheidenden Sieg von Fokschany. Trotzdem ist für Katharina Potiomkin und immer wieder nur Potiomkin der große Mann und Held. Alle ihre Briefe ins Ausland tönen von seinem Ruhm. Im übrigen hat sie recht behalten: ihr Waffenglück hat die europäischen Mächte kleinlaut gemacht. Sie kann wieder nach Herzenslust spotten, wenn sie Potiomkin vom neuen Preußenkönig, dem »dicken Gu«, berichtet. Als im August 1790 der Friede mit Schweden auf dem status quo ante geschlossen wird, schreibt sie ihm: »Die eine Pfote haben wir glücklich aus dem Schmutz gezogen. Wenn es uns bald gelingt, auch die andere herauszuziehen, so können wir Halleluja singen.«

Aber obwohl alle diese Briefe zärtlich sind wie seit jeher, beginnen sie seit einiger Zeit, Potiomkin zu ärgern. Es heißt nicht mehr: »Saschenka läßt Dich grüßen«, sondern: »der kleine Schwarze läßt Dich grüßen«. In Petersburg hat ein Günstlingswechsel stattgefunden – an sich eine gewohnte und unerhebliche Tatsache. Aber Saschenka, das war Mamonow gewesen, ein Mann, der von Potiomkin für seine Stellung erwählt worden und der seine ergebene Kreatur geblieben war, »der kleine Schwarze« aber ist der zweiundzwanzigjährige Offizier der Garde, Platon Zubow, den Potiomkin kaum kennt, von dem er aber weiß, daß er ein Protegé seines Feindes Peter Saltykow ist. Er hat Glück gehabt, dieser kleine Zubow, aber er war auch entschlossen gewesen, sein Glück zu machen; wie der ganze Hof, mit Ausnahme Katharinas, hatte er schon seit einem Jahr von Mamonows Treulosigkeit gewußt und sich auf den Tag vorbereitet, an dem auch die Kaiserin erfahren mußte, daß sie betrogen wurde. Er hatte ihrer Kammerfrau, der berühmten Pierkusshina, ein ums andere Mal von seiner Leidenschaft für Katharina erzählt; durch seine hohen Gönner hatte er es zuwege gebracht, immer in ihrer Nähe zu sein, und so war er denn auch zur Hand gewesen, als sie Mamonow entsagen mußte. Sie dachte nicht, daß Potiomkin über ihre selbständige Wahl verstimmt sein würde. »Ich bin zum Leben zurückgekehrt wie eine Fliege, die vor Kälte erstarrt war«, gesteht sie dem fernen Freund, und sie schildert ihm mit der sentimentalen Schamlosigkeit, die zwischen ihnen üblich ist, die bezaubernde Anmut und das einschmeichelnde, reizende Wesen des neuen Favoriten. Als sie aus seinen Antworten entnehmen muß, daß er keineswegs bereit ist, ihre Freude zu teilen, sucht sie ihn auf jede Weise mit ihrem Schützling zu versöhnen. »Das Kind findet, daß Du viel geistreicher, amüsanter und liebenswürdiger bist als Deine gesamte Umgebung.« Aber Potiomkin legt keinen Wert auf die Beurteilung seiner Person durch einen aus dem Nichts emporgezogenen Niemand. Im Winter 1791 verläßt er ganz plötzlich den Kriegsschauplatz, seine Generäle und seine Mätressen, und in einer rasenden Fahrt ohne Raststationen begibt er sich nach Petersburg.

Katharina ist von seiner Ankunft überrascht, doch mit allen Zeichen der Freude. Sie feiert Potiomkin als den Sieger und bewunderungswürdigen Helden und scheint vergessen zu haben, daß er es war, der diesen Krieg provoziert hat, der Rußland bisher keinen anderen Erfolg gebracht hat als den, ihn nicht mit Schmach und Schande verloren zu haben. Es regnet Geschenke und Auszeichnungen, goldene Tafelservice und Brillanten. Aber als Potiomkin sie bittet,»ihn von dem schmerzenden Zahn zu befreien« (Zubow heißt auf russisch Zahn), da geschieht es zum ersten Mal, daß er seinen Willen nicht durchsetzt, daß sie ihm einen Günstling nicht preisgibt. Er mag ihr noch so viele gute Gründe gegen Zubow anführen, er mag mit dem genialen Spürsinn, mit der überströmenden Beredsamkeit der Eifersucht alle Fehler, alle Kleinheiten, alle Lächerlichkeiten des Rivalen aufzeigen – es gelingt ihm nicht, den unbedeutenden Jüngling in Katharinas Augen herabzusetzen. Denn Zubow macht Katharina glücklich – glücklicher als irgendein anderer Liebhaber je zuvor.

Er ist im richtigen Augenblick gekommen, dieser »kleine Schwarze«, als sie von Mamonow gerade die ungalante »Lektion« erhalten hatte, daß auch eine Kaiserin alt wird, daß sie selbst, trotz ihrer göttinnenhaften Einmaligkeit, alt wird und daß ihr Körper, dessen unverbrauchte Säfte ihr immer noch das Blut mit dem alten Ungestüm durch die Adern jagen, in seinen äußeren Formen den ehernen Gesetzen des Welkens unterworfen ist. Platon Zubow hat es verstanden, ihr diese richtige, aber durchaus unverdauliche Lektion wieder fortzuschwatzen. Er war genauso zynisch wie seine Vorgänger assentiert worden, zuerst durch den Arzt und dann durch die Protassow, und die Kaiserin hatte diesmal mehr als je zuvor die Absicht gehabt, ihr gekränktes, beleidigtes Herz ganz aus dem Spiel zu lassen – aber es ist schon so, daß man durch Kränkungen nicht mißtrauischer, sondern bloß aufnahmefähiger für jede Zärtlichkeit wird. Dank ihrer bewunderungswürdigen äußeren Haltung wissen wir nicht, wie tief Mamonow ihr weibliches Selbstgefühl verletzt hat. Wir können es nur aus der maßlosen Dankbarkeit erraten, die sie für jenen empfindet, durch den es wieder hergestellt wurde. Diese ist größer als die Dankbarkeit für die zwanzigjährige Freundschaft Potiomkins, größer als die Dankbarkeit für alle Taten, die er getan und für alle jene, von denen sie glaubt, daß er sie getan habe.

Mit dem untrüglichen Instinkt eines Menschen, dessen Lebensnerv bedroht ist, fühlt Potiomkin, daß dieser kleine Zubow nicht bloß einen größeren Raum in Katharinas Leben einnimmt als irgendein Günstling zuvor, sondern daß er auch jene empfindlicheren Bezirke ihrer Seele erfüllt, die bisher allein ihm vorbehalten waren. Er wagt es nicht – wie im Falle jenes »weißen Negers« Jermolow – sie vor ein Entweder-Oder zu stellen. Er fühlt, sie würde gegen ihn entscheiden. Die kurzsichtigen Menschen ihrer Umgebung, auch die auswärtigen Gesandten, hatten geglaubt, daß sie ihm alle ihre Liebhaber geopfert habe, aus Angst vor seiner Macht, die beinahe so groß war wie die ihre. Seine Macht war niemals größer als gerade jetzt. Aber Katharina fürchtet diese Macht nicht, sie hat sie niemals gefürchtet. Sie hat Potiomkin zwanzig Jahre lang vor allen anderen Männern geliebt und jetzt liebt sie einen anderen vor ihm.

Potiomkin denkt nicht daran, seine Macht gegen die Kaiserin auszuspielen. Er versucht etwas viel Tolleres, viel Verwegeneres und viel Aussichtsloseres: er versucht, ihre Liebe ein zweites Mal zu erringen. Er nimmt den Kampf gegen Zubow auf, den Kampf um die Liebe einer Greisin. Potiomkin ist ein Mann von fünfzig Jahren, schön war er nie, aber noch immer ist er ein kraftvoller Riese, mit einem Gesicht voll Geist und Feuer. Zubow hingegen hat seine Jugend, er ist eher schmächtig als groß, er ist von der anmutigen Geschmeidigkeit einer Katze, und das schönste an ihm sind seine seidenweichen braunen Haare. Natürlich müßte er in jedem Gespräch gegen Potiomkin unterliegen, und gegen die gewaltige Persönlichkeit des Prinzen verschwindet die seine wie ein bleicher Schatten vor der Sonne. Aber Katharina findet jedes Wort, das aus seinem frauenhaft weichen Munde kommt, voll Geist und Anmut, und durch den Zauber der Liebe verleiht sie ihm alle Kraft, die er braucht, um den ungleichen Kampf zu bestehen.

Potiomkin ist kein Jammerlappen, obwohl er leidet. »Er glänzt im Glanz seiner Siege«, schreibt Katharina an Grimm, »strahlend wie der Tag, lustig wie ein Buchfink, leuchtend wie ein Gestirn und geistreicher als je zuvor.« In seinem taurischen Palast, dessen sinnliche, schwelgerische Üppigkeit die steife Pracht der Zarenpaläste weit in den Schatten stellt, veranstaltet Potiomkin eine Reihe von Festen, wie er niemals welche veranstaltet hat, die niemand je zuvor erlebt hat. Bälle, Maskeraden, Komödien, Feuerwerke von noch nie dagewesener Herrlichkeit folgen einander Abend für Abend, und im Mittelpunkt all dieser Feste, besungen, gefeiert, wie eine Göttin verehrt, steht Katharina, eine Frau von einundsechzig Jahren, mit geschwollenen Beinen und zahnlosen Kiefern. Potiomkin trägt ein Gewand, das vom Hals bis zu den Knien mit Diamanten bestickt ist, ein Gewand, das eine halbe Million Goldrubel gekostet hat. Aber seine Bonmots sind geschliffener als seine Diamanten, sein Witz ist sprühender als seine Feuerwerke – alles was er ist, was er hat, was er kann, alle heißen Erinnerungen, alle gemeinsamen Träume, alles, alles rafft er zusammen, um noch einmal in den Augen der geliebten Matrone jenes Feuer zu entfachen, ohne das ihm sein Besitz gleichgültig und seine Macht nichtig erscheint.

Er unterliegt. Die alte Katharina kann nicht mehr werten, sie ist die Sklavin der jugendlichen Bedürfnisse ihres welken Fleisches. Erotisch hat ihr Potiomkin niemals viel bedeutet, aber die Erotik selbst war ihr niemals so wichtig wie jetzt, da sie alt ist und sich mit tausend gierigen Saugarmen an die Jugend und die Freuden der Jugend klammert. Sie hat alle ihre Geliebten und die Leidenschaft für sie beherrscht – jetzt aber, da es Zeit wäre, weise und abgeklärt zu sein in diesem Titanenkampf gegen die Natur, da sie spürt, daß es der letzte ist, wird sie zum ersten Mal von einem Geliebten, von einem durch und durch unbedeutenden Geliebten, der nichts als Geliebter ist, bis zur völligen Ohnmacht beherrscht. Eines Tages fragt sie Potiomkin bei vollbesetzter Tafel nach dem Preis eines seiner Schlösser. Potiomkin, der ahnt, für wen sie das Schloß kaufen will, antwortet ihr, daß er es leider bereits verkauft habe. »Seit wann?«, fragt Katharina. »Seit heute morgen, Majestät!« »Und an wen?« Potiomkin weist auf einen seiner Adjutanten, der keinen Rubel im Vermögen hat und der auf diese Weise zum Herrn eines herrlichen Schlosses mit zwölftausend Bauern wird. Potiomkin ist in seiner Eifersucht großzügig wie in allem anderen. Aber Zubow fühlt diese Eifersucht, er fühlt den unterirdischen Kampf, den Potiomkin gegen ihn führt, und er geht, im vollen Vertrauen auf die unbeschränkte Macht über Katharina, zum direkten Angriff über: er verlangt Potiomkins Entfernung aus Petersburg.

Nach einem besonders herrlichen Fest, bei dem vor dreitausend Geladenen zum ersten Mal Djershavins Siegeshymne »Freue Dich Deiner Siege, glückliches Rußland« gesungen worden war, geleitet Potiomkin – es ist bereits zwei Uhr morgens – die Kaiserin persönlich an ihre Karosse. Er trägt ein scharlachfarbenes Gewand, geschmückt mit allen seinen kriegerischen Orden und Auszeichnungen, und zum Schutz vor der Nachtluft hat er einen schwarzen Mantel um die Schultern geworfen. Nachdem er Katharina die Hand geküßt hat, steht er, riesengroß und todtraurig, allein auf der Schwelle seines strahlend hell erleuchteten Palastes und verfolgt mit seinem einzigen Auge den Wagen der Kaiserin, bis er sich in der Finsternis verliert. Am nächsten Morgen empfängt er ein Billett, in welchem ihm Katharina für den schönen Abend herzlich dankt, aber hinzufügt, sie habe dieses wundervolle Fest als Abschiedsfest betrachtet, da seine Anwesenheit auf dem Kriegsschauplatz sicherlich nötiger sei als in Petersburg.

Potiomkin hat verspielt. Für seine Feste hat er über eine Million Rubel Schulden gemacht. In seiner Abwesenheit hat Repnin, der alte Repnin, die Türken vernichtend geschlagen. Der Krieg ist aus, alles ist aus. Ohne Katharina wiederzusehen, reist Potiomkin zurück nach Jassy zu den Friedensverhandlungen. Nie hat ein unfriedlicherer Mensch eine Friedensverhandlung geleitet. In seiner rasenden Wut, in seinem verzweifelten Trotz ist er drauf

und dran, die türkischen Diplomaten geringer formaler Neben-
sächlichkeiten wegen so zu reizen, daß ein neuer Ausbruch der
Feindseligkeiten unausbleiblich erscheint. Aber er ist ein gezeich-
neter Mann. Die berühmtesten Ärzte in Petersburg haben ihn
untersucht, sie haben ihm eine bestimmte Diät vorgeschrieben.
Doch Potiomkin, der den Tod immer so sehr gefürchtet hat –
jetzt scheint er ihn zu suchen. Er bestellt sich ein üppiges Mahl,
kein raffiniertes, verfeinertes wie in den Tagen seines Glückes,
sondern ein richtiges, derbes, kosakisches Essen: Pökelfleisch
mit rohen Rüben, genau das, was der Arzt ihm verboten hat. Er
trinkt ein paar Liter echten russischen Kwaß dazu, dann setzt er
sich in seine Kibitka, die kleine hundetreue Branicka ist wie gewöhnlich mit ihm, und er fährt, niemand kann sagen warum, nach
der Festung Otschakow, die er so lange belagert und endlich auf
Geheiß Katharinas erobert hatte. Er kommt nicht mehr hin.
Mitten am Wege wird ihm plötzlich übel, der Wagen muß halten, ein Mantel wird auf den Sand gelegt, und mitten auf einer
elenden Landstraße, ohne Arzt und ohne Geistlichen, haucht der
mächtigste Mann Rußlands sein Leben aus. Die Branicka drückt
ihm die Augen zu.
Katharina fällt bei der Nachricht von seinem Tode dreimal in
Ohnmacht. Man muß sie zur Ader lassen. »Wie soll ich einen
solchen Mann ersetzen?«, schreibt sie an Grimm. »Seine schönste
Eigenschaft war die wahrhafte Größe seines Herzens, seines
Geistes und seiner Seele. Dadurch haben wir einander immer so
gut verstanden und konnten diejenigen reden lassen, die nichts
davon begriffen.«
Einer, der nichts davon begreift, ist Zubow. Er war eifersüchtig
auf Potiomkin, und er bleibt es auch über den Tod des Verhaßten
hinaus. Er will alles für Katharina sein, was ihr Potiomkin war,
und sie soll ihm alles geben, was sie Potiomkin gegeben hat,
sie soll nicht einmal mehr an den Toten denken oder andere
an ihn erinnern. Sie setzt hunderttausend Rubel für ein Mau-
soleum aus, das in Cherson errichtet werden und die Gebeine
des Schöpfers dieser Stadt beherbergen soll. Zubow aber kann
diese Ehrung des toten Rivalen nicht ertragen, und die willen-
lose versklavte Katharina gehorcht. Nicht sie, die große Kaiserin,

der Potiomkin in unverbrüchlicher Liebe und Freundschaft angehört, für die er geschafft und geträumt, Kriege geführt und Städte erbaut hat und mit der sein Name für ewig verknüpft sein wird – die kleine, demütige Branicka ist es, die ihrem angebeteten Onkel ein bescheidenes Grabmal errichtet. Aber die Unruhe, die Potiomkin während seines ganzen Lebens verzehrt hat, verfolgt noch seinen faulenden Leichnam. Kaum auf den Thron gelangt, läßt Paul die Knochen dieses Mannes, der ihn verachtet und den er gehaßt hat, aus der Erde scharren und in den Stadtgraben von Petersburg werfen, »damit keine Spur von ihm übrigbleibe«. Vielleicht verwesen sie dort. Niemand kann sagen, ob jene anonymen Gebeine, die Katharinas geliebter Enkel Alexander zur endgültigen Ruhe im Newsky-Kloster beisetzen ließ, wirklich die sterblichen Überreste jenes Mannes waren, dessen Andenken gut oder schlecht, je nachdem man es betrachtet, aber jedenfalls unsterblich ist.

V.

Der Unüberwindliche

In ihrem sechzigsten Lebensjahr verfaßt Katharina eine Inschrift
für ihr eigenes Grabmal:

Hier ruht
Katharina die Zweite.

Sie kam im Jahre 1744 nach Rußland, um Peter III. zu
heiraten. Im Alter von vierzehn Jahren faßte sie den drei-
fachen Entschluß, ihrem Gemahl, Elisabeth und der Nation
zu gefallen.

Sie unterließ nichts, um darin Erfolg zu haben.

Achtzehn Jahre voller Langweile und Einsamkeit veran-
laßten sie, viele Bücher zu lesen.

Als sie den Thron von Rußland bestiegen hatte, suchte sie
ihren Untertanen Glück, Freiheit und Besitz zu verschaffen.

Sie verzieh leicht und haßte niemanden.

Sie war nachsichtig, leichtlebig, von heiterer Gemütsart,
aufrichtiger republikanischer Gesinnung und gutem Herzen.

Sie hatte Freunde.

Die Arbeit fiel ihr leicht. Geselligkeit und Künste gefielen
ihr.

Diese bescheidene Grabrede ist wohl kaum ernsthaft für die
Nachwelt bestimmt. Sie bedeutet eher eine Art innerer Einkehr
und keine große Leistung an schonungsloser Aufrichtigkeit.
Katharina betrachtet sich mit Wohlwollen und falscher Bescheidenheit. Von ihren aufreizenden Lastern und von ihren hervorragenden Fähigkeiten scheint sie nichts zu wissen.

Das Auffallendste an diesem schlichten Selbstporträt ist die
Behauptung der »aufrichtigen republikanischen Gesinnung«.
Katharina ahnt nicht, daß sie, ein Jahr nach der Aufschrift dieser
Zeilen, beim Wort genommen und dieses brechen wird.

Der Widerspruch zwischen ihren liberalen Ansichten und ihrer autokratischen Regierung hatte schon Diderot gereizt, und er hatte es gewagt, ihr anläßlich seines Petersburger Aufenthaltes Vorwürfe darüber zu machen. Sie hatte ihm geantwortet:
»Ihr Philosophen seid glückliche Leute. Ihr schreibt auf geduldigem Papier – ich arme Kaiserin aber auf der kitzligen Haut lebendiger Menschen.«

Das war zur Zeit des Pugatschewschen Aufstandes gewesen, und Katharina hatte bereits einige trübe Erfahrungen mit der Empfindlichkeit der Menschenhaut gemacht. Weniger charmant ausgedrückt: sie war zu der Überzeugung gekommen, daß bei dem primitiven Kulturzustand ihrer Bevölkerung eine plötzliche Reform ein unabsehbares Chaos hervorrufen und mehr Unheil als Glück verursachen müsse. Ihre republikanische Gesinnung galt einer fernen Zukunft, die sie nicht mehr zu erleben gedachte. Ihren Enkel Alexander vertraute sie der Erziehung eines überzeugten Republikaners an. Für ihre eigene Person aber begnügte sie sich mit der Überzeugung, »ihre unumschränkte Macht niemals mißbraucht zu haben«.

Eine wirkliche, echte Demokratin war und blieb sie nur in ihrem Palast. Sie ist die sanfteste, gütigste, die gemütlichste Hausfrau, die man sich denken kann. Abgesehen von den großen zeremoniellen Empfängen, die sie nicht aufhört, aus tiefster Seele zu hassen, ist es verboten, bei ihrem Erscheinen aufzustehen, nicht einmal, wenn man sie auf sich zukommen sieht oder wenn sie, selbst stehend, ein Gespräch führt. Es ist bekannt, daß die Partner ihrer allabendlichen Whistpartie ihr gelegentlich die Karten vor die Füße werfen, ohne daß sich etwas anderes ereignet, als daß die Kaiserin alle Anwesenden laut zu Zeugen anruft, daß sie gut und richtig gespielt habe. Es ist bekannt, daß ihre strahlende, warme, herzliche Liebenswürdigkeit nicht nur ihren Freunden und Gästen, sondern auch dem geringsten ihrer Diener gilt. Elisabeth hat ihre Kammerfrauen geohrfeigt, aber auch die kleinste russische Gutsbesitzerin behandelt ihre Bediensteten nicht besser, wenn sie gerade schlechter Laune ist; nur Katharina verlangt nicht die unscheinbarste Handreichung ohne höfliche Bitte: »Wollen Sie so gut sein und mir meine Schnupftabaksdose reichen?« Es gibt hundert hübsche Anekdoten, die Katharinas Menschlichkeit gegen ihre Untergebenen beweisen: wie sie einmal vergebens Sturm läutet, weil sie eine dringende Depesche abzuschicken hat, und wie sie dann selbst ins Vorzimmer geht, wo sie ihre Diener in eine Kartenpartie vertieft findet, wie sie einem von ihnen leise vorschlägt, die Partie für ihn weiterzuspielen, wenn er unterdes ihren Brief besorgen wolle; wie sie ein anderes Mal ihre Diener dabei ertappt, die schönsten Früchte von ihrer Tafel zu stehlen, und wie sie ihnen sagt: »Das darf nie wieder vorkommen. Jetzt aber schaut, daß ihr weiterkommt, sonst erwischt euch der Haushofmeister«, wie sie sich auf einer Reise weigert, zu essen, ehe nicht ihre gesamte Dienerschaft verköstigt ist...

Wer in ihre Nähe gerät, ist ihr Bruder; aber hängt das wirklich mit den Menschenrechten zusammen, ist es die Philosophin, die in jedem zweibeinigen Wesen den Mitmenschen achtet, oder ist es nicht vielmehr die Frau, die immer noch, trotz ihres Alters, trotz ihrer überlegenen Stellung jedermann, wer immer es sei, jung oder alt, Mann oder Weib, persönlich bezaubern will? Sie hat niemals gleichgültige oder unzufriedene Gesichter in ihrer Umgebung vertragen; ihr Bedürfnis nach Wärme läßt nicht nach, ebensowenig wie ihre frauliche Fähigkeit, alles um sich herum mit Wärme zu erfüllen. Mit der Zeit ist die Frau eine Mutter und eine Großmutter geworden, und in ihrer Art der Menschenbehandlung schwingt eine tiefe pädagogische Note mit. Sie hat die beschwingende Wirkung des Selbstvertrauens und die lähmende Wirkung der Entmutigung kennengelernt; sie ist verschwenderisch mit Lob und äußerst sparsam mit Tadel. Sie glaubt an das Gute in jedem einzelnen Menschen und wendet sich an das Gute in ihm.

Sie kann die gleichen Grundsätze der großen anonymen Masse, dem Volke gegenüber nicht anwenden. Zwischen ihr und dem Volk stehen Tausende von rücksichtslosen Ausbeutern, gierigen Blutsaugern, sadistischen oder bloß dummen Menschenschindern. Sie weiß es, sie kann es nicht ändern – und trotzdem mißtraut sie dem Volk für alle jene Eigenschaften, die der unablässige Druck zwangsläufig erzeugt. Schon im Jahre 1784 schreibt sie an Grimm:»Der Fortschritt hat alles verbessert: die Kenntnisse, die Künste, sogar die Natur; bloß der Mensch blieb immer auf demselben Punkt.«Sie ist zu der Überzeugung gekommen, daß die französischen Philosophen in diesem einen Punkt entscheidend geirrt haben: daß sie die Menschen im allgemeinen für gut und gerecht gehalten haben. In dieser pessimistischen Stimmung empfängt sie die Nachricht vom Ausbruch der Französischen Revolution. Ihre Stellung ist vom ersten Augenblick an eindeutig festgelegt: sie steht ihr verständnisloser und feindseliger gegenüber als irgendein anderer Monarch Europas – allerdings erfaßt sie schneller als alle anderen schon beim ersten Wetterleuchten die ganze drohende Elementargewalt des heraufziehenden Gewitters. Sie hat den Leichtsinn des französischen Königspaares immer mißbilligt, zehn Jahre zuvor hat sie ihrem Gesandten nach Paris geschrieben, es wolle ihr gar nicht gefallen, daß Marie Antoinette über alles lache und daß Ludwig sinnlose Ausgaben mache, die sein hungerndes Volk ärgern müssen. Der französische König solle daran denken, seinen zerrütteten Staatshaushalt in Ordnung zu bringen, er solle begabte Männer wie Lafayette und Necker zu beschäftigen verstehen, anstatt sie durch unbefriedigten Ehrgeiz zu Frondeuren zu machen, er solle Reisen machen und Deputiertenversammlungen einberufen, um die wirkliche Lage und Stimmung seines Volkes kennenzulernen – mit einem Wort, solange der König noch im unumschränkten Besitz seiner autokratischen Macht ist, soll er, Katharinas Ansicht nach, aus dieser seiner eigenen Machtvollkommenheit heraus alles unternehmen, um sein Volk zufrieden und glücklich zu machen. Sobald aber diese Macht angetastet wird, sobald es dem Volk einfällt, sich gegen den König zu stellen und Rechte und Vorteile von ihm ertrotzen zu wollen, stellt sich Katharina mit aller Energie auf seiten des Königs und erwartet von ihm die rücksichtsloseste Strenge gegen die ersten Regungen des Ungehorsams,»denn damit beginnt die Anarchie«. Das ist keine Inkonsequenz, sondern die durchaus zu Ende gedachte Idee vom aufgeklärten Absolutismus, wie sie ihn bei Voltaire gelernt hat.

Es dauert eine Weile, bis man das in Frankreich erfährt. Der

Nationalkonvent glaubt noch, in der Freundin der Enzyklopädisten eine Gesinnungsgenossin zu haben, während sie bereits über den anmaßenden Ton dieser Versammlung empört ist und sagt, Ludwig täte besser, einen Krieg nach außen zu beginnen und einige Mitglieder des Konvents aufzuhängen, statt sich in feige Verhandlungen einzulassen. Grimm schickt ihr das Bildnis Baillys und bittet sie für diesen um ihr Porträt. »Es schickt sich ebensowenig für den Majordomus des entmonarchisierten Palastes, das Bild der aristokratischesten Kaiserin Europas zu besitzen«, schreibt Katharina, »als es sich für die Kaiserin aristocratissime geziemt, das Porträt eines Rebellen vor Augen zu haben.« Den Grafen Ségur, den man nach Petersburg geschickt hatte, damit er durch seine liberalen Anschauungen den ihren entgegenkomme, und mit dem sie sich auch über ein Jahrzehnt lang vorzüglich verstanden hatte, entläßt sie, weil sie aus seiner perlustrierten Korrespondenz erfährt, daß ihn der Bastillesturm mit tiefer Befriedigung erfüllt hat. »Ich bin Aristokratin aus Pflicht und aus Metier«, sagt sie ihm zum Abschied.

Sie betrachtet die Bewegung in Frankreich mit Abscheu, aber mit einem prachtvollen Instinkt für ihren gesetzmäßigen Ablauf. Kaum daß man Ludwig XVI. den Titel »König von Frankreich« genommen und gegen den Titel »König der Franzosen« vertauscht hat, sagt sie: »Sie werden ihren König schließlich an die Laterne hängen.« Sie kann den Tod der königlichen Familie nicht aufhalten, obwohl sie ihr durch die Tochter eines russischen Bankiers falsche Pässe für ihre Flucht zukommen läßt. Und kaum sind die Häupter der unglücklichen Capets gefallen, da prophezeit sie, während sich das Volk von Paris noch im trunkenen Taumel seiner eben errungenen Freiheit von einer Ekstase in die andere steigert: »Sie werden dieser Freiheit sehr bald müde werden, und dann werden sie so zahm und gehorsam sein wie ein Lamm. Aber es bedarf eines Mannes, der geschickt, mutig, seinen Zeitgenossen und seinem ganzen Jahrhundert weit überlegen sein muß. Ein neuer Dschingis-Khan wird kommen.« Ist er schon da? Wird er bald erscheinen?

Katharina ist keine passive Betrachterin, die imstande wäre, angesichts eines lebendigen Geschehens objektiv und gerecht zu sein, die Größe einer Idee von der menschlichen Unvollkommenheit ihrer Träger, das ideale Ziel einer Bewegung von den entfesselten Instinkten der Bewegten sorgsam zu unterscheiden. Ihrer ganzen Natur und Stellung nach ist sie gezwungen, sich sofort zu entscheiden und aus ihrer Entscheidung aktive Konsequenzen zu ziehen. Die Französische Revolution ist für sie vor allem eine politische Tatsache. Und diese bedeutet eine Gefahr für das legitimistische Prinzip in ganz Europa. Dafür ist niemand empfindlicher als Katharina – wahrscheinlich deshalb, weil sie selbst eine Usurpatorin ist. Nur dadurch ist die beinahe krankhafte Reizbarkeit zu verstehen, mit der sie in ihren letzten Lebensjahren jede liberalistische Äußerung verfolgt. Alle in Frankreich lebenden Russen erhalten den Befehl, den Pestherd sofort zu verlassen und in ihre Heimat zurückzukehren; alle in Rußland lebenden Franzosen müssen einen heiligen Eid ablegen, daß sie streng royalistischer Gesinnung sind. Aristokratische Emigranten werden mit offenen Armen empfangen, kosten die Staatskasse an die zwei Millionen Rubel, und sehr bald klagt Katharina, »diese Leute wünschen, die gebratenen Tauben mögen ihnen in den Mund fliegen, führen ein großes Mundwerk, können aber in Wirklichkeit kein Wässerchen trüben«. Immerhin redigieren »diese Leute« die offizielle Petersburger Zeitung, die mehr und mehr den Charakter eines periodisch erscheinenden Pamphlets gegen den Jakobinismus annimmt, eines Heldenepos der französischen Aristokratie in unzähligen Gesängen. Hingegen werden die Pariser Zeitungen anfangs ungehindert an ihre russischen Abonnenten verteilt; diese Abonnenten sind nahezu ausschließlich Aristokraten, und Katharina ist überzeugt, daß der natürliche Abscheu dieser Klasse vor der Pöbelherrschaft durch detaillierte Berichte nur verschärft werden kann. Erst als der Großfürst Paul im »Moniteur« verhöhnt wird, verhängt Katharina eine scharfe Zensur, weil das dynastische Gefühl in ihrem eigenen Land gefährdet erscheint. Diejenige Nummer aber, die einen scharfen Angriff gegen sie selbst enthält, gibt sie frei. »Das betrifft nur mich«, sagt sie, als stünde ihre Person höher als die abstrakte Idee der Majestät und sei durch keine Verunglimpfung zu erreichen.

Auch in früheren Tagen hatte Katharina allzu freie Meinungsäußerungen über staatliche Einrichtungen nicht gerade gerne gesehen, aber sie hat sie meist geduldet und hat immer versucht, geistige Menschen, die ihrer Faszination widerstanden, mit geistigen Waffen und nicht mit Polizeimaßnahmen zu bekämpfen. Nowikow, der mutigste und begabteste Publizist der Zeit, ärgerte sie durch beharrliche Angriffe in seiner Zeitschrift »Die Wespe«, sie gründete eine andere Zeitschrift, um darin nach Herzenslust anonym gegen ihn zu polemisieren. Sie ließ dann zwar »Die Wespe« einstellen, anerkannte aber Nowikows Verdienste um die Volksaufklärung – er hatte die ersten Leihbibliotheken in Rußland gegründet und war auf den Gedanken gekommen, billige Ausgaben guter Bücher herzustellen und in die Provinzen zu versenden –, sie machte ihn schließlich zu ihrem Verleger und gab eine Zeitlang mit ihm zusammen eine Zeitung heraus. In der Zeitung der Fürstin Daschkow wurde eine öffentliche Diskussion zwischen Publikum und Redaktion eröffnet. Die Leser hatten lange Zeit keine Ahnung, daß ihre Fragen von der Kaiserin selbst beantwortet wurden. Manchmal, wenn die Fragen gar zu gewagt gewesen waren, fielen die Antworten recht kurz und spitz aus, aber immerhin war dieser Meinungsaustausch das Dokument einer für die damalige Zeit erstaunlichen Gedankenfreiheit. In ihrer religiösen Toleranz war die Kaiserin so weit gegangen, wie es ihre Stellung als Oberhaupt der griechischen Kirche und die Rücksicht auf die Kirchenfürsten erlaubten. Im Grunde konnte jedermann in Rußland glauben, was er wollte. Katharina hat keinerlei Versuche gemacht, die Mohammedaner in der eroberten Krim zu bekehren; im Gegenteil, sie ließ ihnen neue Moscheen erbauen, sie hat den Jesuiten nach der Aufhebung ihres Ordens ein Refugium in Mohilew geboten, sie hat die Katholiken in Weißrußland, die Protestanten im Baltikum, sie hat die Raskolniks und alle die anderen unzähligen religiösen Sekten geduldet, und an jedem sechsten Januar hat sie, zum Zeichen, daß sie allen Religionen gleichen Schutz gewähre, ein sogenanntes »Toleranzdiner« gegeben, ein sehr feierliches Essen, bei welchem Priester aller in Rußland ansässigen Kirchen vertreten waren und mit der gleichen kaiserlichen Huld behandelt wurden.

Der Umschwung in Katharinas theoretischen Anschauungen ist etwas durchaus Sekundäres, er hinkt hinter der praktischen Einsicht einher, daß sie neue, oder besser gesagt, daß sie die alten vermoderten Sicherungen braucht, weil sie sich nicht mehr sicher fühlt. Sie hat begriffen, daß auch das Papier, auf dem die glücklichen Philosophen schreiben, nicht so unbedingt geduldig ist – es kann sich eines Tages entzünden und alles rundumher in Brand setzen. Sie hat Aufklärung, Humanismus, Liberalismus, mit einem Wort: das revolutionäre Denken ihrer Zeit mitgemacht – wie übrigens auch Friedrich der Große und Joseph II., die bloß starben, ehe sie gezwungen wurden, sich genauso zu benehmen –, solange es eine Angelegenheit der Aristokraten war, eine rein geistige, eine papierene Angelegenheit. Jetzt, da der Pöbel von Paris das Denken in Taten umsetzt, die Katharina verbrecherisch erscheinen müssen, beginnt sie einen unrühmlichen Kampf gegen bedrucktes Papier. Der Schriftsteller Raditschew, der in seiner »Reise von Petersburg nach Moskau« die Bestechlichkeit des russischen Beamtentums, gewisse Mißstände der Patrimonialgerichtsbarkeit und vor allem die Leibeigenschaft angegriffen hat, veranlaßt sie nicht bloß zu der polemischen Antwort »Antidote«, er wird auch vor Gericht gestellt, zum Tode verurteilt und zu lebenslänglicher Verbannung begnadigt. Noch grotesker ist die Verurteilung ihres ehemaligen Mitarbeiters Nowikow zu fünfzehn Jahren Festungshaft in der Schlüsselburg wegen Verbreitung jener »aufrührerischen« Schriften, für deren Übersetzung Katharina seinerzeit eine jährliche Bonifikation ausgesetzt hatte. Allerdings ist Nowikow der Großmeister der Moskauer Freimaurerloge und das Oberhaupt der Martinisten. Katharina hat die Freimaurer niemals geliebt (wie hätte sie eine Bewegung lieben können, die Frauen ausschließt?), sie hat sich über die seltsamen Gebräuche der »Massons« ausgiebig lustig gemacht und in ihnen bloß Scharlatane oder Dummköpfe gesehen. Nicht weniger als drei Lustspiele zu ihrer Verhöhnung hat sie geschrieben. Aber sie wurden verächtlich geduldet wie die verschiedenen mystischen Orden, »Illuminierten und Illuminaten«, mit denen die Maurer in Verbindung standen. Jetzt ist das anders, und alles ist verdächtig geworden. Da ihr bekannt wird, daß die Häupter der Jakobiner Freimaurer sind, sind ihr alle Freimaurer Jakobiner. Da einige Freimaurer zugleich Martinisten sind, sind auch die Martinisten Jakobiner; die Logen werden geschlossen, die Typographien vernichtet, Hunderttausende verdächtige Schriften verbrannt, und in der Person Proserodskis betritt ein Polizeigouverneur ältesten Stils das berüchtigte geheime Kabinett, in welchem Gewissen erforscht, Gesinnungen mittels Knutenhieben ermittelt und die freien Gedanken mit Füßen getreten werden.

Alle diese Maßnahmen scheinen angesichts der großen Entfernung zwischen Frankreich und Rußland übertrieben, und Katharinas Angst bliebe unverständlich, wäre sie nicht zum Teil ein bewußtes Manöver. Sie hat ihre guten Gründe, die jakobinische Gefahr so groß wie möglich darzustellen. Sie wäre eine andere als diejenige, die sie immer gewesen war, erkennte sie nicht sogleich in den französischen Vorgängen alle jene Möglichkeiten, aus denen die russische Politik Vorteile ziehen könnte. Frankreich ist aus dem europäischen Kräftespiel ausgeschaltet, es ist mit sich selbst beschäftigt, es beschäftigt die übrigen Mächte. Von seinem stärksten Schutzpatron im Stich gelassen, außerstande, die Aufmerksamkeit der Welt in diesem erregenden Augenblick auf sich zu lenken, muß die Türkei im Frieden von Jassy die ganze Nordküste des Schwarzen Meeres an Rußland abtreten. Die nächste Konsequenz ist die zweite und schließlich die dritte Teilung Polens. Gewiß besteht ein geistiger Zusammenhang zwischen der Französischen Revolution und der nationalen Erhebung Polens gegen die russische Tyrannei, wie sie sich in der neuen Konstitution vom 3. Mai 1791 ausdrückt. Jedenfalls aber ist es für Katharina leicht, diesen Zusammenhang herzustellen und den Einmarsch ihrer Truppen in Polen damit zu begründen. Der Wunsch, weitere Teile des unglücklichen Landes zu annektieren, entfacht ihre reaktionäre Tätigkeit bis zur Weißglut. In leidenschaftlichen Memoranden fordert sie alle Höfe zum gemeinsamen Kampf gegen die Jakobiner auf.»Ich schlage allen Mächten vor, die griechische Religion anzunehmen, um sich vor der gottlosen, unmoralischen, verbrecherischen, anarchistischen, teuflischen Pest zu bewahren...« Vorübergehend schwebt ihr wirklich ein allgemeiner europäischer Kreuzzug der Legitimität unter ihrer eigenen Führung vor. Das sind Fieberträume. Die gesunde Realpolitikerin gesteht ihrem Sekretär Chrapowitzki:»Ich will den Wiener und den Berliner Hof beschäftigen, um die Ellenbogen frei zu haben. Versteht Er mich? Ich habe gewisse Unternehmungen zu Ende zu führen und will dabei nicht gestört werden.« Tatsächlich schickt sie keinen einzigen Mann nach Frankreich: sie habe genug damit zu tun, das Jakobinertum in Polen niederzuhalten. Während die Preußen in der Champagne und die Österreicher in Belgien geschlagen werden, rückt Suwarow siegreich in Warschau ein und zwingt Stanislaus zum Verrat an seiner Nation und zur völligen Unterwerfung unter den russischen Willen. Friedrich Wilhelm hat die polnische Unabhängigkeit garantiert und Leopold II. hat allen Grund, sie zu wünschen, aber da die Kosten des verlorenen Feldzuges nur durch eine neue Plünderung Polens gedeckt werden können, ist der erste bereit, sein Wort zu brechen und der zweite, seine Ansicht zu ändern.

Aber Katharina ist noch immer nicht zufrieden, sie hat »ihre Unternehmungen« noch immer nicht zu Ende geführt. Je älter sie wird, desto hemmungsloser und unverhüllter tritt ihre Eroberungssucht zutage. Sie hört nicht auf, den Kampf gegen Frankreich zu schüren. Der plötzliche Tod des österreichischen Kaisers, die Ermordung Gustavs von Schweden sind für sie Taten der Jakobiner, sie behauptet, ihr eigenes Leben sei ständig von Abgesandten des scheußlichen Robespierre bedroht. Sie überhäuft den Berliner Hof mit Schmähungen, weil er mit »Mördern und Aufrührern« verhandelt, und wütet über den Frieden von Basel. »Mit Königsmördern Verträge abschließen, heißt nichts anderes als neue Königsmörder ermutigen«, schreibt sie. Als auch Österreich den Krieg gegen Frankreich aufgeben will, spricht sie vom »Jakobiner Thugut« und bleibt dabei, daß man es mit den Franzosen machen müsse, wie es ihre Generäle seinerzeit gegen Pugatschews Räuberbanden gemacht hätten: alle vernichten, die mit der Waffe in der Hand angetroffen werden. Zwanzigtausend Kosaken, behauptet sie, würden genügen, um die Rebellen zur Vernunft zu bringen und das Königtum in Frankreich zu restaurieren. Aber sie schickt weder ihre Kosaken noch ihre Generäle nach Frankreich. Sie hat das letzte Aufflackern des polnischen Patriotismus, sie hat den Aufstand Kosziuskos niederzuschlagen. Sie ist leidenschaftlich dafür angefeindet worden, denn Kosziusko, der die gewaltsame Zerstückelung seines Vaterlandes aufhalten will, ist ein uneigennütziger und populärer Held, aber vom Standpunkt der Kaiserin gesehen ist er ein Rebell und doppelt gefährlich in dieser Zeit, da alles in Europa, was nicht unmittelbar am ancien régime interessiert ist, mit Rebellen sympathisiert. Ihre Entrüstung ist zweifellos echt, wenn sie auch ganz gewiß sehr zufrieden ist, einen Anlaß zur Entrüstung bekommen zu haben. Im Namen der Ordnung besetzen ihre Truppen das Land, im Namen der Ordnung, die aufrechtzuerhalten er sich zu schwach erwiesen hat, wird Stanislaus zur Abdankung auf seinen Thron gezwungen, im Namen der Ordnung wird Polen als selbständiger Staat von der Landkarte fortgewischt. Im übrigen hat Katharina die Geschichte Rußlands genau studiert, und sie kann jedem, der von seinem Gewissen geplagt wird, mit der Eloquenz eines Anwaltes in eigener Sache beweisen, daß sie mit Wolhynien und Podolien auch nicht eine Handbreit Erde annektiert, die nicht von alten Rechts wegen zu Rußland gehört. Mit der Vernichtung Polens wird auch die kurländische Frage endgültig gelöst: Kurland war bisher ein polnisches Lehen – ein kleines Regiment genügt, um den Sohn des verstorbenen Biron zu stürzen und aus Kurland eine russische Provinz zu machen, wodurch ein Zustand, welcher de facto schon seit drei Jahrzehnten bestand, legalisiert wird.

Alle diese Einverleibungen waren begreiflicherweise nicht ohne komplizierte Auseinandersetzungen mit den Nachbarmächten Preußen und Österreich möglich. Es gab ein beharrliches Feilschen um jede Quadratmeile Land, und da politische Argumente nur an der Spitze von Regimentern schlagkräftig sind, mußten sowohl Preußen wie Österreich große Truppenteile von der Westfront abziehen und zur Besetzung Polens verwenden. Das Mißtrauen und die Aufmerksamkeit, mit welcher die drei legitimistischen Mächte einander bei der Lösung der Ostfrage belauerten und zu übervorteilen suchten, war nicht der letzte Grund für ihr Versagen gegenüber Frankreich. Es ist eine geschichtliche Groteske, nicht ohne innere Logik: Katharina hat den Kampf gegen die Französische Revolution geschürt, um ungestört ihre polnischen Eroberungen zu machen; und durch den Neid, den ihre polnischen Eroberungen hervorrufen mußten, hat sie die Aktivität der Reaktion zersplittert und wurde zum Schutzengel der Französischen Revolution.

Mit fünfundsechzig Jahren hat sie das Programm ihres großen Vorbildes Peter erfüllt: sie beherrscht das Baltische und das Schwarze Meer; die russischen Grenzen sind weit nach dem Westen vorgeschoben. Sie könnte sich zufriedengeben, könnte ausruhen. Aber sie kann es nicht. Nichts in ihr hat sich besänftigt, und am allerwenigsten der Ehrgeiz.

»Könnte ich hundert Jahre alt werden«, sagt sie zu Djerschawin, »so wollte ich ganz Europa unter russischem Szepter vereinigen. Aber ich will auf keinen Fall sterben, ohne die Türken aus Konstantinopel vertrieben, ohne den Hochmut der Chinesen gebrochen und ohne Handelsbeziehungen mit Indien angeknüpft zu haben.«

Sie will auf keinen Fall sterben. Das Leben hat ihr bisher alle ihre Wünsche erfüllt. Sie glaubt, solange sie noch Wünsche hat, kann sie nicht sterben. Wie Spieler im Glück den Zufall, so glaubt sie nach ihren unzähligen Erfolgen, die geheimnisvollen Gesetze des Schicksals zu beherrschen und ihren Willen in die Sterne schreiben zu können.

Sie haßt den Tod und will an ihn nicht denken. Nicht aus jener metaphysischen Jenseitsangst, die einen Potiomkin würgte, sondern aus purer Lust am Leben. Sie hängt am Leben mit der leidenschaftlichen Besessenheit einer sinnlichen Natur, mit dem unerschütterlichen Positivismus eines tätigen Menschen, der sich auf seinem Platz fühlt, der sich selbst bejaht und dessen Grundstimmung der Welt gegenüber ein begeistertes »Ja« ist. Sie hat die Fähigkeit, mit allen Organen den Reichtum des Lebens zu erfassen und es in allen seinen Formen zu lieben, ausgenommen in jener letzten: den Tod in ihr Weltgefühl einzubeziehen, ist sie nicht imstande.

Die mannigfachen Beschwerden des Alterns, gewisse Schäden

ihrer Gesundheit überwindet sie, ohne Anstrengung zu zeigen. Sie gestattet sich keinerlei Nachlassen und hat wohl auch kaum ein Bedürfnis danach. Sie liebt ihre Tätigkeit, deren bunte Vielfalt für ihre Genialität ebenso bezeichnend ist wie die Mühelosigkeit, mit der sich dieses beinahe universelle Gemisch von ernsten Geschäften und Liebhabereien in ihr Tagewerk einordnet. Es beginnt mit dem sechsten Glockenschlag. Seit ihr das Bücken und Knien allzu beschwerlich ist, zündet sich Katharina nicht mehr selbst das Feuer im Kamin an, aber immer noch verbringt sie die ersten Morgenstunden ganz allein an ihrem Schreibtisch und schreibt, bis sie »den Krampf in der Hand« hat oder bis die beiden neuen Kielfedern, die ihr täglich vorbereitet werden, stumpf sind. Sie schreibt an ihre Freunde im Ausland oder an ihren Memoiren oder an politischen Artikeln oder an Komödien. Sie schreibt leidenschaftlich gern, mit Hingabe und Konzentration, so wie sie alles macht. Sie ist bereit, bescheiden zu tun und ihre Schriftstellerei ein »Laster« zu nennen, aber in Wirklichkeit hält sie sehr viel von ihrem Talent. Wenn sie genug geschrieben hat, beginnt die eigentliche Arbeit. Es erscheinen ihre Sekretäre, ihre Minister und Generäle. Mit einer losen Jacke über dem Morgenkleid, mit einer weichen, gefalteten Haube auf den Haaren, die Brille auf der Nase, erteilt die Kaiserin ohne jedes Zeremoniell ihre Audienzen, sie lädt jeden Besucher zum Sitzen ein, sie hat für jeden ein freundliches Wort. Sie läßt niemanden warten. Sie ist immer beschäftigt, aber niemals gehetzt. Sie arbeitet mit kurzen Unterbrechungen bis zwei Uhr. Nachmittags liest sie die eingelaufenen Depeschen und fertigt die Kuriere ab. Dazwischen hat sie Zeit gefunden, sich ankleiden und frisieren zu lassen, zu dinieren, mit ihren Enkeln zu sprechen, ein Buch zu lesen, eine Handarbeit zu machen, eine Billardpartie zu spielen.

Sie hat viele Mittel, um das Alter zu bekämpfen. Die anstrengende tägliche Tätigkeit ist eines davon. Ein anderes ist die Heiterkeit. Sie hat immer große Stücke vom Lachen gehalten, und mit der Zeit macht sie eine Weltanschauung daraus. Wer sie zum Lachen bringen konnte, hatte immer einen Stein bei ihr im Brett, dafür konnte sie ihm hundert Fehler verzeihen. Ihr Lachen ist gesund und robust, laut und schallend. Die Anlässe für ihre berühmten Lachsalven sind entweder sehr harmlos oder sehr derb, niemals zweideutig. Sie lacht über die »Pucelle« von Voltaire und über Leo Naryschkins Fähigkeit, mit der Perücke zu wackeln. Sie selbst kann mit dem rechten Ohr wackeln und ist stolz darauf. »Madame, Sie müssen heiter sein«, schreibt sie an Frau Bjelke, »nur so kann man das Leben ertragen. Ich spreche aus Erfahrung, denn ich habe vieles ertragen müssen und habe es nur deshalb ertragen, weil ich immer gelacht habe, wenn ich nur irgendwie dazu Gelegenheit hatte.« Sie hat immer Gelegenheit, denn noch im Alter ist sie in dieser Beziehung anspruchslos wie ein Kind. Bei den intimen Zusammenkünften in der Eremitage, die gerade in Katharinas letzten Lebensjahren beinahe allabendlich stattfinden, gibt es Verkleidungen und Pfänderspiele, deren kindliche Harmlosigkeit verblüffend ist: bald muß einer ein Glas Wasser trinken, bald eine Stelle aus dem Telemach aufsagen ohne zu gähnen, bald muß sich Matuschka Katharina persönlich auf den Boden setzen, um ihr Pfand einzulösen – lauter Dinge, über welche die große Kaiserin imstande ist, so herzlich zu lachen, daß sie davon Leibschmerzen bekommt.

»Heute ist es fünfzig Jahre her«, schreibt Katharina an Grimm, »seit ich mit meiner Mutter in Moskau ankam. Ich glaube, es gibt hier keine zehn Leute, die sich an diese Ankunft erinnern. Da ist Betzki, halb blind, müde, fast kindisch vor Alter. Dann die Gräfin Matuschkin, die gestern noch mit achtundsiebzig Jahren auf der Hochzeit tanzte; der Oberschenk Naryschkin, sein Bruder, der Oberstallmeister – wenn er es auch leugnet, weil er dadurch zu alt wird –, Schuwalow, der wegen Altersschwäche kaum mehr sein Haus verläßt, eine alte Kammerfrau von mir... Dies, mein Freund, sind die großen Beweise des Alters. Aber was soll man machen? Und trotz alledem bin ich wie ein fünfjähriges Kind darauf versessen, Blindekuh zu spielen, und die Jugend, meine Enkel und Urenkel behaupten, ich müsse unbedingt dabei sein, damit es richtig lustig wird. Ich bin also ihr Lustigmacher...« Dieses anheimelnde Selbstporträt einer vitalen Greisin, die der natürlichen Wehmut des Alters mit der unverwüstlichen Jugendlichkeit eines liebereichen Herzens begegnet, ist keineswegs falsch – es ist nur unvollständig. Je älter Katharina wird, desto leidenschaftlicher liebt sie Kinder, und zwar nicht bloß Kinder ihrer eigenen Dynastie. Sie zieht auch beinahe ein halbes Dutzend fremder Kinder auf, in ihrer unmittelbaren Umgebung, so daß sie jederzeit ihre Arbeit unterbrechen und sich eine gute Weile lang an kindlichem Unsinn erfrischen kann. Sie liebt Tiere, allen voran ihre Hunde. Sie hat seinerzeit von dem englischen Arzt Dimsdale ein Windspielpaar geschenkt bekommen, das in ihrem Schlafzimmer seine Familie und damit die edle Rasse der russischen Windhunde begründet hat. Katharina sorgt persönlich für ihr Wohlbefinden, sie erhebt sich von jeder Arbeit, um ihren Hunden die Türe zum Garten zu öffnen, sie beobachtet mit großer Aufmerksamkeit und mit ungeheurer Freude ihre Charaktereigentümlichkeiten. Wenn sie im Park von Zarskoje Selo spazierengeht, ist sie stets von ihren Hunden begleitet, und wenn sie pessimistische Anwandlungen betreffs des Menschengeschlechtes hat, dann versöhnen sie die Hunde mit der Schöpfung. Sie zieht auch ein weißes Eichhörnchen auf, das sie mit Nüssen füttert, sie bewundert alle Bewegungen des »schönsten, lustigsten, freundlichsten aller Kater«, den ihr Potiomkin geschenkt hat. Sie hat ein Äffchen, das sie auch in den trübsten Stunden mit seinen Streichen erheitern kann. An jedem Wintermorgen öffnet sie Schlag zehn ihr Fenster und füttert Hunderte von halbverhungerten Raben mit Brotkrumen. Sie liebt auch Pflanzen, und nicht bloß genießerisch. In jedem Frühjahr packt sie die »Plantomanie«, die Leidenschaft, Blumen einzusetzen, neue Gärten anzulegen. Es ist eine überströmende Liebe zu jeder Art schwacher, schweigender Kreatur, mit der sich die Kaiserin jederzeit und jeder Hypochondrie entwindet und tausendfach der Welt verhaftet.

Man kann das Leben auf vielerlei Art lieben. Aber Katharina, da sie alt wird, liebt es auf alle Arten zugleich. Sie greift nach den stillen, wissenden Freuden der Reife, aber sie läßt darum die oft genossenen verzehrenden Freuden der Jugend nicht fahren. Im Gegenteil, nie war sie blinder, toller verliebt als gerade jetzt, wo sie die ganze Weisheit ihrer Jahre Lügen strafen muß, um sich der Torheit ihres jungen Herzens hingeben zu können.

Die Torheit kommt dem Alter teurer zu stehen als der Jugend.

Das ist selbstverständlich. Wenn eine siebenundsechzigjährige Frau wie ein halbwüchsiges Mädchen verliebt ist, so kann sie ihr Glück nicht mit ihrer Hingabe allein bezahlen. Die Kaiserin von Rußland ist reich genug, nicht bloß ihr Glück zu erkaufen, sondern auch die Illusion, es umsonst zu bekommen. Aber diese Illusion ist kostspielig. Platon Zubow ist anspruchsvoll, er verlangt keine Geschenke, sondern Macht und Einfluß auf alle Geschäfte, er verlangt alles, was Potiomkin besessen hatte, und manches darüber hinaus. Und alles was er will gewährt ihm Katharina, und nicht nur aus verliebter Schwäche: sie will sich selbst einreden, daß Zubow ein Genie ist, ein ganz großer Mann, den sie bloß nach seinen eigenen Verdiensten befördert und dessen Liebe kein erzwungenes Entgelt, sondern das freie Geschenk seiner Zuneigung ist. Sie kann mit Stolz behaupten, daß sie ihm kein Geld gibt – er schöpft direkt aus den Staatskassen und vergeudet in sieben Jahren mehr als Potiomkin in zwanzig.

Das »Kind« – er könnte leicht Katharinas Enkel sein – vereinigt dreizehn der wichtigsten Ämter in seiner Hand. Ohne jemals eine Schlacht gewonnen, ja ohne jemals im Felde gestanden zu haben, ist er Generalinspektor der gesamten Armee, ohne diese Gegend zu kennen, ist er Gouverneur der neuen russischen Provinzen, ohne Erfahrung, ohne Kenntnisse, ohne Vorbildung leitet er die heikelsten Angelegenheiten, stürzt und ernennt Minister, macht Sonne und Regen. Er herrscht absolut über die absolute Monarchin – er herrscht über Rußland. Und er besitzt keine der Herrschertugenden, die nach Katharinas Ansicht den Absolutismus rechtfertigen. Er ist wahrscheinlich im Grunde nicht besser und nicht schlechter als tausend andere: ein durchschnittlicher Offizier, der den moralischen Anforderungen der Macht nicht gewachsen ist. Es ist natürlich, daß er seine Position, die er keinem wirklichen Verdienst verdankt, durch Freunde verstärkt, die wiederum kein anderes Verdienst haben als das, ihm ergeben zu sein, so daß im Laufe weniger Jahre alle wichtigen Stellen mit Zubows Kreaturen besetzt sind, mit gefügigen Männern, die laut sein Lob singen und sich dafür in schamloser Weise bereichern. Die Bestechlichkeit, die treulose Geldgebarung der höheren

Beamtenschaft, bisher ein schwer zu vermeidender Mißstand, wird unter Zubow eine russische Institution.

»Ich kenne niemanden, der in Deinem Alter größere Fähigkeiten gezeigt hätte«, schreibt Katharina an ihren »kleinen Schwarzen«, und das glaubt sie. Sie ist blind für seine Fehler. Wer wollte wagen, ihr die Augen zu öffnen? Wem liegt an ihrem Ruf, am Wohle des Reiches mehr als an seinem eigenen Vorteil? Längst sind die wenigen Männer, die gegen Zubow aufzutreten gewagt hatten, von ihren Posten enthoben und vom Hofe verbannt worden. Die an eine bessere Zukunft glauben, scharen sich um den Kaiser von morgen, um den Großfürsten Paul, und sind schon dadurch der alten Kaiserin verhaßt und verdächtig. Sie ist umgeben von Menschen, die, teils um Zubow gefällig zu sein, teils aus liebevoller Schonung ihrer Ruhe, ihr immer wieder versichern, daß alles in Rußland besser sei denn je zuvor. Trotzdem könnte sie manches sehen, wenn sie es sehen wollte. Sie könnte zum Beispiel fragen, wie es denn möglich sei, daß Beamte, deren Einkommen bloß ein paar hundert Rubel im Monat beträgt, ansehnliche Häuser in Petersburg erbauen lassen; und wenn sie der Sache nachgehen wollte, würde sie erfahren, daß es Beamte sind, die irgendeine Kasse zu verwalten haben. Aber sie fragt nicht danach. Sie freut sich über die Vergrößerung ihrer Hauptstadt und erblickt darin das Zeichen eines wachsenden und gesunden Wohlstandes. Sie glaubt das, weil sie diesen Glauben für ihre Rechtfertigung, für ihr Glück nötig hat.

Nie war sie so lüstern nach dem Glück gewesen. Nie war sie so hemmungslos bereit, alles, was sie ist und hat, der Freude des Augenblicks, dem Genuß, der Wollust zu opfern, wie gerade jetzt, da die versagende Sehkraft ihrer Augen, vorübergehende Trübungen ihres Gedächtnisses, ein plötzliches Aussetzen des Herzschlages sie an das verhaßte Alter und an den unvermeidlichen Tod erinnern. Leben! Sie will leben, zehnfach, tausendfach leben! Wenn der eisige Schauer der ewigen Vereinsamung ihr über den Rücken läuft, dann sind es nicht die Kinder und die Hunde und die Vögel, dann ist es nicht einmal der Gedanke an den Nachruhm, was Wärme durch die brüchigen, verkrampften Adern treibt. Aber ihr Blut, längst nicht mehr gesund, ist immer noch wild und erregbar. Kann man alt sein, wenn man, heißer noch als in den Nächten der Jugend, vom Kuß der Jugend bis in die tiefsten Tiefen ergriffen wird? Kann man sterben, wenn man das Leben dort, wo es am lebendigsten ist, mit allen Sinnen zu genießen, einzuatmen, einzusaugen versteht? Katharina war früher niemals ausschweifend gewesen. Sie hat ein Dutzend Liebhaber gehabt, aber mit jedem von ihnen hat sie, für die Dauer der Beziehung, eine Art monogamer Ehe geführt. Noch fünf Jahre zuvor, auf der großen Krimreise, hat sie den Grafen Ségur sehr scharf zurechtgewiesen, weil er gewagt hatte, ein etwas freies Gedicht – das immerhin in Versailles anstandslos rezitiert werden durfte – vor ihren Ohren herzusagen. Jetzt hat sie neben ihrem Schlafzimmer ein geheimes Kabinett, das von der Decke bis zum Fußboden mit lasziven Miniaturen tapeziert ist. Das Alter braucht schärfere Reize, und Platon Zubow versteht sich darauf, das träge, aber unersättliche Blut seiner Gebieterin mit immer neuen Sensationen zu entzünden. Er arrangiert geheime Zusammenkünfte in dem geheimen Kabinett, sein Bruder Valerian, sein Freund Peter Saltykow, ein paar Frauen aus Katharinas nächster Umgebung teilen das Geheimnis des vergifteten Jungbrunnens, an dem die grellgeschminkten Lippen der Greisin Erneuerung zu trinken glauben und der in Wirklichkeit ihren Zusammenbruch beschleunigt.

Das Peinliche an der Liebeswut einer wohlbeleibten, zahnlosen Greisin liegt – neben allen moralischen und ästhetischen Einwänden – vornehmlich darin, daß man sie als »unnatürlich« empfindet. Dies taten auch Katharinas Zeitgenossen, und sie nannten dieses Unnatürliche, wie alles, was sie an einer Frau nicht verstehen konnten: Hysterie. Aber wir können diese Bezeichnung angesichts der durchaus gesunden, klaren und heiteren Gemütsverfassung, welche Katharina bis zu ihrem Tode beibehielt, unmöglich aufrechterhalten; und wir wollen uns auch nicht damit zufriedengeben, ihre gewiß seltsam beharrliche Sexualität als isoliertes Phänomen neben ihren in allen Dingen durchaus normalen Charakter zu stellen – schon deshalb nicht, weil sie selbst durch die unveränderliche Intensität ihres Trieblebens niemals gestört, sondern ganz im Gegenteil angeregt und belebt wurde.

Sie empfand alles was sie tat als durchaus »natürlich«. Aber schließlich: woher beziehen wir denn unsere Vorstellungen vom »Natürlichen«, vom »Normalen«, wenn nicht vom Gewohnten? Wir sind gewohnt, Frauen im großmütterlichen Alter, nach dem endgültigen Verfall ihrer Schönheit, sexuell wunschlos zu sehen, aber wir wissen nicht, ob diese Wunschlosigkeit körperlich bedingt und nicht vielmehr das Fazit vielfältiger entmutigender Erfahrungen ist: die Phantasie verläßt ein Gebiet, auf dem nur demütigende Niederlagen zu erwarten sind, worauf dieses Gebiet der Verödung anheimfällt. Katharina aber hat keine Demütigungen zu fürchten. Dutzende von schmucken, jungen, nichtsnutzigen Karrieristen bilden bei jedem ihrer kleinen, schwerfälligen Gänge Spalier und nähren mit begehrlichen Blicken und Gesten die ewige Flamme. Soll sie sich immer wieder vorsagen, daß diese Begehrlichkeit unmöglich ihrem welken, formlosen Körper gelten kann? Sie hat bereits eine große Übung darin, sich angenehm betrügen zu lassen, und dies ist nichts Ungewöhnliches. Tausend reiche oder hochstehende Männer jenseits der Verführungsgrenze haben die gleiche glückliche Gabe, sich ein spätes Glück nicht durch allzu große Neugierde trüben zu lassen. Und Katharinas psychologische Situation ist nicht die einer alten Frau, sondern die eines alten Mannes. Sieben Jahrzehnte weiblicher Autokratie haben die Geschlechterrollen an diesem Hofe vollkommen vertauscht. Katharina hat die Verpflichtungen, die Aufgaben, die Verantwortungen eines Mannes und Herrschers auf sich genommen und vierunddreißig Jahre lang erfüllt: man muß ihr die Schwäche eines großen Mannes billigerweise zugestehen. Wie bei anderen großen Männern triumphiert ihre erotische Phantasie über die Verfallserscheinungen ihres Körpers; wie andere große Männer glaubt sie an die ephemere Möglichkeit, durch geistige Werte körperliche Liebe zu entflammen; wie andere große Männer unterliegt sie mit all ihrem klaren Verstand den plumpen, aber beseligenden Lügen einer geschickten kleinen Kurtisane.

Es ist eine seltsame, tragikomische Verkettung, daß gerade in diesem Augenblick, in welchem die Mätressenwirtschaft der französischen Könige das beste agitatorische Material der revolutionären Demagogen bildet, die Führerin der legitimistischen Liga, ohne es zu ahnen, einer aufsässig gewordenen Welt von Aufrührern die unausweichlichen Mißbräuche absolutistischer Macht ad oculos demonstrieren muß. Katharina selbst erhebt sich aus jeder noch so schwülen Nacht mit dem sechsten Glockenschlag und geht an die Arbeit. Die unzerstörbare Disziplin ihrer geistigen Persönlichkeit siegt an jedem Morgen über alle Ausschweifungen, die gewiß ihre Privatangelegenheit wären, wäre sie selbst eine Privatperson oder teilte zumindest der Partner ihrer Laster auch ihre Tugenden: ihren Fleiß, ihre Menschlichkeit, ihre Güte. Aber ein Partner existiert nur in ihren Träumen – in der Wirklichkeit gibt es bloß einen schäbigen und aufgeblasenen Parasiten. Wenn Katharina vom vielen Schreiben bereits den »Krampf in der Hand« hat, liegt Platon Zubow noch in süßem Schlummer, und keiner der hohen Würdenträger, die vom frühen Morgen an sein Vorzimmer belagern, würde wagen, den Schlaf des Allmächtigen zu stören. Alte, verdiente Männer wetteifern um die Ehre, ihm eigenhändig den Morgenkaffee kochen und ans Bett servieren zu dürfen, und nicht immer werden sie dafür eines Grußes, geschweige denn eines Dankes gewürdigt. Wenn das junge, geschmeidige Bürschchen aus den seidenen Decken in seinen seidenen Schlafrock schlüpft, werden die Türen des Ankleideraumes weit geöffnet, und während Platon sein wunderschönes braunes Haar kämmen und pudern läßt, ist er von einem Halbkreis ehrfurchtsvoll stehender Männer umgeben, die oft monatelang darauf warten, daß er einmal das Wort an sie richte und sie nach ihrem Anliegen frage. Manche kommen auch ohne besonderes Anliegen an jedem Morgen zu dem feierlichen Lever des Günstlings, bloß um sich bei ihm in angenehmer Erinnerung zu halten. Der schamlose Dünkel dieses höchstbezahlten Gigolos aller Zeiten wird bloß noch durch die schamlose Erniedrigung seiner Speichellecker übertroffen. Zubow hat ein Äffchen, das mit großem Vergnügen die Gäste an den gepuderten Locken zaust: nicht nur, daß keiner wagt, mit einer ablehnenden Bewegung den Mutwillen des Tieres zu dämpfen. Manche bemühen sich sogar, durch eine besonders hohe Frisur die Aufmerksamkeit des Affen auf sich

417

zu ziehen, um dafür mit einem Lächeln von den hochmütigen Lippen des Herrn belohnt zu werden. Auch dies sind Dinge, von denen Katharina nichts erfährt. Während sie die französische Revolution bekämpft, während sie sich bemüht, den legitimistischen Gedanken von den Schlacken jener Mißbräuche zu reinigen, die die übermütig gewordenen Bourbonen den Thron gekostet haben, ist in ihrem eigenen Palast ihr eigener Geliebter drauf und dran, die Beispiele einer Pompadour, einer Dubarry weit in den Schatten zu stellen und mit seinen weibischen Launen, seiner niedrigen Überheblichkeit, seinem schrankenlosen Nepotismus und seinem Versagen in allen ihm anvertrauten Geschäften Katharinas gesamte Regierung zu diskreditieren und alles zu zerstören, woran sie mit unermüdlichem Fleiß arbeitet.

Trotz aller Eroberungen, trotz der Konfiskation ungeheuren polnischen Adelsbesitzes ist die Bilanz des Staatshaushaltes trostloser als je zuvor. Zubow läßt von einem Sachverständigen ein Schuldentilgungsprojekt ausarbeiten und schreibt es vom ersten bis zum letzten Buchstaben eigenhändig ab, um den Anschein zu erwecken, als sei er selbst der Verfasser. Aber wer immer der Verfasser war, das Projekt wird nicht in Angriff genommen.

Hingegen gelingt es Zubow ohne Mühe, Katharina zu einem Feldzug gegen Persien zu bestimmen. Eifersüchtig auf Potiomkins Größe hat auch er sich einen hochfliegenden Plan zurechtgelegt: das ganze Land bis nach Tibet einzunehmen, um dann, von Osten her, den entscheidenden Schlag gegen die Türkei zu führen. Und wirklich erobern die Russen das Gebiet von Baku, dessen Bedeutung allerdings erst viel später mit der zunehmenden Wichtigkeit des Petroleums für das moderne Wirtschaftsleben zutage treten soll. Aber nach diesem rühmlichen Beginn muß der Feldzug schleunigst abgebrochen werden, weil sich das Heer in einem jämmerlichen Zustand befindet. Die Unsummen, die für die Truppen ausgeworfen worden waren, sind an verschiedenen schmutzigen Händen kleben geblieben. Zubow ist zum Krösus, seine Generäle sind zu Millionären, jeder Regimentschef ist zum reichen Manne geworden, aber die Soldaten sind unterernährt und zerlumpt, und die Artilleriemagazine sind leer. Der türkische Lieblingsplan Katharinas muß wieder einmal verschoben werden.

Auch ihr friedlicher Lieblingsplan – die Vermählung ihrer Enkelin mit dem jungen König von Schweden – scheitert an Zubows anmaßendem Ungeschick. Die Frage der Religionsverschiedenheit macht gewisse Schwierigkeiten, die aber gewiß durch eine klare Aussprache zu überwinden gewesen wären. Zubow zieht den schäbigen Trick eines kleinen Unterhändlers vor: er läßt beide Parteien im Glauben, daß alles nach ihren Wünschen geordnet werde, um im letzten Augenblick, als bereits der gesamte Hof, mit Katharina an der Spitze, zum feierlichen Verlobungsfest versammelt ist, dem jungen König von Schweden einen Vertrag vorzulegen, der nur den russischen Interessen entgegenkommt. Er ist überzeugt, daß der unmündige Jüngling nicht wagen werde, die mächtige Zarin zu brüskieren. Er hat, umgeben von Schmeichlern und Kreaturen, schon lange keinen Mann gesehen. König Gustav handelt als Mann, er verweigert seine Unterschrift, und nach dreistündigem vergeblichen Warten auf den Bräutigam muß die fassungslose Hofgesellschaft auseinandergehen. Katharina hat manche Niederlage, aber nie seit dem Antritt ihrer Regierung eine ähnliche persönliche Demütigung erfahren; sie braucht ihren ganzen Stolz, um ihrer Umgebung zu verbergen, wie tief sie getroffen worden war.

Aber sie trägt es Zubow nicht nach. Nichts trägt sie ihm nach. Er ist ja noch so jung, er wird noch alles, was ihm zur Meisterschaft fehlt, bei ihr erlernen. Sie ist überzeugt davon, daß sie ihn erzieht, während sie ihn verdirbt. Und sie ist überzeugt davon, daß sie zu allem noch Zeit hat, mindestens noch zwanzig Jahre. Zwar plagen sie ihre Krampfadern, die sich manchmal öffnen und ihr jeden Schritt zur Qual machen, aber sie schreibt an Grimm: »Ich fühle mich leicht wie eine Bachstelze.«

Sie hat noch so vieles zu tun, wobei ihr der Tod nicht dazwischenkommen darf. Sie ist überzeugt davon, mit der Vorsehung im besten Einvernehmen zu stehen. Die Vorsehung wird nicht dulden, daß sie stirbt, ehe sie alles getan hat, wozu sie berufen ist.

Da ist vor allem die Thronfolge zu regeln. Katharina kennt ihren Sohn. Als Mutter müßte sie Nachsicht mit seinen Fehlern haben, als Kaiserin aber sieht sie nur die furchtbaren Gefahren, denen Rußland unter der Herrschaft eines groß veranlagten, aber schwer pathologischen Regenten entgegengeht. Paul soll nie zur Regierung kommen, der Thron soll von ihr direkt auf ihren Enkel Alexander übergehen. Aber im Augenblick ist es schwer, darüber eine Verfügung zu treffen. Soll die Führerin der Legitimisten eine Welt von Rebellen daran erinnern, daß sie selbst eine Usurpatorin ist? Soll sie, die in den letzten Jahren unentwegt das »heilige rechtmäßige Königtum« im Munde geführt hat, durch einen Gewaltakt die rechtmäßige Thronfolge in ihrem Reich unterbrechen? Es ist ein schlechter Augenblick, um an die heikle Chronik des russischen Kaiserhauses zu rühren. Und Katharina glaubt, Zeit zu haben. Das französische Abenteuer wird vorübergehen, und sie wird das ihrige dazu beitragen: wieder einmal ist ihre Stimme die lauteste im europäischen Konzert; sie ruft nach einer neuen Koalition, sie ruft England, Preußen und Österreich zusammen, sie verspricht, hundertfünfzigtausend Mann nach dem Pestherd zu entsenden, sie droht, beim geringsten Paktieren mit der rebellischen Nation ihre Grenzen abzusperren und die diplomatischen Beziehungen mit ganz Europa abzubrechen. Sie fühlt sich stark genug, dem ganzen Kontinent die Stirn zu bieten. Sie fühlt sich berufen, den Kontinent zu retten – zu retten und zu beherrschen.

Im Dezember sollen ihre Truppen marschieren. Im ganzen Land wird fieberhaft gerüstet, das Militärkontingent wird auf das Höchstmaß gesteigert, von je tausend Mann wird einer für das Heer ausgehoben. Schon strömen die Soldaten durch die endlosen sarmatischen Steppen der Grenze zu. Suwarow, der wirkliche Sieger des Türkenkrieges, brennt darauf, sich mit jenem korsischen General zu messen, dessen komischer Name seit einigen Monaten den Hohn, den Ärger oder die Bewunderung Europas herausfordert. Suwarow ist fromm. Er betet zur heiligen Mutter von Kasan und zu seinem Mütterchen Katharina. Er küßt ihr Bild, wo er es findet: zum Beispiel auf den Miniaturporträts, das die Hofdamen auf der Brust tragen. Wenn er sie besucht, verneigt er sich erst vor dem Schrein der Muttergottes und dann vor ihr – beide Male mit der Stirn bis zur Erde. »Um Gottes willen«, sagt dann Katharina, »Sie sollten sich schämen.« Seit Jahren träumt er davon, gegen die Franzosen zu kämpfen. Jeder seiner Briefe an Katharina schließt mit den Worten: »Mutter, laß mich gegen die Franzosen marschieren!« Suwarow ist ein Narr, aber ein genialer Feldherr; niemand kann sagen, welche Erfolge ihm beschieden gewesen wären, wenn er damals wirklich gegen Bonaparte hätte marschieren dürfen. Die heilige Mutter von Kasan hat es nicht gewollt. Am Tage, da die Nachricht von Napoleons Sieg bei Arcole in Petersburg ankommt – am 16. November 1796 – stirbt Katharina.

Sie stirbt den glücklichsten Tod, den je ein russischer Zar gestorben ist: sie stirbt am Lachen. An einem unschuldigen, harmlosen, übermütigen Lachen. Leo Naryschkin war auf den Gedanken gekommen, sich als Hausierer zu verkleiden und in der kleinen Eremitage der Kaiserin allerlei Spielzeug und Krimskrams zu verkaufen. Darüber mußte Katharina am Vorabend des großen Feldzuges gegen Frankreich so fürchterlich lachen, daß sie davon eine Kolik bekam und, gestützt auf den Arm Platon Zubows, etwas früher als sonst zu Bette ging. Am nächsten Morgen erfreut sie noch die Nachricht von der Niederlage des französischen Generals Moreau; sie schreibt darüber eine scherzhafte Glückwunschdepesche nach Wien. Wenige Minuten später fällt sie bewußtlos von ihrem Leibstuhl. Ihr Herz schlägt noch sechsunddreißig Stunden lang – eine Stunde für jedes Jahr, das sie regiert hat. Sie weiß nichts von ihrem Todeskampf. Zubow drückt ihr die Augen zu.

Alle, die sie persönlich gekannt haben – ihre vielen Freunde, ihre Mitarbeiter, ihre Diener und Kammerfrauen –, weinen. Jenseits ihrer Grenzen atmen die Könige und die Rebellen auf: sie hat die Eifersucht der einen und die Angst der anderen herausgefordert. Bloß dem russischen Volk bleibt ihr Tod gleichgültig. Sie war in ihrem Palast ein gütiges Mütterchen und auf dem Thron ein genialer Eroberer gewesen. Das Volk aber hat weder von ihrer Güte noch von ihren Eroberungen irgendwelche Vorteile gehabt. Es war nicht ihre Schuld. Sie hat das Gute gewollt und das Mögliche getan. Was gegen sie stand, war die Zeit, die Zeit, die nicht reif war. Die Umstände waren stärker als sie, das war ihre Schwäche. Sie hat die Umstände erkannt und sich ihnen untergeordnet: das war ihre Größe. Manche ihrer Zeitgenossen haben die Zukunft entscheidender als sie beeinflußt, keiner hatte ein so positives Verhältnis zur Gegenwart. Sie hat keine umwälzende Idee hinterlassen, ihre Eroberungen sind zum größten Teil wieder verloren gegangen, ihre Schriften sind vergessen. Was sie gedacht und getan und gesagt hat, ist einzigartig nur im lebendigen Zusammenhang mit ihrer Person, mit dieser seltsamen Frauengestalt, deren einmalige Mischung aus Geist und Güte, Glut und Gier, Genie und Glück einen ewigen Wachtraum der Menschheit verkörpert. Ihre Bedeutung für die Geschichte ihrer Zeit war groß – die Geschichte ihres Lebens ist größer und unvergänglich.